新编21世纪经济学系列教材

经济学说史教程

第四版

Textbook of History of Economic Theory

主　编　陈孟熙
副主编　郭建青

中国人民大学出版社
·北京·

经济学说史教程

第四版

主　编　陈孟熙
副主编　郭建青

本书编者（以章节顺序为序）：

李宗正　姚开建　鲁友章　郭建青
范翊君　于俊文　陈孟熙　杨致恒
杨锦英　戴宏久　丁　冰　吴忠观
宛　樵　纪明山　于同申　高鸿业

目 录

第七篇　20 世纪 20—30 年代的西方经济学说

绪 论

绪论重点

经济学说史研究经济学说产生和发展的历史。各种不同的经济学说代表了各阶级、各阶层的利益。与经济发展相适应，产生了多种经济学说，它们之间的相互矛盾与斗争，推动了经济学说的发展。本书将经济学说史按时代分期。学习经济学说史的目的在于回顾过去，展望未来。

绪论知识点

- 经济学说史的研究对象
- 经济学说史的发展
- 学习经济学说史的意义

(一)

经济学说史是研究经济学说产生和发展的历史。人类社会在各个历史时期都产生过与之相适应的经济学说。人类要生存首先就得吃穿住用，所以人类的第一个历史活动，就是生产活动。人们进行生产，除了和自然界发生关系之外，彼此之间还要结成一定的关系，否则就不可能从事生产活动。经济学说史所研究的经济学说，就是人们对自己在生产活动中所结成的生产关系（包括生产、分配、交换、消费诸方面关系）的认识。换句话说，经济学说并不像西方一些经济学家所说的，是人类思想或理性的产物和独立存在的东西，而是社会生产关系在人们主观思维中的反映和表现。正如马克思所指出的："经济范畴只不过是生产的社会关系的理论表现，即其抽象"，"人们按照自己的物质生产率建立相应的社会关系，正是这些人又按照自己的社会关系创造了相应的原理、观念和范畴”①。但是，社会生产关系是受生产力制约的，它又对生产力发生反作用，人们不能离开生产力去认识生产关系，所以，经济学说也往往包括一些人们对自己所处时代的生产力问题的认识和论述。同时，在每一历史时代，作为上层建筑的国家都采取一定的经济政策，推动或阻碍着特定社会生产关系的发展。根据马克思主义关于经济基础和上层建筑辩证统一关系的原理，国家的经济方针和政策是受一定的社会生产关系制约的，并对社会生产关系产生积极的或消极的反作用。因此在各个历史时期的经济学说中，也包括对国家经济政策的论述。总之，经济学说史在研究经济学说发展过程时，也涉及生产力和经济政策这些方面的问题。

经济学说是具有历史性和阶级性的。在人类社会发展过程中，人们曾以各种不同的方式结成特定的生产关系，这些特定的生产关系反映在人们主观思想上，就形成一定的经济学说。在不同的社会生产方式中，产生不同的经济学说。而特定的社会生产方式在其发展中又会经历各个不同的发展阶段，在每一历史阶段也就会出现与它相对应的各种经济学说。所以，经济学说是具有历史性的。经济学说史就是研究经济学说随着社会发展而产生和演变的历史过程。

在阶级社会中，社会分裂为经济利益对立的不同阶级。各个阶级对社会生产关系的认识是极不相同的，是有本质差别的。由于经济学说研究的对象直接涉及各阶级的物质利益，所以，在阶级社会中，各种经济学说都具有鲜明的阶级性，不存在统一的经济学说。正如马克思指出的：“政治经济学所研究的材料的特殊性，把人们心中最激烈、最卑鄙、最恶劣的感情，把代表私人利益的复仇女神召唤到战场上来反对自由的科学研究。”② 在每一个历史时代中，统治阶级的经济学说便构成那一时代占统治地位的经济学说。不同阶级的经济学说并不是和平相处、相安无事的，而是不断地发生矛盾和斗争，从而推动了经济学说向前发展。因此，阶级分析方法是研究经济学说史的重要方法。在没有阶级的社会中，由于人们对客观社会生产关系的认识不同，也会产生各种经济学说，从而推动经济学说的发展。

（二）

经济学说既然是社会生产关系在人们思维中的反映和表现，因此，随着社会生产关系的发展也就产生了不同的经济学说。在西方，在资本主义生产方式产生以前，经济学说的发展经历了两个发展阶段，即奴隶制时代的经济学说和封建时代的经济学说。

典型的奴隶制产生于古希腊和古罗马。在古希腊和古罗马，占统治地位的经济学说是奴隶主的经济学说。奴隶主的经济学说首先为奴隶经济制度进行辩护，维护奴隶制的自然经济，也论述到有关商品货币经济的一些问题。除了奴隶主的经济学说外，从奴隶反对奴隶主阶级的斗争中，可以看出奴隶的一些经济思想。在封建社会晚期，随着商品货币经济的发展和资本主义生产关系的萌芽，出现了反映资产阶级利益的重商主义经济学说。

① 马克思，恩格斯．马克思恩格斯选集：第1卷．2版．北京：人民出版社，1995：141，142．
② 马克思，恩格斯．马克思恩格斯全集：第23卷．中文1版．北京：人民出版社，1972：12．

随着资本主义生产方式的发展，经济学开始成为一门独立的科学。历史上最早产生的科学的资产阶级政治经济学是古典政治经济学。古典政治经济学产生于17世纪中叶，完成于19世纪初叶。它在英国从威廉·配第开始到李嘉图结束，在法国从布阿吉尔贝尔开始到西斯蒙第结束，其间主要的古典经济学家有英国的亚当·斯密、法国的魁奈等。古典经济学家是资产阶级的思想家，他们受资产阶级立场和视野的限制，把资本主义制度看做是绝对进步的、永恒存在的社会生产形式，在其理论中还包含着错误和非科学的成分。然而，他们的科学研究产生了重要的成果。他们奠定了劳动价值论的基础，分析了剩余价值的各个具体形式以及资本主义发展的途径与前景等重要经济理论问题。

19世纪初期—19世纪60年代，英、法等国家经过资产阶级革命，资产阶级取得了政权。经过工业革命，资本主义生产进入机器大工业阶段，资产阶级在经济上和政治上都确立了自己的统治地位。在这一时期资产阶级与无产阶级的矛盾与斗争已逐步显露出来。代表资产阶级利益的经济学家渐次离开资产阶级古典经济学，转入庸俗化阶段，得出折中的或辩护的经济理论。这一时期在英、法、德、美出现了一批经济学家，他们或者以亚当·斯密等人理论中的错误或不科学的理论为养料，或者与古典经济学相对立，以批判古典经济学为己任而抛出一批经济学代表作。他们在英国以马尔萨斯、约翰·穆勒为代表，在法国以萨伊、巴师夏为代表，在美国则以凯里为代表。

19世纪40年代以后，马克思和恩格斯代表无产阶级利益出现在资本主义世界的政治历史舞台上。他们批判地吸取了德国古典哲学、英国古典政治经济学、法国空想社会主义的优秀成果，创立了无产阶级政治经济学，完成了政治经济学的革命性变革。马克思、恩格斯在政治经济学领域实现的革命性变革表现在：(1) 科学地确定了政治经济学的研究对象和方法；(2) 在科学的劳动价值论基础上创立了崭新的剩余价值理论，揭示了资本主义产生、发展和必然灭亡的规律；(3) 阐述了社会主义革命和无产阶级专政的历史必然性；(4) 根据社会生产力发展水平，论述了共产主义社会的发展阶段以及社会主义经济制度的基本特征，为科学社会主义奠定了理论基础。

19世纪70年代—20世纪初，西方资本主义处于暂时的“和平”发展年代，是自由资本主义向垄断资本主义的过渡时期。随着经济条件的改变、无产阶级力量的壮大以及马克思主义的广泛传播，资产阶级需要更新的经济理论来解释现实和为当时的资本主义辩护。在这时期出现了一些新的经济学流派，它们基本上可以分为两类：(1) 大致在相同的时间内，在奥地利、英国和法国出现了边际效用学派和剑桥学派；(2) 在德国和美国出现了新历史学派和制度学派。

马克思、恩格斯逝世以后，列宁从俄国的革命实际出发，继承和发展了马克思主义，在同各种反马克思主义思想的斗争中，把马克思主义推向一个新的阶段——列宁主义阶段。列宁的经济学说主要是：(1) 结合俄国实际，探讨、阐述了有关资本主义发展规律的一系列理论问题；(2) 在反对帝国主义战争和形形色色的非马克思主义的斗争中，创立了关于帝国主义的学说，制定了无产阶级革命的新理论；(3) 发展了马克思、恩格斯关于社会主义、共产主义的学说，阐明了社会主义经济建设的各种问题，制定了俄国社会主义经济建设的方针和政策，从而奠定了社会主义政治经济学的初步基础。

20世纪20—30年代西方国家的经济和政治发生了重大变化。(1) 由于帝国主义各种矛盾的尖锐化，1914 年爆发了帝国主义之间的第一次世界大战。战争加速了垄断资本主义演变为国家垄断资本主义的过程。（2）1917 年俄国的十月社会主义革命取得了伟大胜利，建立了世界上第一个社会主义国家。十月革命鼓舞了各国工人阶级进行反对资本主义的斗争。（3）由于资本主义基本矛盾的尖锐化，1929—1933 年资本主义世界爆发了严重的普遍性的经济危机。如何应付经济危机和大规模失业成为各国资产阶级面临的迫切问题。在这一时期西方经济学家对传统经济学提出了不少修改与补充，企图解决新出现的各种问题。以前，西方经济学一般认为，在自由竞争条件下，资本主义经济可以通过市场的自动调节，避免经济危机和大量失业。1929 年爆发的经济危机使传统的经济自由主义理论破产了，主张国家干预经济的思潮便发展和传播开来。凯恩斯 1936 年发表的《就业、利息和货币通论》就是这一思潮的典型代表。这本书修改了资产阶级传统经济学的理论、方法和政策，用有效需求不足的理论代替了传统的供给理论；用宏观分析代替传统的微观分析；用国家干预经济政策代替经济自由主义。凯恩斯著作的发表被视为对资产阶级经济学的一次革命，即所谓的“凯恩斯革命”，其影响一直延续到今天。

（三）

为什么要学习、研究经济学说史？经济学说史是一门历史科学，学习和研究经济学说史的目的在于回顾和展望。

所谓回顾就是总结，总结过去经济学说的发展情况，检视各个时期具有代表性的经济学家都提出了什么样的经济观点，其中哪些经济观点反映了客观经济活动的内在联系而具有科学价值，哪些经济观点只反映了事物的表面现象，哪些经济观点是完全错误的或辩护性的，随着社会经济条件的变化，这些经济学说又发生了怎样的演变。社会存在决定社会意识，但社会意识又具有相对的独立性，它的发展有历史的继承性。每一个历史时期的经济学说，都同先前这方面的思想有着继承关系，每一个时代的经济学家在认识和解决当时的社会经济问题时，都要利用先前经济学家所创造的成果和遗留下来的思想资料。历史上还没有任何一位经济学家是无视前人的研究成果而独立创造出一套经济理论体系的。马克思在创立无产阶级政治经济学时，就认真地研究过先前的和同时代的主要经济学家的著作，批判地吸收了英法资产阶级古典政治经济学的科学成果，并从分析他们的错误观点中发现问题和找出解决理论难题的正确途径。历史上，新的经济学说的创立，总是立足在总结前人研究成果的基础上。这里所说的研究成果，包括科学成果和错误、失败的经验教训。在几乎所有著名的经济学著作中，理论和历史都是密切结合在一起的，可以说论从史出。马克思的光辉著作《资本论》，不仅在第 1 卷、第 2 卷、第 3 卷正文和注释中有大量对前人和同时代经济学家的经济观点和经济理论的评述，而且在《资本论》第 4 卷，即《剩余价值理论》中，专门论述了剩余价值理论发展的历史。列宁在《帝国主义是资本主义的最高阶段》一书中，在论述帝国主义理论时，也对霍布森、希法亭、考茨基等人的观点作了深刻的评述。英国古典政治经济学家亚当·斯密的《国民财富的性质和原因的研究》中，也有专门篇章论述经济学说史问题。近现代一些经济学家的著作，如马歇尔的

《经济学原理》、萨缪尔森的《经济学》，也都设有经济学说史的独立篇章。

所谓展望，就是通过学习经济学说史，判断一下经济学说今后发展的趋向。社会经济总是不断发展的，随着社会生产力的发展，生产关系的某些环节就要发生变化，到了一定时期，旧的生产关系会被新的生产关系所代替。因此，我们不可能对先前的经济学说原封不动地继承和接受，而要在回顾过去经济学说的发展过程中，总结过去经济学说发展的成果和经验，吸收其中的科学成果和失败的教训，根据目前经济发展的情况，创立适应现代经济发展要求的新的经济学说。黑格尔说得好，研究哲学史就是研究哲学。我们研究经济学说史也就是研究政治经济学。所以，学习经济学说史要从现实经济和现代经济理论着眼，不能把眼光只停留在以往的经济学说上。而研究政治经济学更不能忽视经济学说史的研究，否则将不知道自己所研究的理论的来龙去脉和怎样推动理论发展。

学习经济学说史还可以帮助我们了解马克思主义政治经济学的产生和发展过程，加深对马克思主义政治经济学基本原理的内容和意义的正确理解；帮助我们更深刻地理解政治经济学的阶级性，提高我们识别各种不同经济学说的本质的能力；帮助我们树立无产阶级世界观，克服唯心主义和形而上学的影响，自觉地捍卫马克思主义，与时俱进，深化改革开放，加快我国的现代化建设，为建设中国特色社会主义而努力。

阅读书目

马克思．资本论：第 1 卷（第 2 版跋）．2 版．北京：人民出版社，2004

马克思．政治经济学批判．序言，导言//马克思，恩格斯．马克思恩格斯选集：第 2 卷．2 版．北京：人民出版社，1995

列宁．唯物主义和经验批判主义．北京：人民出版社，1995：第 6 章第 4 节

思考题

一、名词解释

经济学说史

二、问答题

1. 从经济学说与经济学说史的关系说明为什么要学习经济学说史。
2. 经济学说史的分期或分篇的依据是什么？

第一篇

前资本主义社会的西方经济思想

本篇分为两章。第一章介绍古代希腊、古代罗马和西欧中世纪的经济思想，第二章介绍在封建社会后期逐渐发展起来的重商主义经济思想。古代希腊、罗马的经济思想是西欧中世纪经济思想发展的源头，西欧中世纪经济思想对近代政治经济学的产生有重要影响，重商主义则已经是对资本主义生产方式最早的理论研究了。

第一章

古代希腊、古代罗马和西欧中世纪的经济思想

本章重点

本章概括了古代希腊、古代罗马奴隶主的经济思想，这个时期奴隶主思想家认为将人划分为奴隶主及奴隶是天经地义的，他们虽崇尚自然经济，但已有某些货币经济思想的萌芽。西欧封建主维护自然经济，主张经营、管理好庄园经济，也注意到了商品货币中的公平价格、货币、利息等问题。

奴隶、农奴在奴隶起义、农奴起义斗争中也提出了自己的愿望。农奴的代言人要求消灭整个封建制度，消灭一切剥削阶级，建立现世的天国。

本章知识点

- 古代希腊经济思想的主要代表人物及其理论
- 古代罗马思想家对奴隶制庄园经营的论述
- 西欧中世纪阿奎那的经济思想
- 异教和农民起义的经济要求
- 西欧封建社会晚期关于货币和高利贷的论述

第一节　古代希腊的经济思想

概　述

古代希腊是西方奴隶制文明的发源地。古代希腊时期形成的文化对后来西方文化产生了极大的影响。西方最早出现的经济学说也产生于古代希腊。马克思说："因为历史地出现的政治经济学，事实上不外是对资本主义生产时期的经济的科学理解，所以，与此有关

的原则和定理，也能在例如古代希腊社会的著作家那里见到，这只是因为一定的现象，如商品生产、贸易、货币、生息资本等等，是两个社会共有的。由于希腊人有时也涉猎于这一领域，所以他们也和在其他一切领域一样，表现出同样的天才和创见。所以他们的见解就历史地成为现代科学的理论的出发点。"①

公元前 11—前 8 世纪，古代希腊从原始公社制度向奴隶主所有制时代过渡，史称"荷马时代"。古代希腊早期的经济思想就见于此时的两部史诗《伊利亚特》和《奥德赛》中。

公元前 8—前 6 世纪，希腊奴隶制城邦国家兴起，此后进入奴隶社会的极盛时期。古代希腊经历了数百年时间，才最终完成了向奴隶主所有制的转化。古代希腊奴隶制城邦中，斯巴达是与雅典不同的奴隶主寡头制国家。各城邦寡头集团与民主集团之间发生了激烈斗争，斯巴达与雅典为争夺霸权进行了一系列战争。公元前 431—前 404 年爆发伯罗奔尼撒战争，斯巴达最后战胜雅典。以后希腊各城邦逐渐陷入危机。在剧烈的阶级斗争中，奴隶主思想家努力寻找维护和巩固奴隶主所有制和奴隶主国家的途径，因而出现了一批著名的思想家，他们阐述了古代希腊奴隶主阶级较为系统的经济思想，其中最主要的有色诺芬、柏拉图和亚里士多德。奴隶的经济思想则反映在奴隶起义的纲领、口号中。

色诺芬的经济思想

色诺芬（约公元前 430—前 355 年）是古代希腊哲学家、历史学家。他出生于雅典富人家庭，是希腊著名哲学家苏格拉底的学生。他在政治上拥护斯巴达贵族寡头政治，反对雅典民主政治。公元前 401 年，他以希腊雇佣兵身份参加波斯王子小居鲁士与其兄阿塔薛西斯的战争。小居鲁士失败被杀后，色诺芬被推举为雇佣军首领撤到拜占庭，加入斯巴达军队，为此被雅典公民大会判处终生放逐。公元前 387 年他迁到奥林匹亚附近的领地上居住，经营和管理庄园，并从事创作，最后死于哥林斯。他的著述有：《居鲁士的教育》《居鲁士远征记》《经济论》《雅典的收入》等。

《经济论》约写作于公元前 387—前 371 年之间，是用记录苏格拉底和别人对话的形式写成的。色诺芬在这本书中最早使用了"经济"一词，其原意为"家庭管理"，因此他所谈论的经济是家庭经济。古希腊奴隶制是建立在奴隶主对生产资料和奴隶的私有制基础之上的，生产以家庭为单位，由奴隶进行。管理家庭经济的学说，就是奴隶主阶级的经济学说。《雅典的收入》约写作于公元前 355 年，它讨论国家财政问题，其中包含对货币问题的见解。

色诺芬强调，家庭管理应该成为一门学问，这门学问研究的是主人如何管理好自己的财产，使财富不断增加。他认为，财富就是具有使用价值的东西。例如，"一支笛子对于会吹它的人是财富，而对于不会吹它的人，则无异于毫无用处的石头"，只有卖掉它时才会是财富。② 另外，即使卖掉对自己没有使用价值的东西得到货币，如果不会使用货币，货币也不是这个人的财富。色诺芬已了解物品有使用和交换两种功能，但他是从自然经济角度看待财富和交换的，这也反映在他对农业与分工的看法上。他所处的时代，社会分工

① 马克思，恩格斯. 马克思恩格斯全集：第 20 卷. 中文 1 版. 北京：人民出版社，1971：249－250.

② 色诺芬. 经济论　雅典的收入. 北京，商务印书馆，1961：3.

已有很大发展，因而他肯定劳动分工的必要。他认识到，一个人不可能精通一切技艺，专门从事一种技艺的人能工作得更好；在小城镇中，因为主顾少，一个人单靠一种技艺难以维持生活，而在大城市中就不成问题了；大城市分工比小城市细，产品也更精美。他在《居鲁士的教育》中对这方面有更详细和精辟的解释。他说，从波斯国王食桌上接受食物，不仅是一种荣誉，而且那种食物实际上也比别的食物更可口。因为一切手艺都是在大城市中最为完善的，献于王桌上的食物，当然是依照更精美的方法烹调的。不过，在一切技艺中他最重视的是农业。他认为“农业是其他技艺的母亲和保姆”，农业的兴衰影响着其他技艺。手工业是一种“粗俗的技艺”，从事这种工作有益于人的身体和精神，因而最好由外邦人和奴隶去做。色诺芬揭示了农业是国民经济发展的基础，他的这种思想在当时是与奴隶制社会自然经济的客观条件及奴隶制国家对自由平民崇尚武功、保卫祖国的要求相联系的。色诺芬在《经济论》中，从耕种到收割，从家务到田间劳动，详细地说明了如何管理组织庄园经济的生产。他认为，庄园经济的管理应“能够继续支付一切开支，并获有盈余使财产不断增加”①。他主张对奴隶应该用适用于训练野兽的办法，用奴隶所渴望的食物填满他们的肚子，褒扬有志气的人，用上等的东西奖励较好的仆人，把次等的给不该受赏的人。

色诺芬在《雅典的收入》中也从国家角度研究了增加收入的问题。他认为，雅典在气候、土地、资源、地理位置等方面都具有得天独厚的经济发展条件。他建议给侨居雅典的外国人的利益以照顾，从而吸引更多人来雅典。这样不仅可以增加雅典的收入，而且可以使外国人更心甘情愿地处于雅典统治之下。他看到雅典是一个最好和最能生利的贸易地点，因而主张授予商人特权、完善商事法院制度、建立基金等，从而大力发展对外贸易。他还主张大力开发和管理银矿，在开矿方面重视奴隶劳动，建议国家购买和拥有奴隶，并把奴隶出租给平民开矿。这样，国库可以充实，国家的财政开支也将减轻。他特别强调国家要想征集到充裕的收入，必须保有和平的环境，在和平环境中待得最久的国家一定最为繁荣。他在讲述开发管理银矿时阐述了对货币的一些见解。他认为，人们对白银是不厌其多的，喜欢贮藏白银不亚于喜欢使用白银。这是因为白银可以随时买到有用的物品。在这里，他已触及货币的流通手段和贮藏手段的职能，指出了两者之间的联系。

柏拉图的经济思想

柏拉图（公元前 427—前 347 年）是古希腊哲学家、伦理学家和政治家。他出生于雅典贵族家庭，是苏格拉底的学生。柏拉图在政治上拥护贵族专政，反对雅典民主制。公元前 399 年他在苏格拉底被处死后逃离雅典，继续进行反雅典民主制的活动，公元前 388 年回雅典。他曾创办“阿卡德弥亚”哲学学园。他的著述较多，与经济思想有关的有《理想国》和《法律论》。

在伯罗奔尼撒战争结束后，富裕的奴隶主阶层和自由贫民之间的斗争逐渐激烈起来。公元前 404 年，柏拉图写成《理想国》，以对话的形式提出解决当时社会危机的途径。他认为，在雅典的民主制度下，由于商品经济的发展引起阶级分化，造成了贫穷、腐化、堕

① 色诺芬. 经济论　雅典的收入. 北京，商务印书馆，1961：1.

落与不安定。所以，财富和穷困是社会上的两大罪恶，财富是奢侈放纵的父母，穷困是卑鄙龌龊的双亲。这种由富人和穷人组成的国家不是一个国家，而是富人的国家和穷人的国家两个国家，二者放在一起，永无太平之日。因此他提出“理想国”的设计：“理想国”由三个自由民阶层或等级组成。最高等级是执政的哲学家，他们能洞察真理，具有美德，富于知识，能够以政治国；第二等级是战士，他们平时训练，学习武术，战时担负保卫国家的责任；最低等级是农民、手工业者和商人，他们专门从事经济活动，他们没有思考和参与政治的能力，只为其他阶级提供生活资料。奴隶不是公民，处在三个等级之外，他们只是会说话的工具。柏拉图的理想国是以他的分工学说为理论基础的。他认为，一人而为多数之事，不如一人专心于一事，人的欲望和需要是多方面的，所以，人们应实行分工和互助。分工使每人精专一业，产量可增加，物品也精美；互助使人们结成团体形成国家。在社会分工中，每人应从事的行业和担任的职务是先天决定的。有的人是上帝用金质或银质制造的，是天生的统治者，有的人是上帝用铜质或铁质制造的，适于从事生产劳务活动，是天生的被统治者。因此，他实际上把脑力劳动看做奴隶主贵族的天然职能，把体力劳动看做农民、奴隶、工匠的天然职能。因为他说明了分工是城市国家的自然基础，所以马克思认为这种观点是当时的天才描述。他把农业看成理想国的经济基础，同时肯定了手工业和商业的必要性，不过，在他看来，工商业只能让外国人和奴隶去做。柏拉图还主张一种奴隶主的“共产主义”。他认为除最低等级外，战士和哲学家都不应拥有私有财产，由国家每年供给够一年生活之用的收入。为防止私人感情妨碍公共精神建立，还应消灭家庭，实行共妻共子，以使国家永久和平，全国团结一致，并可使种族改良，便利公民教育。柏拉图的“共产主义”是在奴隶制基础上实行统治者间的集体制度，与科学共产主义毫无共同之处。他还从分工出发，指出了分工、交换和货币之间的关系，认为货币是为交换服务的，意识到了货币可以作为价值尺度和流通手段。但他反对把货币作为贮藏手段，这是与他反对商业资本和高利贷资本有关的。柏拉图的“理想国”被马克思称为埃及种姓制度在雅典的理想化。

亚里士多德的经济思想

亚里士多德（公元前 384—前 322 年）是古希腊哲学家、思想家，出生于希腊殖民地色雷斯，父亲是马其顿国王的御医。亚里士多德 17 岁时到雅典，受教于柏拉图，后来与柏拉图在思想上发生分歧。柏拉图死后，他离开雅典到各地游历，公元前 343 年被聘为马其顿王子亚历山大的教师，公元前 335 年返回雅典，创立逍遥学派。他是古希腊集大成的思想家，他的经济思想主要反映在《政治论》和《伦理学》中。

亚里士多德在《政治论》中提出了不同于柏拉图理想国的组织，他代表中等奴隶主阶级，希望实行有限的奴隶主阶级的民主政体来巩固奴隶制度。他在论述国家的产生和发展时指出，城市国家是自然的产物，人类则天生是政治动物。国家是从家庭联合发展起来的，家庭是国家整体中的最小分子，但国家比家庭和个人更为重要。为了论证国家，他先从家庭的管理开始阐述他的经济思想。他认为，一个完整家庭是由奴隶与自由民组成的，在家庭管理中主要应研究家庭成员中的主与奴、夫与妻、双亲与子女的关系和生财之道。进行家庭管理要有专门的工具，财产是工具，雇员是工具，奴隶也是工具，是有生命的财产。奴隶天生不是属于他自己的，而是属于另一个人的，是一件所有物，因而可以把所有物界说为行为的工具，同所有人分开。在亚里士多德看来，世上有统治者与被统治者的区分不仅必要而且有利。在自然状态下，男性与女性天然有高低之别，前者是统治者，后者是被统治者；有些人在灵魂与肉体上是较低级的，生来就是奴隶，就奴隶来讲，其被奴役的处境是恰当公正的。他把奴隶制下的社会分工当作自然分工，用天生的人的差别（性别、种族、生理等）来论证奴隶制度的合理与自然。

亚里士多德认为，生财之道有两种：一种是属于家务管理的一部分，一种是“货殖”，即无限制地追求货币增殖。前者是把大自然提供的生活资料安排好，积累对家庭具有使用价值的财富，取得这些财富是为满足消费，人的消费有一定限度，因而这种财富也是有限的，是合乎自然的。后者的目的是增加货币，因而这种财富是无限的，也是违反自然的。在这类活动中，高利贷是尤其可恶的，它不是对金钱的自然使用，而是从金钱本身获取利益，在一切生财方式中是最不合乎自然的。他分析了物品的不同用途，认为每一种物品都有两种用途：直接供使用和交换。前者是物品本身固有的属性，后者则不是物品所固有的。他用这种观点论证“货殖”不合乎自然，他比色诺芬更明确地分析了物品的两种属性。亚里士多德在说明“货殖”的产生过程时，论述了交换从物物交换转化为以货币为媒介的交换，即零售商业过渡到以获取货币为目的的交换，即大商业。他认为，零售商业的交换目的是获得使用价值，不属于“货殖”，而大商业的目的是货币无限增殖，已不属于家庭管理。在这里，他已觉察出商品交换从商品—商品到商品—货币—商品，再到货币—商品—货币的历史发展过程。实际上区分了货币和资本，在简单商品流通中，货币执行单纯流通手段职能，在货币增殖过程中，货币执行货币资本职能。

亚里士多德在《伦理学》中讲到公平这一道德范畴时，还对商品的价值形式发表了天才的见解。他指出，5 张床＝1 间屋和 5 张床＝若干货币没有本质的不同，一种商品的价值可以通过任何别的一种商品（不论是物品还是货币）来表现，床和屋之所以可以发生交换，是因为它们之间具有等一性，他认为货币使商品成为同类或相等的。马克思说：“亚里士多德在商品的价值表现中发现了等同关系，正是在这里闪耀出他的天才的光辉。”①但是，受当时历史条件和奴隶主立场限制，亚里士多德未能发现使商品能还原为等一性的是生产商品时所耗费的劳动。

第二节　古代罗马的经济思想

概　述

古代罗马是继古代希腊的又一奴隶制国家。大约在公元前 8—前 6 世纪，古代罗马从氏族制向奴隶制社会过渡，史称“王政时期”。公元前 6—前 1 世纪中叶为古罗马共和时期，实行对外扩张，逐渐形成横跨欧、亚、非的强大国家。公元 1 世纪—476 年为罗马帝国时期，古代罗马由盛转衰，最终灭亡。

---

① 马克思，恩格斯. 马克思恩格斯全集：第 23 卷. 中文 1 版. 北京：人民出版社，1972：75.

古代罗马更广泛、更大规模地使用了奴隶劳动，建立了许多规模巨大的奴隶制大田庄、各种手工作坊和矿场。奴隶制度的发展排挤和兼并小农，使自由农民纷纷破产、丧失土地，非人的奴隶剥削更使罗马社会中阶级斗争达到极端尖锐的地步。公元前 132 年和公元前 122 年，提比略·格拉古（公元前 163—前 132 年）和盖约·格拉古（公元前 154—前 122 年）先后当选为保民官，实行改革，其主要内容是规定土地占有的最大限额，超额土地收归国库分给无地农民，以缓和农民的不满情绪，维持自由农民地位，但他们两人均在贵族和大奴隶主的反对下改革失败并被杀。公元前 137—前 132 年和公元前 104—前 101 年，西西里先后爆发两次大规模奴隶起义，公元前 74 年又爆发罗马历史上最大的斯巴达克奴隶起义。这些起义曾提出解放奴隶、消灭奴隶主大地产、把土地分给奴隶和贫民的经济政治要求，反映了奴隶阶级的斗争纲领、口号。古代罗马终于在奴隶起义、平民斗争和蛮族入侵的共同打击下灭亡了。

由于古代罗马奴隶制生产方式的发展，出现了一批奴隶主阶级思想家论述农业的著作，这些著作综述了农业经营的各种技术和经验，反映了农业中的生产组织形式和社会关系。另一方面，在奴隶制经济的衰落过程中，又出现了早期基督教的经济思想。

古代罗马奴隶主阶级的经济思想

古代罗马奴隶主阶级的经济思想主要表现在加图、瓦罗、西赛罗和珂鲁麦拉等人的著作中。

克优斯·加图（公元前 234—前 149 年）是古代罗马政治活动家、大奴隶主，当过罗马的元老，历任执政官、监察官等职。他的主要著作是《论农业》和《起源》（罗马最早的史书，已失）。他生活在罗马奴隶制兴盛的时代，大量战俘和被征服国的居民作为奴隶源源不断地被输送到罗马。当时奴隶主力图巩固和扩大奴隶制经济，榨取更多的剩余产品，加图的《论农业》反映了这种经济要求。《论农业》也是被保存下来的研究当时奴隶制庄园经济的重要资料。加图认为，农业在一切经济部门中是罗马人最适宜从事的职业，奴隶主的主要任务就是管理好自己的庄园以增加收入。为此，奴隶主应尽量减少开支，在生产上只购买最必需的生产资料。在管理奴隶上，他具体说明，奴隶主给管家和牧羊的奴隶的粮食应比干重活的奴隶少，冬天给奴隶的粮食要比夏天少，生病的奴隶应卖掉。这实际上是主张把维持奴隶生存的生活必需品的供应减少到最低限度。他说，要防止奴隶“偷窃”和“犯罪”，最有效的办法是让奴隶不间断地工作，对奴隶应严加看管，而不要放任。在加图生活的时代，商品交换和商业已开始发展，因此，他一方面主张奴隶主庄园应自给自足，奴隶所需的一切东西尽量在庄园中生产；另一方面，他也看到，在规模较大的庄园中，有大量剩余产品可以出售，所以，主张把庄园的地址选在交通便利和利于产品销售的地方。他认为，庄园从事商业时，应该遵循少买多卖的原则。在庄园经济中，他重视发展商品率较高的酿酒用的葡萄的生产和用于交换的牲畜的饲养。

玛尔库斯·铁伦提乌斯·瓦罗（公元前 116—前 27 年）是古代著名思想家，列阿提人，曾在罗马向埃·斯蒂罗等人学习，在政治上是庞培派，反对恺撒。公元前 46 年，他在 70 岁时在政治上隐退，与恺撒和解，专心从事著述活动，研究内容涉及罗马习俗、宗教、戏剧、拉丁语言、天文学等许多方面。他在欧洲文艺复兴时被称为古代罗马第三大人物，与西塞罗和维吉尔并列。瓦罗作为奴隶主思想家，在《论农业》中明确地把奴隶看做工具。他依据当时人们的分类，把农具分为：(1) 能讲话的农具；(2) 只能发声的农具；(3) 无声的农具。奴隶属第一类，牛马属第二类，马车属第三类。他认为，大土地所有者应亲身料理农庄，奴隶制庄园应保持自给自足，不仅奴隶所需用品在庄园中生产，奴隶主的各项需要也应尽量在庄园中生产。在这方面，他比加图更注重维护自然经济。在管理奴隶的方法上，他则比加图更进一步。他主张应刺激监督人（也是奴隶）执行管理奴隶的工作，可以让他们与女奴隶同居并生儿育女。奴隶主要教育监督人在管理奴隶时不用鞭子而用语言。奴隶主可以和最能干的奴隶商议要干的农活，有时可以对奴隶比平时更慷慨一些，例如给些好的衣服和食物以提高奴隶的劳动热情。他还提醒，最好在庄园中不要使用太多的属于同一部落的奴隶，以防止发生争端。这些管理形式的变化反映了当时奴隶起义对奴隶主的打击与震动。

珂鲁麦拉（1 世纪中期）是古代罗马思想家，出生于西班牙，长期生活在意大利。他的主要著作是《论农业》（12 卷）。这个时期，罗马奴隶制危机已经开始，奴隶劳动生产率极为低下，如何提高劳动生产率成为中心问题，珂鲁麦拉的著作就反映了这种情况。珂鲁麦拉对农业经济很有研究，他的著作汇集了当时广泛的农业知识。作为奴隶主阶级思想家，他已看到奴隶劳动不能使土地得到很好利用，因此，他一方面劝告奴隶主要改变对奴隶的态度，注意使奴隶对劳动产生兴趣；另一方面，他提出把农业交给隶农经营的主张，认为使用隶农进行农业生产比使用奴隶进行生产更有利。这种思想反映了罗马社会内部封建生产关系的孕育和发展。

早期基督教的经济思想

基督教在公元 1—2 世纪出现于古代罗马社会中。恩格斯曾指出，早期基督教是“奴隶和被释放的奴隶、穷人和无权者、被罗马征服或驱散的人们的宗教”①。在古代罗马奴隶制社会中，被压迫和被奴役的劳动群众幻想基督再次降临人世，建立人人平等、普遍幸福的千年王国。早期基督教思想也包含消极的思想，它宣传不要以暴抗恶，要求奴隶顺从主人，认为奴隶制是上帝对罪恶的惩罚等。在早期基督教教义基础上产生的早期基督教社团实行财产公有和平均主义分配原则，社团内还未分化出僧侣贵族。但是，2 世纪下半期以后，统治阶级代表人物逐渐进入基督教社团并占据支配地位，基督教教义也逐渐变成剥削阶级欺骗和麻醉劳动人民的宗教。

在罗马帝国瓦解时期，基督教最著名的思想家是奥古斯丁。奥格里·奥古斯丁（354—430 年）出生于北非的塔加斯特，一度曾信摩尼教，后皈依基督教，任北非希波主教。他的著作有《忏悔录》《论上帝之城》《〈创世记〉注释》等。奥古斯丁的经济观点反映了由奴隶制生产方式向封建生产方式过渡时期统治阶级的经济利益和要求。在 4—5 世纪，罗马帝国内部已出现封建生产关系，对奴隶制和劳动等的观念都发生了重要变化。奥古斯丁对劳动的看法与以往思想家有了很大不同。他在注释圣经《创世记》时说，在上帝创造世界时，上帝就要人劳动，只从事精神活动而不从事体力劳动乃是懒惰的标志。他把

① 马克思，恩格斯. 马克思恩格斯全集：第 22 卷. 中文 1 版. 北京：人民出版社，1965：525.

铁匠、木匠、鞋匠的劳动都称为纯洁正直的行为，认为体力劳动也值得人们尊敬。但是，他认为在一切行业中，农业是最高尚的行业，农业技艺是所有手艺中最纯洁的手艺。对于商业，他采取非难态度。他认为，为糊口谋生而从事小商业还是情有可原的，但以营利为目的的大商业是绝不能容忍的。他说，商人的职务是买贱卖贵，这种行为显然是败行，因此，一切正直的人都应当起来反对它。他认为，奴隶制度与人类理性是相矛盾的，但它是由上帝建立的，是对罪恶的惩罚。教会的任务不在于解放奴隶，而在于使奴隶驯良。

奥古斯丁提出了公平价格的概念。公平价格的概念最初出现于罗马法和罗马法学家的著作中，是用来指某时期内不受市场变动影响的价格，大多数从事交换的人是按这个价格进行买卖的。罗马法和罗马法学家所说的这种公平价格实际上是平均价格，即大体上与价值相符的价格。奥古斯丁也使用了这个概念。他说，我知道有这样的人，当他购买抄本时，看见卖主不知抄本的价值，而他却自然而然地给卖主以公平价格。由于当时商品货币关系还不很发展，奥古斯丁并没有进一步论证公平价格的内容。他的公平价格思想为后来中世纪教会作家所继承和发展。

第三节　西欧中世纪的经济思想

概　述

从公元 5 世纪西罗马帝国灭亡到 15 世纪，是西欧封建社会形成、发展和繁荣的时期，史称“中世纪”。西欧封建制度是在罗马帝国的废墟上建立起来的。在奴隶社会内部开始产生的封建关系，由于日耳曼部落对罗马的征服而加速发展起来，大约经历了 400 年的时间，到 9—10 世纪，最终形成了以封建主庄园为典型形式的西欧封建制度。原先罗马帝国人口稠密、工商业发达的城市曾经衰落，占据统治地位的是自给自足的自然经济。土地被层层分封，切割得非常零散，自由农民都沦为大大小小封建领主的农奴，庄园中普遍实行劳役地租和实物地租的剥削。随着社会生产力的发展，手工业与农业逐渐分离，11 世纪前后，一批新兴城市发展起来，对外贸易也日益活跃。十字军的东征加强了东西方的贸易，到 13—14 世纪时，欧洲形成了以地中海为中心和以北海、波罗的海为中心的南北两大贸易区。城市对农村的影响越来越大，商品货币关系日益渗透农村，货币地租开始流行起来。许多城市以武力或金钱购买方式摆脱了封建依附，成为自由或半自由城市。15 世纪以后，资本主义生产关系逐渐产生。

在这段时期中，宗教占有特殊地位。在西欧封建化过程中，罗马帝国后期已被奉为国教的基督教又被奉为封建社会占统治地位的意识形态，而教会则变成大封建主，占据了西欧各国大约 1/3 的土地。经过以封建国王为首的世俗权力和以罗马教皇为首的宗教权力之间的斗争，在 11 世纪，西欧确立了教皇在宗教事务和世俗事务方面的无限权力。因此，意识形态领域的一切形式，如哲学、政治学、经济学等都带上了神学的色彩。13 世纪初，随着教会和异教斗争的发展，早期经院哲学发展为以折中主义为新特征的多米尼克经院哲学正统派，其中最著名的代表人物是托马斯·阿奎那，他的学说在封建社会兴盛时期占据统治地位，中世纪封建社会占统治地位的经济思想也主要反映在他的学说中。

封建主阶级对广大人民群众的剥削和压迫，也引起人民的反抗。农奴、城市商人、平民与封建主的斗争也以宗教形式进行，异教和农民起义提出了自己的经济要求和纲领。

14 世纪以后，商品货币经济的长足发展使一些思想家注意研究现实生活中的经济现象和问题，因而提出了一些与正统神学家不同的观点、理论，这些观点、理论主要表现在货币、高利贷、利息等问题上，比较著名的代表人物有尼科尔·奥雷斯姆和卡罗吕斯·莫利诺斯。

阿奎那的经济思想

托马斯·阿奎那（1225—1274 年）是意大利神学家，多米尼克教派主要代表，出生于意大利一个伯爵家庭，曾入蒙德·嘎西诺修道院和那不勒斯大学学习。20 岁时参加多米尼克教团，被派往巴黎跟从当时著名的神学家亚尔贝兹·马格努（1193？—1280 年）学习哲学。1252 年开始在巴黎等地讲学，1259 年任罗马教廷神学顾问和讲习。1272 年主持那不勒斯的多米尼克教团研究室工作。他的主要著作是《神学大全》，该书被认为是中世纪经院哲学的百科全书，阿奎那也被称为中世纪“神学的泰斗”。1879 年，教皇宣布阿奎那的神学为天主教会的最高哲学权威，现代新托马斯主义就是打着他的旗号发展起来的。阿奎那的经济思想反映在《神学大全》中，主要论及封建农奴制、公平价格、货币、商业、利息等问题。

阿奎那主要依据“自然法”的观念来论证封建农奴制度的合理性。“自然法”观念是古希腊哲学中斯多噶派从所谓宇宙理性中引申出来的，认为“自然法”是超出人为法之上的，由神性支配的不变规律，人类的行为和社会都要服从它。依据“自然法”，人们本质上是相同的，应拥有平等和自由的权利，甚至财产也应是公有的，这反映了劳动群众对奴隶制的抗议。但同时，斯多噶派又宣扬听天由命、苦行寡欲的思想，被后来统治者所利用。阿奎那把社会解释为一个有机体，援引亚里士多德关于自然不平等的论断，论证上帝创造万物时就有“高级”与“低级”之分。他认为，一个人的肉体必须服从灵魂，冲动的情欲必须受制于理性。从事体力劳动是低贱的，从事脑力劳动是高尚的，前者是下等人，理应服从上等人的统治。上帝造人时，因为亚当和夏娃犯了罪过，所以他们的后代要遭受不平等和不自由的惩罚。至于私有制，则是人的理性创造出来的，也出自上帝的意志。他认为，正像人生下来本来是赤身露体的，自然没有为他提供衣服，衣服是人自己创造的。私有权和地役权也都不是自然所规定的，它们是人类的理性为了人类的生活而采用的办法。在这种情况下，自然法不是有所改变，而是有所增益。私有制是人类生活不可缺少的，可以使人类处于比较和平的境地，只有在那些联合地和共同地占有某种东西的人们中间，往往最容易发生纠纷。自从阿奎那的思想占据主导地位后，只有异教才仍坚持古代自然法的观念，并把社会经济思想建立在这种观念之上。

阿奎那接受了马格努关于公平价格的思想，并作了进一步的发挥。公平价格是中世纪教会学者关于价值和交换法则的一种解释，他们引述亚里士多德关于商品交换中公平问题的见解，把奥古斯丁提出的“公平价格”概念发展成一套理论。较早对公平价格作详细研究的是亚尔贝兹·马格努。马格努根据自己对日常生活实践的观察，把商品交换的平等的基础归结为交换双方耗费了相等的劳动。阿奎那接受了这种观点，同时，又把价格范畴说成是一个主观的范畴。他承认，在用房屋交换鞋子的时候，应当为房屋多付出代价，因为造房屋的人在劳动的耗费和货币的支出上都超过鞋匠。他从宗教伦理角度强调在买卖中支付的价格必须是公平的。无论是把一件物品卖得贵于它的价格，或隐瞒所出售的物品的缺点，都属于欺骗行为。他的主张是从封建主利益出发反对商人的贱买贵卖行为，因为商人的不等价交换，不仅对农民和手工业者进行榨取，也对封建主剥削的收入进行夺取和分享。但是，封建主也经常从不等价交换中获取额外收入，所以，他又把公平价格说成是能使卖主获得“相当于他的等级地位的生活条件”的价格。他认为，公平价格取决于从物品所得到的利益的大小，取决于它们对人的效用，所以，公平价格不是绝对固定的，要取决于某种评价。物品的卖价比它的价值稍多或稍少，不算是破坏公平所要求的均等。这样，阿奎那采用折中方法，既维护封建主在与商人交换中的利益，又为封建主凭借特权高价出售物品提供了辩护根据。在他的学说中，价值与价格是不分的，公平价格有时被理解为价值，有时又被理解为价格，所以，他还认为，公平价格是由供求关系决定的，一个卖主把小麦拿到粮价高的地方出售时，发现还有很多人带来更多的小麦，这时小麦价格就会下跌，他们只得到公平价格。在中世纪，自然经济占统治地位，商品交换一般在商品生产者间进行，人们对自己的商品和别人的商品各耗费多少劳动都比较清楚，交换比例也是根据耗费的劳动来决定的，所以，中世纪思想家也不难看到商品价格与劳动耗费的联系。这时所说的“公平价格”实质上是与价值相符合的价格，不过披着宗教伦理的外衣。另外，由于商品经济的发展，价格常常脱离价值，这使阿奎那提出效用决定价格的观点，开了以后效用价值理论的先河。

在阿奎那所处的时代，商品货币经济已有所发展，因此，他关于货币、商业、利息等观点都带有明显的两重性，反映了他的学说的折中主义特点。在货币上，他一方面依据亚里士多德关于货币是便利交换的工具的观点，认为货币是人类发明的工具，人们发明它是为了用一定的价格衡量一件物品的价值，因而，货币的价值可以由人的主观意志决定，货币铸造是统治者的特权，统治者规定了货币的购买力。这是中世纪封建主在自己领地任意铸造货币状况的反映。同时，每个封建主所铸货币具有地方性质，当超出领地范围时，人们就要求足值的货币。所以，阿奎那又不得不承认货币本身也是一种商品，有内在的稳定性，任意贬损货币价值无异于伪造重量和长度，因而劝告封建主在改铸货币重量成分时需适可而止。在商业上，他依据亚里士多德关于两种生财之道的观点，把商业看成是卑鄙的行业，但同时又断言赚取利润的大商业是合理的。在他看来，一个人从事贱买贵卖在两种情况下是可以免受道义谴责的：(1) 一个人用他从商业中获得的适当利润来维持自己的家庭生活，或者帮助穷人。(2) 买进时并无转手卖出的意图，并对物品作了改进，或因时间地点改变而价格有了变动，或因物品运输担负了风险。阿奎那认为，依这样方式获取的利润是“劳动的报酬”，应保证卖者有相当于其等级地位的生活条件。在利息上，他一方面肯定放债取利是罪恶，另一方面又认为放债取利在一定条件下是可以的。他认为贷出货币而收取利息，就其本身来说是不公正的。根据罗马法，物品可以分为消费物和代替物。消费物，如酒、小麦等，使用权和所有权不能分开，把使用权给予别人时，也同时给予了所有权，因此，这类物品的出借不应收取利息。如果对这类物品要求利息，就是出卖本身不能分开出卖的东西，也就是重复出卖同一件东西，因而违反了正义。代替物，如房屋、土地等，使用权和所有权可以分开，因而可以允许收取利息。在阿奎那看来，货币属于消费物，因而出借货币收取利息是不合法的。他强烈谴责高利贷，并反驳了关于利息是对时间的支付的观点。他认为，时间是众人共有的财产，单纯债务偿还的延迟不能作为增加偿还数额的根据，高利贷对时间索取报酬，既欺骗了邻人，也欺骗了上帝。同时，阿奎那又认为在两种情况下可以收取利息：（1）出借人出借货币蒙受了损失；（2）出借人以合伙形式把货币委托给商人和手工业者，担负了丧失本金的风险。这些又为收取利息开了方便之门。

异教和农民起义的经济要求

中世纪反封建的革命反对派以异教的形式提出自己的经济要求。一方面，在封建制度下，教会教条就是政治信条，《圣经》中的词句在法庭中具有法律效力；另一方面，中世纪群众所受的是教会教育，只有揭露教会对教义的歪曲，才能动员群众反对封建制度。因此，农奴、城市贫民和商人与封建主以宗教形式进行的斗争贯穿于整个中世纪。恩格斯根据异教的阶级内容，把异教分为城市市民异教和农民平民异教。城市市民异教“要求恢复原始基督教的简单教会制度，要求取消独霸的僧侣等级……一言以蔽之，就得取消教会中一切糟蹋钱的事情”。而农民平民异教“乃是农民和平民的要求之直接表现，并且几乎总是和起义结合着的”。“它要求在教区成员间恢复原始基督教的平等关系，并且承认此种关系也是市民社会的准则。它从‘上帝儿女的平等’推论到市民社会的平等，甚至已经多少推论到财产的平等”。他们的具体社会纲领，就是“要求农民和贵族平等，平民和城市贵族及特权市民平等，它要求取消徭役，地租，捐税，特权，它要求至少消除那些最不堪忍受的财富差别”①。

城市市民异教 11 世纪开始从西欧最发达城市产生并流传开来，主要代表在意大利和德国是阿诺尔德斯，在英国是约翰·威克利夫，在捷克是胡斯。例如：阿诺尔德斯（1100？—1155 年）宣传恢复古代基督教会习俗、使徒的贫穷状态，主张剥夺教会的一切世俗权力，把财产交给世俗封建主。他在意大利、法国和德国都享有盛名，1146 年参加罗马城市居民反教皇的起义，失败后被烧死。扬·胡斯（1369—1415 年）1412 年号召人民拒绝购买罗马教皇的“赎罪券”，并揭露教会贪得无厌和腐败堕落。胡斯 1415 年被教会烧死后，激起人民的起义。城市市民异教只反教会封建制度，存在很大局限性。

农民平民异教是反封建的激进革命派，包括广大农民和城市中的平民，在英国、捷克、德国得到农民起义的支持，代表人物在英国有鲍尔、在捷克有杰士卡、在德国有闵采尔。约翰·鲍尔（？—1381 年）宣称社会不平等是人为造成的，他揭露了封建统治阶级的剥削和压迫，号召人们起来打破多年的束缚和压迫。他提出了财产公有和普遍平等的要求。约翰·杰士卡（1378—1424 年）提出恢复早期基督教教会组织，取消私有制，取消一切贵族特权和等级区别，实行公有制，实现人与人间一律平等的口号。在实际斗争中，他组织了社团，人们彼此以兄弟姐妹相称，财产归社团所有，实行公共管理和平均分配。托马斯·闵采尔（约 1490—1525 年）不仅反对教会，而且主张消灭整个封建制度，消灭一切剥削阶级，建立现世的天国。农民平民异教及农民起义的经济要求超出了反封建斗争

① 马克思，恩格斯. 马克思恩格斯全集：第 7 卷. 中文 1 版. 北京：人民出版社，1959：402，403.

范围，有着发动人民的巨大革命意义。

奥雷斯姆和莫利诺斯的经济思想

在中世纪西欧，封建领主大都在自己的领地铸造货币，封建国王为弥补财政开支的不足，经常使用贬损货币的措施。14 世纪以后，封建国王任意改变货币重量与成色的做法严重损害了商人阶层和广大人民的利益。另外，随着商品货币经济的发展，商业及其他经济活动要求借贷资本进一步发展，教会禁止放债取利的法规也越来越成为经济发展的障碍。因此，14 世纪以后，反对任意贬损货币的思想和论证高利贷合理性的理论发展起来了，奥雷斯姆和莫利诺斯是两个重要代表人物。

尼科尔·奥雷斯姆（1320—1382 年）是 14 世纪法国最著名的教士之一，生于卡昂，早年到巴黎求学，1356 年获纳瓦尔大学硕士学位，1362 年任鲁昂学院院长，1377 年任利泽伊主教。他在神学、数学方面有卓越的成就，大约在 1360 年前后写作了《论货币的最初发明》，这本书被认为是经济思想史上第一本系统论述货币的著作。他分析了货币的起源、性质及规律。他认为，货币是为解决交换中存在的困难而逐渐产生发展起来的，它不能直接满足人类生活的需要，而是用以交换自然财富的人为手段。供铸造货币的材料有金、银、合金等，但作为通则，不应使用合金，因为合金容易掺假或引起猜疑。货币应统一并加盖印记，这样可以解除人们的疑虑。他认为，由于国王享有最高威望和权力，所以由国王加盖印记是最恰当的。但是，这并不是说国王是流通着的货币的所有人，货币事实上是属于拥有自然财富的人。他认识到金币与银币之间有一确定的比率，这种比率也会有变化。奥雷斯姆已意识到货币具有自身的稳定价值，由此，他批判了货币名目主义，为批评国王货币贬损政策建立了理论根据。他认为，国王通过改革货币以取利是不法行为，这种行为比高利贷更坏，因为高利贷把钱交给对方，归还时要求较多数额是双方的契约规定的，而“作为一位国王，于不必要地改变货币的内容时，是在违反其臣民意愿的情况下夺取他们财产的行为”①。高利贷活动伤害少数人，而贬损铸币行为却欺骗整个国家。奥雷斯姆关于货币的见解，反映了封建主阶级中借商业发展得利的阶层的利益。

卡罗吕斯·莫利诺斯（1500—1566 年）是法国法理学家，最初在奥尔良和普瓦捷研读法学和讲课，后到巴黎任法国宫廷和议会法律顾问。他在 1539 年发表《巴黎人的风俗习惯》，博得很大名声，但他 1546 年写作的《论契约与高利贷》却遭到了强烈的反对。他的后期生活很不安定，曾在德意志各大学讲课，也曾侍奉过一些日耳曼诸侯，并多次参加宗教上的论争。他的经济思想集中反映在《论契约与高利贷》一书中。在这本书中他尖锐批评了经院神学家禁止和谴责高利贷的观点，论证了收取利息的合理性。他认为，作为一个债权人，当他所收受的超过他的本金时，他这样做是合理合法的。债权人通过一项贷款，为对方取得收益提供了直接的和有效的推动力，也即是为这一收益提供了必要条件。不论是按照神的和自然的法律，还是按照民法，人们都可以为取得收益的一部分而订约借贷。而且，“由于债务人借助于一项贷款，即使因此增加了负担，与不存在贷款时相比，可以取得较大的收益，这就很明显，贷款尽管使他增加了负担，而对他说来是有利的，不

① 奥雷斯姆. 论货币的最初发明//门罗. 早期经济思想. 北京：商务印书馆，1985：85.

是有害的"①。他认为，对贷出资金得到收益的谴责是不正确的，是由迷信引起的。他详尽地列举了中世纪有较大影响的神学家，包括阿奎那、斯科特斯等人的观点，并一一加以评价、批判。他认为，高利贷是有存在的必要性的，这种必要性类似于使用货币的必要性，只不过不如使用货币那样迫切罢了。货币在一切交换中几乎都少不得，而高利贷只是在需要取得对别人的资金的使用权时才有必要。他还论证了高利贷利息。他认为，高利贷在广义下有两种：一是商业性的，始终要通过订约手续严格遵行；二是惩罚性或补偿性的，到期不还应加以惩罚，延期的利息应给以补偿。利息不应以资产收益的最低额为限，因为在这种情况下将对延期还款者有利；利息也不应超过资产的最大收益额。莫利诺斯关于高利贷和利息的观点，反映了16世纪上半期高利贷借贷活动的发展，是较早地肯定利息收入是正当的理论观点。

阅读书目

恩格斯. 反杜林论//马克思，恩格斯. 马克思恩格斯全集：第20卷. 中文1版. 北京：人民出版社，1971：249－250

恩格斯：恩格斯论原始基督教史. 北京：人民出版社，1951：21

色诺芬. 经济论 雅典的收入. 北京，商务印书馆，1961

门罗. 早期经济思想. 北京：商务印书馆，1985：3－106（亚里士多德、色诺芬、阿奎那、奥雷斯姆、莫利诺斯部分）

思考题

一、名词解释

亚里士多德的生财之道 柏拉图的"理想国" 瓦罗的《论农业》 公平价格

二、问答题

1. 简述色诺芬的经济思想。
2. 简述阿奎那的经济思想及其特点。

① 莫利诺斯. 论契约与高利贷//门罗. 早期经济思想. 北京：商务印书馆，1985：95.

第二章

重商主义经济思想

本章重点

重商主义分为早期与晚期两个发展阶段。早期重商主义，又被称为货币差额论、重金主义或货币主义。晚期重商主义被称为贸易差额论或重工主义。重商主义的基本思想是把货币看成财富的唯一形态；财富的源泉来自流通领域，主要是贱买贵卖；只有在对外贸易中保持顺差，才能增加一个国家的财富；国家应实行干预经济的政策，以保证金银财富的流入。重商主义是资产阶级政治经济学的前史，是对资本主义最初的理论考察。

本章知识点

- 重商主义的基本思想
- 重商主义的发展阶段
- 托马斯·孟的经济思想和柯尔贝尔的经济政策

第一节 概 述

西欧重商主义的产生

重商主义产生于西欧封建制度解体和资本主义生产方式产生时期。西欧封建社会 14 世纪末开始解体，资本主义关系产生并逐渐成长起来。

商业资本是资本在历史上最早的一种形态，它是流通资本，不能创造任何新的生产方式。但是，它在资本主义生产方式的形成中曾经产生过重大影响。商业资本促进了社会分工的扩大，引起了商品需求增加、市场的形成和扩展。随着地理上的大发现，国内市场统一，世界市场形成并不断扩张，推进了对外贸易的发展。同时，大大增强了欧洲商人对黄金的渴望，他们远涉重洋，随意侵占新大陆，镇压、征服土著居民，肆无忌惮地掠夺这里人民的金钱、财富，为资本主义的发展积累了大量资本。这时，作为封建国家经济政策的重商主义开始出现，其适应西欧各国这一时期社会经济发展的需要，反映这一时期商业资产阶级的经济利益，并逐渐发展为重商主义政策体系和经济学说。

重商主义的基本思想

西欧各国基本上都出现过重商主义，但因为发生的时间、地点和条件不同各有差异，然而其基本思想是一致的，大体可归纳为以下几点：(1) 社会财富观念。重商主义者一致反对古代社会和中世纪思想家维护自然经济、鄙视货币财富的观点。他们坚持一切经济活动都是为了获取金银。他们把财富与货币混为一谈，认为金银即货币是财富的唯一形态；把货币的多寡视为衡量富裕程度的标准。(2) 财富源泉的观点。重商主义者并不轻视金银矿藏的开采是获取金银财富的一个来源，但他们认为西欧一些国家缺少金银矿藏，财富的源泉只能是流通领域，只有靠流通领域才能使社会财富不断增加。因为他们认为在商品交换中才能获取金银，也只有在流通领域中产品价值的追加即贱买贵卖才能获得利润（剩余价值，也就是他们所说的“让渡利润”），才能获得更多的金银。结论是只有流通领域才是国家致富的源泉。他们进一步明确，国内商业虽属必要，但不能增加国家的货币量，因为在国内一部分人所得，就是另一部分人所失，国家的财富并没有增加。只有对外贸易才是国家富裕的根本途径。而在对外贸易中又必须遵循多卖少买、多收入少支出的原则，要做到出口大于进口，保证贸易中的顺差，大量金银才能不断流入本国。(3) 强调国家的作用。重商主义者认为，中央集权国家对经济的干预是国家致富的重要保证。封建割据的国家是妨碍商业资本充分发展的。重商主义者要求建立统一的民族国家，并极力主张国家采取各种干预经济的措施，颁布保护商业、工业的法令，实行货币输入和产品出口、限制或禁止货币输出和商品进口的政策，并和国家政权相结合进行殖民扩张。因此，他们提出巩固和增强中央集权国家的实力，发展本国的制造业、航海业，壮大国家的陆、海军武装力量，保证对殖民地的掠夺和垄断殖民地的贸易。(4) 奖励增加人口。重商主义者认为，人口是国家劳动力的重要来源，又是进行武力掠夺、殖民扩张的兵源。因此，他们主张增加人口，限制人口外流；同时鼓励外国人口，特别是有熟练手艺和有科学技术的人才移入本国。

从上述重商主义者的基本思想可见，他们根本不知道货币的起源和本质，不理解货币是商品经济发展的必然产物，金银和其他商品一样是商品，并非天生就是货币，只是在一定的生产关系下才成为货币。重商主义者混同了金银和货币，把金银看成是财富的唯一形态。事实是，在不同的社会里，财富具有不同的内容。在资本主义社会，财富是交换价值，金银即货币只是财富的一种形态，而不是财富的唯一形态。重商主义者的观点反映了当时西欧流行的追求金银的狂热，反映了新兴资产阶级对积累货币资本的渴望。他们把财富的源泉归结为流通领域的观点，也是因为在资本主义刚刚产生时期，商业资本占有重要地位，真正的资产阶级的经济领域是商品流通领域。同时，当时商业资本的力量还比较软弱，为保证获取大量的货币财富尚需借助封建集权国家的力量；而封建统治阶级开支巨大，也把商业资本作为他们经济来源的强大后盾。这是重商主义者强调国家在经济方面积极干预的思想基础。

重商主义者是根据他们的社会实践，把从现实生活中观察到的经济现象加以分析研究、整理、归纳，得出他们的经验主义的结论的。这是对资本主义生产方式的最早的理论探讨，但重商主义者对资本主义的研究是不科学的。

第二节 西欧重商主义的发展

早期重商主义

重商主义经历了两个发展阶段，即早期重商主义阶段和晚期重商主义阶段。两个阶段重商主义的基本思想是一致的。它们都是资本原始积累时期商业资产阶级的意识形态，都把货币看成是财富的唯一形态。但是，在如何增加货币财富的问题上，两个阶段的重商主义有不同的看法和主张，提出过不同的措施和办法。

大约14、15世纪至16世纪中叶为早期重商主义阶段。这一时期重商主义者思想的特点是，他们认为一切购买都会使货币减少，所有的销售都能使货币增加。早期重商主义者所坚持的主张是，尽量少买或不买，把多卖少买的原则绝对化。他们以为这样才能多积累货币，使国家致富；反之，货币离开自己的手，财富损失，国家就随之贫困。这时，他们把货币只看成宝藏。恩格斯曾讥讽地指出，他们“像守财奴一样，双手抱住他心爱的钱袋，用妒嫉和猜疑的目光打量着自己的邻居”①。

早期重商主义阶段，商品生产和流通还不发达，对外贸易尚未充分展开，商业资本限于本身的条件，它们的代言人极力主张国家积极干预经济。当时西欧一些国家，如英国、西班牙、葡萄牙和意大利等国都制定了许多政策，采取了各种措施，颁布了不少法令，甚至规定了严厉的刑罚，直至死刑，以禁止货币输出国外。同时还制定了鼓励吸收国外货币的条例，如规定外国商人只能用所获货币购买当地货物输回本国。总之，国家采取各种严格措施加强对外贸易的管制，防止货币流向国外。

西欧主要国家早期重商主义的代表，在英国有约翰·海尔斯（？—1571年）、马利纳（1586—1641年）。海尔斯在他的著作《英吉利王国公共福利对话集》② 中述说了保持和增加英国的货币，积累货币财富的措施和主张；提出尽量将货币保存在英国而不使其流向国外。他们极力反对当时由于社会上铸造不足值的货币，而使商品价格上涨，足值货币流向国外的现象。他们还极力反对从外国输入商品，特别是反对从国外输入奢侈品，也反对外国商人用英国的原料加工后再输入英国的制成品。因为这些都可以使外国商人赚取货币，输回他们的国家。马利纳认为国家应该禁止金银出口，对货币应该严格管制，加强对外贸易和外汇交易的管理。

法国早期重商主义的代表有博丹（1530—1596年）、安徒安·孟克列钦（1575—1621年）。博丹针对物价问题，提出法国当时物价上涨的主要原因是金银的数量过多。他著文

① 马克思，恩格斯．马克思恩格斯全集：第1卷．中文1版．北京：人民出版社，1956：596.

② 本书也被认为是由海尔斯和威廉·斯塔福特共同创作出版的。

说明了这一现象，最早地提出了货币数量理论。孟克列钦 1615 年发表了《献给国王和王太后的政治经济学》一书。作者并没有想到把这部著作视为一门新学科的命名，但他确实在历史上第一次提出了政治经济学的名称。在这部著作中，孟克列钦明确地提出了商业地位十分重要的观点，说明商业是国家活动的基础，国家应该保护商人的利益。他反对外国商人在法国进行商业活动，侵犯法国的利益，还提出了要保护法国自然资源等主张。这些是他的基本观点，但与此同时，他还宣称使国家富足的不是充足的黄金和白银，而是生活必需品。这反映他的观点已有超出早期重商主义的方面。

总之，早期重商主义阶段，国家迫切需要增加货币。所以早期重商主义者极力提倡不断吸收国外货币到国内，禁止货币输出国外。此时，国家力图通过行政手段，调节货币的流动，达到使国家贮藏尽量多的货币、积累起充足的货币财富的目的。早期重商主义被称为货币差额论，又称为重金主义或货币主义。

晚期重商主义

西欧大约从 16 世纪下半叶到 17 世纪中叶为晚期重商主义阶段。晚期重商主义与早期重商主义不同，在增加货币财富的方式和采取的措施上有了不小的进步。他们已开始认识到必须把货币不断地投入流通，才能使货币财富不断增加。他们极力主张改变禁止货币输出的政策，要求国家允许货币输出，甚至采取有效措施鼓励货币输出，扩大从事外国商品的买卖，以获取大量货币财富。为了保证对外贸易顺利进行，获取利润，他们还进一步明确，在对外贸易中，必须保持顺差。就是说，用于购买外国商品的货币总额，必须少于出售商品所得的货币总额，目的是保证有更多的货币流回本国。晚期重商主义者还提出要尽量发展本国的制造业，生产更多的向国外输出的产品，因为输出产品比输出原料可以得到更多的货币。同时，他们认为应尽量减少或禁止那些本国能够生产的消费品的输入，特别是奢侈品的输入。因此在晚期重商主义时期，奖励输出、限制输入遂成为两项重要任务。晚期重商主义者还明确提出，国家必须实施保护关税政策，以保护本国工业、商业和航运业的顺利发展，保护本国工商业能抵制国外的竞争对手。他们并且认为人口是一个国家的真正力量，所以提出了增加人口、限制人口外流和采取鼓励有熟练手艺技巧的工人移入的政策。

在西欧，晚期重商主义者比较重要的代表有英国的托马斯·孟（1571—1641 年）、法国的让·巴蒂斯特·柯尔贝尔（1619—1683 年）、意大利的安东尼·塞拉（生卒年不详）。托马斯·孟是英国晚期重商主义的著名代表，他反驳了早期重商主义者的观点，提出了系统的晚期重商主义的观点和主张。柯尔贝尔是法国晚期重商主义的突出代表，他以法国经济政策的实践体现了他的晚期重商主义的主张。塞拉是意大利晚期重商主义的著名代表，他在 1613 年发表了《略论无贵金属矿藏国家使金银充足的手段》一书，这一著作是他在拿波里监狱中写成的。在书中塞拉有力地抨击了早期重商主义观点，论述了没有贵金属矿藏的国家获得货币的手段。他对发展手工业生产比较重视，提出如果各式各样的和为数众多的手工业，能生产出超过本国需要的必要生活资料、享乐用品和奢侈品，就可以给国家换回充足的货币。可见塞拉已把发展工业与扩大对外贸易联系起来。塞拉当时还不理解手工工场的历史意义，但他已在一定程度上看到了工业生产的作用，这是一个进步。塞拉在论述繁荣对外贸易时主张发展转运业，这可以使大量货币集中到国内来，这一点是适应当时意大利城市缺少销售外国商品的广大市场而提出的。塞拉认为国家要增加货币，就要遵循贸易差额的原则，在对外贸易中必须保持出超。因此，他的结论是，应该重视调节商品的流动，促进货币的流动，而不应限制货币的流动。塞拉的这些观点表明，在资本主义已较前发展的阶段，重商主义者的理论也有了进一步的发展。

总之，晚期重商主义者虽认为货币是财富的唯一形态，但是他们已开始用资本家的眼光看待货币，初步地意识到货币不单纯是货币财富，而且是增加财富的手段。他们坚持发展对外贸易，而在对外贸易中必须实现出超。这一时期重商主义的特点是，通过调节商品的运动，达到增加货币财富的目的。晚期重商主义被称为贸易差额论。西欧一些主要国家的晚期重商主义者，支持国家采取扶植和鼓励发展制造出口商品的工场手工业的政策，所以又把晚期重商主义称为重工主义。

第三节　托马斯·孟和柯尔贝尔的经济思想

托马斯·孟的经济思想

托马斯·孟是英国晚期重商主义的典型代表。他是英国当时的一个大商业资本家，又是英国东印度公司的董事、政府贸易委员，是英国商业界的重要领袖之一，在伦敦商业和金融界很有影响。1621 年，他发表了《贸易论》，副标题为《论英国东印度贸易：答对这项贸易的常见的各种反对意见》。该书曾出版几次，1630 年他对这一著作进行了改写，在他死后即 1664 年，以《英国得自对外贸易的财富》为题出版。

托马斯·孟所处的年代，英国资本主义经济已有了进一步发展，对早期重商主义时期国家的货币制度和政策限制，他深感有突破的必要。英国在对外贸易中，东印度公司较早地取得了国家的特许，允许该公司每艘船出航一次可以出口一定数量的金银货币，但要求必须在一定时间内再进口相同数量的金银。然而这些却遭到了早期重商主义者的攻击。托马斯·孟在上述著作中针对当时对东印度公司的抱怨、反对和斥责，进行了驳斥，表达了晚期重商主义的观点和主张。

托马斯·孟《贸易论》的发表，引起了当时社会上的广泛注意，对国家的立法产生了直接影响。马克思对这部书有很高的评价，指出该书是一部划时代的著作。

作为比较发展了的商业资本代言人的孟，比较充分地阐发了晚期重商主义思想，论述了贸易差额论的原则，概括地提出了贸易差额论。

孟认为商人在国家经济中占有重要地位。他说："商人肩负与其他各国往来的商务而被称为**国家财产的管理者**。"① 他把商业看做高贵的职业，并且提出了一个全才的对外贸易商人所必须具有的品质：(1) 应该擅长书法、算术、会计，了解通行的票据、保险单等的规则和形式；(2) 知道外国的各种度量衡和各种货币；(3) 知道各种商品在对外贸易中输出、输入应交纳的关税和其他费用；(4) 知道各国市场供应情况；(5) 了解汇兑率；

① 孟．英国得自对外贸易的财富．北京：商务印书馆，1959：1.

(6) 知道某些国家进出口的规定和禁令；(7) 知道运输以及与运输有关的国内外保险的规章和惯例等；(8) 知道建造和修理船舶材料的质量、价格、船上各种人员的工资等；(9) 对一切商品具备相当知识；(10) 学会航海技巧；(11) 能说几种语言，知道各国的经济、政治、军事以及法律、风俗等情况，并随时向国家提出报告；(12) 学会拉丁语等。

孟反对早期重商主义禁止输出货币的政策，提出了与之相反的应该准许货币输出的主张。他嘲讽坚持早期重商主义原则的人，说他们是一些蠢人，因为他们只见农夫的播种，不见农夫的丰硕收获。而他则认为输出货币发展贸易，不是减少货币而是可以增多货币。他说："货币产生贸易，贸易增多货币。"① 输出货币恰恰是增加货币财富的一种手段，这和输出商品换回货币是一样有利的。正因为如此，孟对过去国家颁布的禁止货币输出的政策、法令进行了有力的抨击。他提出，这些绝不会使国家货币增加，也不能防止货币的输出。

发展对外贸易是孟的重要主张。他认为国内贸易不能使一个国家致富或贫困，因为贸易中双方买卖结果不会使国家的货币财富增加，它只是对外贸易的辅助，而对外贸易的好坏却是检验一个国家贫与富的标准。为发展对外贸易使国家致富，他提出了在对外贸易中必须做到出超；如果相反，进口超过出口，货币自然外流。他在《英国得自对外贸易的财富》一书中，更加明确地提出了贸易差额论的原则："在价值上，每年卖给外国人的货物，必须比我们消费他们的为多。"② 遵守这一原则，就能在对外贸易中使货币不断流入本国。

孟还提出和论证了为保证贸易顺差应采取的途径和手段。他认为必须增加本国的产品输出，缩减外国货物的进口，并采取措施使本国商品在国际市场上顺利地排挤外国竞争者。孟并不要求在对外贸易中和每个国家都必须出超，而是要求国家每年出口商品的总值要大于进口商品的总值，实现出超。孟十分关注航运业和转运贸易的发展。他提出，出口的商品要用自己的船只运输，以减少支出，增加收入。他还热衷于发展遥远的殖民地，特别是亚洲一些国家的贸易。他露骨地说，英国是靠掠夺亚洲人民发财致富的。

发展本国的工场手工业，尽可能多地制造在对外贸易中需要的商品，是孟与早期重商主义者相比的明显特点。他同时提出为了发展工业和转运业，国家必须实施保护关税政策。从以上所述可以看出，孟已开始把生产看成发展商品流通的条件，这是一个进步。但他仍然没有改变财富的根本源泉是流通领域的看法。这些反映了孟已是更为发展了的商业资本的代言人。

托马斯·孟还提出了英国经济扩张的纲领，企图垄断整个欧洲的对外贸易，称霸天下。他力主推行殖民扩张政策，对殖民地进行掠夺和侵略。托马斯·孟的这些思想，表明了英国资产阶级在资本原始积累时期的贪婪欲望，表明了他们为发财致富对劳动人民和殖民地人民所进行的残酷剥削和血腥掠夺。

---

① 孟. 英国得自对外贸易的财富. 北京：商务印书馆，1959：14.

② 同①4.

柯尔贝尔的经济政策

柯尔贝尔是法国晚期重商主义的典型代表。他是17世纪末法国重要的政治活动家，曾做过法国国王路易十四幼年时期执政官马札里尼的助手，1665年做了路易十四的财政大臣。一个时期内，他成了法国经济生活中的独裁者。他和托马斯·孟不同，没有出过什么著作，是一个重商主义的实践家。在他当政的20年间，实行了一套极端的重商主义政策。在法国的历史上，这个时期的重商主义被称为柯尔贝尔主义。

柯尔贝尔同样认为货币即金银是衡量国家富裕或贫困的标准，金银是国家的重要财富。他说，国家拥有的货币数量决定着一个国家的政治、军事实力。他认为欧洲流通的货币总额是一定的，法国是缺乏金银矿藏的国家，要想增加贵金属，就必须把邻国的贵金属减少相等的数量。因此，他的结论是，要使国家致富，必须采取必要的手段，直至掠夺其他国家的货币财富。

柯尔贝尔也十分重视发展对外贸易。他提出只有对外贸易才能使法国富裕。在对外贸易中，他同样主张必须坚持贸易差额的原则，要求尽可能减少外国商品的进口，增加本国工业品的出口，使进口商品价格的总额小于出口商品价格的总额，以实现出超，达到使外国货币不断地流入本国的目的。

鼓励发展工业是柯尔贝尔经济政策的重要方面。工业发展才能保证商品的不断出口。为了发展工业，国家采取了各种措施，发布了许多政策法令。柯尔贝尔在扶植资本主义工场手工业发展的同时，还利用了封建社会的行会制度监督工业，加强财政勒索。国家还给从事工业生产的资本家发放补助金和贷款。为了维护统治阶级的利益，实行了保证贵族奢侈生活以及军队的各种需要的措施。在他1661—1683年的执政期间，创办了许多“皇家手工工场”。这些工业的发展，为17世纪后法国成为欧洲一些国家高级豪华奢侈品的供应者打下了基础。柯尔贝尔为发展本国工业，十分重视工业技术，注意产品质量的改善和提高，为此，颁布了保证产品质量的规章和制度。他采取了增加技术工匠和工人的措施，在禁止法国技术工人外流的同时，还实施了鼓励外国技术工人移居法国的政策。比如当时法国招聘了威尼斯的玻璃匠、制镜匠，英国、荷兰的呢绒匠、制袜匠，并以优越的条件和有力的措施，使瑞典、捷克和德国的矿工，瑞典的熬油工等，自愿移居法国。所有这些，对法国工业的发展都起了一定的促进作用。但是，不少工业部门的发展，却是以牺牲农业、不顾农民疾苦为代价发展起来的。正是因为这样，以至于不久就导致了法国的农业，甚至整个国民经济濒临破产的绝境。

柯尔贝尔当政期间，对国家在经济发展中的作用十分重视。他严令取消了国内林立的关卡和名目繁多的地方关税。他采取措施，扩大了税区，统一了税率。他实施了由国家拨出大量经费，改良公路和开凿运河。这些对改善国内市场状况，发展本国工业，都起了积极作用。柯尔贝尔同样实行了保护关税政策，从而限制了外国工业品的输入，同时又鼓励了工业所需的原料等的进口，增加了法国商业、工业资本家的竞争能力。柯尔贝尔还认为扩展对外贸易，必须加强海上的威力。他曾说，贸易就是常年战争。因为国际市场有限，只有力量雄厚并占居首位，才能成为战争与和平的裁判者。他认为一个国家的海军力量永远同贸易成正比，因此，法国当时建立了一支庞大的舰队，装备不断加强。与此同时，他还建立起大型的商船队，着力改善了法国港口的设施。

柯尔贝尔同样推行了殖民扩张的政策，图谋与较法国工业发达的英国、荷兰一决雌雄。法国此时把侵吞了的殖民地作为它的销售市场，还先后成立了法国东印度公司、近东公司等，对殖民地进行了与英、荷等毫不逊色的政治、经济的公开侵略和掠夺。法国先后取得了加拿大、路易斯安那、圭亚那和马达加斯加等大片殖民地。对外贸易公开露骨地结合残酷的侵略、掠夺，使法国一时成了远洋贸易和殖民扩张的国家，法国资产阶级和封建统治者攫取了巨额财富。

柯尔贝尔执政时期，实行了重商主义政策，对法国工商业的发展起了一定的积极作用。但是，由于法国资本主义经济比英、荷落后，加之实行了靠牺牲农业发展经济的措施，使法国农业凋敝、农民破产，破坏了工商业发展的基础，法国国民经济遭受了严重破坏。在法国，柯尔贝尔重商主义政策的实践比较彻底，但柯尔贝尔并没有把这种实践理论化，这是法国晚期重商主义的明显特点。

阅读书目

马克思.《批判史》论述//马克思，恩格斯. 马克思恩格斯选集：第 3 卷. 2 版. 北京：人民出版社，1995：577

孟. 英国得自对外贸易的财富. 北京：商务印书馆，1959

思考题

一、名词解释

货币差额论　重金主义　贸易差额论　重工主义　早期与晚期重商主义

二、问答题

1. 重商主义有哪些基本经济思想？
2. 试析托马斯·孟的经济思想。

第二篇

17 世纪中叶—19 世纪初的西方经济学说

本篇分为七章，介绍马克思所规定的古典政治经济学的发展和西欧空想社会主义经济学说。第三、四章分别介绍古典政治经济学在英、法两国的产生，第五章介绍法国的重农学派，第六、七、八章分别介绍斯密、李嘉图和西斯蒙第的经济学说，第九章介绍西欧的三大空想社会主义者的经济学说。

第三章

英国古典政治经济学的产生与发展

本章重点

这是从重商主义向古典经济学的过渡阶段。古典经济学开始由流通领域转向生产领域，分析资本主义，研究资本主义发展之路。威廉·配第初步考察了资本主义经济的价格、工资、地租、利息等问题，从而成为英国古典经济学之父。他的后继者休谟、斯图亚特等也对英国古典经济学的建立作出了贡献。

本章知识点

- 配第的经济学说及其历史地位
- 从配第到斯密之间英国的重要经济学家及其重要贡献

第一节 概 述

英国古典经济学的产生

从15世纪中叶开始到17世纪初，西欧经历了商业资本占统治地位的时期，这就是重商时代。反映商业资本利益的重商主义经济学说，成为这一时期欧洲经济思想的主流。重商主义是资产阶级最初的经济学说，是对资本主义生产方式的最初的理论考察。但是，由于重商主义者是以流通领域为其研究对象，因而不可能揭示资本主义社会经济关系的本质，他们的经济学说还不是科学的。重商主义构成了西方政治经济学的前史。到了17世纪初，由商业和对外贸易的发展而引起的资本主义工场手工业的发展，已经达到了一定的水平，生产成为资本主义社会经济关系的主体，流通变为生产的一个要素。由此就导致了重商主义的逐渐瓦解和新的经济科学的产生，即以资本主义生产为研究对象的古典政治经济学的产生。

第二节　威廉·配第的经济理论

威廉·配第的生平与著作

威廉·配第（1623—1687 年）是英国古典政治经济学的创始人，马克思曾称他是“政治经济学之父，在某种程度上也可以说是统计学的创始人”①，而且称赞他是“最有天才的和最有创见的经济研究家”②。

配第出生于英国汉普郡拉姆赛镇的一个小手工业者家庭。他只受过两年的早期教育，14 岁就外出谋生，在南安普敦的一艘商船上当见习水手。其后在一次航海事故中折断了腿，被抛弃在法国的南海岸城市戛纳，在这里他申请进入了一所耶稣会学校，学习拉丁文、希腊文、法文、数学和天文学等，这对他后来从事经济学和统计学研究产生了重要的影响。1640 年，配第返回英国，在伦敦以绘制航海图挣钱谋生，后进入皇家海军服役。1643 年，由于爆发了议会与国王之间的内战，他逃亡荷兰和法国，在那里研究医学。在巴黎他结识了著名哲学家霍布斯，并深受其影响。回到英国后，他继续在牛津大学研究医学，并在 1649 年获得医学博士学位，次年晋升为解剖学教授并担任一所学院的副院长。配第博学多才，他还是一位音乐教授。1652 年，他被任命为英国侵略爱尔兰军总司令亨利·克伦威尔的随从医生，后来又被委派为爱尔兰土地分配总监，负责把从爱尔兰掠夺和没收的土地分配给有功的军官、士兵和资助征伐爱尔兰的商人。这是配第一生的一个重要转折点。在这个职位上他获得了大约 5 万英亩的土地，成为当时赫赫有名的大土地所有者之一。由于与克伦威尔的关系，他还被选为议员。1668 年，查理二世复辟，配第又转而支持王室，得到国王的信任。查理二世赐封他男爵称号，并给予大量土地。在配第晚年，他成为一个拥有 27 万英亩土地和几家手工工场的资产阶级新贵族。马克思在评价配第的生平时指出，配第在政治上是一个“轻浮的、掠夺成性的、毫无气节的冒险家”③，他“既能在克伦威尔的盾的保护下掠夺爱尔兰，又能为这种掠夺向查理二世跪求必要的男爵称号”④。显然，马克思认为配第的政治品德是毫不足取的。然而，这一点并不影响配第对资产阶级政治经济学的研究，也不妨碍他成为这门新学科的创始人，因为英国资产阶级革命的后果，不是资产阶级独掌政权，而是与土地贵族阶级结成了联盟。

配第生活的时代正是英国工场手工业发展和资产阶级革命的时期。17 世纪中叶以后，英国的工业和对外贸易有了长足的发展，工场手工业已经成为当时生产的主要形式。同时，工商业的发展也促使英国的农业迅速发展起来，农村中的资本主义生产关系也有所增长，出现了一批资产阶级化的新贵族。虽然资本主义生产关系有了进一步的发展，但是在英国社会中仍然占统治地位的封建制度却阻碍着这种发展，这种矛盾不断地激化和演变，

① 马克思，恩格斯. 马克思恩格斯全集：第 23 卷. 中文 1 版. 北京：人民出版社，1972：302.
② 马克思，恩格斯. 马克思恩格斯选集：第 3 卷. 2 版. 北京：人民出版社，1995：579.
③④ 马克思，恩格斯. 马克思恩格斯全集：第 13 卷. 中文 1 版. 北京：人民出版社，1962：43-44.

终于在1640—1648年爆发了推翻封建统治的资产阶级革命。1648年革命后，资产阶级与新贵族结成了反封建的联盟。资产阶级力图为自己反对封建制度的斗争进行辩护，证明资产阶级的利益符合社会发展的基本方向，这就需要从理论上论证资本主义的合理性。配第在这一时期所进行的全部创作，正是反映了新兴资产阶级的利益和要求。

配第一生著述很多，手稿有50多箱，内容涉及经济、统计、人口和自然科学等广泛的领域。其中主要经济学著作有：《赋税论》《献给英明人士》《爱尔兰政治解剖》《政治算术》《货币略论》。配第在这些著作中，以其独特的方式，讨论了当时英国在资产阶级革命后所遇到的种种社会经济问题，提出了自己的政策建议。在这个过程中，他阐发了政治经济学的一系列重要原理，成为政治经济学产生时期最重要的代表人物之一。

政治经济学的方法

配第在政治经济学说史上的巨大历史功绩之一，就在于他第一次较为系统地讨论了政治经济学的方法问题，并由这一方法出发，试图探讨社会经济发展的客观规律，认识经济现象的本质，由此就把政治经济学从其他科学中独立出来，马克思称配第为现代政治经济学的奠基者，也是从这个意义上来讲的。

在方法论方面，配第深受17世纪英国唯物主义哲学家弗兰西斯·培根（1561—1626年）和托马斯·霍布斯（1588—1679年）的影响。培根的哲学主张从经验事实出发，研究事物本身客观的发展规律，反对中世纪的经院哲学，因此，培根的哲学又被称为“实验哲学”。霍布斯同培根一样，认为自然界是物质的客观存在，哲学研究的就是客观存在的“各种机体”。他把哲学区分为研究自然机体的“自然哲学”和研究人为机体即人类社会的“市民哲学”。他认为在研究各种机体时，数学方法具有非常重要的意义。培根和霍布斯的哲学思想对英国资产阶级经济学产生时期的经济学家产生了重大影响。马克思曾经指出：“英国早期的经济学家都把培根和霍布斯当作自己的哲学家”①。配第正是这样一位英国经济学家。他曾研究过培根的哲学，并与霍布斯交往密切。受他们的影响，配第也认为社会发展有其客观的自然规律，并把探讨这种客观规律作为自己经济研究的目的。

配第努力在经济分析中贯彻上述哲学思想。在《爱尔兰政治解剖》中，他把要分析的英国资产阶级社会比作“政治动物”，并且运用他所说的“政治算术”的方法对其进行解剖。这里的政治算术，即指数学和统计学方法。他写道：“和只使用比较级或最高级的词语以及单纯作思维的论证相反，我却采用了这样的方法（作为我很久以来就想建立的政治算术的一个范例），即用数字、重量和尺度的词汇来表达我自己想说的问题，只进行能诉诸人们的感官的论证和考察在性质上有可见的根据的原因。”② 配第在经济分析中广泛地运用了这一方法。他运用各种数字比较英国、荷兰和法国的经济实力，论证英国可以超过荷兰，夺取世界霸权地位；他根据一定年数乘年租额推论出地价，从房租推论出房屋价值，由工资推算出人口价值，又依据人口数和盈余收益计算出国家的财富；他还在数量对比中引申出各种不同物品之间的共同性，从而发现了财富的真实基础。例如，他从1蒲式

① 马克思，恩格斯. 马克思恩格斯全集：第23卷. 中文1版. 北京：人民出版社，1972：428.

② 配第. 配第经济著作选集. 北京，商务印书馆，1981：8.

耳谷物和1盎司白银的对比中发现二者存在着共同的地方，即二者都耗费了人类劳动，由此得出劳动是一切价值相等和权衡比较的基础这一结论，开创了正确探索劳动价值论的道路。由此可见，配第在经济分析中广泛采用的政治算术的方法，实际上就是由个别到一般的归纳方法，他通过对大量感性材料和经验事实的数量考察和比较，从许许多多的个别材料和个别事实中得出一些一般的和真实的结论。这实际上是科学抽象方法的初步运用，通过这种方法，促使配第去探讨隐藏在纷繁复杂的资本主义现象背后的真实的东西，使得他在一定程度上触及了资本主义生产关系的内部联系，在价值理论和剩余价值理论方面提出了一些科学的见解，为古典经济学的建立和发展奠定了初步的基础。马克思对此曾给予高度评价，认为配第所创立的政治算术是"政治经济学作为一门独立科学分离出来的最初形式"①。

当然，配第关于政治经济学的方法论思想还不是完全科学的，他只是在科学地阐明政治经济学的方法方面迈出了最初的几步。他还没有区分自然规律和经济规律，而是把二者等同起来，认为支配资本主义社会的经济规律同自然规律一样，也是自然的、永恒的。他对于抽象方法的运用也很不够，在某些方面还没有能够揭示出经济范畴的实质。例如，他没有区分商品的价值和交换价值，有时还把价值与工资相混淆，把工资看成是"劳动的价格"，等等。

一般经济理论——价值、分配和货币

配第没有建立一套完整的理论体系，他的许多真知灼见大都散见于一些政策主张和建议之中。但是在一些零散的思想火花中，在各个理论观点之间却有着内部的联系和一贯性。正像马克思所指出的："在苦苦思索寻求适当表达的过程中，分散在各处的中肯的见解就构成某种有联系的整体。"② 这一内部联系的基础就是配第的劳动价值论的观点。在劳动价值论的基础上，配第还考察了工资、地租、货币利息等一系列问题，得出了一些具有科学成分的重要结论。

一、价值理论

配第在价值理论上的一个最重要的历史功绩就在于，他第一次有意识地把商品价值的源泉归于劳动，从而奠定了科学的劳动价值论的基础。

配第并没有专门讨论价值问题，他在考察地租问题时阐述了劳动价值论的基本原理。在《赋税论》中，他用例子说明，一个专门开采白银的人在一定时间内采掘了20盎司的白银，另一个专门生产谷物的人在同一时间内生产了20蒲式耳的谷物。配第认为，在这种条件下，当白银与谷物相比较时，二者的价值一定相等。他将这一原理明确地表述为："假如一个人在能够生产1蒲式耳谷物的时间内，将1盎司从秘鲁的银矿采出来的白银运到伦敦来，那么，后者便是前者的自然价格。"③ 这里的"自然价格"，实际上就是指价值。显然，配第在这里实际上是用商品中包含的劳动的比较量来确定商品的价值，劳动在

① 马克思，恩格斯．马克思恩格斯全集：第13卷．中文1版．北京：人民出版社，1962：43.

② 马克思，恩格斯．马克思恩格斯全集：第26卷Ⅰ．中文1版．北京：人民出版社，1972：379.

③ 配第．配第经济著作选集．北京，商务印书馆，1981：48.

这里成为价值的源泉。因为不管是生产白银的劳动，还是生产谷物的劳动，有意义的只是二者相等的劳动时间，正是这一点决定了二者具有相等的价值量。马克思对此作出评价说："配第在他的《赋税论》（1662年第1版）中，对商品的价值量作了十分清楚的和正确的分析。他首先用耗费同样多的劳动来生产的贵金属和谷物具有同等价值的例子来说明价值量。"①

配第还进一步讨论了商品价值量和劳动生产率之间的关系，他曾明确指出了商品价值量与劳动时间成正比，与劳动生产率成反比这一事实。他说："如果发现了新的更丰富的银矿，因而获得2盎司白银和以前获得1盎司白银同样容易，那么，在其他条件相等的情况下，现在谷物1蒲式耳售价10先令，和以前1蒲式耳售价5先令，同样低廉。"② 配第还论述了分工对于提高劳动生产率的意义，他用织布业的例子证明，分工越细，劳动生产率越高，劳动时间越加节约，商品的价值就越低。

配第在劳动价值论方面提出了不少科学的见解，开创了探讨价值、剩余价值的正确道路。这是他的巨大历史功绩之一，然而，配第的价值理论远不是科学的，还存在着一些缺陷乃至错误。

1. 他只是注意了对商品价值量的考察，而缺乏对价值本质的科学的分析，不理解形成商品价值的劳动的特殊社会性质。这反映出配第作为一位由重商主义向古典学派过渡时期的经济学家的特征。这个缺陷使得配第认为一切生产商品的劳动，只有与开采金银的劳动相交换才具有交换价值，这表明他还受着重商主义观念的束缚。

2. 配第在进行价值量的比较时，虽然在一定程度上抽象掉了劳动种类的差别，认为劳动是商品价值的源泉，但是他始终没有能够科学地解决生产商品的劳动的二重性问题，从而在解决一些具体问题时陷入一系列迷误之中。

配第的迷误之一在于，由于他没有能够区分抽象劳动和具体劳动，这使得他把一切物品的价值归结为由两类自然物品即土地和劳动来评价，并力图在土地与劳动之间寻找一种等价关系。在解决这个问题的过程中，配第得出了由工资而不是劳动来衡量商品价值的结论，从而陷入工资决定价值的错误之中。

配第的迷误之二在于，由于他不了解由价值到生产价格的转化过程，从而把地租看成构成价值的一个因素，得出土地参与商品价值创造的错误结论。但应该明确的是，配第在解决这个问题时所说的土地是价值的一个源泉，不是指土地这一自然物质，而是指土地价格，即资本化了的地租。因此，实际上他试图把地价本身也归结为劳动。由于配第深刻认识到劳动决定价值的复杂性和具体应用上的困难，因而促使他走另外一条路，即企图寻求一种衡量价值的简单的方法，结果陷入一系列迷误之中，但是正如马克思所正确评价的："这个迷误本身是天才的。"③

二、分配理论

配第以劳动价值论为基础，进一步考察了资本主义条件下的工资、地租、利息和土地

① 马克思，恩格斯. 马克思恩格斯选集：第3卷. 2版. 北京：人民出版社，1995：577－578.

② 配第. 配第经济著作选集. 北京，商务印书馆，1981：48.

③ 同①578.

价格等问题，初步揭示了资本主义社会各阶级利益在经济上的对立，为古典分配理论的创立奠定了基础。

1. 关于工资。工资理论是配第分配论的基础，实际上也就是他的剩余价值理论的基础。

在配第所处的时代，英国工人的工资是由国家用法律规定的，配第对工资所作的分析就是要从理论上说明，政府的政策应该将工人的工资规定在怎样的水平上。他认为，工人的工资是由劳动者为了生存、劳动和传宗接代所必需的东西决定的，实际上也就是说，工人的工资应当等于维持工人最低限度生活所必需的生活资料的价值。他认为工资等于最低限度的生活资料价值是一个规律，而且在资本主义条件下必然如此。他还把工资同资本家的利润联系起来考察，提出如果工资上涨，则利润将损失。配第实际上已经触及资本主义条件下工资同利润的对立，只是没有明确地把它表述出来。最低限度工资理论后来成为整个古典学派分配论的基础之一。

2. 关于地租。配第在他的劳动价值论和工资理论的基础上进一步考察地租问题。在他那里，地租实际上被看做剩余价值的一般形态。因此，配第的地租理论也就是他的剩余价值理论。

在探讨地租（实际上也就是剩余价值）的性质和源泉时，配第是以他的劳动决定商品价值的正确规定为出发点的。由于他已经理解，商品价值是工人的劳动所创造的，而他的工资理论又表明，工人的工资仅仅等于最低限度的生活资料的价值，这就使他在事实上把工人创造的价值和工人得到的价值看做两个不同的量，二者之间的差额就构成他所说的地租，实际上也就是剩余价值。他举了一个例子来说明这个问题：假定一个人在土地上从事劳作，在取得收成后，扣除种子、自己食用的部分以及为换取衣服和其他必需品而给别人的部分，剩下的谷物就是当年真正的地租。这里，配第实际上是把地租归结为农业工人生产的全部剩余产品，即全部农产品中扣除工资和种子等生产费用以后余下的由剩余劳动体现的剩余产品。这表明配第已经接近于正确理解剩余价值的性质。马克思对此曾给予很高的评价，指出“从配第著作的一段话中，可以看到对**剩余价值**的性质的猜测，尽管他只是从地租的形式来考察剩余价值的”①。

配第不仅对剩余价值的性质和源泉有了正确的理解，而且还第一次提出了剩余价值与工资的对立关系。他以地租的变动和农业工人的工资变动为例，说明在价格一定的情况下，工资如果提高，地租即剩余价值就会降低；反之亦然。

配第还考察了级差地租问题，提出了有关级差地租的最初概念。他分析了由于土地位置距离市场远近不同、土地的肥沃程度不同而产生的级差地租第一形态，也考察了同一块土地由于连续投入的劳动和资本的生产率不同而引起的级差地租第二形态。马克思高度评价了配第的级差地租理论，指出“配第**比亚当·斯密更好地**阐明了级差地租”②。

3. 关于利息和土地价格。配第把利息称为“货币的租金”，在他那里，“货币的租金”是从“土地的租金”即地租中引申出来的。这是因为配第虽然把“土地租金”和“货币租金”看做剩余价值的两种形式，但实际上他常常把地租看做剩余价值的一般形式，因此，

---

① 马克思，恩格斯. 马克思恩格斯全集：第26卷Ⅰ. 中文1版. 北京：人民出版社，1972：174.

② 同①385.

利息就只能作为派生的形式从地租中引申出来。配第认为，出租土地可以收取地租，同样，出借货币也应该得到利息，其数量大小取决于地租的高低。他给利息下了一个最初的定义，即利息是一定期限内放弃货币使用权的报酬。他提出，利息量在没有风险的情况下，至少应等于借到的货币所能购买的土地产生的地租；在不可靠的情况下，还应加上一笔保险费，否则，货币所有者就不会出借货币，而宁愿用货币去购买土地。

配第还以劳动价值论为基础探讨了土地价格问题。配第知道，土地不是劳动产品，因而土地的价格不同于一般商品的价格。他给土地价格作了定义上的规定，提出土地价格等于预买一定年限的地租。他根据当时英国土地买卖的实践，作出了一个大致符合实际情况的估算，即一块土地的价格等于21年地租的总和，也就是等于祖父、父亲和儿子三代共同生活的年数的地租。这里，配第以其独特的方式触及了土地价格问题的实质，即土地价格不过是资本化的地租，这在当时是很有见地的。

配第的分配理论虽然在一定程度上揭示了工人与资本家阶级之间的对立关系，但由于其历史的和阶级的局限，他的分配理论还存在某些缺陷。在工资问题上，他没有能够揭示出资本主义条件下工资的实质，没有能够区分劳动和劳动力，而把工资看做劳动的价格。在地租问题上，他只是在地租这个特殊的形式上考察了剩余价值，而没有对剩余价值的更一般的形式即产业利润加以考察。同时，他有时还混同了作为剩余价值的地租和独立商品生产者的剩余产品。此外，他解决土地价格问题的方式也是不科学的。这些缺陷在古典经济理论的发展过程中被逐渐加以克服。

三、货币理论

配第关于货币问题的见解也是零散的，然而在这些不系统的思想观点中，也同样贯彻着劳动价值论的基本原理。

在货币本质问题上，配第已经在一定程度上理解到货币的一般等价物作用。他提出，用货币可以在任何时候获得任何商品，而普通商品则不能。在考察金银与一般商品的价值比较量时，配第实际上把货币看做劳动所生产的商品，其价值也是由耗费的劳动时间来决定的。

配第已经认识到货币的一些基本职能，特别是价值尺度和流通手段的职能。他写道："由金银铸成的货币是贸易的最好的尺度，因而必须相等，否则它就不成其为尺度，因而也就不是货币。"① 由于他对货币的性质和基本职能有正确的理解，因而他极力反对当时广泛流行的铸造不足值货币的做法。他认为，减少铸币的金属含量，并不能够增加国家的真实财富。他写道："如果国家的财富可以靠一纸命令而增加10倍，那么，我们的行政长官以前居然一直没有宣布这样的命令，就未免太离奇了。"② 由此可见，配第已经完全懂得，货币作为价值尺度，必须有其内在的价值。

配第还初步讨论了一国商品流通中所需要的货币量问题。他认为，推动一国贸易所必需的货币，有一个限度或比例，也就是说客观上存在着一个决定货币流通量的规律。对于这个问题，配第已接近于正确的认识。在《献给英明人士》中，他对于一国所需流通货币

---

① 配第．配第经济著作选集．北京，商务印书馆，1981：117.

② 同①120.

量的多少作了初步估算。根据他的估算，假定全国的总支出为4 000万英镑，考虑到货币的周转期，则在1星期周转1次的情况下，需要100万英镑的40/52就够周转了。这里配第实际上已经考虑到了决定流通中所需货币量的诸因素，即全部商品的价格总和与货币流通速度，他认为后一个因素起决定作用，也就是他所说的，贸易所必需的货币量取决于买卖成交的频率以及按照法律或习惯以其他方式完成的支付的规模。

经济增长理论的萌芽

在资本主义发展的初期，资产阶级的主要历史使命就在于发展资本主义生产力，进行财富积累。作为资产阶级的思想家和古典政治经济学的主要代表人物，配第对于资产阶级国家财富的增长也给予了极大的关注，其中一些科学的见解，构成了古典经济增长理论的重要组成部分。配第的经济增长思想，主要体现在他对于国家财富的看法和对于影响财富增长的因素诸如资本、劳动、生产力、财政赋税政策等因素的分析上。

在财富观念问题上，配第的观点反映出他在一定程度上还受到重商主义的影响，尽管他最终还是摆脱了这种影响。在配第的早期著作中，他往往还把货币和财富等同起来，把对外贸易看做一国财富的源泉，因而他极力强调贸易顺差。他曾明确提出："产业的巨大和终极的成果，不是一般财富的充裕，而是金、银和珠宝的富足。"① 这表明，配第此时还受着晚期重商主义的影响。到后来，他逐渐摆脱了这种影响。在《献给英明人士》一书中，他把对社会来说真正有用和珍贵的物品都看做财富，货币只构成国家财富的一小部分。在《货币略论》中，配第明确提出，一个富有的国家并不在于货币的多寡，而在于经常不断地把货币变成各种能为自己带来大量利益的商品。他还提出了一个有名的原理，即"土地为财富之母，而劳动则为财富之父和能动的要素"②，这样，配第就把对财富源泉的分析，由流通领域转移到生产领域，并把劳动看做财富的主要源泉。

配第还详细考察了影响一国财富增进的因素，他主要讨论了三种因素，即劳动生产率、从事生产性劳动的人数和赋税政策。

配第把劳动生产率的提高看成促进国家财富增长的主要因素之一。他认为，劳动生产率的高低取决于分工的水平和规模。分工越细，劳动生产率越高，产品成本就越低，从而利润就越大。他在分析17世纪荷兰经济强大的原因时，特别强调了分工的作用。他以航海业为例，详细说明了由于荷兰拥有各种型号的船只，从而能够适应在各种航道上航行，这样就使得荷兰的航运费用低于其邻国，能够获得较多的利润。配第还把科学看做提高劳动生产率的因素，认为科学和技术发明会使财富得到成倍的增进，因此他提出国家应该重视普及普通教育和选拔技术人才。

配第把从事生产性劳动的人数看做一国财富增长的最重要的因素。他认为，一国财富的规模取决于人口数量、勤勉程度和技艺水平。由于一国的人口数量在一定历史时期内大致是稳定的，因此，影响一国财富增进的最重要的因素就在于从事生产性劳动的人数在总人口中所占的比例。他实际上把一国人口划分为两大类，即从事物质财富或对国家具有实

---

① 配第. 配第经济著作选集. 北京，商务印书馆，1981：24.

② 同①66.

际效用和价值的物品的生产的人，以及不生产这些东西的人。在第一类人当中主要是指在生产和运输领域中从业的人，包括土地耕种者、手工业者和海员。不过，配第把商人和士兵也归于这一类，这显然是不正确的。第二类人则主要是指在非生产领域中活动的人，包括医生、僧侣、律师乃至政府官员，这些都被看做是非生产性的人口，对国家财富的增进是无益的。从这一划分出发，配第提出应该尽量减少非生产性劳动的人口。例如，他要求根据国内居民人数确定必要的律师人数；根据病人的人数确定必要的医生人数；根据商品的数量确定必要的商人人数；等等。总之，就是要用一切方法来限制非生产性劳动的人数，增加在物质生产领域中就业的人数，从而最大限度地增进一国的物质财富。

配第还讨论了赋税对国家财富增进的影响。一方面，他认为，赋税既能对一国的经济实力产生积极的影响，也能产生消极的影响。当赋税促使人们生产原先需要进口的商品，限制过多的消费，利用所得资金改良生产时，就会促使财富增长。因此，他极力反对对资本征税，他认为，向资本家征税，会减少资本积累，减少扩大再生产的可能性，最终将导致整个社会财富的减少。另一方面，配第则努力论证向土地所有者和贵族课税的必要性，提出这种赋税能够把财富和资产从土地所有者和懒汉手中转移到精明的、奋发的人即资本家手中，从而能够使资本得到良好的运用。

配第的经济增长思想反映了新兴资产阶级要求发展资本主义生产和进行财富积累的愿望，对英国古典经济学的发展产生了积极的影响。

以上从几个方面概述了配第的经济理论，由上可以看出，配第在政治经济学的产生时期，几乎触及了政治经济学的所有重要的问题，并且以劳动价值论为基础，得出一些科学的结论。对于配第的评价，我们可从马克思和恩格斯的著作中看到这样的句子："洛克和诺思的例子向我们提供了证明：配第在政治经济学的几乎一切领域中所作的最初的勇敢尝试，是如何一一为他的英国的后继者所接受并且作了进一步的研究的。"①

第三节　17 世纪末—18 世纪中叶英国经济思想的发展

配第以后的英国经济学家

从配第以后到亚当·斯密的《国富论》发表，英国资产阶级经济思想经历了近一个世纪的发展，英国古典政治经济学从最初的萌芽最终发展成为体系。这一时期英国经济思想的发展，是 17 世纪末—18 世纪中叶英国社会经济发展在经济理论上的反映。

17 世纪末—18 世纪中叶，英国的资本主义有了迅速的发展，资本主义工场手工业已成为生产的主导形式，工场手工业内部的劳动分工日益专门化，技术的不断革新，为机器的发明创造了前提。到 18 世纪中叶，英国已处于工业革命的前夜。在农业中资本主义生产关系也发展很快，"圈地运动"已使英国的自耕农趋于消亡，资本主义大农场日益增加。大量丧失了土地的农民，不断成为资本主义工业发展所需要的廉价劳动力。同时，资本主义生产的发展，促使英国的对外贸易和货币信贷关系有了进一步的发展。此外，资本主义

---

① 马克思，恩格斯. 马克思恩格斯选集：第 3 卷. 2 版. 北京：人民出版社，1995：583-584.

生产关系的发展也使英国社会经济发生了某些变化。在这一时期，英国典型的资本主义社会阶级结构逐渐形成，已越来越明显地区分为地主阶级、资产阶级和无产阶级，不过，典型的产业无产阶级还没有产生，社会的主要矛盾仍然是资产阶级与贵族地主阶级之间的矛盾。资产阶级虽然已参与政权，但在国家权力中占统治地位的仍然是贵族地主阶级。同时，在经济生活中一些陈规陋俗仍然在起作用，所有这一切都限制了资本主义的进一步发展。因此，这一时期英国资产阶级所面临的主要任务，就是要铲除封建残余，清除一切不利于资本主义进一步发展的政策和措施，从理论上论证实现经济自由的必要性和合理性，为资本主义生产方式的完全确立扫清道路。

这一时期英国经济思想的发展，正是反映了上述资产阶级的要求和愿望。配第之后，一批经济学家，基本上沿着配第的路线，在不同的方面和不同的问题上，发展了英国古典经济理论。虽然这些经济学家还没有能够最终建立起政治经济学的完整体系，但是他们无疑为古典政治经济学理论大厦的建立奠定了基础。马克思指出，1691—1752年这段时间，是一个“充满有创见的思想家的时期，对研究政治经济学的逐渐产生来说是最重要的时期”①。

这一时期对英国古典政治经济学理论体系的建立作出重要贡献的经济学家，主要包括约翰·洛克、达德利·诺思、约瑟夫·马西、大卫·休谟、杰科布·范德林特、贝尔纳德·孟德维尔以及詹姆斯·斯图亚特等人。

约翰·洛克（1632—1706年）是17世纪英国著名的哲学家和经济学家。他出生于一个律师家庭，1656年进入牛津大学，学习和研究哲学、自然科学和医学。大学毕业后留牛津大学任教。1683年因积极参加辉格党方面的政治活动受到迫害而逃往荷兰，1688年回到英国，担任英国贸易和殖民事务大臣。同时，他还是1694年成立的英格兰银行的发起人和大股东之一。

在哲学上，洛克继承和发展了培根和霍布斯的思想，强调知识起源于感性世界。他反对天赋权利说，主张自然权利论，认为在自然状态中人人受自然法的统治。洛克的哲学思想成为继配第以后英国政治经济学的一切观念的基础。在经济学上，洛克是配第的直接后继者之一，马克思称他是“一切形式的新兴资产阶级的代表”②。他在经济学方面的著作主要是1691年发表的《论降低利息和提高货币价值的后果》，着重讨论了货币利息等问题，在一些方面发展了配第的理论。

达德利·诺思（1641—1691年）是17世纪英国大商人和著名的经济学家。他出生于一个贵族家庭，早年在东方公司任职，长期居住在土耳其的君士坦丁堡。1680年回到英国，先后在海关和财政部任职。诺思因效忠国王而被封为爵士，并曾担任下院议员。诺思的主要经济学著作是一本篇幅不大的《贸易论》，于1691年匿名出版。在书中他主要讨论了自由贸易、货币和利息等问题。诺思的著作与配第的著作有直接的关系，马克思称他是“配第路线的第三个代表”③。诺思在利息问题上发展了配第的理论，他已经区分了借贷资

① 马克思，恩格斯．马克思恩格斯选集：第3卷．2版．北京：人民出版社，1995：584.

② 马克思，恩格斯．马克思恩格斯全集：第13卷．中文1版．北京：人民出版社，1962：68.

③ 马克思，恩格斯．马克思恩格斯全集：第26卷Ⅰ．中文1版．北京：人民出版社，1972：395.

本与货币，在政治经济学史上第一次提出了资本的概念。马克思对此给予很高的评价，认为诺思关于作为资本的货币的论述是古典政治经济学的最早发现之一，并称他是第一个正确理解利息的人。

贝尔纳德·孟德维尔（1670—1733年）是英国作家、医生和经济学家。他出生于荷兰，早年进入莱顿大学学习医学和哲学，1691年获得医学博士学位。1680年移居英国，先是从医，后转向社会经济问题的研究。他的经济思想主要体现在其文学作品《蜜蜂的寓言，或个人劣行即公共利益》一书中，这本书最初于1705年匿名发表。在书中孟德维尔以文学的形式阐述了社会经济问题，其中所倡导的经济自由主义思想，对后来英国古典经济学的发展有很大影响。

杰科布·范德林特（? —1740年）是18世纪初期英国著名的经济学家。他的主要经济著作是《货币万能，或试论怎样才能使各阶层人民都有足够的货币》(1734)，这是一部很重要的著作，其中对于商品价格和货币的看法影响了后来的经济学家。此外，范德林特还被认为是重农主义的先驱者之一。

约瑟夫·马西（? —1784年）是18世纪中叶的英国经济学家。他的主要著作是1750年匿名发表的《论决定自然利息的原因》，这本书受到马克思的高度评价，被认为是一部划时代的著作。马西主要对利息进行了详细考察，在政治经济学说史上第一次把利息归于利润的一部分，这一点对休谟、斯密等人的理论产生了重要影响。

大卫·休谟（1711—1776年）是18世纪英国著名的哲学家、经济学家和历史学家。他出生于苏格兰的一个小地主家庭，曾在爱丁堡大学学习，原打算从事法律和商业，后转向哲学和文学研究。1763—1766年，休谟担任英国驻法国大使馆的秘书，结识了法国重农主义的代表人物杜尔哥及启蒙运动代表人物达兰贝尔等人。休谟还是亚当·斯密的亲密朋友。他的主要经济学论著包括《论商业》《论货币》《论利息》《论贸易平衡》《论赋税》《论社会信用》等，这些论著收集在他于1752年出版的主要著作《政治论丛》中。休谟在这些论著中主要讨论了货币、贸易和利息等问题，他关于货币价格的理论成为18世纪货币数量论的最重要的代表。

詹姆斯·斯图亚特（1712—1780年）是配第之后斯密以前英国古典政治经济学的最后一个代表人物，马克思称他是“建立了资产阶级经济学整个体系的第一个不列颠人”①。他的主要著作是1767年出版的《政治经济学原理研究》。斯图亚特在这本书中试图建立资产阶级政治经济学的完整体系，但是由于他的经济理论在某些方面具有“重商主义的残余”②，在剩余价值起源问题上甚至是“货币主义和重商主义体系的**合理的**表达者”③，因此，他的著作未能担当起建立资产阶级古典政治经济学理论大厦的任务。然而总的说来，斯图亚特仍不失为一位古典经济学家，特别是他所特有的历史观，使他能够客观地考察资本主义生产关系的内部联系，从而对古典政治经济学理论体系的最终建立作出了贡献。马克思曾明确地把斯图亚特看做古典政治经济学的代表，认为他的理论属于“敢于无情地从

---

① 马克思，恩格斯．马克思恩格斯全集：第13卷．中文1版．北京：人民出版社，1962：47.

② 同①155.

③ 马克思，恩格斯．马克思恩格斯全集：第26卷Ⅰ．中文1版．北京：人民出版社，1972：13.

纯粹形式上描述生产关系的斯图亚特、斯密和李嘉图的古典政治经济学”①。

配第之后英国经济思想的发展

配第之后斯密以前，英国古典经济理论在价值理论、货币理论、利息理论、利润理论等方面都有所发展，尽管这种发展不是直线式的。

一、价值理论

在价值理论方面，洛克和诺思的观点都没能超过配第，马西和休谟甚至没有触及这个问题。只有在一位匿名作者的著作和斯图亚特那里，价值理论才得到了某些发展。

匿名著作为《对货币利息，特别是公债利息的一些看法》，据马克思考证，该书大约在1739—1740年出版。作者在书中对劳动价值论的分析在某些方面已经超过了配第。比如，作者已经提出，商品的价值通常是由耗费在生产中的必要劳动量调节的，实际上已经初步提出了必要劳动量的概念。作者还在实际上区分了使用价值和交换价值，坚持了劳动决定价值的原理。因此马克思认为，这位匿名作者在价值理论方面的论述甚至比亚当·斯密还“要恰当得多”②。

斯图亚特较系统地研究了价值问题，虽然由于受到重商主义观念的束缚，他的表述模糊不清，观点摇摆不定，但是仍然可以看出他对于古典价值理论的贡献。

1. 斯图亚特提出了“实际价值”的概念。他提出，实际价值由三种因素决定：(1) 劳动者在生产过程中所花费的平均劳动量；(2) 工资和固定资本的损耗；(3) 原材料价值。这里，抛开混乱的表述，即在价值决定中不恰当地加上工资和原材料的价值，我们可以看出第一种规定的重要意义，它明确指出了商品的价值决定于必要劳动时间，这是对古典劳动价值论的重大发展。

2. 斯图亚特还试图区分使用价值和交换价值，不过在他那里这两者是以“内在价值”和“使用价值”的形式出现的。他把商品所包含的自然物质或原料叫做“内在价值”，而把耗费在商品上的劳动时间叫做商品的“使用价值”。实际上，他所谓的“内在价值”才是真正的使用价值，而他所说的“使用价值”则是指交换价值。

3. 斯图亚特在实际上试图区分抽象劳动和具体劳动，从而触及了生产商品的劳动的二重性。他写道：“那种通过自身转移而创造出一般等价物的劳动，我称之为**产业**。”③ 这里，被斯图亚特称为产业的创造一般等价物的劳动，实际上就是指有别于实在劳动的特殊社会劳动，也就是有别于具体劳动的抽象劳动。这一点不仅超过了配第，而且连后来的斯密和李嘉图也未能达到这样的高度。马克思对此曾给予很高评价，指出：“斯图亚特比他的前辈和后辈杰出的地方，在于他清楚地划分了表现在交换价值中的特殊社会劳动和获取使用价值的实在劳动之间的区别。”④

---

① 马克思，恩格斯．马克思恩格斯全集：第46卷下．中文1版．北京：人民出版社，1980：479.

② 马克思，恩格斯．马克思恩格斯全集：第23卷．中文1版．北京：人民出版社，1972：60页注（16）.

③ 马克思，恩格斯．马克思恩格斯全集：第13卷．中文1版．北京：人民出版社，1962：48.

④ 同③48.

二、货币理论

配第以后，英国古典经济学在货币理论方面有了长足的发展，这一时期几乎所有的经济学家都在不同程度上涉足了这一领域，并且提出各自不同的看法。

洛克在配第之后较早讨论了货币问题。他已经认识到了货币的价值尺度和流通手段的职能。他明确提出："货币是人们用以计算的普遍尺度，人人都用它来衡量一切东西的价值。"① 他还把货币比作"推动着许多贸易的齿轮"②，认为一切交换都通过货币来进行。洛克虽然认为货币同其他商品一样，也具有内在价值，但对于什么是货币的内在价值，他的解释是不科学的。他从反对重商主义出发，提出金银充当货币，只是人们赋予它们一种想象的价值，使它们成为一种共同的保证物。金银的内在价值只在于它们的数量。这一点虽然否定了重商主义的唯有金银才是真正价值的论断，却是不科学的。正是这一点，使洛克在关于商品价格与流通中的货币数量的关系问题上，陷入错误的货币数量论之中，即错误地认为商品的价格取决于流通中的货币量。

在洛克之后，休谟对货币数量论的观点作了出色的发挥，马克思称"休谟是十八世纪这一理论的最重要的代表人物"③，尽管他吸收了范德林特的《货币万能》中的某些观点。

同洛克一样，休谟把金属货币理解成铸币，又把金属铸币理解为单纯的价值符号，由此得出结论，货币本身不具有价值，只是一种单纯的价值符号。他说："十分明显，货币只是一种代表劳动和商品的象征，一种评价和估计劳动和商品的方法。"④ 他还进一步认为，货币对劳动和商品的关系，也不过是一种数量关系。从这一认识出发，休谟对商品的价格与流通中的货币量之间的关系进行了考察。他提出："一切东西的价格取决于商品与货币之间的比例，任何一方的重大变化都能引起同样的结果——价格的起伏。看来这是不言自明的原理。商品增加，价格就便宜；货币增加，商品就涨价。反之，商品减少或货币减少也都具有相反的倾向。"⑤ 这里，休谟对早期货币数量论作了明确的表述，这个表述包含三点结论：(1) 一国商品的价格决定于国内存在的货币量；(2) 一国流通中的货币量代表国内现有的全部商品量；(3) 如果商品增加，商品价格就降低，或者说货币的价值就提高。相反，如果货币增加，商品的价格就提高，或者说货币的价值就降低。

休谟等人的货币数量论是错误的，因为这种理论是建立在一个错误的假设之上的，即在进入流通过程以前，商品没有价值，货币也没有价值，然后在流通过程中，一定量的商品与一定量的货币相交换，二者才取得各自的价值或价格。这种观点的一个根本错误，就在于它忽视了货币的最重要的职能——价值尺度，而仅仅看到它的流通手段的职能。实际上，金银之所以能充当货币，就在于它们本身也是劳动产品，本身也具有价值。这种理论的另一个错误还在于它颠倒了货币流通与商品流通的关系，从而对货币流通量与商品价格的关系作了不正确的表述。实际上，货币作为流通手段，只是商品本身的形式的运动。商品流通是货币流通的基础，货币流通是商品流通的反映。因此实际情况是，流通中的货币

---

① 洛克．论降低利息和提高货币价值的后果．北京：商务印书馆，1962：32.

② 同①19.

③ 马克思，恩格斯．马克思恩格斯全集：第13卷．中文1版．北京：人民出版社，1962：150.

④ 休谟．休谟经济论文选．北京：商务印书馆，1984：32，36.

⑤ 同④36.

量取决于流通中的商品价格总额与货币的平均流通速度。在金属货币流通的情况下，流通中的货币量决定于商品价格。

在货币理论上，斯图亚特的观点有其独立的价值。他对于货币问题的研究是从批判休谟等人的理论开始的。马克思认为，“实际上，他是第一个提出流通中的货币量决定于商品价格还是商品价格决定于流通中的货币量这个问题的人。”①

斯图亚特反对货币数量论，他认为，商品价格与一国的货币数量完全无关。他写道：“商品的市场价格是由需求和竞争的复杂作用决定的，需求和竞争同一国中存在的金银数量完全无关。”相反，“商业和工业的状况，居民的生活方式和日常开支，这一切加在一起，调节并决定所需现金的数量，即转移的数量。”② 斯图亚特在这里的论述具有重大的意义，表明他已经正确地理解了货币流通的一般规律，即不是流通中的货币量决定商品价格，而是商品价格决定流通中的货币量。发现货币流通的一般规律是斯图亚特对古典货币理论的一个重大贡献。此外，斯图亚特还正确认识到了货币的贮藏手段和世界货币的职能。斯图亚特的货币理论对斯密和银行学派的代表人物图克、富拉顿等人都有重大影响。

三、利息和利润理论

在利息理论方面，洛克和诺思都追随配第，不过他们在某些方面比配第有所发展。

同配第一样，洛克也是从地租中推论出利息，把利息看做“货币的租金”，他还明确地把地租和利息的产生归结为生产资料和直接生产者相分离的结果。他提出，由于一些人占有了生产资料，就能够利用这些生产资料去占有别人的劳动成果，把一个人的劳动报酬转移到另一个人的口袋中。③ 这里，洛克从他的资产阶级“自然权利”观念出发，把利息看做货币所有权分配不均等的结果，进而把利息看做占有别人剩余劳动的结果，这是有积极意义的。

洛克也同配第一样混同了借贷资本和货币，从而也认为货币数量决定利息率水平。他反对降低利息，认为正像地租率的高低受土地数量的限制一样，利息率的高低受到货币数量的制约，正像人们不能制定法律压低地租一样，人们也没有理由制定法律以降低利息。他说：“由于人们对货币的需要常常改变……要想用法律来规定货币的年租金，那和要用法律规定地租一样是没有可能的。”④

诺思比配第和洛克进了一步，他明确把利息称做“资本的租金”，并将之与地租相对立。他写道：“正如土地所有者出租他的土地一样，这些资本所有者常常出借他们的资金；像出租土地得到地租一样，他们从中得到叫做利息的东西，所谓利息不过是资本的租金罢了。”⑤ 由于诺思对利息有正确的理解，因此他能够正确考察利息率的决定问题。他提出，决定利息率水平的不是流通中的货币量，而是借贷资本的供求量，借贷资本量增加，利息率就会降低。他举例说，荷兰的利息率之所以比英国的低，就是因为荷兰的资本比英国多。

① 马克思，恩格斯．马克思恩格斯全集：第13卷．中文1版．北京：人民出版社，1962：155.

② 同①156.

③ 洛克．论降低利息和提高货币价值的后果．北京：商务印书馆，1962：33.

④ 同③30－31.

⑤ 诺思．贸易论．北京：商务印书馆，1976：18.

对利润问题的考察是配第以后英国古典经济理论的一个新发展。因为在配第时代，工场手工业还没有达到高度的发展水平，产业资本还不是一种独立的形式，因此，配第没有能够把利润作为一个独立的范畴加以考察。英国古典经济学产生时期的利润理论主要是由马西和休谟提出的。

马西在政治经济学说史上第一次系统考察了利息与利润之间的关系，提出利润是利息的基础，利息是利润的一部分，利息总是要由利润来决定。他写道："既然**借债人**为所借货币**支付的利息**，是**所借货币能够带来的利润的一部分**，那么，这个**利息**总是要由这个**利润**决定。"① 这里，马西正确地把利润看做资本的最初占有形式，利息只是利润的派生形式，这一点在剩余价值发现史上具有重要的意义。

马西还用利润率的降低来解释利息率的下降。他举例说，英国现在的利息率是4%，而过去为8%，其原因是那时英国商人赚得的利润比现在多1倍。而对于利润率下降的原因，马西则试图用资本积累，特别是用国内和国外的竞争来说明。不过，马西以及后来的休谟都没有分析利润本身的源泉问题。马西的利润理论反映了18世纪资本主义生产方式逐步确立，产业资本进一步发展的现实。正如马克思所指出的："直到十八世纪中叶，利息只是总利润的一部分这个事实，才（被马西，在他之后又被休谟）发现。"②

阅读书目

马克思. 剩余价值理论//马克思，恩格斯. 马克思恩格斯全集：第26卷Ⅰ. 中文1版. 北京：人民出版社，1972：378-404

马克思：《批判史》论述//马克思，恩格斯. 马克思恩格斯选集：第3卷. 2版. 北京：人民出版社，1995：577-592

配第. 配第经济著作选集. 北京，商务印书馆，1981：1-94，117-126

思考题

一、名词解释

配第的价值理论和地租理论　休谟的货币数量论　诸思的利息理论

二、问答题

1. 简评从配第到休谟、马西在经济学说史发展中的作用。

2. 威廉·配第在经济理论方面的主要贡献有哪些？

① 马克思，恩格斯. 马克思恩格斯全集：第26卷Ⅰ. 中文1版. 北京：人民出版社，1972：403.

② 马克思，恩格斯. 马克思恩格斯全集：第25卷. 中文1版. 北京：人民出版社，1974：422-423.

第四章

法国古典政治经济学的产生与发展

本章重点

本章是法国古典政治经济学的前奏曲。这一阶段的主要代表人物有布阿吉尔贝尔、坎蒂隆等。他们开始从生产领域研讨政治经济学理论。由于时代的局限，其理论显得粗糙、不成熟。他们开始从宏观角度来考察一国的生产与消费，重视农业的基础作用，从而成为重农主义的先行者。坎蒂隆还注意到了一国人口数量与该国所能提供的生活资料数量的关系，包含了后来马尔萨斯人口论的基本思想。

本章知识点

- 布阿吉尔贝尔的经济理论
- 坎蒂隆对重农主义经济思想的贡献

第一节　概　述

法国古典政治经济学的产生

法国资本主义生产关系的产生和发展迟于英国，至17世纪下半叶，仍然是封建小农经济占主导地位，农业中的资本主义生产关系十分薄弱。由于沉重的封建剥削，加之路易十四时期柯尔贝尔推行的极端的重商主义政策，严重损害了农民的利益，使得作为整个国民经济基础的农业长期处于停滞状态，整个国家的财政经济也到了崩溃的边缘，各种社会矛盾日益激化。在这种社会背景下，法国的一些思想家开始重新探索振兴法国经济的道路，布阿吉尔贝尔就是一个重要的代表。他呼吁重视农业，强调国民经济各部门之间的平衡，对资本主义的一些生产规律进行了探讨，从而开创了法国古典政治经济学发展的道路。在这一时期，爱尔兰经济学家坎蒂隆，以其对政治经济学理论体系的最初探讨和重视农业的思想，影响了后来的法国经济学家，成为法国古典政治经济学产生时期的重要代表人物之一。

第二节　布阿吉尔贝尔的经济理论

布阿吉尔贝尔生活的时代

布阿吉尔贝尔是法国古典经济学的创始人。他生活的时期是17世纪下半叶—18世纪初，也就是路易十四统治的时期。这一时期在政治上法国建立了统一的封建专制国家，专制制度发展到了顶峰。为了称雄欧洲，法国建立了规模空前的常备军队，这需要大量的军费开支，路易十四还发动了4次战争，到1713年西班牙王位继承战结束时，法国财政赤字高达25亿里弗尔，相当于法国每年财政收入的32倍。封建地主阶级还大肆挥霍，如当时王室耗费巨资修建了豪华的凡尔赛宫。这些给财政带来了巨大的压力，法国国库十分空虚。为了增加国库收入，法国王权求助于资产阶级，实行了有利于大工商业资本的政策，即柯尔贝尔主义。这样封建贵族和资产阶级在经济上暂时达成一致，并在头一二十年发挥了积极的作用，促进了法国资本主义的发展。

但是，当时农民的负担十分沉重。据计算，农民从田间收获的每4束谷物中，如果按正常价格出售，第1束用来交地租，第2束是僧侣或附近修道院的，第3束是用来支付赋税的，第4束是用以补偿生产费用的。而实际上国家经常**压低谷物价格**，所以，农民的收入不能补偿生产费用和维持正常生活。农民的极端贫困造成大量土地荒芜，农业濒临破产。农业的凋敝又造成市场狭小，**谷物价格上涨**，从而影响了工商业的发展，使国家财政收入锐减，大约每年财政收入减少15亿里弗尔，整个经济陷于崩溃。

布阿吉尔贝尔的全名叫比埃尔·勒·庇逊德·布阿吉尔贝尔（1646—1714年）。布阿吉尔贝尔的家庭属于诺曼底省的“长袍贵族”，当时法国贵族分为“长袍贵族”和“长剑贵族”，“长袍贵族”是指政治上拥有职位的人，而“长剑贵族”是中小贵族，他们一般是骑士的后裔，主要从事军职。当时“长袍贵族”通过出卖官职吸收了一批大资产者，这些官职主要是法院的职位。布阿吉尔贝尔年轻时受到极好的教育，学业结束后定居巴黎，从事文学创作，不久又转而从事家族中传统的司法工作。他本该继承其父的职位，但他经常同父亲争吵，因而失掉了继承权，离家独立谋生。在1689年他花费巨款在卢昂司法部门买到了地方总监的职位，在当时这个职位相当于市级大法官并兼理公安警务以及公共市政管理机构。由于这一职务使布阿吉尔贝尔走遍各省，了解到农民绝望的处境，他很快得出结论，国内经济普遍凋敝的原因就是贵族和国王给农民留下的东西太少了，只够他们维持生命不致饿死。在这种情况下，很难指望他们扩大生产。农民的极端贫困也是造成工业凋敝的主要原因，因为它使工业失去了广阔的销售市场。基于以上认识，布阿吉尔贝尔提出了一系列改革计划和方案。他竭力想把自己的计划介绍给广大公众，于是在1695—1696年匿名出版了第一本书，书名为《法国详情》。这本书出版之后几乎无人理睬，布阿吉尔贝尔感到很气愤、很失望。他又写了《论财富、货币和赋税的性质》（1705）、《谷物论》（1706）

和《法国的辩护书》(1707)。同时他还试图说服法国的财政部长彭沙尔特林和沙米里雅尔，宣称他的方案会带来效益，但他们对布阿吉尔贝尔的建议不屑一顾。由于一再碰壁，曾有一段时间布阿吉尔贝尔沉默了，但他很快意识到为国家应该牺牲个人的自尊心，他又重新大声疾呼：赶快一点，行动起来吧，救救祖国吧！他对政府进行了猛烈抨击并发出了严厉的警告。但结果是他写的书被查禁，他本人被流放到外省。在布阿吉尔贝尔的兄弟和朋友的帮助下，当局提出条件，让布阿吉尔贝尔从此安分守己，布阿吉尔贝尔被迫接受了条件回到卢昂。1714 年布阿吉尔贝尔在卢昂逝世。

布阿吉尔贝尔的经济思想及其经济改革计划

布阿吉尔贝尔一生写了几本书，这些书贯穿的一个基本思想是，分析和阐述法国贫困的状况和原因，找出增加财富的措施和策略。

布阿吉尔贝尔对财富减少的原因十分重视，因为只有真正认识了财富减少的原因才能提出正确的政策措施。当时法国对财富减少的原因有几种说法：(1) 由于贸易凋零造成的；(2) 由于资金不足造成的；(3) 由于国王的收入增加造成的。布阿吉尔贝尔认为这些说法或者不符合事实或者把现象和本质混同起来了。他认为应从本质上也就是从生产过程来分析财富减少的原因。他指出法国财富减少的根本原因是土地收益的减少。他说：“我们已经证明，法国一切收入的减少，是由于土地的收益不论在产品的售价上还是在产量上都已下降。”[①] 为什么土地收益会下降呢？他主要指出了以下两个原因。

1. 消费不足。布阿吉尔贝尔认为消费和收入是同一种事物，破坏了消费就是破坏了收入，反之，大量的消费会得到大量的收入。他举出一个饶有趣味的例子来说明消费和收入之间的关系。他说，如果短工们在上工时先喝一品脱的酒，那么酒店在卖出酒后，就向农民或葡萄农买进葡萄，而葡萄园经营者也就能够向地主交纳地租，地主有了地租收入就会为满足自己的欲望而进行各种消费，从而给各行业带来收入。而现实中法国由于消费不足引起了土地收入的减少。当时法国产生消费不足的原因是税收的变化无常和分配不公。布阿吉尔贝尔以达依税[②]、酒税和出口税为例证明了不合理的税收造成消费不足的情况。首先，税收的变化不定。他说：“达依税税率变化无常——打击便由此开始使所有受到打击的人不得不放弃各种消费，甚至不进行任何会声张出去的贸易：只有最普通的面包和水才能使一个人安全地活下去，要是他的邻人看到他买了一块肉或一件新衣，那他就要成为其邻人的牺牲品了；如果他偶尔有一点钱，他就必须把钱藏起来，因为只要别人稍微听到风声，那这个人就完蛋了。”[③] 总之，当时根本不是按照实际的产业和富裕程度来征税，而完全是税务官随意征收的。其次，税收的分配不公。合理的税收应该是按照财产的多少征收的，财产多的应该多缴，财产少的应该少缴。而当时法国却刚好相反。在谈到这一点时，布阿吉尔贝尔嘲讽道，达依税“完全任意配征而无固定的税则，只有一点固定不变，即愈穷者纳税愈重……相反，愈富的人纳税愈轻”[④]。例如，在同一教区，收取三四千里

---

① 布阿吉尔贝尔. 布阿吉尔贝尔选集. 北京：商务印书馆，1984：23.

② 达依税是一种以产业和收入为征课对象的税名。

③ 同①304.

④ 同①23-24.

弗尔地租的人，只不过付出约 30 里弗尔的达依税，而只收取三四百里弗尔地租的人，却需缴纳 100 里弗尔，这已是司空见惯的事。再有酒税、出口关税的税率很高，限制了产品输出。当时法国产品的出口量不到以前的 1/4。由于这些产品不能输出，造成在本地过剩、腐烂变质，从而使生产者受到损失。所以布阿吉尔贝尔指出，消费之所以停止，是由于达依税变化不定不让人们消费，而酒税、出口关税又使得消费完全不可能。

2.禁止谷物输出和维持谷物贱价的政策。当时法国颁布了一道法令严格禁止谷物输出，其借口是防止谷物输出造成粮食减少引起灾荒。实际上当时法国是一个农业国家，粮食除了满足本国需要以外还有剩余，本来这些剩余应当出口，但国家为了保护工商业的利益，严禁谷物出口，从而形成谷物的供给远远大于需求，使谷物价格长期低于实际的价值。而长期压低谷物价格，使农民出卖粮食以后获得的货币不足以补偿生产费用和一切附带的负担，如地租、赋税等。于是一部分农民就必然放弃耕种，使土地荒芜，农业收益下降。

税收的沉重负担以及限制谷物输出和压低谷物价格导致农业收益减少，而农业收益的减少一方面使得农民无法交纳地租，地主得不到地租，就无法去购买各种消费品，引起对工业品需求的减少；另一方面由于农民收入下降，仅够维持其生存，所以他们也无法去购买工业品。这两个方面都造成工业品市场的狭小，从而限制和阻碍了工业的发展。

布阿吉尔贝尔认为法国实行这种政策的根本原因在于重商主义对金银货币的追求。布阿吉尔贝尔批判了重商主义把财富等同于货币的观点，提出了他对财富的看法。他认为：(1) 农产品是真正的财富，农业是财富的源泉。他在《谷物论》中指出：“一切的财富都是来源于土地的耕种。”① (2) 财富是一切用于消费的东西。他说，世上无论君主，还是其臣民的一切收入，或者不如说世界上的一切财富，只是由消费品所组成。他认为随着社会的发展，用于消费的东西在不断增加。行业也由最初的两种增加到当时法国的 200 多种。因此，布阿吉尔贝尔说：“财富不是别的，而只是一种完全收益权，它不仅拥有生活的一切必需品，而且拥有构成欢乐与豪华的一切东西，为此它就必须跟今天组成文明和富足的国家之 200 多种职业发生关系。”②

这就是说，布阿吉尔贝尔是从物质即使用价值来观察财富的。从财富的生产门类看是农业产品与工业产品；从对人们的使用重要性来看则是生活必需品、非必需品以及其他一切可以满足人们享用欲望的东西。他的财富观是和重商主义相对立的，只承认衣食等物品是财富，货币不是财富，货币的数量与一国的富裕无关。

如何增加财富？布阿吉尔贝尔认为最重要的是要保持各个部门之间的平衡。他对各部门间的平衡非常重视，他在《谷物论》中说：“为了维持那种稳定人民和各等级的人们从而稳定国王收入的经济协调，就决不应该使某一部分的发展超过其他部分；这就是说，必须使一切贸易往来均衡发展，每个人都能够从中同样得到好处，各得其所。”③ 因为“没有一种行业的失调能够不同时将它的不幸立刻地或逐渐地反映到其他一切行业上去，它们

① 布阿吉尔贝尔. 布阿吉尔贝尔选集. 北京：商务印书馆，1984：215.

② 同①306.

③ 同①205.

形成了一条财富的链条，只有组成链条的各个环节连接在一起的时候才有价值，一旦从中脱掉一个环节，它们就会失去价值，至少会失去最大部分的价值。”①

怎样才能保持各部门的平衡？布阿吉尔贝尔认为要听任大自然的安排，遵循自然规律。他强调只有大自然，而不是政府才能够对各种行业的生产恰如其分地加以调整。大自然如何来调节生产？或者说自然规律是什么？布阿吉尔贝尔认为就是要使一切产品都按比例价格交换，比例价格是指不仅能使生产不亏本，还能继续经营而且盈利的价格。他认为，如果每种商品都按比例价格出售，就会彼此保持一定的比例互相促进，从而增加一国财富。他说：“为了保持幸福的境界，就必须使一切事物、一切商品继续不断地处于平衡状态，并保持一个在商品之间的、按照一定比例的价格，以及使这个价格能偿付生产商品的费用。”② 这里，他所说的偿付生产费用的比例价格是以劳动的耗费为基础的。由于某种商品过剩或其他商品奇缺，都会使每个人吃亏，使一切人交替地陷入贫困的境地，只有当这两个极端能够相互补充调剂时，才能给人们带来幸福。这种调剂或正确比例的形成是由自由竞争造成的。商品比例价格是由个人劳动时间在各特殊产业部门间分配的正确比例决定的。如果某一部门劳动分配过多，生产出来的产品就过剩，市场价格就会降低，部分劳动将撤出此部门而流入其他部门。相反，某一部门劳动分配太少，生产出来的产品太少不能满足需求，市场价格就会提高，必然促使从其他部门吸入劳动。劳动的流入与流出，最后使劳动能够按正确比例分配于各生产部门，比例价格由此形成。此时各种商品的交换是等价的，给人们带来了幸福，避免了灾难。所以，马克思说布阿吉尔贝尔“不是有意识地，但是事实上把商品的交换价值归结于劳动时间，因为他用个人劳动时间在各个特殊产业部门间分配时所依据的正确比例来决定‘真正价值’（la juste valeur），并且把自由竞争说成是造成这种正确比例的社会过程”③。

以上是布阿吉尔贝尔的经济思想，他根据这些思想提出了经济改革计划，主要有两项内容：

1. 改革税收制度。具体措施有：（1）实行普遍征税，取消捐税方面的特权。（2）根据富者多缴、贫者少缴的原则提出公正配征原则。实行累进税制，收入越多缴税越多。

2. 要求建立谷物的自由市场，取消对谷物出口的限制。

以上两项改革方案都是针对当时法国经济政策的弊端提出的，所以它们适合当时的需要。布阿吉尔贝尔认为只要实行这个计划就可以立刻使法国摆脱困境。

总之，布阿吉尔贝尔从改变法国财富日益减少的困境出发，探讨增加国家财富，使国家强盛的途径。他极为重视农业，并提出了对货币、财富的看法，阐明了如何增加一国财富的理论和政策措施。在论述过程中他提出了消费对生产的重要作用，并强调了平衡和自由放任思想。他的这些思想尽管是不完善、不系统的，但是这些思想无疑是宏观经济学的早期萌芽和重农主义的先声。

---

① 布阿吉尔贝尔. 布阿吉尔贝尔选集. 北京：商务印书馆，1984：205.

② 同①164.

③ 马克思，恩格斯. 马克思恩格斯全集：第13卷. 中文1版. 北京：人民出版社，1962：43-44.

第三节　坎蒂隆的经济理论

坎蒂隆的生平和著作

理查德·坎蒂隆（1680—1734 年）是 17 世纪末 18 世纪初资产阶级古典政治经济学产生时期的经济学家。他出生于爱尔兰的一个贵族家庭，起初在伦敦经商，1716 年移居法国，在巴黎从事银行和贸易业务。由于他精通金融业务，又十分勤勉，因而在很短的时间里所经营的业务发展很快，由此受到当时法国的财政大臣、投机家约翰·劳的妒忌。当时法国“劳氏制度”正在实施过程中，劳氏公司发行了大量股票。约翰·劳曾威胁坎蒂隆，要他离开法国，迫于无奈，坎蒂隆购买了大量劳氏公司的股票。但是，后来他在一个适当的时机把股票全部抛出，获得巨额利润。此后，坎蒂隆放弃了在他看来比较危险的金融业务，与人合办了一家普通的贸易公司。之后他移居荷兰，后定居伦敦。由于业务上的需要，他曾游历过欧洲大陆的许多国家，如荷兰、意大利等。1734 年 5 月 14 日，坎蒂隆在伦敦阿尔比马尔大街他的寓所被人谋害，房屋也一起被焚。

坎蒂隆虽然出生于爱尔兰，又是英国公民，但是他的大部分生涯是在法国度过的。他的经济研究也大都以法国社会为对象，更重要的是，他的经济思想对法国古典政治经济学的重要学术流派——重农学派产生了重大影响。因此，正是在这个意义上，我们把他归于法国学者的行列。

坎蒂隆一生唯一的也是最重要的经济学著作是《商业性质概论》（简称《概论》），由于该书是在作者去世后出版的，因而在关于这部著作的作者和出版问题上，流传着许多神秘的说法。现有史料一般认为，《概论》大约写成于 1730—1734 年间，原稿是用英文写的，由坎蒂隆生前亲自译成法文，但是他推迟了原稿附录的翻译，这个附录连同其英文原稿后来在坎蒂隆被害时一起被焚。法文手稿曾落到坎蒂隆的一位朋友手里，后来又转到重农学派的重要代表人物米拉波那里，在其手中保存长达 16 年之久。

1755 年，《概论》在巴黎以法文出版，据考证这是本书第一次正式出版，因此，《概论》法文版扉页上注明的“《商业性质概论》译自英文，伦敦，由霍尔本的弗莱彻·盖尔斯出版”，显然是当时一种流行的虚构手法。1759 年，《概论》被翻译成英文在伦敦出版，书名为《关于工商业、货币、金银、银行和外汇的分析》（简称《分析》），署名菲利普·坎蒂隆。据说他是理查德·坎蒂隆的堂兄，正因为如此，以至于在关于《概论》的作者归属问题上一度出现了两个坎蒂隆之争。《分析》实际上是《概论》的英文改写本，菲利普对原著作了大量删节，同时又加进了洛克、休谟和其他著作家的观点，在一定程度上降低了原著的学术价值。

坎蒂隆的《概论》由三个部分组成。第一部分包括 17 章，相当于导论的性质，涉及了政治经济学的一般理论问题，其中主要研究价值和市场价格、地租、工资等问题。第二部分共 10 章，主要讨论了货币问题。第三部分包括 8 章，主要考察了对外贸易问题。从《概论》的结构可以看出，在坎蒂隆那里，政治经济学的理论体系开始初步形成。

从理论渊源上看，坎蒂隆的经济思想在很大程度上受到了配第的影响，但由于长期生活在法国和欧洲大陆其他国家，对法国社会的不发展的资本主义生产关系的考察，使得他的经济理论带有浓厚的重农主义色彩。他的整个经济理论可以说基本上是以考察土地经济关系为中心而展开的，他实际上是在农业这一特殊的生产领域考察了政治经济学的一般理论问题，正是这一点使他成为法国重农主义的先驱。

一般经济理论

坎蒂隆考察的是没有得到充分发展的资本主义生产关系，因而他对于资本主义经济范畴的说明，都带有不成熟的特点。

一、价值理论

坎蒂隆对价值问题的考察是以他对于财富的看法为基础的，而他的财富观又集中体现了其理论体系的重农思想的特点。他在《概论》开头第一句就提出："土地是所有财富由以产生的源泉或质料。人的劳动是生产它的形式：财富自身不是别的，只是维持生活，方便生活和使生活富裕的资料。"① 这个关于财富的定义一开始就表现出与重商主义的根本对立，相对于重商主义把财富等同于金银货币的观点来说，这是一个巨大的历史进步，为把资产阶级经济学的研究从流通领域转向生产领域提供了前提。

在财富观念的基础上，坎蒂隆提出了他对于价值的看法。既然他认为物品的生产离不开土地和劳动，那么他就自然地把任何物品的价值归结为由土地和劳动来决定。他提出："任何东西的内在价值都可以用在它的生产中所使用的土地的数量以及劳动的数量来度量。"② 这里，坎蒂隆确认任何物品都具有内在价值，是有其积极意义的。不过他对于内在价值的理解则是不正确的，明显地受到配第的错误命题的影响，将土地和劳动看做共同决定价值的因素。尽管他有时也认为某些商品的内在价值只由劳动决定，另一些商品的价值只由土地决定，但是他的基本观点仍然是认为土地和劳动共同决定价值。坎蒂隆的错误在于他混淆了价值和物质财富，把创造价值的因素与创造物质财富的因素混为一谈。此外，坎蒂隆的错误还由于他受到其重农主义偏见的束缚，认为任何物品的生产都离不开土地，从而把土地看做创造物质财富进而创造价值的一个因素。

虽然坎蒂隆在价值决定问题上不是完全正确的，他却对物品的内在价值和市场价格之间的关系作了基本正确的考察。他提出，物品的内在价值和市场价格并不总是相等的，市场上供求关系的变动，会使物品的市场价格有时高于、有时低于其内在价值。他举例说，虽然谷物的真实价值等于生产这些谷物所使用的土地和劳动，但是由于谷物有时过于充裕，有时过于稀缺，从而使谷物的市场价格有时低于、有时高于其内在价值，即造成谷物市场价格的上下波动。不过他认为，在组织完善的社会中，物品的市场价格不会过于偏离内在价值。坎蒂隆提出商品的市场价格是围绕其内在价值而上下波动，这表明他已经初步认识到价值规律的作用，这是古典价值理论的一个进步。

二、工资理论

在工资理论方面，坎蒂隆也受到配第的影响，他接受了配第关于工资应等于最低限度

① 坎蒂隆. 商业性质概论. 北京：商务印书馆，1986：3.

② 同①21.

生活资料的价值的说法，并对最低限度生活资料价值作了具体说明。他首先对农业劳动者的劳动价格进行了考察。他提出，一个最不熟练的普通劳动者的劳动价值，至少应等于庄园主用于给他提供食物和生活必需品的土地数量加上为把一个孩子抚养到能够劳动的年龄的土地数量的两倍。① 这就是说，一个普通农业劳动者的劳动，在价值上应该等于维持他的生活所需要的土地产品的两倍。坎蒂隆将这一点推而广之，认为手工业者的劳动收入在价值上也是由土地产品的数量决定的，即等于他们所消费的土地产品的两倍。不过他认为，手工业者的收入通常要高于农业劳动者的收入。

坎蒂隆还考察了工资的不同形式，注意到了计件工资和计时工资的区别和联系。他认为，从事每种手工艺的帮工一天能完成多少工作，业主大体上是心中有数的，往往根据他们的工作量支付报酬。因此，即使没有监督，这些帮工为了切身利益也会尽量劳动。这里，坎蒂隆已经认识到了计件工资仍然是受到工作日长度制约的，因而在实际上把计件工资看做计时工资的转化形式。

坎蒂隆的工资理论对后来的经济学家有很大影响，特别是为斯密所接受，并作了进一步的发展。

三、货币理论

坎蒂隆详细考察了与货币有关的许多问题，其中一些重要思想对后世经济学家产生了一定影响。他主要考察了金属货币的有关问题。

坎蒂隆正确地认为，货币同其他商品一样，必须具有内在价值。他提出："像其他任何东西一样，金属的真实价值或内在价值同在金属生产中所使用的土地和劳动成比例。"② 同当时流行的名目主义货币论相反，坎蒂隆坚持认为，金银不只具有想象的价值，而且必须具有内在真实价值，即生产金银时所耗费的土地和劳动的数量。这表明他已接近于正确地理解货币的本质。

从这一认识出发，坎蒂隆考察了货币的起源和作用。他认为，在交换过程中，人们需要寻找一种共同尺度，以衡量他们所希望交换的商品的比例和价值，这种共同的尺度就是交换价值，即货币。在历史上，诸如铁、铜、银、金等金属都曾充当过共同的价值尺度，但最后只有黄金和白银才得以固定充当货币。这是因为"只有黄金和白银具有体积小、质量相同、易于运输、可分割、在分割时不会造成损失、易于保管、用它们制造的物品美丽而明亮、几乎可以无限期地使用等特性"③。因此，各国都使用黄金和白银作为货币或者说共同的价值尺度。这里，坎蒂隆对金银充当货币材料的必然性作了出色的发挥。他还进一步分析说，由于黄金和白银具有同在它们的生产中所使用的土地和劳动的数量成比例的价值，因此从土地与劳动的角度看，必须在事实上和现实中同它们所交换的物品相等。

坎蒂隆还对流通中货币量和商品价格之间的关系进行了考察，在这个问题上，他是早期货币数量论的较为完整的表达者。虽然他认为货币和商品在进入流通之前都必须具有内

① 坎蒂隆. 商业性质概论. 北京：商务印书馆，1986：17－18.
② 同①47.
③ 同①53.

在价值，这一点使他与其他货币数量论者相区别，但是他还是明确提出了“一国中货币的充裕与稀缺永远会提高或降低交易之中的一切东西的价格”的观点。①

坎蒂隆以独特的方式论述了流通货币量增加引起商品价格上涨的机制。他提出，一国流通中的货币量的增加可以由下述原因引起：“在该国发现的贵金属矿藏的开发，外国提供的补贴，外国人家庭的移居，外交使节和旅游者的驻留，而最重要的是经常性的年度贸易顺差。”② 他认为，不论由哪一种原因引起流通中货币量的增加，都会引起商品价格的上涨。原因是，如果流通货币量的增加是由金银矿的开采引起，则金银矿的所有者、企业主、矿主和所有工人的收入将有所增加，从而使其按一定比例增加开支，对商品的需求增加，最终导致一切物品的价格都普遍上涨。如果流通中的货币量的增加是由对外贸易的顺差所引起，则一切从事对外贸易的商人、业主的收入都将有所增加，并且使得为外国人提供商品的大批工匠和工人得到就业机会，增加他们的收入，从而最终引起消费的增加和物价的上涨。

不过，坎蒂隆认为，在流通货币量的增加与物价水平上涨之间并不存在严格的比例关系，不是说货币数量增加 1 倍，商品价格就必然上涨 1 倍。他写道：“如果一国中的货币数量增加了 1 倍，产品和商品的价格并不总是随之提高 1 倍。”③ 流通中货币量增加所引起的物价上涨的程度，取决于增加的货币量所造成的消费和流通状况的变化，而这一变化在不同的商品方面，情况是不一样的。

坎蒂隆的上述分析对货币数量论的发展产生了重大影响，在资产阶级货币理论史上占有重要地位。

四、利息理论

坎蒂隆考察了利息问题，在这方面他表现出了其独创性。在他以前的经济学家中，特别是在配第那里，利息是同地租联系在一起的，是地租的一个派生形式。坎蒂隆则正确地将利息与利润联系起来考察，并且认为利润是利息的基础，虽然他对于利润的理解并不十分正确。他提出，货币所有者之所以愿意把钱贷放给借款人，是因为他预期借款人将会有一笔很高的利润，“这一利润必然同借款者的需要和放款者的担心与贪欲成比例，我以为这就是利息的来源”④。他进而认为，利息就是以业主所能获得的利润为基础的。

坎蒂隆还对一国利息率水平的决定作了说明。他不同意当时流行的一种观点，即认为一国中货币数量的增加将压低该国的利息率，原因是货币充裕的时候借钱比较容易。他认为，这种观点并非永远正确，因为一国利息率的高低受多种因素的影响，比如业主数目的增加，预期他们能够取得较高的利润，贵族和土地所有者的巨大开支等。与同时代的其他经济学家一样，坎蒂隆反对国家人为地规定利息率。他提出，如果君主希望通过法律来调节利息率，这一调节必须以最高等级或大致相当于此的现行市场利息率为基础，否则法律就不会有效力。

---

① 坎蒂隆. 商业性质概论. 北京：商务印书馆，1986：101.

② 同①85.

③ 同①83.

④ 同①94.

重农主义思想的萌芽

坎蒂隆在经济思想史上的一个重要贡献，就在于他最早较为系统地论述了重视农业的经济思想。坎蒂隆的主要经济著作虽然名为《商业性质概论》，然而实际上他论述得更多的是农业问题，特别是与土地耕种有关的问题，阐述了一系列关于农业的重要思想，正是这一点使他成为法国重农主义的先驱。重农学派的主要代表人物魁奈和米拉波都曾宣称他们的某些思想直接得益于坎蒂隆。坎蒂隆的重农主义经济思想主要体现在以下几个方面。

一、农业是一国经济的基础，土地耕种是一国所有阶级和居民生存和致富的源泉

坎蒂隆从他的自然物质观出发，极力强调农业特别是土地的耕种在社会经济中的地位。他提出，既然土地是一切产品的物质基础，劳动是它们的形式，那么，一个国家的所有阶级和居民的消费最终都来源于农业劳动的产品。他把租地农场主的农业年产品分为三部分：(1) 租地农场主付给土地所有者的主要的和真正的地租；(2) 维持生产的原材料价值和支付农业雇佣工人的工资价值；(3) 租地农场主的经营利润。由此他得出结论，一国居民的生活资料“不是来自租地农场主保留的 2/3，就是来自剩给地主的那 1/3，总之是来自土地所有者的土地”①。坎蒂隆还认为，在一种经济制度中，有权处置地产资本的是土地所有者，是他们推动着整个经济，使之向最有利的方向发展。他由此认为，在一国中只有土地所有者是天然独立的，所有其他阶级不论是业主还是受雇者，都不是独立的，他们都必须依靠土地所有者来维持生活和致富。

坎蒂隆关于农业劳动和土地产品使一国经济得以运转的观点，成为魁奈等人的思想基础之一。同时，坎蒂隆的上述分析，也为重农学派的纯产品理论提供了直接的思想来源。因为他所说的“真正的地租”，实际上就是指农产品中扣除了种子、工资和利润之后的余额，这在剩余价值发现史上是有积极意义的。但是，由于当时农业中的资本主义生产关系还没有得到充分的发展，坎蒂隆的分析还存在着许多缺陷。在坎蒂隆那里，对于农业的重视，还是以对于土地所有者的极力推崇的形式出现的。比如，地租本来是农业雇佣工人的剩余劳动创造的，却被他归于土地所有者的土地。还有，租地农场主才是农业生产的真正组织者和经营者，是他们推动着整个经济，但在坎蒂隆看来，他们却是依赖于土地所有者的。这些缺陷在重农主义的发展过程中被逐步加以克服。

二、社会总产品流通的初步考察

坎蒂隆在农业领域中第一次系统考察了农业年产品如何经过流通而在社会各阶级之间进行分配的过程，初步阐述了土地所有者的支出与国民生活的关系。

由于坎蒂隆已经在事实上把一国的居民区分为租地农场主、城市手工业者和土地所有者三个部分，因此他就能够正确地考察一国全部农产品如何在这三个阶级之间进行分配和流通。他是这样来考察的：租地农场主的全部农产品通常分为三个部分，其中的 1/3 以货币形式支付给土地所有者以作为地租；剩下的 2/3 农产品，一半用来补偿成本、支付工人的工资，另一半是租地农场主的经营利润。一般情况下，土地所有者将获得的相当于土地产品价值 1/3 的地租与城市手工业者相交换，购买工业消费品；租地农场主保留的 2/3 农产品中有 1/6 与城市手工业者相交换，这样，全部农产品的一半即 3/6 得以实现。剩下的

---

① 坎蒂隆．商业性质概论．北京：商务印书馆，1986：23.

全部农产品的另外一半，一部分由租地农场主和农业工人自己消费，一部分作为对种子的补偿。这样，全部农产品得以实现，下一年的再生产可以继续下去。[①] 坎蒂隆这里的分析虽然还十分粗糙，存在不少的缺陷乃至错误，但是它无疑为后来魁奈的《经济表》的制定，提供了极有价值的启发。

三、农业年产品决定一国人口的规模和变化

坎蒂隆还把农业的重要性同一国人口问题联系起来考察，提出了一些有价值的人口思想。他提出，土地的年产品不仅为租地农场主和农业工人提供了生活资料，而且一国其他阶级和居民也都必须依赖于土地所有者的开支，即全部年产品中交给土地所有者的那一部分。因此他认为，一个国家的居民人数正是取决于分配给他们的用来维持生活的资料，一国人口的数量必然要以土地所能提供的年产品数量为限度。他写道："如果所有土地都用于为人提供简单的食物，那么，人类的数目就将以某种方式增加到土地所能供养的那个限度。"[②] 进一步，坎蒂隆推论说，如果生活资料可以无限增加，那么人口的增长就不会受到阻碍。他提出了一个有名的论断："如果人类拥有无限的生活资料，他们就会像仓廪里的老鼠那样迅速地繁殖起来。"[③] 可见，坎蒂隆已经认为人口的增长必然受到生活资料的限制，这实际上包含了后来马尔萨斯的人口原理的一些基本思想。

阅读书目

马克思．政治经济学批判//马克思，恩格斯．马克思恩格斯全集：第13卷．中文1版．北京：人民出版社，1962

马克思．资本论：第1卷．北京：人民出版社，2004，有关布阿吉尔贝尔和坎蒂隆部分

布阿吉尔贝尔．布阿吉尔贝尔选集．北京：商务印书馆，1984

坎蒂隆．商业性质概论．北京：商务印书馆，1986

思考题

一、名词解释

比例价格　坎蒂隆的价值观

二、问答题

1. 试评述布阿吉尔贝尔的主要经济思想。

2. 坎蒂隆的重农理论有哪些内容？

---

① 坎蒂隆．商业性质概论．北京：商务印书馆，1986：22－24．

② 同①33．

③ 同①40．

第五章

重农学派的经济理论

本章重点

重农学派是法国古典经济学的主要代表。它虽披有封建外衣，但仍不失为法国资产阶级革命前夜的催生者。它的主要代表人物有魁奈和杜尔哥。纯产品学说是重农主义的理论基础，由此得出了近乎正确的资本划分、阶级划分理论，体现了该理论的科学性。《经济表》是宏观经济学的最初分析，主要考察了一国的简单再生产。杜尔哥发展了魁奈的经济理论，在经济政策上预先采取了法国革命的措施。

本章知识点

- 重农学派的形成和特点
- 魁奈的经济学说和《经济表》
- 杜尔哥对重农主义理论的主要发展

第一节 概 述

法国资产阶级革命前夜的社会经济状况

重农学派是继布阿吉尔贝尔之后的法国古典政治经济学派，它出现在布阿吉尔贝尔后约50年的18世纪50—70年代。这正是法国资产阶级革命的准备时期。与英国不同，法国在较长的时期里，重视农业成为较为普遍的观念。但是，只有重农学派才创立了标志科学新阶段的体系，即重农主义学说。这一时期英国的资产阶级革命已经过了差不多一个世纪，而法国则正在酝酿着资产阶级革命；英国已从农业国转变为工业国，处于产业革命的前夜，而法国则仍处在封建制度的统治之下，农业在国民经济中仍占主要地位，而且基本上属于封建性农业。在农业中，除少数地区有了一些资本主义式的经营外，绝大多数的农民仍处在封建农奴的状态下，受尽封建统治阶级的剥削和压迫。法国由于柯尔贝尔主义造成的恶果，靠牺牲农民利益发展工商业，严重地破坏了农业，最终带来了工商业和对外贸易的不振和恶化，法国整个国民经济濒临绝境。

法国昏聩腐朽的封建王朝并没有从经济困境中吸取教训，而是又采纳了英国经济学家、银行家和冒险家约翰·劳（1671—1729 年）的建议。劳出生于英格兰，熟悉货币财政，在资本主义发展初期，他认为充分认识银行制度和信贷制度的作用，有如发现通往印度和美洲的航路一样重要。1704 年，他从国外回到英格兰，曾主张按其设想创办银行，但未能实现。以后他再次到法国，在法国财政经济面临破产的情况下，把他那套设想和计划奉献给法国统治者，吹嘘他可以使法国摆脱困境。走投无路的法国封建王朝采纳了他的建议。1716 年，劳经允许创立了一家银行，发行钞票，1718 年劳的银行宣布为王室所有。在法国统治阶级的支持下，劳掌握了货币和信贷系统。国家的债务以银行发行的钞票偿还，短时间内，法国财政经济状况有所缓和，但为时不久，劳所设立的银行彻底破产。这表明这种仍靠流通领域解决危难和发财致富的药方，只不过是变了种的重商主义，同样逃脱不了可悲的下场。结果，劳被解除职务并逃出法国。

法国社会经济状况进一步恶化，面包问题成为当时谈论的中心，国内各种矛盾加剧，进一步加深了封建统治的危机。法国的新兴资产阶级代表纷纷提出了发展资本主义、改善经济状况的要求，提出恢复和振兴农业的设想。适应这种需要，重农学派继承和发展了法国古典政治经济学，创立了比较完整的重农主义理论体系。马克思指出："重农主义的产生，既同反对柯尔贝尔主义有关系，又特别是同劳氏制度的破产有关系。"①

重农学派的形成

法国自 18 世纪下半叶以来，重农主义的先驱者就逐渐从推行重商主义的沉痛教训中认识到重视农业和坚持经济自由的重要。布阿吉尔贝尔早就提出了农业是国家富强之本的思想，并自称他是农业的辩护人。沃邦（1633—1707 年）是法国 17 世纪末 18 世纪初的军事工程官员，在他的《王国什一税论》中，提出农业是国民经济中最重要的部门，建议改革租税制度，实行单一税制，对一切收入和一切等级实行什一税。他主张经济自由以发展工业和商业。达经逊（1696—1757 年）曾任路易十五的外交大臣。他的政治和经济观点更为激进。他主张国内国外贸易完全自由，并且提出整个欧洲应成为统一的市场，任其自由竞争。他把商品流通比作空气的流动，空气流动是没有限制的。他将国民经济各部门的顺序排列为农业、手工业和商业。他的基本观点是有普遍良好的农业，才能有幸福的生活。久居法国的英国人理查德·坎蒂隆在《商业性质概论》一书中，提出了土地是财富的来源、人类劳动是创造财富的动力的观点。坎蒂隆分析农业的年产品怎样经过流通分配在社会各阶级之间的理论尝试，后为重农学派创造性地加以发展。

以上所述经济学家都是重农主义的先驱者，重农学派继承和发展了这些先驱者的观点，创立了一个比较完整的重农主义理论体系。

① 马克思，恩格斯. 马克思恩格斯全集：第 26 卷Ⅰ. 中文 1 版. 北京：人民出版社，1972：35.

弗朗斯瓦·魁奈（1694—1774 年）是重农学派的创始人。在他的周围还出现了一批门徒和追随者，自称为“经济学家”。他们有共同的信念，结成一个有共同纲领和有组织的团体，形成一个独立的学派，还定期集会，讨论他们的主张和论文，并创办了自己的刊物。这个学派的主要代表有维克多·里凯蒂·米拉波（1715—1789 年）侯爵，还有杜邦·德·奈木尔（1739—1817 年）、麦西尔·德·拉·利维埃（1720—1793 年）。米拉波是公认的经济学家和重农主义者，他不仅是魁奈的忠实信徒，而且与魁奈私交甚笃。他是重农学派的主要组织者，重农学派的活动除在魁奈的住所进行外，米拉波在巴黎的住宅也成了他们公开活动的中心。他们宣传和普及魁奈的思想，吸收新的信徒和追随者。重农学派的另一个代表人物是安·罗伯特·雅克·杜尔哥（1727—1781 年），他深信魁奈的观点和主张，汲取并发展了魁奈的重农主义学说，但不参加他们的派系活动。

重农学派最早系统地研究了资本主义生产方式，在资产阶级的视野内对资本主义进行了考察和分析。马克思称重农学派是现代政治经济学的真正鼻祖。

重农学派学说的特点

“自然秩序”是重农学派思想体系的理论基础。魁奈的门徒杜邦更明确地称重农主义为“自然秩序的科学”。利维埃的一部著作就是以《自然秩序和政治社会的原理》为书名的。重农学派的“自然秩序”观念是在法国资产阶级革命前启蒙学派思想影响下形成的。法国的启蒙思想家对封建专制制度进行了尖锐的批判，提出了与之对立的思想，指出自然和社会应建立在“自然秩序”之上，而封建制度则是违反自然秩序的，是不合理的。他们认为这种封建的经济和政治制度，是与“自然秩序”对立的“人为秩序”。这明显地反映出新兴资产阶级要求用一种新的制度即资本主义制度取代封建制度的思想。重农学派吸取了启蒙思想家的“自然秩序”观念，并作了新的解释，用以观察社会经济生活现象，提出了人类社会和物质世界一样，存在着不以人们意志为转移的客观规律，即他们所说的“自然秩序”的观点。他们也提出了与“自然秩序”对立的“人为秩序”的观点。“自然秩序”是“所有的人，以及一切人类的权力”必须遵守的，是“坚定不移的、不可破坏的，而且一般说来是最优良”的规律。他们提出“人为秩序”也应是公正的规律的观点，它的目的应是规定行政和统治的秩序，只有保证社会认真遵守“自然秩序”，社会才能处于健康状态，人类才能享受最大幸福。因此，“人为秩序”的确定应以“自然秩序”为准则。否则，社会政治统治就陷入黑暗、混乱和没有秩序的状态①，社会也就陷入疾病状态。按照魁奈的意见，“开明君主”最能体现“自然秩序”的寓意，他就像社会上的教师和医生一样。当社会处在健康状态时，他把“自然秩序”的观念灌输到人民意识中去；当社会处于疾病状态时，就进行医治，使社会回到“自然秩序”上来。

重农学派“自然秩序”的思想，给政治经济学提出了认识客观规律的任务，这是一个重要的贡献。但是，重农主义学派受到阶级的局限，他们站在资产阶级立场上，把本来是人类社会发展的特定阶段的资本主义生产方式看成是自然的、永恒不变的，因此也就把仅仅支配资本主义生产的特殊规律看成是支配一切社会的永恒不变的规律。

① 魁奈．魁奈经济著作选集．北京：商务印书馆，1979：305.

重农学派理论体系存在矛盾。重农学派理论反映了当时法国资产阶级的思想，实际上这是第一个对资本主义生产进行分析的经济学派。但是，重农学派理论的资产阶级实质，却获得了封建主义的外观。这就是重农主义理论体系的实质与外观的矛盾。这里对这一矛盾简述如下。(1) 重农学派理论体现了资产阶级的利益和要求的实质，主要表现在他们从资产阶级的视野对资本主义进行了分析。比如，重农学派在重视农业和发展农业经济上，提出了以大农业经济改造封建制度的设想，阐述了按资本主义生产方式进行经营的思想。土地所有者租地给租地农场主（农业资本家），在土地上从事耕作的生产劳动者是雇佣工人，他们在劳动过程中创造出作为商品的农业产品，创造了使用价值和价值，也创造了剩余价值。这是资本主义生产的直接目的和动机，体现了资产阶级的实质。(2) 这个资产阶级的实质却获得了封建主义的外观。因为在重农主义体系中，资本主义生产方式是以封建制度土地所有权的统治表现的。重农学派此时是把资本最先得以发展的工业部门看成非生产部门，是农业的附庸，租地农场主不占有剩余价值，他们的利润被看成是由土地所有者支付的，与雇佣工人的工资一样，而剩余价值则是以地租的形式，全部归土地所有者占有。可见，资产阶级的实质，在这里被披上了封建主义的外衣。(3) 因为法国当时封建制度仍居统治地位，封建贵族和土地所有者还拥有巨大的权势，重农学派主要代表本身又都是封建贵族阶级，他们与封建主义尚有割不断的联系，同时，资本主义尚处于发展的初级阶段，还不成熟。在这样的历史条件下，重农学派代表们的思想，还没有从根本上脱离封建主义观念的束缚和影响，他们有时仍站在封建统治阶级的立场上，对资本主义生产方式认识不清。他们以为，将代替封建社会的资本主义制度，只是对旧社会的一种改良，并常常以他们熟知的封建主义形式表达资本主义生产的内容。这是重农学派理论中，资产阶级社会获得封建主义外观的历史背景。

重农学派理论体系的矛盾在重农主义所有理论中都有所表现。在他们阐述重农学派理论，表述新兴资产阶级的利益和要求时，总是打着封建“招牌”，把自己说成是封建统治的代表，似乎他们是在诚心诚意地维护和巩固封建制度。即使是在“自然秩序”的学说上，重农学派理论也披上了宗教和封建主义的外衣，说这个秩序先是由上帝创造的，然后才独立地得到发展。而在论述“自然秩序”的作用时，又臆想出“开明”的封建君主的作用。重农主义理论的封建主义外观，既欺骗了当时法国宫廷贵族等统治阶级，使他们接受了这种理论和主张；同时，也欺骗了他们自己。他们满以为，他们的利益是和封建统治阶级联系在一起的，而绝没有意识到他们所宣扬和坚持的一套理论和政策措施，恰恰是与封建制度相对立的一个新的资本主义制度。不仅如此，他们这套理论的封建外观，还引起了同时代启蒙思想家的反感。

农业是社会财富的源泉。重农学派继承了其先驱者重视农业的思想，并加以发展建立起系统的理论。他们认为社会财富是从土地上生产出来的农产品，农业是社会财富的真正源泉。他们感受到重商主义给法国社会经济带来的损害，猛烈地抨击了重商主义者对社会财富及其来源的观点，指出货币并不是真正的财富，对外贸易并不是国家致富之源。重农学派还认为，工业是“非生产的”劳动部门，它不能增加社会的财富。用魁奈的话说：“……一切利益的本源实际是农业。正是农业，供给着原材料，给君主和土地所有者以收入，给僧侣以 1/10 税，给耕作者以利润。正是这种不断地再生产的本源的财富，维持着王国其他一切的阶级，给所有其他职业以活动力，发展商业，增殖人口，活跃工业，因而维持国家的繁荣。”① 重农学派的结论是，只有农业才是国家致富的源泉，才是一个国家繁荣富强的根本。

第二节 魁奈的经济学说

魁奈的生平和著作

弗朗斯瓦·魁奈是法国古典政治经济学的奠基人之一，是重农学派的创始人。魁奈出生于巴黎附近一个地主兼律师家庭，12 岁才开始学习，16 岁做外科医生的学徒。他一生研究过化学、植物学、数学和哲学等多种学科，擅长医学，24 岁做外科医生，后获医学博士学位，曾在巴黎大学任医师，发表过一些关于医学和生理学方面的著作，受到医学界的重视，被选为外科医师协会秘书。他与社会各界交往颇多，1749 年开始被任命为路易十五的宫廷医师，由于医学上的成就而被封为贵族。他 60 岁左右开始研究经济问题，医学和其他方面的知识对他在经济问题研究方面有很大助益。谷物价格和赋税问题是当时法国人民普遍关注和经济学界讨论的中心，魁奈此时也投身并热心研究这些问题，发表了自己的见解，提出了他的经济理论和政策主张。他的主要著作有《租地农场主论》(1756)、《谷物论》(1757)，分别发表在狄德罗所编的《百科全书》第 6 卷、第 7 卷上。这两篇文章是想说明，法国农业衰落的根源在于政府对农业方面的苛捐杂税和对谷物出口的限制。此后魁奈继续写了《人口论》和《赋税论》，提出了与重商主义完全对立的观点，认为财富的增长先于人口的增长。同时他还提出改革税制、实行单一租税的主张。后来又发表了著名的《经济表》(1758)、《农业国经济统治的一般准则》(1758)、《经济表的分析》(1766) 等。

魁奈虽身为贵族，但他的政治信仰却与 18 世纪法国启蒙思想家相近，和有些启蒙思想家一样，拥护开明的专制制度，主张由开明君主实行自上而下的改革，但反对革命的风暴。魁奈不是唯物主义者，然而在政治经济学方面，却是一个革新家。他创立了完整的重农主义理论体系，并提出了改善法国经济状况的纲领以及一整套政策、主张和措施。

“纯产品”学说

“纯产品”学说实际上是重农学派的剩余价值理论，是重农主义理论体系的核心，也是重农学派政策主张的基石。魁奈的社会财富理论就是以“纯产品”学说为基础展开论述的。

魁奈认为财富是由土地生产出来的产品，财富的真正源泉是农业。他针锋相对地反对重商主义的学说，提出货币不是国民的真正财富的观点，它的职能只是流通手段。货币如被置于流通之外，不与其他生产物相交换，便不能促进国家财富的经济再生产。魁奈进一步提出，积累货币是一件坏事，货币积累越多，国家越贫困。他说：“货币是不会生出财

① 魁奈. 魁奈经济著作选集. 北京：商务印书馆，1979：65.

富的。一埃扣（注：法国古货币单位名称）如果使用得好，事实上可以生产出二埃扣，但增加的是生产物，并不是货币。”① 据此他认为，对外贸易不可能是社会财富的源泉，它无非是以一种具有出售价值的产品去交换另一种价值相等的产品，严格地说，对当事者双方无害也无益处。他认为工业从属于农业，只能对农产品进行加工，使之具有新的使用价值形态，它不生产新的物质，不能称之为新创造的财富。魁奈肯定地认为，如果没有不断从土地里生产出来的产品，也就没有一切财富。

魁奈详尽地论述了只有农业才能创造物质财富和使其数量不断扩大的思想。按照魁奈的观点，农业和工商业等部门的重要区别就在于农业在增加财富时有自然参加工作，农业生产的结果，不仅使消耗掉的物质资料得到补偿，而且还会创造出更多的物质财富。他以种豆为例说明了这一问题。比如有一碗豆，厨师把它烧成食品，供人享用，这样，一碗豆的数量没有增加，只是改变了形态；如果一碗豆由农民把它种入土地中，同样一碗豆经过土地，就可以收到比播入土地中的豆种多出几倍的产品。这样的农业才是真正的唯一的生产。

魁奈认为，物质财富本身数量扩大，就是农业中不断生产出来的产品，通过这样的生产过程，除了补偿生产中耗费的生产资料（即种子）、工人的生活资料和农场主的生活资料外，还有剩余产品。魁奈指出，这里所说的剩余产品就是“纯产品”。从魁奈的理论看，他是从使用价值的角度，也就是从物质形态方面理解“纯产品”的，因此“纯产品”表现为剩余农产品。但是，在处于向资本主义过渡的法国，魁奈所着重分析的农业是大农业经济，其产品是作为商品生产的。他在论述中明确提出，“土地生产物本身还不是财富，只有当它为人所必需和买卖时才是财富。”② 他还说：“作为商品来看的农产物，是货币财富和实物财富的综合体。”③既然农产物是生产出来的商品，它就不能仅仅具有使用价值，而且同时还应具有交换价值，即魁奈所说的“出卖价值”④。但是，魁奈并不懂什么是商品生产，不理解商品价值的本质。他的理论中似乎有了商品具有使用价值与交换价值两个因素的观念，但是因为他不懂价值是由什么决定的，没有劳动价值论，对价值和使用价值仍混淆不清。他虽然提出过“必须把有使用价值而没有出卖价值的财物，和有使用价值和出卖价值的财富加以区别”⑤的思想，但因为他还不能科学地加以说明，实际上仍然把产品和商品相混同。在他论述新创造的价值和用于生产上的耗费问题时，没有科学地说明就采取了价值的现成形式，指出“纯产品”就是产品的价值超过该产品生产费用的余额，但要确定这个余额的数量，必须确定生产费用是多少。在农业中生产费用是由生产资料和工人的工资构成的。一般说生产资料的价值是既定的，所以“纯产品”的多少决定于工资的多少。魁奈和配第一样，把工资看成是维持工人生存的必要生活资料。这样，“纯产品”显然就是工人剩余劳动创造出来的剩余价值。可见，魁奈已经确认剩余价值不是在流通过程而是在生产过程中产生的，从而确定了剩余价值的真正起源，并由此为科学地研究资本主义生产奠定了基础。这是魁奈在政治经济学说史上的一个重要功绩。但是，由于魁奈片面

① 魁奈．魁奈经济著作选集．北京：商务印书馆，1979：354-355.

②③ 同①89，96.

④⑤ 同①361.

地认为只有农业才生产“纯产品”，又由于魁奈没有科学的价值理论作基础，这使他不可能把剩余价值归结为由劳动者的剩余劳动时间创造的，而是错误地认为“纯产品”是由自然，即土地提供的。

魁奈作出这样的论断是有一定原因的。从使用价值看，在农业中，一年生产出来的产品，比投入的种子和工人所消费的生活资料要多，这从物质形态上看，是显而易见的。但是在工业中则不同，一般来说，人们是没有可能直接看清劳动者生产他的生活资料的，也不可能从物质形态上看到劳动者创造的产品超过他消费以上的剩余产品。在农业中，生产耗费和生产结果可以在物质形态上作出直接的比较，从而可以看到劳动者创造了超过他消费以上的剩余产品。这个剩余可以不借助于流通，直接地表现在劳动者所生产的使用价值多于他所消费的使用价值的剩余上。可见，在农业上不弄清价值的本质，剩余价值也可以被理解。魁奈所考察的是大农业经济，农场经营主租用土地所有者的土地，而使用土地必须支付地租。但是，魁奈没有科学的价值理论，他否认利润是一个独立的经济范畴，利润被看做只是给资本家的一种较高的工资，像普通劳动者的最低工资一样，加到他们产品的生产费用上去，因而增大了产品的价值。很明显魁奈所提出的地租，就是他所说的“纯产品”，即剩余价值。概括地说，这里魁奈实际上是以农业的资本主义经营来说明资本主义生产的，在生产过程中，生产出作为商品的农产品包含着“纯产品”，即剩余价值。

显然，魁奈认为只有农业才创造“纯产品”即剩余价值，农业才是唯一生产部门的观点是片面的，他用自然恩赐说明“纯产品”的产生更是错误的。但是，魁奈第一次提出剩余价值来自生产领域而不是流通领域，这是他的重要功绩。马克思指出：“重农学派把关于剩余价值起源的研究从流通领域转到直接生产领域，这样就为分析资本主义生产奠定了基础。”①

社会阶级结构

魁奈在“纯产品”学说的基础上论述了社会的阶级结构。他把社会分为三个阶级：(1) 生产阶级，即从事农业的阶级，其中包括租地农业资本家和农业工人。按照魁奈的看法，只有农业才生产“纯产品”，才是唯一的生产部门，自然从事农业的阶级就是唯一的生产阶级，是指导整个社会经济的阶级。(2) 土地所有者阶级，包括地主及其从属人员，国王、官吏和教会。这个阶级以地租和租税的形态从农业阶级取得“纯产品”。(3) 不生产阶级，魁奈又称其为不结果实的阶级，包括工商业资本家和工人。从事工商业的阶级，魁奈认为不创造“纯产品”，所以是不生产阶级。

魁奈是西方经济学家中最早划分社会阶级并按阶级分析社会现象的，这是值得重视的。但他并不是从对生产资料的占有及其使用的情况来划分社会成员的阶级结构，因而他不能科学地反映出资本主义生产关系。同时，按照他的划分，生产阶级不仅有农业劳动者，还包括农业资本家；在不生产阶级中不仅包括工商业资本家，还包括工商业劳动者。这种不看阶级本质的划分，掩盖了资本家与雇佣劳动者的阶级区别，也隐藏了工人和资本

---

① 马克思，恩格斯. 马克思恩格斯全集：第26卷Ⅰ. 中文1版. 北京：人民出版社，1972：19.

家之间的阶级矛盾和斗争。

魁奈的"纯产品"学说是他阶级结构划分的基础，他以能否创造"纯产品"来区分生产阶级和不生产阶级。他把获取剩余价值看做资本主义社会生产的动机，认为只有生产剩余价值的劳动，才是生产劳动，只有创造剩余价值的阶级才是生产阶级。这是魁奈经济理论中正确的一面。但是，他片面地把"纯产品"即剩余价值的生产局限于农业部门，这就使他排除了认识工业部门同样可以创造剩余价值的途径。

在魁奈阶级结构理论中，土地所有者被划分为一个阶级，这是因为魁奈认为，在农业发展中封建主占有重要地位，他所要争取做到的是在新的社会基础上，保存封建统治阶级。但是他的"纯产品"学说，不可能使他把土地所有者阶级列入创造"纯产品"的生产阶级，同时，为维护和保留封建制度，也不可能把土地所有者列入不生产阶级。可见，魁奈把土地所有者单独划分为一个阶级，恰恰反映了魁奈与封建统治阶级还有割不断的联系，明显地表现出他的理论带有"封建主义外观"。

资本理论

"重农学派的重大功绩在于，他们在资产阶级视野以内对**资本**进行了分析。"① 魁奈认为农业生产才是真正的生产，并确认农业是"纯产品"的唯一源泉，所以投在农业上的资本才是生产的资本，而投在工业上的资本是不生产的资本，投在商业上的资本更是不生产的资本。魁奈指出，在商业中，只有在贱买贵卖的欺骗行为中才能获取商业利润。

魁奈集中关心的是农业资本，他把农业资本划分为两个部分：(1)"年预付"，即每年预付的资本，如种子、肥料和工人的工资等。(2)"原预付"，即几年预付一次的部分，如房屋、仓库、耕畜、农具等。魁奈说："年预付是每年花在耕作劳动上的支出数额；年预付必须与原预付区别开来，原预付是购置农业设备的基金，它的价值约比年预付大5倍。"② 可以看出，为了使生产过程继续不断，"年预付"的全部价值需要从每年的生产物价值中得到补偿，以新的物质更替；"原预付"的价值，每年只是部分地从生产物的价值中得到补偿，它必须经过相当长的期间，才能完全取得补偿。

在魁奈的理论中还没有流动资本和固定资本的概念，但从上述观点中可以看出，实际上已经有了这种区分。魁奈是从再生产的角度考察资本的，所以他对资本的划分，只是指生产资本而不适用于流通资本。魁奈把资本和生产直接联系起来，不在流通领域而是在生产领域探寻资本的作用和意义，从而为分析资本主义生产奠定了基础。但是，魁奈的这一观点是不全面的。因为他忽视了资本在其运动中也会采取货币资本和商品资本的形态，生产资本只是资本在运动中所采取的一种形态，而不是唯一的形态。但是，他把资本单纯看成物质，而不了解资本的本质是一定的生产关系。他把货币只看做为便利商品流转和资本运动所必要的流通手段的观点同样是有缺陷的。虽然如此，魁奈的考察抓住了生产资本，说明他已抓住了具有决定意义的基本形态。

---

① 马克思，恩格斯．马克思恩格斯全集：第26卷Ⅰ．中文1版．北京：人民出版社，1972：15.

② 魁奈．魁奈经济著作选集．北京：商务印书馆，1979：312.

魁奈的《经济表》

魁奈在《经济表》中对社会总资本的再生产和流通进行了探索和研究。这是魁奈在政治经济学说史上的创见，是一个杰出的贡献。《经济表》写于1758年，曾重印过几次，但数量很少，知道此表的人不多。最初的《经济表》被称为《原表》，共有三版。《经济表》是一个比较复杂的模式，1763年，魁奈对此表有过修改和简化。最后的《经济表》是在1766年《经济表的分析》一文中发表的，这已是经过他简化的《经济表算学范式》，或称《经济表图式》，也被称为《略表》，这是魁奈《经济表》的基本模式，也是他最后的《经济表》。马克思没有见到过《原表》，他所研究和分析的就是这个《略表》。

魁奈的《经济表》试图通过图解，分析说明社会总资本的再生产和流通过程。《经济表》的分析有几个假定前提：(1) 整个社会普遍实行的是大规模租地农业经济；(2) 社会划分为三个主要阶级；(3) 社会资本所进行的是简单再生产；(4) 各阶级之间的流通采取固定不变的价格；(5) 商品和货币流通只在三个主要阶级之间进行，各阶级内部的流通略而不谈；(6) 不考虑对外贸易。

魁奈试图在上述前提下说明社会总产品每年怎样通过流通进行分配，怎样使同样数量的总产品再生产出来。因此，整个社会资本运动的出发点是过去一年农业生产的总产品，也就是总收成。

如魁奈的《经济表》所示，在流通开始前，生产阶级投下价值100亿里弗尔的“原预付”，还投下价值20亿里弗尔的“年预付”。魁奈假定“原预付”的资本可用10年，每年实际消耗是10亿里弗尔，10年折旧完了；“年预付”每年一次收回。

生产阶级的投资经过一年的生产劳动，创造出价值50亿里弗尔的总产品。这些总产品从实物形态上看，有40亿里弗尔的粮食，10亿里弗尔的工业原料。从价值上说是，10亿里弗尔的“原预付利息”(即折旧费)；20亿里弗尔的“年预付”；20亿里弗尔的“纯产品”，即剩余产品的价值。

在流通开始以前，不生产阶级有20亿里弗尔的工业品。土地所有者阶级手里有由生产阶级手里收来的20亿里弗尔的货币地租。

在魁奈的《经济表算学范式》中，全部流通，包括商品流通和货币流通，归纳为以下五项行为：

1. 土地所有者阶级以手里已有的地租收入20亿里弗尔货币的半数，即10亿里弗尔的货币，向生产阶级购买粮食。其结果是价值10亿里弗尔的农产品由生产阶级手里转到土地所有者阶级手里，10亿里弗尔的货币由土地所有者手里流到生产阶级手里。

2. 土地所有者阶级再以手里的10亿里弗尔货币向不生产阶级购买工业品。买卖结果是，10亿里弗尔货币流到不生产阶级手里，10亿里弗尔的工业品转到土地所有者阶级手里。

3. 不生产阶级以10亿里弗尔的货币向生产阶级购买农产品（粮食）。交换结果是，10亿里弗尔的货币流到生产阶级手里，价值10亿里弗尔的农产品转到不生产阶级手里。

4. 生产阶级以10亿里弗尔货币向不生产阶级购买工业品（如农具等），结果是10亿里弗尔的货币流到不生产阶级手里，工业品由不生产阶级手里转到生产阶级手里。

5. 不生产阶级又以10亿里弗尔的货币向生产阶级购买农产品（原料）。买卖结果是，

10亿里弗尔的货币流到生产阶级那里，10亿里弗尔的农产品转到了不生产阶级手里。

下面我们引用了奥地利斯蒂凡·鲍威尔教授1890年修正的魁奈经济表略表（见图5-1），表上产品在各阶级之间的流通过程比较简明，便于理解。①

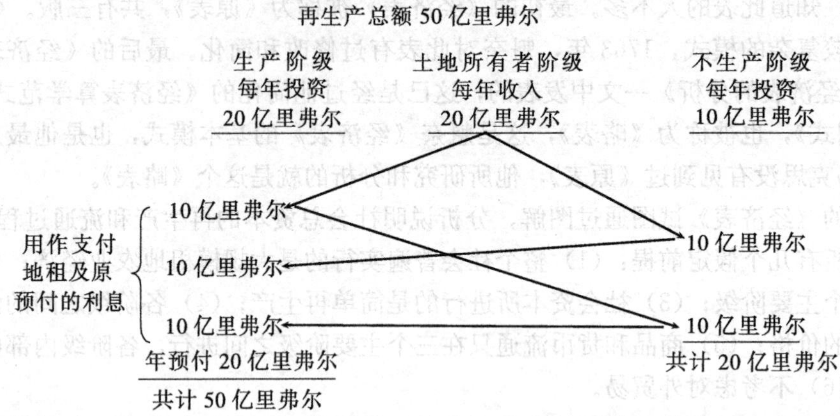

图5-1 经济表

以上所述五项流通的结果是：(1) 土地所有者阶级得到了10亿里弗尔的粮食和10亿里弗尔的工业品，满足了他们的生活需要。(2) 不生产阶级用他们的工业品换得了原料和粮食，保证再生产的继续。(3) 生产阶级得到了10亿里弗尔的工业品（农具等），同时，还有20亿里弗尔的粮食留在他们手中，没有进入流通，用于恢复再生产过程。农具补偿了过去一年消耗的“原预付”；没有进入流通的20亿里弗尔粮食，补偿了“年预付”，即种子和工资。此外，他们又收回了20亿里弗尔的货币，将作为下一年度的地租交给土地所有者阶级。这样，整个运动完成了，可以继续进行简单再生产。

魁奈的《经济表》是政治经济学尚处于初创阶段的一个富有创建的卓越尝试，是西方经济学家对资本主义宏观分析的第一次天才探索。马克思对《经济表》给予很高的评价。他指出：“这个尝试是在十八世纪三十至六十年代政治经济学幼年时期作出的，这是一个极有天才的思想，毫无疑问是政治经济学至今所提出的一切思想中最有天才的思想。”②《经济表》的创见主要有以下几点：

1. 运用抽象法，从前面所述的正确、合理的假定前提出发，抽象掉考察和探索中不必要的因素，而对本质的问题进行科学和集中的分析研究，使阐述的主要问题得出明晰清楚的结论。

2.《经济表》的出发点是每年从土地上生产出来的总产品，是以一年收获的终结为循环的开始。可以看出，魁奈实际上已正确地分析了简单再生产的基础。马克思指出：“W′…W′是魁奈《经济表》的基础。他选用这个形式，而不选用P…P形式，来和G…G′（重商主义体系孤立地坚持的形式）相对立，这就显示出他的伟大的正确的见识。”③

---

① 魁奈. 经济表算学范式（即《略表》）//魁奈. 魁奈经济著作选集. 北京：商务印书馆，1979：319；马克思，恩格斯. 马克思恩格斯选集：第3卷. 2版. 北京：人民出版社，1995：353.

② 马克思，恩格斯. 马克思恩格斯全集：第26卷Ⅰ. 中文1版. 北京：人民出版社，1972：366.

③ 马克思，恩格斯. 马克思恩格斯全集：第24卷. 中文1版. 北京：人民出版社，1972：115.

3. 魁奈把资本的整个生产过程看做再生产过程，把流通过程表现为仅仅是这个再生产过程的形式；货币流通表现为仅仅是资本流通的要素，是为再生产过程服务的，受生产制约。

4. 把各阶级收入的来源，资本和所得的交换，再生产的消费和个人的消费，以及农业与工业，即生产的两大部门之间的流通，看成是再生产过程的要素。

同时应该看到，《经济表》虽然是以简单再生产为前提展开分析的，然而魁奈在他的著作中也曾提出在一定条件下，社会再生产也会发生缩小或扩大的变化，但他并没有以此为重点进行研究和考察。

总体来说，魁奈的社会再生产和流通的理论，对科学地分析社会资本的再生产问题是很有启发意义的。不过，《经济表》的确也包含缺点和错误：

1. 片面地把农业视为唯一的生产部门，把地租作为剩余价值的唯一形态。

2. 只把资本划分为“原预付”与“年预付”，没有不变资本与可变资本的区分，因此，不能正确地分析剩余价值的来源，不能从 C+V+M 价值构成的形式上进行分析，不能科学地论证“纯产品”的真正来源。

3. 没有把社会生产分为生产生产资料和生产消费资料的两大部类，而是把社会生产分为农业和工业两个部门，这样的区分虽有一定价值，但它不能真正理解社会资本的特性，也不可能正确区别社会资本和收入的概念，最终也就不可能从理论上解决社会总资本的再生产和流通过程问题。

4. 把工业视为不生产部门，在工业生产中只有“年预付”而没有“原预付”，没有剩余价值的生产，社会总产品仅限于50亿里弗尔农产品，没有把20亿里弗尔的工业品列入社会总产品中，因此，在整个流通过程结束时，没有留下工业品满足本阶级的生产消费和生活需要。这是根本不可能的，是错误的。

魁奈的经济政策和主张

魁奈以他的经济理论为依据，提出了改革法国经济状况的政策和主张。这在魁奈的论著中有充分的体现，下面简述几点：

1. 发展大农业经济。魁奈所主张发展的不是一般的农业经济，而是大农业经济。魁奈根据他对法国农业状况所进行的考察，指出当时法国农业从耕作方法上看，主要有两种：(1) 大农业经营，或者说用马耕作的方法；(2) 小农业经营，或者说用牛耕作的方法。他以事实和数字对比说明了大农业经营的优越，能使农业振兴；而小农业经营的缺陷使农业衰落。魁奈说，小农业经营想获得很大利益是不可能的，只有把土地集中形成大农业经营，才有可能添置较大设备，只有大农业经营的租地农场主才可能有足够的资金支付农业经营所需的费用，能实行人力的节约，可以用较少的支出进行生产，从而获得较大的生产量，取得更多的“纯产品”，获得较多的利润。① 因此，他认为要发展大农业经济，必须很好地保护富裕租地农场主的地位，广泛推行大农业经济。这样，大农业经营得到发展振兴，小农业经营自然会完全消失。可以看出，魁奈主张发展的大农业经济，实际上就

---

① 魁奈. 魁奈经济著作选集. 北京：商务印书馆，1979：67.

是资本主义的大农业生产。正如马克思所指出的，重农学派所理想的是“农业按资本主义方式经营，就是说，作为大规模的资本主义租地农场主的企业经营；土地的直接耕作者是雇佣工人”①。

魁奈主张以资本主义大农业经营代替小农业经营，绝不是没有地主的农业，他的主张毫不损害土地所有者阶级的利益。魁奈所想的是，随着农业生产率的提高和“纯产品”的增加，土地所有者阶级的收入和国家的赋税也将按比例增加。

2. 整顿税收。魁奈根据“纯产品”学说，主张废除其他赋税，实行只向土地所有者阶级征收单一的地租税的政策。因为魁奈认为，对用于补偿生产费用的那部分农产品是不宜征税的，如果向这部分征税，农产品就不能再生产，一切公民就得不到生活资料。所以，魁奈反对把税收负担加到农业资本家身上。魁奈认为向工商业阶级征税也不是好办法。按他的意见，工业和商业都不创造“纯产品”，都不可能创造出比投入的资本更多的新财富。如果向他们征税，自然会引起商品价格提高，其后果就是会使农业资本家收入减少，这样农业中的资本也就会减少。

魁奈提出的地租单一税主张，就是向土地所有者阶级得到的那部分“纯产品”征税，即由土地所有者阶级负担一切赋税。他认为如果对其他形式的收入征税，只不过是对土地所有权采取的一种间接形式的征税，这在经济上是有害的。实行单一地租税可以简化税制，并可大大降低征税时花费的费用。这种改革实际上减轻了土地所有者的负担。马克思针对魁奈的这种改革主张指出：“表面上是有利于土地所有权，不是为了工业的利益而是为了土地所有权的利益”，但事实上是对工业和农业资本家有利，是有利于资本主义生产发展的。所以，马克思又指出：“在重农学派本身得出的结论中，对土地所有权的表面上的推崇，也就变成了对土地所有权的经济上的否定和对资本主义生产的肯定。一方面，全部赋税都转到地租上，换句话说，土地所有权部分地被没收了——而这正是法国革命制定的法律打算实施的办法，也是李嘉图学派的充分发展的现代政治经济学的最终结论。”②

3. 改革贸易政策。魁奈尖锐地抨击了轻视农业而强调对外贸易的作用和意义的重商主义政策，提出了与之相对的发展农业和自由贸易的措施及主张，要求在国内取消各州之间和各州的地区之间商品流通的限制。这样，由于本国农产品自由出口，农产品的价格就会提高到和国外市场一致的水平。对国外来说，要允许工业品自由进口。由于外国比较廉价的工业品的输入，国内市场上工业品的价格就会降低。魁奈还反对在外国商品进口时征收关税。因为外国商人会把关税上的支出加到进口商品的售价上，从而提高进口商品的价格。同时，由于对外国商品征税，外国商人就会把商品运到别的国家，因而提高了国内这种商品的价格。总之，他认为对进口商品征税，对法国经济的发展不利。可见，魁奈提出的贸易改革政策，是要求给法国资本家以完全的活动自由，以便发展资本主义经济。魁奈认为只有自由竞争、自由贸易政策才符合“自然秩序”，而一切垄断、限制和政府干预，都是违反“自然秩序”的。魁奈根据这一思想，坚决反对重商

① 马克思，恩格斯. 马克思恩格斯全集：第24卷. 中文1版. 北京：人民出版社，1972：399.

② 马克思，恩格斯. 马克思恩格斯全集：第26卷Ⅰ. 中文1版. 北京：人民出版社，1972：26，27.

主义的保护关税政策。

魁奈是私有制的积极维护者。他认为国家政权的职能是保护私有制，而不是干预经济生活。他反复强调私有制不是违反而是符合“自然秩序”的，私有制的安全是社会经济秩序的基础。

第三节　杜尔哥对重农主义理论的进一步发展

杜尔哥的生平和著作

安·罗伯特·雅克·杜尔哥（1727—1781 年）是法国重农学派的重要代表人物之一。他出生于一个贵族家庭，祖父做过政府官员，父亲在司法界担任过高级官职，并曾担任过巴黎市的高级职务，和当时工商业大资产阶级关系密切。杜尔哥曾在巴黎的神学院学习，1747 年获神学士学位，1749 年被推选为索尔堡修道院的名誉副院长，1751 年放弃了神学职务，其后积极从事政治活动，1761 年被任命为利莫日督抚，任职期间进行了不少重大改革。他曾到法国各省考察，并试图初步实现他的重农主义主张。1774 年法国国王路易十六即位后，他出任海军大臣，一个月后调任财政大臣，1776 年被免职。杜尔哥和当时的商务总督古尔内（1712—1759 年）过从甚密，古尔内的自由放任思想对他有一定影响。杜尔哥和魁奈的交往颇多，他同意重农学派的理论观点，魁奈的学说对他有较大影响，但他并不参加这个学派的派系活动，不同意重农学派的一些政治主张，也不赞成这一学派的狭隘宗派精神。

杜尔哥的主要经济著作是 1766 年写的《关于财富的形成和分配的考察》。这是他为当时在法国留学的两个中国学生写的一个提纲，是为了让他们回国后按他提示的要求给法国老师写回报告。这部著作后来公开发表。此外，杜尔哥还发表过《关于商业的重要问题》（1755）和《市集与市场》（1756）等著述。在他从政期间还留下了不少批文和信件，这些都是研究杜尔哥学说的重要文献。

杜尔哥对重农主义理论的发展

杜尔哥是重农主义者中眼光更为远大的代表人物，他的经济理论更少带有封建主义的外观，把重农主义理论发展到巅峰。

杜尔哥修正并发展了魁奈关于社会阶级结构的学说。他较魁奈等重农主义代表对社会阶级结构有更深刻的了解和认识。他在重农学派把社会国民划分为三个阶级的基础上，进一步明确地把生产阶级和不生产阶级各自划分为两个对立的阶级，即把生产阶级划分为农业工人和农业资本家，同时把不生产阶级划分为工业工人和工业资本家。杜尔哥的这种对社会阶级的划分更接近资本主义社会阶级结构实际情况，能够反映出资本主义生产方式的基本阶级关系。

杜尔哥对资本主义社会的资本家和雇佣工人两个主要阶级进行了比较正确的解剖和说明。他解释说：“企业家、制造业生、雇主阶层，都是大量资本的所有者，他们依靠资本，使别人从事劳动，通过垫支而赚取利润；另一阶层则由单纯的工匠构成，他们除了双手以外，一无所有，他们的垫支只是他们每日的劳动，他们得不到利润，只能挣取工资。”①可见，杜尔哥明确指出，资本家占有和投入资本，使别人从事劳动，而赚取利润；雇佣工人则一无所有，靠给别人劳动，只能挣得工资。从杜尔哥的说明可以看到，他在这一问题上的见解是相当深刻的，这在政治经济学说史上是首次见到的。从他的论述中还可以看到，雇佣劳动的出现，是与劳动者与生产资料即土地的脱离相联系的。这一见解也是值得重视的。但是杜尔哥在具体说明利润时，却又把利润说成是资本家“劳动”“操心”等应得的工资。同时他还说：“无论是谁，只要他每年能从他的土地收入，或从他的劳动或辛劳所挣得的工资，收到一些多于他必须花费的价值，他就可以把这笔多余的价值作为一种储蓄而积累起来；这种积累起来的价值就是所谓的**资本**。”② 这里杜尔哥又把资本的所得看做是由节约而来的，这是错误的。杜尔哥的这个观点为后来的一些西方经济学家发展为“节制论”。

杜尔哥的工资理论也是很有见地的。他把自由竞争的原则应用到工人和资本家的关系上，提出了在当时来说是最好的工资理论。杜尔哥确认工人的工资只限于维持他生活的最低限度的生活资料。对于决定工资高低的因素，他说工人出卖他的劳动时价格的高低，不能完全由他个人决定，而是劳动者同购买他的劳动的人双方协议的结果。他还说，由于资本家在购买劳动时，有大量可以挑选的工人，在这种情况下，资本家就可以优先选用要价最低的工人。杜尔哥说，“在彼此竞争的局面下，工人们不得不降低这一价格。”③ 可以看出，杜尔哥已正确地认识到资本主义社会工人与工人之间竞争的现象，而竞争的结果必然使工人的工资限定在为维持他们生活最低限度的生活资料的水平。然而，在资本主义社会的劳动市场上，存在着供给总是大于需求的状况，杜尔哥还没能也不可能对此作出明确的解释。

杜尔哥和魁奈一样，带有重农主义的偏见，使他对雇佣工人的理解存在着混乱和缺陷。他把土地看做是财富的唯一源泉，把农业中的工人看成只是利用他们的劳动向土地取得财富，工业中的工人则对农产品进行改制和加工。在农业中从事劳动的工人和在工业中从事劳动的工人，都是因为提供了劳动而换取他们的收入。这样，杜尔哥把不占有土地的整个农业阶级和工业阶级，看成都是受雇于土地所有者阶级的。所以，在杜尔哥的被雇佣者的概念里，不仅有一无所有的农业和工业部门中的出卖劳动力的工人，而且还包括那些投入资本经营农业或工业的资本家。

杜尔哥对魁奈的“纯产品”学说有重要的发展，达到了重农主义理论的最高度。魁奈把“纯产品”根本不看成是劳动的产物，而是把它说成是自然的恩赐。在最后这一点上，杜尔哥的观点与魁奈的观点虽有共同点，但他又强调这是土地对于农业劳动者的劳动的赐予。这样，杜尔哥就把“纯产品”的生产和劳动联系起来。他还进一步指出，农业劳动者是“唯一的这样一种人，他的劳动生产出来的产品超过了他的劳动工资”④。可见，魁奈所说的“纯产品”，在杜尔哥看来，已经是由农业劳动者生产出来的剩余劳动生产物。杜

---

① 杜尔哥. 关于财富的形成和分配的考察. 北京：商务印书馆，1961：54－55.
② 同①51.
③ 同①21.
④ 同①22.

尔哥并且说，土地所有者如不通过土地耕种者的劳动是什么也得不到的；土地所有者从土地耕种者那里获得生活资料，并且由此支付其他薪资人员劳动的报酬。这就是说，农产品是劳动创造的，土地所有者之所以占有“纯产品”，是凭借对土地的私有权。马克思在评价杜尔哥的这一理论时指出：“这个‘纯粹的自然赐予’在他那里，不知不觉地变成土地所有者没有买过而以农产品形式出卖的土地耕种者的剩余劳动。”①

杜尔哥在剩余价值理论上是有创建的，但是他也没有摆脱农业是唯一的生产部门的思想局限，并把地租视为剩余价值的一般形态。同时，他和魁奈一样，不是在价值形态上考察“纯产品”，而是在使用价值的形态上进行考察。杜尔哥和其他重农主义者一样，忽视了对商品价值的分析和研究，因而他们在许多富有天才的思想上得到的是不科学的结论。

在资本的来源和用途方面，杜尔哥进行了独特的论述。杜尔哥说明了资本主义社会各阶级的各种收入，并作了比其他重农主义者详细、系统的描述。他举出资本的五种使用方式：买进田产，租用土地，从事工业、制造业生产，经营商业，以及放债。雇佣工人只限于给予维持他最低生活资料的工资，而土地所有者和农业家、工业家、商人和放债者，同资本使用方式相适应、各自得到相应的收入。

与魁奈相比，杜尔哥相当完备地划分了资本主义社会的基本收入。他把基本收入划分为工资、利润、利息和地租。他对工商业利润和放债人获得的利息，不像魁奈那样仇视。资产阶级的本能，使他认为放债者应该取得利息，工商业资本家也应和农业资本家一样得到利润。他同时提出工商业资本家的利润应当大于投入土地和贷放出去的等量资本所获得的收入。这种对资本的使用和收入的划分是有意义的。但是，杜尔哥和其他重农主义者一样，并不了解这些收入的本质，因为他们都没有认识到雇佣工人创造的商品的价值才是这些收入真正的唯一源泉。

和其他重农主义者相比，杜尔哥进一步发展了重农主义理论，他的理论的封建主义外观已经消失。马克思对此作出了评价：“特别是在**杜尔哥**那里，这个外观完全消失了，重农主义体系就成为在封建社会的框子里为自己开辟道路的新的资本主义社会的表现了。”②

杜尔哥的经济政策主张与社会改革

杜尔哥在担任财政大臣期间，曾设想并着手按重农主义的经济政策和主张对当时法国社会进行改革。1774 年秋他取消了对谷物贸易的限制，在国内实施了谷物贸易自由。1775 年对运进城市的谷物实行了减少税款的措施；在这一年对特权阶级还征收了建造街道税，而对农民则废除了建造街道时的徭役，使农民摆脱了筑路义务。1776 年取消了对酒类贸易的限制，实行了贸易自由。这项措施使兼营酒类酿造的领主失去了一项重要的“领主专利权”。同年 2 月他还大胆地废除了手工业行会和同业公会组织，以促使工商业迅速发展。杜尔哥在当政时所采取的大胆而果断的政策措施，所进行的一些重要改革，还仅仅是他拟订的一系列改革计划中的初步，但是已经损害了王室和特权阶级的利益，引起了封建统治阶级的强烈不满。

---

① 马克思，恩格斯. 马克思恩格斯全集：第 26 卷Ⅰ. 中文 1 版. 北京：人民出版社，1972：29.

② 同①24.

杜尔哥的社会改革为时不久，只过了两年的时间就以失败而告终。因为杜尔哥的改革，实际上是为发展资本主义扫清道路，然而他又没有推翻阻碍资本主义发展的封建专制政权的认识和觉悟，相反他还努力去巩固这一政权。在这种情况下，杜尔哥引起了各方面的不满。王室宫廷特权阶级对他不满，广大人民群众也很快看出杜尔哥并不是一个革命者，不会为解除人民的灾难和痛苦采取必要的措施。杜尔哥很快遭到了他的政敌的攻击和反对，1776 年 5 月他不得不退职。退职后他所有的改革方案和措施都被他的后继者取消。马克思指出杜尔哥所实行的改革是“试图预先采取法国革命的措施”①。当然这在他当政的时期是难以实现的。

阅读书目

马克思，恩格斯. 马克思恩格斯全集：第 26 卷Ⅰ. 中文 1 版. 北京：人民出版社，1972：15－43，365－366，405－407

马克思，恩格斯. 马克思恩格斯选集：第 3 卷. 2 版. 北京：人民出版社，1995：592－602

魁奈. 魁奈经济著作选集. 北京：商务印书馆，1979，关于“经济表的分析”的内容

杜尔哥. 关于财富的形成和分配的考察. 北京：商务印书馆，1961

思考题

一、名词解释

自然秩序　纯产品　阶级划分　资本划分

二、问答题

1. 简论魁奈《经济表》的成就与缺陷。

2. 杜尔哥在哪些方面发展了魁奈的经济理论？

① 马克思，恩格斯. 马克思恩格斯全集：第 26 卷Ⅰ. 中文 1 版. 北京：人民出版社，1972：42.

第六章

亚当·斯密的经济理论

本章重点

亚当·斯密是英国古典经济学的主要代表，他的主要著作《国民财富的性质和原因的研究》不仅是政治经济学的系统论著，而且探讨了国民经济史、经济学说史、财政学等学科，被誉为当时的经济学百科全书。他从生产领域的研究中得出了具有科学价值的劳动价值论、工资理论、利润理论及地租理论，从而说明了资本主义社会的阶级结构，并区分了生产劳动与非生产劳动。斯密的再生产理论不及魁奈，但已涉及再生产若干更深层的问题。斯密反对国家干预经济，主张实行国内及国际的自由贸易。

本章知识点

· 斯密的著作和方法
· 斯密的价值理论
· 斯密的分配理论
· 斯密的社会资本再生产理论
· 斯密的经济自由主义思想

第一节　工场手工业时代英国古典经济学集大成者亚当·斯密

斯密所处的时代及其生平

英国是欧洲资本主义制度产生和发展最早的国家之一。到斯密的时代，即18世纪中期和后期，英国在国际上已经取得了经济领先地位。英国在呢绒、造船、酿酒、玻璃、火药、糖、纸等新兴工业方面都取得了进展。伦敦迅速成为国际贸易的中心。英国商人的足迹遍及东至中国、南亚，西至加勒比海，南至非洲，北至波罗的海的广大地区，为新兴资本主义积累了大量的货币资本。

亚当·斯密生活的时代，在英国已是资产阶级占统治地位的时代。这时，工场手工业仍然是资本主义生产的主要形式，但这个时期手工技术向机器生产过渡的端倪已经日益明显。1705年，牛考门的引擎已经出现；1733年，约翰·凯的飞梭发明成功；1767年，哈格里夫发明了改良纺织机；1771年，亚克来成功地发明了先以马力后以水力为动力的辗转纺织机。到1778年，瓦特的蒸汽机出现，不久就应用于纺织业。英国的工业革命实际上是从1760年开始的，一直延续到19世纪初期。亚当·斯密的划时代的巨著《国民财富的性质和原因的研究》（简称《国富论》）出版于1776年，是英国乃至西欧资本主义迅速发展并趋向成熟的产物。斯密的理论是资本主义制度的生理结构和内在规律在理论形态上的科学反映。

1723年6月5日，政治经济学大师亚当·斯密在苏格兰一个只有1 500人的小镇柯卡尔迪诞生了。18世纪初期，这里纺织业已经发展起来，到斯密成年时期，柯卡尔迪已成为拥有几万人口的工业城市了。

斯密幼年聪慧，在家乡完成小学课业后，14岁进入格拉斯哥大学。当时他专攻拉丁和希腊的古典著作、数学和道德哲学。在此期间，著名哲学教授弗兰西斯·哈奇森（1694—1746年）对他影响甚大。正是这位教授以其自由主义思想和热情奔放的精神，给青年的斯密以启迪。为“最大多数人的最大幸福”的功利主义口号，最初是由哈奇森提出来的。斯密在50年后，荣任母校格拉斯哥大学校长时，对这位老师的教导仍然牢记不忘。在哲学方面素负盛名的青年学者大卫·休谟，当时也是斯密的老师和朋友。休谟对斯密的影响也是很大的，他们的友谊一直继续到斯密生命的完结。

1740年，斯密以优异成绩获得奖学金进入贵族大学——英国牛津大学，1746年8月结束学业回到故乡柯卡尔迪。1748年冬，斯密成为爱丁堡大学的讲师，讲授英国文学史，18世纪50年代初，开始讲授有关经济学的课程。他的经济自由主义思想在这时就已经提出来了。1751年，斯密回母校格拉斯哥大学任教，开始讲伦理学，后改授道德哲学。当时道德哲学包含的内容十分广泛，其中一个重要组成部分就是政治经济学。其间他对经济问题的研究有进一步发展，曾在本校一个学会上公开发表坚持实行经济自由主义的主张。

1759年，斯密的第一部著作《道德情操论》出版。这是他多年从教所编讲义的一个独立部分，其中包括神学、伦理学、法律和政治学，政治学中包括经济学和经济政策中的若干理论问题。斯密在日常生活中注意研究经济问题，是同他出生于苏格兰这个英国资本主义最先发展的地区分不开的，同他所受教育与所交的朋友的影响也分不开，著名发明家瓦特就是斯密的同乡和朋友。《道德情操论》的出版引起社会广泛重视，斯密开始在社会上赢得声誉，并在实际上成为英国一流学者。

1764年，斯密接受青年贵族布克莱公爵之请，作为私人教师陪同公爵到欧洲大陆游历。这样，斯密先后在法国停留3年多时间，同法国著名学者伏尔泰、重农主义创始人魁奈以及这个学派的著名代表杜尔哥等人有过密切的交往并结下了深厚的友谊。这对斯密研究资本主义经济理论，借鉴法国知名学者的学说，从而加速自己的理论的完成起了重要作用。据传斯密在法国期间已着手起草《国富论》的初稿，至少这次游历促进了斯密经济学说的成熟，并为他归国后完成这一理论的表述作了准备。

1767年，斯密陪同他的学生返回伦敦。他被选为英国皇家学会会员，与国内知名学者的交往范围更广，也更频繁了。为完成自己的研究和创作计划，斯密回到故里柯卡尔迪。在这里他开始潜心写作自己的政治经济学著作。经过6年的艰苦劳动，初稿终于完成。斯密带着这部浸透心血的书稿赴伦敦。在那里，他接触到资本主义经济发展的一系列最新情况和资料，他带着因过度辛劳而积下的疾病伏案修改自己的著作。修改工作一直进行了3年。1776年3月9日，人类历史上第一部政治经济学巨著《国民财富的性质和原因的研究》终于问世了。它标志着政治经济学作为一门独立的学科正式面世。同年5月，斯密回到自己的故乡柯卡尔迪。1777年，他被任命为苏格兰关税委员。

1784年以后，斯密的健康状况日益恶化。生命的紧迫感使斯密加倍努力，计划再写两部关于哲学和政治学的著作，他搜集大量资料并着手整理。1787年，他应邀去伦敦，为以小威廉·皮特为首的英国内阁阁僚传授经济科学。同年11月，斯密由伦敦回到爱丁堡，不久被推荐为母校格拉斯哥大学校长。1790年7月17日，这位伟大的经济学家与世长辞。临终之前，按照他固执的要求，所完成的十几本手稿统统付之一炬，以实践他严格对读者负责的一贯信念。

斯密的著作

斯密一生埋头书斋，著述甚丰，但问世甚少。生前出版的著作只有《道德情操论》(1759）和《国富论》(1776)。后人在斯密逝世后出版的有《哲学问题论集》(1793）和据考证认为是斯密生前讲演记录的《亚当·斯密关于法律、警察、岁入及军备的演讲》(1896）等。这里只介绍斯密的主要经济学著作《国富论》。

《国富论》的目的是阐明财富的起源及其产生和增长的条件。在他看来，一国国民的全年劳动，就是一国财富的源泉。而生活必需品和便利品对全国居民的供应状况，则取决于产品的数量与消费者人数之间的比例。这个比例又决定于以下两种情况：(1）一国人民劳动的熟练程度、技巧和判断力状况；(2）从事有用劳动的人数与不从事有用劳动的人数的比例。以上两个条件，前者比后者更为重要。

劳动生产力得以改进的原因何在？劳动生产物按什么顺序自然而然地分配给社会各阶级？这是《国富论》第1篇的主题。这一篇在全书中是具有决定意义的。它的结构大致是：分工—货币—价值——三个阶级的基本收入。斯密强调分工，把分工看做国民财富增长的一个重要原因，提出了古典学派中系统的分工学说。

第2篇论资本的性质、积累和用途。分析了资本的构成和资本的本质。资本是积累的一部分，又是国民财富增长的主要因素。资本按其用途分为固定资本和流动资本。斯密分析了资本的作用和资本积累的条件，同时分析了资本的几种形态。这一篇具有现实意义的是对生产性劳动与非生产性劳动的分析。这个理论虽然有缺陷，但对后来理论的发展和在经济实践中的运用都具有重大意义。

第3篇讲国民经济史，论述不同的国度其财富有不同的发展途径和后果。在此斯密批判了一切形式的封建关系，揭露这种人为关系的罪恶，指出只有资本主义关系是促进国民财富增长的自然关系。

第 4 篇论政治经济学体系，是对政治经济学发展过程的最早的理论概括。全篇九章，其中有八章是批判重商主义的理论、政策及其实践的，可见斯密对早期的国家干预主义的理论和政策是多么深恶痛绝。本篇最后一章分析重农主义体系，他把这一体系归结为政治经济学中把土地生产物视为国民收入和财富唯一来源或主要来源的学说。他认为这种学说只在法国少数博学多能的学者中间才存在，因而无须长篇大论。

第 5 篇论君主或国家的收入，属于财政学问题。财政学作为一门独立学科也是斯密在本书中第一次创立的。斯密在这里论述了国家的支出、收入和公债，并提出了财政学史上著名的公平、确定、便利、经济四大税收原则。

综上所述，不难看出，《国富论》就其结构和所涉及的主要内容来说，还不是一部严格意义上的政治经济学著作。它所包括的不仅是政治经济学，而且囊括了经济史、经济学说史和财政学。

斯密的方法论

在斯密的著作中，各种相互矛盾的理论和平共存，这是他的研究方法的矛盾导致的必然结果。例如，他的《道德情操论》与《国富论》就有着截然不同的出发点：前者从人类的同情心出发来研究道德世界；而后者却从人们的利己心出发来观察经济世界，即使在揭示资本主义经济内在联系的《国富论》中，各种不同的价值理论、利润理论、地租理论、生产劳动理论……比比皆是。这种矛盾从本质上说是资本主义经济中各种矛盾在理论上的反映，同时也是由斯密研究方法上的矛盾决定的。

资产阶级学者对斯密方法的评价是各不相同的，有的断言他的方法是演绎法，有的则强调斯密的长处完全在于归纳法。马克思准确地指出，《国富论》中归纳法与演绎法是同时并用的，它的方法论的实质却不在于此，而在于它所固有的二重性。马克思写道，斯密的理论充满了矛盾，“一方面，他探索各种经济范畴的内在联系，或者说，资产阶级经济制度的隐蔽结构。另一方面，他同时又按照联系在竞争现象中表面上所表现的那个样子……把联系提出来。这是两种理解方法，一种是深入研究资产阶级制度的内在联系，可以说是深入研究资产阶级制度的生理学，另一种则只是把生活过程中外部表现出来的东西，按照它表现出来的样子加以描写、分类、叙述并归入简单概括的概念规定之中。这两种理解方法在斯密的著作中不仅安然并存，而且相互交错，不断自相矛盾。”① 当运用前一种方法，即深入社会经济生活的内部，研究它的内在联系和生理结构时，他便能够得出有价值的结论，使经济科学有所前进，而当他停留在社会经济生活的表面，单纯描绘这种生活在竞争中表现出来的那些现象时，就得出错误的、自相矛盾的结论，使经济科学陷入泥潭而不能自拔。斯密著作中这种情况是随处可见的。

但是，在斯密的观念中，这种矛盾并不存在。在他看来，政治经济学的任务本来就是双重的，揭示本质与描述现象这两方面同样重要。这样，在斯密的著作中就出现了内在和外在方法同时并存的局面。如此情况，在政治经济学创始者的著作中也许是难以避免的。

① 马克思，恩格斯. 马克思恩格斯全集：第 26 卷Ⅱ. 中文 1 版. 北京：人民出版社，1973：181－182.

第二节　斯密的价值与货币理论

价值的两个意义和两种价值规定

按照斯密的逻辑，在货币理论之后，应该论证的，是以货币交换商品或以商品交换商品所应遵循的规律。

为了阐明支配商品交换的规律，斯密首先对价值的意义作了解释。他说："价值一词有两个不同的意义。它有时表示特定物品的效用，有时又表示由于占有某物而取得的对他种货物的购买力。前者可叫做使用价值，后者可叫做交换价值。"①

明确区分商品的使用价值与交换价值，是斯密的一个贡献。但斯密对商品及其构成因素的理解是肤浅的、不正确的。(1) 斯密不是从商品二因素的角度来把握使用价值与交换价值（应为价值），他把构成商品的两个因素视为价值的两个"不同意义"，这就降低了这两个范畴在商品理论中的意义。事实上，这并非"价值"一词的二重意义，而是"商品"这个范畴的二重性或二因素。正确认识这一点，是科学地认识和理解商品范畴的关键。(2) 斯密对使用价值与交换价值的关系的分析是不正确的。他说："使用价值很大的东西，往往具有极小的交换价值，甚或没有；反之，交换价值很大的东西，往往具有极小的使用价值，甚或没有。"②看到使用价值与交换价值之间存在着矛盾，无疑是正确的。但使用价值是价值的物质承担者，没有使用价值的东西不可能有价值或交换价值，不能成为商品；同样，只有使用价值而无价值或交换价值的东西，只能是产品而不是商品。至于对比一件东西的使用价值与交换价值孰大孰小，也是不可能的，因为不同质的事物，不可能在量上进行比较。

在确定了价值的二重意义之后，斯密就对商品的"真实价格"和"名义价格"展开了讨论。正是在这里，斯密集中地阐述了自己的价值理论。

首先应该指出，斯密所说的商品的"真实价格"，也叫做商品的"劳动价格"或"交换价值"，实指商品的价值；他所说的商品的"名义价格"，也叫做"货币价格"，实指商品价值的货币表现，即价格。为了解决真实价格与货币价格之间的关系，必须首先回答：商品的真实价格或交换价值是由什么构成的，即什么是交换价值的"真实尺度"。

斯密在回答这个问题时，提出了两个自相矛盾的结论或两种对立的价值规定：生产商品所耗费的劳动决定商品的价值和商品所能支配、所能购买的劳动决定商品的价值。我们先考察斯密的第一个价值规定。

斯密首先从分工出发探讨什么是价值的真实尺度。他指出，一个人是穷还是富，就看他能在什么程度上享受生活必需品、便利品和娱乐品。但自从分工确立以来，人们所能享用的物品，靠自己劳动生产的只是其中的一部分，绝大部分要靠别人的劳动。因此，人们之间要经常交换物品。这种物品交换实际上不过是劳动的交换。所以，商品的交换价值是由劳动构成的。斯密认为，人们要取得任何物品，必须历经一定的"辛苦"和"麻烦"。

①② 斯密．国民财富的性质和原因的研究：上卷．北京：商务印书馆，1974：25.

这种“辛苦”和“麻烦”就是生产产品必须付出的代价。生产产品的代价是劳动。“劳动是衡量一切商品交换价值的真实尺度。”①

确认劳动是一切商品价值的源泉，是衡量一切商品交换价值的真实尺度，是斯密在政治经济学上的重大贡献。他不仅证明生产商品耗费的劳动决定商品的价值，而且对劳动的性质作了分析。

斯密指出：“劳动虽是一切商品交换价值的真实尺度，但一切商品的价值，通常不是按劳动估计的。”因为“两种不同工作所费去的时间，往往不是决定这比例的唯一因素，它们的不同困难程度和精巧程度，也须加以考虑。”② 他明确指出，一小时的困难工作，要比一小时的容易工作包括更多的劳动量。一个需要10年培训才能胜任工作的劳动者工作1小时，也许要比普通劳动者1个月的工作所含的劳动量还要多。

斯密不仅提出了衡量劳动的“困难程度”和“精巧程度”的重要性，同时也指出了要找到这样的尺度是困难的。但在商品交换过程中，可以通过买卖双方的讨价还价，得到“两不相亏”的解决。这一见解对劳动价值论的创立和发展是有积极意义的。

如果劳动的熟练程度既定，那么“获取各种物品所需要的劳动量之间的比例，似乎是各种物品相互交换的唯一标准”③。正因为如此，“一般地说，2日劳动的生产物的价值2倍于1日劳动的生产物，2小时劳动的生产物的价值2倍于1小时劳动的生产物，这是很自然的”④。

这样，斯密就不仅把价值的真实基础归结为生产商品时所耗费的劳动，而且把价值量归结为商品内部所凝结的劳动量。这就为劳动决定价值的理论奠定了基础。

显然，斯密的观点比配第前进了一步。在配第看来，只有开采金银的劳动才创造价值，其他部门的劳动只有在以其产品与金银相交换的前提下才间接地决定价值。斯密纠正了这种片面的、体现重商主义影响的观点，强调一切生产商品的劳动都创造价值，而不问这种劳动是在哪个部门进行的，也不问它所体现的是哪一种使用价值。

斯密的理论也大大地突破了重农主义的观点。重农学派虽然在价值理论上极少建树，但他们实际上坚持只有农业劳动创造价值，其他一切非农业劳动都是不生产的。但是，斯密并未彻底摆脱重农主义的影响。在比较不同生产部门的投资效果时，他甚至讲：“农业资本家所能推动的生产性劳动量最大。他的工人是生产性劳动者，他的牲畜也是生产性劳动者。在农业上，自然也和人一起劳动；自然的劳动，虽无须代价，它的生产物却和最昂贵的工人生产物一样，有它的价值。”⑤ 这种观点是荒谬的。斯密在此把农业生产资料（牲畜、土地及自然力）在农业生产中的作用，与农产品价值的决定混为一谈了。所谓在农业上，“自然也和人一起劳动”，同劳动者一样创造价值的论调是斯密理论中的庸俗成分。它表明斯密对决定价值的劳动还缺乏科学认识。

马克思在评论古典政治经济学的价值理论时指出：“诚然，政治经济学曾经分析了价值和价值量（虽然不充分），揭示了这些形式所掩盖的内容。但它甚至从来也没有提出过

---

① 斯密．国民财富的性质和原因的研究：上卷．北京：商务印书馆，1974：26.

② 同①27.

③④ 同①42.

⑤ 同①333.

这样的问题：为什么这一内容要采取这种形式呢？为什么劳动表现为价值，用劳动时间计算的劳动量表现为劳动产品的价值量呢？”① 在斯密看来，创造价值的能力不是生产商品的劳动的特殊属性，而是一切生产劳动的共性；不仅人的劳动，甚至牲畜、自然力也同人一道创造价值。正因为他不了解价值的本质，不知道价值是特定生产关系的反映，所以也就无法理解劳动在什么条件下和为什么要表现为价值，生产商品的劳动量为什么要表现为商品的价值量。在他那里，成为问题的只是价值量的决定。

斯密的第二个价值规定，是商品所能购买或所能支配的劳动决定价值。他认为，社会自出现分工以来，一个人所需要的物品，只有一小部分依赖于自己，其余大部分要依靠别人的劳动。所以，一个人的生活是否丰裕，就看他能够支配多少别人的劳动，亦即他能购买多少他人的劳动。“一个人占有某货物，但不愿自己消费，而愿用以交换他物，对他说来，这货物的价值，等于使他能购买或能支配的劳动量。”换言之，即“对于占有财富并愿用以交换一些新产品的人来说，它的价值，恰恰等于它使他们能够购买或支配的劳动量”②。

这样，商品的价值就不是决定于生产商品所必要的劳动量，而是决定于可以买到商品的活劳动量，或决定于可以买到一定量活劳动的商品量。在这个规定中，实际上斯密是把劳动的价值或工资当作价值尺度的。因为工资等于用一定量的活劳动可以购买的商品量，或用一定量的商品可以购得的劳动量。

但是，劳动也和一切商品一样，其价值也是变动的，因而与一般商品没有特殊区别。将价值本身当作价值标准和说明价值存在的理由，这是不能成立的循环论证。

很明显，斯密关于价值决定的两种规定是直接对立的，但对他来说有着深刻的认识基础。他的思路是这样的：原来，在简单商品生产条件下，一切商品生产者都是劳动者，他们生产商品，出卖商品，这些商品的价值就取决于生产该商品所耗费的必要劳动时间。当商品出卖时，生产者仍将从购买者那里换回耗费同样多的劳动时间的其他产品。这种交换是以一种形式的劳动换回等量的物化劳动；一定量的活劳动同等量的物化劳动相交换。在这种情况下，“劳动的价值”就和商品中包含的劳动量相等，至少在形式上可以看做商品的价值尺度。这是因为劳动的价值所代表的物化劳动量，总是等于生产这个商品所必要的活劳动量，或者说，一定量的活劳动时间总是支配着代表同样多的物化劳动时间的商品量。

但是，在资本主义条件下，情况发生了变化。在这里，生产资料与劳动能力相分离。劳动产品及其价值不属于雇佣劳动者；一定量的活劳动所能支配的不是同量的物化劳动，即一定量的物化劳动所能支配的活劳动量可以大于该商品本身包含的活劳动量。斯密正是在这里发现，在资本与雇佣劳动的交换中，在物化劳动与活劳动的交换中，价值规律失效了。商品已不再按照它们所代表的劳动量来交换了。因而断言，一旦劳动条件以土地所有权和资本的形式与雇佣工人相对立，劳动时间就不再是调节商品交换价值的内在尺度了。这时，价值的尺度应该是商品所能支配或所能购买的活劳动量。

这种观点无疑是错误的。即使在生产者自己占有自己的产品及其价值的简单商品经济

① 马克思，恩格斯．马克思恩格斯全集：第23卷．中文1版．北京：人民出版社，1972：97-98.

② 斯密．国民财富的性质和原因的研究：上卷．北京：商务印书馆，1974：26.

条件下，把“劳动的价值”当作价值的尺度也是错误的。马克思深刻地揭示了斯密错误的根源和基础。他说：“只要资本直接同劳动相对立，而不是同劳动能力相对立，这种矛盾就无法解释。”① 因为，斯密清楚地看到，再生产和维持劳动能力所消耗的劳动时间与劳动能力本身所能提供的劳动是大不相同的，他的价值规律失效的结论正是因此而作出的。在他混淆劳动能力与劳动这两个不同概念的条件下，这个矛盾是不能解决的。

三种收入构成价值

在《国富论》第1篇第6章“论商品的价格的组成部分”中，斯密论述了他的两个价值规定如何统一的问题，从而导致第三个价值规定的出现，使他的价值理论进一步步入庸俗化的歧途。

斯密认为，在社会初期的野蛮时代，交换的唯一标准是生产各种物品所需要的劳动量。狩猎民族如果捕获1头海狸需要花费捕获2头鹿所花费的劳动，那么1头海狸就可以换得2头鹿。就是说，两天劳动得到的产品的价值，要比一天劳动得到的产品价值大一倍。在这个阶段，劳动的全部产品都属于劳动者所有。一种物品所能购得或支配的劳动量，只是由取得这种物品所需要的劳动量决定。

文明社会的情况不同了。首先是资本在个别人手中积聚起来，资本所有者为了得到利润而将资本投到劳动者身上，供给他们以生产资料和生活用品，让他们生产产品。这种产品的价格，除了补偿原材料的代价和劳动者的工资以外，还要有一部分剩余，作为投资利润归资本所有者所有。这样，劳动者的劳动对原材料追加的价值就要分为两部分，一部分支付劳动者自身的工资，另一部分则支付雇主的利润。否则，资本家就不会有兴趣投资办厂，雇工生产了。

这样，商品的价格构成就与社会初期不同了，它不只包括劳动者的工资，还要加上一个资本的利润。

一旦土地变为私有财产，土地占有者也要“不劳而获”，对耕种他们土地的经营者，要求支付地租。这样，在大多数商品的价格构成中，就不仅包含工资和利润，而且有了第三个构成部分，即土地地租。

因此，斯密总结道：“无论在什么社会，商品价格归根到底都分解成为那三个部分或其中之一。在进步社会，这三者都或多或少地成为绝大部分商品价格的组成部分。”② 这样，工资、利润和地租就不仅成为一切收入的源泉，而且成为“一切可交换价值的三个根本源泉”③。斯密也就从劳动决定价值的科学立场滑进三种收入决定价值的泥潭！

三种收入决定价值，实际上是斯密的第三个价值规定。这个庸俗的价值定义在经济学的发展史上被称为“斯密的教条”，对以后的政治经济学影响甚大。它不仅使价值理论步入歧途，使社会资本再生产理论寸步难进，而且成为庸俗经济学炮制“三位一体公式”的理论依据。

① 马克思，恩格斯. 马克思恩格斯全集：第26卷Ⅰ. 中文1版. 北京：人民出版社，1972：50.

② 斯密. 国民财富的性质和原因的研究：上卷. 北京：商务印书馆，1974：45.

③ 同②47.

斯密的货币理论

在《国富论》中，斯密的货币理论是放在分工理论之后、价值理论之前论述的。这个顺序说明斯密对货币的本质、货币同价值的关系缺乏认识。但后人抓住这个缺陷而否定他对货币的本质及其职能方面的科学贡献，则是不公允的。必须指出，1755—1764 年间，斯密在格拉斯哥大学讲授“道德哲学”时，在第 4 部分关于发展国家的财富、国力和促进国家繁荣的政治学部分中，已经涉及货币问题。在那里他的讨论顺序与《国富论》不同，是先讨论分工，再讨论商品价格，最后讨论货币。在《国富论》的第 1 篇中，斯密的讨论顺序是不正确的，但他的货币理论不只在第 1 篇第 4 章中探讨，而且在价值理论之后不少章节中都有进一步的论述。应该肯定，斯密的货币理论在英国古典经济学中是杰出的，其成就不仅超过了前人，而且使他的后继者望尘莫及。

在货币的起源和本质问题上，斯密虽然未能从价值形式发展中掌握它，从而未能科学地加以阐明，但他知道，货币是在商品交换发展中，适应交换的客观需要，自发地从“许多种类货物”中分离出来作为“共同衡量标准”或“共同价值标准”的一种货物。

斯密主要是从商品种类的增多、交换的困难出发考虑货币产生的必然性。他说，假如进入市场交换的货物只有三种（牛、羊、小麦），那么每种货物就要有 2 个相对价值，如果进入市场的货物多达 100 种，那么每种货物的相对价值就要达到 99 个！如果说一种货物只有 2 个相对价值不难为人们所记住，那么一种货物具有 99 个相对价值，人们就很难记住了。而交换的困难还不止于此。当社会分工使劳动生产力提高以后，每个产品生产者都以自己的剩余产品去交换他人的剩余产品。这种物物交换随着货物种类的增多而日益困难。某甲要用自己的布换取食盐，而持有食盐的某乙却不需要布，而需要小麦。于是，某甲要得到食盐，必须以自己的布首先去交换小麦，再以小麦去换取食盐。在市场上待交换的货物日益增多的情况下，商品交换的需要千差万别，这时每个商品交换者要以自己的货物换到自己所需要的物品是十分困难的，他所付出的交换时间也是无法估计的，甚至根本无法成交。这样，因分工而各自生产不同产品的生产者之间就无法实现互通有无、互相帮助的目的。

这样，一个新的矛盾出现了。交换因分工而扩大了范围，待交换的商品种类急剧增加，而交换不仅没有进一步方便、流畅，反而更加困难重重！出路何在？

斯密写道：“自分工确立以来，各时代各社会中，有思虑的人，为了避免这种不便，除自己劳动生产物外，随时身边带有一定数量的某种物品，这种物品，在他想来，拿去和任何人的生产物交换，都不会被拒绝。”① 这种物品就是最初的交换媒介物或解决交换困难的“共同衡量标准”。斯密的这个见解，实际上是说“劳动者的特殊劳动时间不能直接同任何其他特殊劳动时间相交换，它的这种一般交换能力还需要通过媒介而取得，它必须采取与本身不同的、物的形式，才能获得这种一般交换能力”②。他模糊地意识到这一点，但还不能从理论上真正地说明它。

由此可见，斯密从市场上交换的产品增多，“这么多价值不容易记忆”和直接物物交

① 斯密．国民财富的性质和原因的研究：上卷．北京：商务印书馆，1974：20－21.

② 马克思，恩格斯．马克思恩格斯全集：第 46 卷上．中文 1 版．北京：人民出版社，1979：118.

换困难难以克服这两个方面说明了货币出现的客观必然性。由于他没有价值形式的理论，不了解价值形式的发展，因而意识不到他所涉及的实际上从扩大价值形式到一般价值形式过渡的客观必然性问题。

斯密分析了历史上不同的经济时代有不同的货物充当商品交换的“共同衡量标准”。他列举了牛、羊、盐、贝壳、烟草、兽皮以至铁钉……都曾被人们用为价值标准之后指出，这些货币由于它们本身的弱点，后来，“不论在任何国家，由于种种不可抗拒的理由，人们似乎都终于决定使用金属而不使用其他货物作为媒介”①。而“在各种金属中，金银的价值最易确定”，“因此，人们把金银规定为比较各种货物的最准确标准，因而也把它看做是最适当的价值尺度”②。这样，斯密实际上接触到了从一般价值形式到货币形式过渡的问题。诚然，他的理论还说明不了这种过渡的内在联系。

马克思指出：“只要理解了货币的根源在于商品本身，货币分析上的主要困难就克服了。”③ 斯密在确定货币的商品性质方面也是前无古人的。他说：“以货币或货物购买物品，就是用劳动购买，正如我们用自己的劳动取得一样。此等货币或货物，使我们能够免除相当的劳动。它们含有一定劳动量的价值，我们用以交换其他当时被认为有同量劳动价值的物品。”④ 这里斯密明确地把货币（或作为媒介物的货物）与创造价值的劳动作对比，货币之所以能够“购买物品”，是因为“它们含有一定量的价值”，本身就是劳动生产物。这样，就基本上阐明了一定数量的货币之所以能同一定数量的其他商品相交换，在于二者包含同量的劳动。不足的是，斯密的可贵思想没有发展下去。因为货币理论的“困难不在于了解货币是商品，而在于了解商品怎样、为什么、通过什么成为货币”⑤。这个难题是斯密无力解决的，他从来也不曾意识到这个问题的存在。

在货币的职能上，斯密更多的是讨论货币的流通手段和价值尺度问题。在论政治经济学体系时，斯密指出：“财富由货币或金银构成这一通常流行的见解，是自然而然地因货币有两重作用而产生的。货币是交易的媒介，又是价值的尺度。因为它是交易的媒介，所以，我们用货币，比用任何其他商品，都更容易取得我们所需的物品……因为它是价值的尺度，我们便用各种商品所能换得的货币量，来估计其他各种商品的价值。”⑥ 货币之所以能够实现价值尺度的作用，是因为货币作为一种商品，它本身有价值。“金银价值对其他货物价值的比例……取决于一定数量金银上市所需要的劳动量对一定数量他种货物上市所需要的劳动量的比例。”⑦ 这里不仅观点明确，而且表述也是精辟的。

斯密对流通手段的论述是清晰的。他不仅热情称赞货币作为流通手段，成为一切文明国家商业上的通用媒介的伟大作用，而且阐明了货币流通量以及纸币流通的规律性问题。他指出，“无论在哪一个国家，铸币量都受国内借铸币而流通的商品的价值的支配；商品的价值增加了，立刻就会有一部分商品被运到有金银铸币的外国，去购买为流通商品所必

① 斯密．国民财富的性质和原因的研究：上卷．北京：商务印书馆，1974：21．
② 坎南．亚当·斯密关于法律、警察、岁入及军备的演讲．北京：商务印书馆，1962：198．
③ 马克思，恩格斯．马克思恩格斯全集：第13卷．中文1版．北京：人民出版社，1962：54．
④ 同①26．
⑤ 马克思，恩格斯．马克思恩格斯全集：第23卷．中文1版．北京：人民出版社，1972：110．
⑥ 斯密．国民财富的性质和原因的研究：下卷．北京：商务印书馆，1974：1-2．
⑦ 同①302．

须增加的铸币量。"① 同样，"要一个国家输入或保留多于它所需要的金银，以增加国富，也是荒谬的。"②

既然货币在流通中起着"车轮"的作用，那么利用纸币同样可以实现流通媒介的作用。由于纸币流通会节省大量造价和维持费，因而它的使用会为经济带来利益。

斯密开创性地探索了纸币流通规律。他指出："任何国家，各种纸币能毫无阻碍地到处流通的全部金额，决不能超过其所代替的金银的价值，或（在商业状况不变的条件下）在没有这些纸币的场合所必须有的金银币的价值。"③ 如果超过这个界限，过剩的数额将全部回到银行要求兑现；如果银行"表现困难或迟缓"，回到银行的钞票还会更多。

斯密对世界货币及其流通规律也作了引人入胜的描述。

由此可见，斯密的货币理论是丰富的。但是，由于他的价值理论的固有缺陷和唯心主义的历史观，他的天才思想未能沿着科学的路线发展下去。

第三节　工资与剩余价值理论

劳动工资理论

斯密在《国富论》中结束对价值理论的讨论之后，立即转入对分配理论的论述。这是因为按照他的逻辑，商品的价值是由三种收入（工资、利润、地租）决定的，而三种收入如何决定，必须在此之后作出理论回答。

斯密写道："一国土地和劳动的全部年产物，或者说，年产物的全部价格，自然分解为土地地租、劳动工资和资本利润三部分。这三部分，构成三个阶级人民的收入，即以地租为生、以工资为生和以利润为生这三种人的收入。此三阶级，构成文明社会的三大主要和基本阶级。一切其他阶级的收入，归根结底，都来自这三大阶级的收入。"④ 这样，斯密就不仅揭示了资本主义社会各种收入的源泉——"土地和劳动的全部年产物"，并且依照三种收入的归属，揭示了资本主义社会三大基本阶级的划分。这个理论为斯密分析资本主义生产方式和分配方式提供了前提。

马克思曾指出，古典经济学家为了规定剩余价值，总是首先规定劳动能力的价值或"劳动的价值"。亚当·斯密从重农学派那里接受了平均工资的概念，他把平均工资叫做"工资的自然价格"，即维持工人本人及其家属必要生活资料的价值或价格。

但是，在阐明工资的性质时，斯密从两重价值规定出发提出了两种截然对立的观点。

在论劳动工资的《国富论》第 1 篇第 8 章一开头，斯密就指出："劳动生产物构成劳动的自然报酬或自然工资。"⑤

这个见解大体上同他的第一个价值规定相符合。既然商品的价值由生产商品的劳动量决定，那么劳动的报酬或自然工资就应该等于劳动者的生产物。他说，在土地尚未私有、

---

①② 斯密．国民财富的性质和原因的研究：下卷．北京：商务印书馆，1974：12.

③ 斯密．国民财富的性质和原因的研究：上卷．北京：商务印书馆，1974：275.

④ 同③240－241.

⑤ 同③58.

资本尚未在私人手中积累的原始社会，劳动者的全部劳动生产物都作为工资归劳动者所有。如果这种状况延续不变，那么劳动工资就会随分工引起的劳动生产力的提高而增长。一旦原始社会被文明社会所代替，土地成为少数人的私有财产，土地所有者就要向使用土地的劳动者收取地租，地租就成为这个“劳动生产物”的第一个扣除项目。而当资本积累在少数人手中之后，拥有资本的人将为劳动者提供生产资料，垫支生活资料，使劳动者能够在地主的土地上进行生产。这时，劳动生产物还要分出第二个部分作为利润归资本所有者所有。这样，利润就成为“劳动生产物”的第二个扣除项目。这种情况在农业中是这样，在工业中也是这样，所不同的是在工业中可以不交纳地租。经过这种扣除，劳动工资就只能是劳动者的劳动生产物的价值的一部分了。

斯密认识到利润和地租不过是对劳动者生产的产品及其价值的“扣除”，实际上掌握了剩余价值的真正来源，这是他在理论上的重大贡献。但斯密并不了解工资的实质，不了解工资作为资本主义经济的特殊范畴，反映资本家和雇佣劳动者之间的社会关系。他从原始社会开始分析工资，这就不可能揭示资本主义工资作为劳动力价值的现象形态的实质，并把这一范畴永恒化了。虽然如此，他在深入研究工资的性质和运动规律时，并非针对一切社会制度下的劳动收入，而是雇佣劳动制度下的工资，因而是有价值的。

当探讨资本主义工资在劳动者的“劳动生产物”中所占的比重或工资水平如何确定时，斯密同他的前辈以及同时代人一样，也接受了“劳动的价格”的概念，即工资是“劳动的价格”。在斯密看来，劳动作为商品也同其他一切商品一样，有它的市场价格和自然价格。劳动的自然价格由维持工人及其家属生存和生活所必需的生活资料决定；劳动的市场价格取决于雇主与劳动者之间的斗争，最终取决于市场上的供求关系。工资是劳动的价格，这是斯密的第二个工资理论。

斯密忽略了把工资确定为劳动者劳动生产物的一部分和把工资确定为“劳动的价格”两者之间存在着矛盾。按照前一种说法，劳动者以工资的形式取得的只是劳动生产物的一部分；而按照后一种说法，劳动者已按“劳动的价格”取得了足够的报酬。前一种交换是不等价的；后一种交换是等价的。

斯密的第二个工资理论是以他的第二个价值规定为基础的。按照这个规定，商品所能支配或所能购得的劳动决定价值，那么劳动这一商品所能支配的劳动只能相当于工资所代表的劳动量。这种交换在劳动市场上是符合规律的、等价的。正因为如此，斯密的这一工资定义，得到庸俗经济学家的称赞并在他们的著作中一再得到发挥。

斯密研究了工资变动的规律。他首先区分了劳动的“货币价格”和“自然价格”。后者实际所指的是劳动力价值，而前者则是劳动力的市场价格。他虽然从来不懂得劳动力同劳动是两个不同的概念，但对劳动的“货币价格”如何围绕它的“自然价格”自发波动却作了透彻的说明。

斯密在论述“劳动工资是勤勉的奖励”这一主题时，力主给劳动者以较高的工资，并对计时工资和计件工资的利弊作了探讨。与配第不同，斯密坚持给劳动者以高工资。因为下层阶级是政治社会中的最大部分，又是社会全体成员衣食住的供给者。社会最大部分成员境遇的改善对社会全体有利，而且让社会生活条件的供给者的生活“过得去”，“才算公正”。他认为“充足的劳动报酬，鼓励普通人民增殖，因而鼓励他们勤勉”① 的主张，断言“高工资地方的劳动者，总是比低工资地方的劳动者活泼、勤勉和敏捷”②。但对计件工资易使工人“操劳过度而生特殊疾病”③ 这一点提出警告。他认为，确有些劳动者因为能在 4 天的劳动中挣得一星期的生活资料，而虚度其余的 3 天，但就大多数劳动者来说并不如此，而且“4 天过度的操劳，乃是其余 3 天闲散的真正原因”④。

斯密关于工人及其家属的必要生活资料的范围不是一成不变的见解，是他在工资理论上的又一贡献。他首先把消费资料分为必需品与奢侈品，然后把随着社会经济的发展而由奢侈品变为必需品的物品归于生活必需品。他以皮鞋为例，在英格兰皮鞋已成为全体居民的生活必需品，而在苏格兰皮鞋对男人才是生活必需品，至于法国，皮鞋对下层阶级仍然是奢侈品。因此，以生活必需品作为确定“劳动的价格”的依据时，必须把生活必需品范围的变动考虑在内。可见，斯密的认识虽然不是明确的，但实际上已经意识到工人生活资料的范围不是一成不变的这个重要原则。

剩余价值和利润理论

在剩余价值的分析上，斯密比他的前辈前进了一大步。与配第、魁奈等古典学者把价值的源泉归结为某种特殊形式的具体劳动不同，斯密把它归结为一般社会劳动。他最早地把剩余价值的来源归结于剩余劳动，从而为剩余价值理论的创立奠定了科学基础。

斯密的剩余价值理论是这样展开的：在资本积累和土地私有制产生之前的原始社会，生产各种产品所必要的劳动量，决定产品相互交换的比例或它们的交换价值。这时，全部产品属于劳动者所有。一个人只有用自己的产品去购买别人的产品时，才能支配别人的劳动，而产品与产品相交换是以等量劳动为标准的。

一旦资本在个别人手中积累起来，资本的所有者就要利用资本让劳动者为自己劳动。为此，他向劳动者提供生产工具、原材料，以及生活资料，为的是从劳动产品的出售中，或从工人的劳动追加到加工材料价值上取得利润。

这里有两点值得注意：(1) 他明确地提出了劳动与劳动条件的分离是剩余价值生产从而是资本主义生产的前提。因为这时，“资本”已在“个别人手中积累起来”，大多数人没有资本，因而持有资本的个别人才能“利用它（资本）使勤劳者去劳动”。(2) 利润不是从流通领域中产生的，不是让渡的结果，而是“劳动者对原材料增加的价值……分为两个部分，其中一部分支付劳动者的工资，另一部分支付雇主的利润，来报酬他垫付原材料和工资的那全部资本”⑤。“对原材料增加的价值”，无疑就是劳动者在生产过程中新创造的价值（$v+m$）；经分割后一部分支付劳动者的工资（v），另一部分支付雇主的利润（m）。可见，利润是资本家没有支付过代价而拿去出售的一定量劳动。这样，剩余劳动是剩余价值的源泉的重大理论问题也就基本上得到揭示。

不仅如此，斯密后来更直接地从工人超出用来补偿自身工资的劳动量之上所完成的劳动中引申出利润。在批判所谓利润只是“特种劳动工资”的别名时，斯密指出：“利润与

①②③④　斯密．国民财富的性质和原因的研究：上卷．北京：商务印书馆，1974：75．

⑤　同①43．

工资截然不同，它们受着两个完全不同的原则的支配。”① 资本利润是怎样形成的？斯密写道：“资本所有者，虽几乎没有劳动，却希望其利润与其资本保持一定的比例。”② 因此，在资本主义条件下，劳动的全部生产物，不可能都归劳动者所有，必须与雇用他的资本所有者共分。

马克思对此有极高的评价，他认为，斯密不仅“认识到了剩余价值的真正起源”，“同时他还十分明确地指出，剩余价值不是从预付基金中产生的”，“是在新的生产过程中从‘工人加到材料上的’新劳动中产生的”③。“可见，利润不是别的，正是工人加到劳动材料上的价值中的扣除部分。”④

斯密在把剩余价值的一种形式——利润，表述为劳动超过工资之上的余额以后，对剩余价值的另一种形式——地租，也作了同样的论述。

他说，一旦土地成为私有财产，地主也要不劳而获，对土地的生产物要求地租。使用土地的劳动者就必须把他的劳动生产物的一部分，作为地租交给土地所有者。因而地租也是剩余劳动的结果。

由此可见，斯密实际上是把剩余价值理解为一般范畴，而本来意义上的利润和地租只是作为这个一般范畴的分支。然而他并没有把剩余价值本身作为一个专门范畴与利润、地租等特殊范畴区别开。

斯密剩余价值理论的重要缺点之一，是他不能用劳动价值论科学地阐明剩余价值的占有是怎样发生的，不能证明劳动与资本相交换是按价值规律进行的。在他看来，工人出卖的是劳动，而劳动创造的价值与劳动者的所得即工资的价值显然是两个不同的量。这个矛盾斯密及其后继者都无力解决。为寻找出路，斯密提出了另一个剩余价值或利润理论，即利润是生产费用的一部分。

在论商品的自然价格与市场价格的关系时，斯密明确地将资本家的利润视为生产费用的一部分。他写道：“他（指资本家）的利润就是他的收入，也就是他生活资料的正当资源。他在制造商品、把它送往市场去的过程中，要垫付劳动者的工资或生活资料，也要垫付他自身的生活资料。他自身的生活资料，大体上说与他可从出卖商品指望的利润相当。因此，商品的出卖若不能给他以利润，那就等于说，他没有从这商品的出卖取回其实际费用。”⑤ 这就直接违背了他关于利润是对劳动者的生产物无偿扣除的正确立场，陷入三种收入（工资、利润和地租）决定价值的泥潭。有时他又说利润是投资危险及困难的报酬，再次偏离了其原来的观点。

斯密的“利润”理论，一开始就有两个含义，一个是指剩余价值，一个是本来意义上的利润，即剩余价值的利润形式。当斯密把利润视为资本家预付总资本之上的余额时，这个意义上的利润就是区别于剩余价值并作为它的特殊形态的真正的利润。但是，斯密没有在纯粹的形式上说明过利润。他不仅一开始就混同了利润和剩余价值，而且混同了利润和

① 斯密．国民财富的性质和原因的研究：上卷．北京：商务印书馆，1974：43.

② 同①44.

③ 马克思，恩格斯．马克思恩格斯全集：第26卷Ⅰ．中文1版．北京：人民出版社，1972：58.

④ 同③58－59.

⑤ 同①50.

平均利润。他把利润平均化作为既定的事实和研究的起点，完全忽视了剩余价值到利润的转化和利润到平均利润转化的过程，而直接地把价值与生产价格等同起来。

斯密分析了平均利润率下降的现象，从而为后继者提出了进一步分析的理论任务。18世纪后半期的经济条件，使斯密还不可能发现资本有机构成理论，因而也就不可能科学地揭示平均利润率下降的规律。在他看来，竞争导致利润率下降，其实这是利润平均化的原因，而不是利润率下降趋势的根源。

地租理论

斯密在《国富论》第1篇第11章论地租时，一开始就指出，地租是为使用土地而支付的代价或价格。他说，地主在向租地人出租土地时，他的原则首先是使租地人得到的土地生产物，足以补偿他所耗费的农业资本（种子、工资、耕畜及农具等耗费），并得到农业资本的普通利润，否则租地人就不会承租土地。但是，土地生产物“多于这一数额的价格”，地主则作为使用土地的价格、作为地租收归己有。“因此，地租显然是租地人按照土地实际情况所能缴纳的最高额。”① 这就是“土地的自然地租，而所谓自然地租，当然是大部分出租土地应得的地租”②。

这就不难看到，斯密大体上已经认识到，资本主义地租不过是租地资本家为取得土地使用权而向土地所有者缴纳的农产品价格超过预付资本加平均利润以上的余额。这个观点是正确的。

斯密对土地所有权在地租上的意义有明确的认识。他强调，地主不仅对经过改良的土地“要求地租”，对未经人力改良，甚至完全不适于耕种的土地，也“要求地租”。因此，“作为使用土地的代价的地租，当然是一种垄断价格。它完全不和地主改良土地所支出的费用或地主所能收取的数额成比例，而和租地人所能缴纳的数额成比例”③。

马克思对此作了很高的评价，他说：“斯密非常明确地强调，**土地所有权**即作为**所有者的土地所有者**‘要求地租’。斯密因此把地租看作**土地所有权**的单纯结果，认为地租是**一种垄断价格**，这是完全正确的，因为只是由于土地所有权的干预，产品才按照高于费用价格的价格出卖，按照自己的价值出卖。”④

但是，斯密不理解价值与生产价格的区别和联系，因而无法以平均利润和生产价格理论为基础说明地租是租地资本家为取得土地的使用权而付给地主的超过平均利润的那一部分剩余价值，不了解地租不过是农产品价值超过生产价格的余额。所以，在碰到重农主义的地租观点时，就不得不从自己的正确立场上退下来。

斯密在论资本的各种用途时，竟提出：“地租，可以说是地主借给农业家使用的自然力的产物。”⑤ 因此，地租的大小就不再取决于农产品价格补偿所耗费的资本及资本利润后的余额，而“取决于想象上的自然力的大小……取决于想象上的土地的自然产出力或土地的改进产出力的大小。减除了一切人的劳作之后，所余便是自然的劳作”⑥。他甚至断

①② 斯密．国民财富的性质和原因的研究：上卷．北京：商务印书馆，1974：137.

③ 同①138.

④ 马克思，恩格斯．马克思恩格斯全集：第26卷Ⅱ．中文1版．北京：人民出版社，1973：389.

⑤⑥ 同①333.

言“自然的劳作”在全部生产物中，“很少占1/4以下，经常占1/3以上”①。

斯密在地租理论上提出这种观点并非偶然，这是他接受重农主义影响的必然结果。他断言“农业家资本所能推动的生产性劳动量最大。他的工人是生产性劳动者，他的牲畜也是生产性劳动者。在农业上，自然也和人一起劳动；自然的劳动，虽无须代价，它的生产物却和最昂贵的工人生产物一样，有它的价值”②。

斯密对级差地租、绝对地租、矿山地租等都有所论述。关于级差地租，斯密总的观点是：“不问土地的生产物如何，其地租随土地肥沃程度的不同而不相同；不问其肥沃程度如何，其地租又随土地位置的不同而不相同。”③ 而在举例论证中，斯密又从农产品的市场价值超过个别价值的余额中得出级差地租。

关于绝对地租，斯密从土地私有权出发，既不否认它的存在，也不认为资本主义条件下其普遍存在。他认为，生产食物的土地，土地所有权就有权力把农产品的价格提高到“足够价格”（指生产价格）以上，从而导致绝对地租出现。矿山就不同，由于矿山在数量上同需求相比是无限的，这时土地所有权就无力对资本实行抵抗，从而使土地私有权在经济上名存实亡。

斯密关于绝对地租的见解是可取的，但不能从理论上阐明生产谷物的土地为何和怎样形成绝对地租。他对矿山不存在绝对地租的见解是合理的，但忽略了即使在后一场合，土地所有权的废除也是偶然的。

第四节　生产劳动与社会资本再生产理论

生产劳动与非生产劳动理论

斯密在《国富论》一书的“序论及全书设计”中指出，一国国民每年所拥有的生活必需品和便利品对消费者人数的比例，决定一国供给情况的好坏。而这一比例又受以下两种情况支配：第一，国民的素质，即劳动的熟练程度、技巧及其判断力；第二，从事有用劳动的人数和不从事这种劳动的人数的比例。《国富论》第1篇，斯密就第一种情况，特别是劳动生产力改良的原因、劳动生产物如何在社会各阶级间的分配，作了系统的论证；第二种情况则是第2篇的讨论对象。在他看来，“有用的生产性劳动者人数，无论在什么场合，都和推动劳动的资本量的大小及资本用途成比例。所以本书第2篇，讨论资本的性质，逐渐累积资本的方法，以及因为资本用途不同，所推动的劳动量亦不相同这几点。”④

关于生产劳动与非生产劳动理论，在斯密的理论体系中占有重要地位。马克思对他的这一理论曾经作了详细分析和极高评价。由于斯密方法论的二重性质，在区分生产劳动与非生产劳动时也是如此。现在我们就来研究斯密的表述。

斯密在论述生产劳动与资本积累的第2篇第3章一开始就指出：“有一种劳动，加在

---

①② 斯密. 国民财富的性质和原因的研究：上卷. 北京：商务印书馆，1974：333.

③ 同①140.

④ 同①2.

物上，能增加物的价值；另一种劳动，却不能够。前者因生产价值，可称为生产性劳动，后者可称为非生产性劳动。制造业工人的劳动，通常会把维持自身生活所需的价值与提供雇主利润的价值，加在所加工的原材料的价值上。反之，家仆的劳动，却不能增加什么价值。制造业工人的工资，虽由雇主垫付，但事实上雇主毫无所费。制造业工人把劳动投在物上，物的价值便增加。这样增加的价值，通常可以补偿工资的价值，并提供利润。家仆的维持费，却是不能收回的。雇用许多工人，是致富的方法，维持许多家仆，是致贫的途径。"①

这里实质上包括两个关于生产劳动和非生产劳动的定义。第一个定义为，生产劳动是生产剩余价值的劳动，不生产剩余价值的劳动是非生产劳动。这里"制造业工人"的劳动就是生产劳动，因为这种工人的劳动所创造的价值，不仅足以补偿自身工资的价值，还能为雇主提供一定的利润，即剩余价值。他说，如果把非生产劳动者消费的那部分生活资料分给生产劳动者，那么后者就可以经过一个生产过程，将他所消费的全部价值"连同利润一起"重新生产出来。很明显，斯密所说的生产劳动者，是指那些不仅能把自己消费的生活资料的价值再生产出来，而且能将这个价值"连同利润一起"为资本家再生产出来的劳动者。换言之，生产劳动是能为资本所有者带来价值增殖的劳动。

斯密从资本主义生产的观点给生产劳动下的这个定义，触及了问题的本质，抓住了问题的要领。"他的巨大科学功绩之一……就在于，他下了生产劳动是**直接同资本交换的劳动**这样一个定义。"②

既然生产劳动是与资本相交换并为雇主带来利润的劳动；那么，同收入（工资、利润、地租等基本收入以及派生收入）相交换，并不为雇主带来利润的劳动，则是资本主义的非生产劳动。例如，资本主义社会各种社会成员，都可以以自己收入的一部分雇用家仆，为自己或自己的家庭进行劳动。家仆在劳动过程中，既不创造价值，也不生产剩余价值（利润），连他自身的维持费也不能通过自己的劳动予以补偿，这种劳动属于资本主义的非生产劳动。

从前引斯密的同一段文字中，同时可以看出他关于生产劳动与非生产劳动的第二个定义，即凡"能增加物的价值"的劳动，"因可生产价值"，则称为生产劳动；而不能增加物的价值的劳动，因不生产价值，则称为非生产劳动。"制造业工人把劳动投在物上，物的价值便增加"，"反之，家仆的劳动，却不能增加什么价值。"③不仅如此，前者的劳动可以"固定"或"实现"在某种特殊商品上，并可经历一段时间，不会"随生随灭"；家仆的劳动则不同，它不能"固定"或"实现"在任何商品上，只能"随生随灭"。因此，前者是生产劳动，后者是非生产劳动。

斯密关于生产劳动与非生产劳动所下的两个定义是有本质区别的。第一个定义不是从劳动的物质规定性得出的，而是从劳动的社会规定性，即劳动借以实现的社会关系或社会形式中得出来的。它深刻地揭示了资本主义生产劳动的本质，因而是正确的。第二个定义完全抛弃了资本主义生产劳动的特殊的社会规定性，离开了资本主义生产关系，单纯从劳

①③ 斯密. 国民财富的性质和原因的研究：上卷. 北京：商务印书馆，1974：303.

② 马克思，恩格斯. 马克思恩格斯全集：第26卷Ⅰ. 中文1版. 北京：人民出版社，1972：148.

动的物质规定性中作出，因而是错误的。

斯密在生产劳动理论上的这种自相矛盾和严重失误有着深刻的原因。从理论上说，斯密在发挥自己的观点时，一方面反对重农主义，另一方面又不自觉地成为重农主义的支持者。作为重农主义的批判者，斯密反对重农主义者关于只有农业劳动是生产的，而包括制造业工人在内的其他劳动都是“不生产的”或“不结果实的”劳动的观点，坚持制造业、商业劳动都是生产的。但他在比较农业劳动同制造业劳动的结果时，却一反常态，公然承认农业工人的劳动较制造业工人的劳动有更大的生产能力，从而成为重农主义偏见的俘虏。但斯密不接受重农主义者关于制造业劳动是不生产的结论。他表示：“一个阶级的更多的生产，决不能使其他阶级成为无生产或不生产的。”[①] 农业劳动生产“纯产品”是真正的生产劳动；而不从事农业的阶级，如制造业者，至少也会将自身的工资再生产出来，会把一个等于他消费了的价值再生产出来，也应承认它是生产的。斯密的第二个关于生产劳动的定义，正是在这种荒唐的观点支配下作出的。当然，斯密关于生产劳动的二重见解，从方法论上说，同他一贯地坚持二重性的研究方法是分不开的。

斯密关于生产劳动与非生产劳动的学说虽然矛盾重重，但在政治经济学的发展史上功勋卓著。他极大地超过了他的前辈及同时代经济学者的眼界，对后来者也堪称楷模。这一理论曾促进资本主义经济迅速成长，直至今日仍具有重大的理论与现实意义。

社会资本再生产理论

在政治经济学说史上，法国重农学派创始人魁奈第一个试图以他的《经济表》揭示社会资本再生产的内在联系。斯密作为古典经济学的集大成者，对《经济表》的卓越思想缺乏应有的研究，因而在他的著作中，未能提出有见解的再生产理论。他涉及这个问题时，由于“斯密的教条”作祟，留给后代的是一团混乱与矛盾。

所谓“斯密的教条”是指斯密价值规定中的一个错误公式。按照这个公式，商品的价值不是由生产商品所耗费的劳动量决定，而取决于工资、利润加地租的所谓“三种收入”，即三种收入构成商品的价值。这样商品的价值或价格就只能分成两个部分：可变资本（工资）和剩余价值（利润与地租）。既然单个商品的价值或价格可以分解为上述两个部分（$v+m$），那么社会的年产品（当年的商品总额）总价值也应分解为同样的两个部分（$v+m$），并归入社会三大阶级的三种收入。果真如此，资本主义社会的商品乃至社会总产品的价值就通通由 $v+m$ 两个部分构成，不变资本部分（c）就不翼而飞了。

这种理论的悖理是一目了然的。斯密之所以坚持它而执迷不悟，原因在于他在理论上混淆了商品的价值（$c+v+m$）与工人在生产过程中新创造的价值（$v+m$）。工人创造新价值（$v+m$）必须借助生产资料，消耗生产资料中的旧价值（c），没有后者，也就不可能有前者，这是不言自明的。但是，丢掉不变资本的价值，对斯密来说，有他特殊的理由：在他看来商品价值中的不变资本部分不应单独存在，而只能包含在三种收入之中。请看他下面的解释。

他以谷物为例，谷物的全部价格由地租、利润和工资三部分构成。对这个结论也许有

---

① 斯密. 国民财富的性质和原因的研究：下卷. 北京：商务印书馆，1974：241.

人会提出异议：为什么农业资本家耗费的耕畜或其他农具的价值不作为第四个组成部分在价格中出现呢？对此斯密是这样回答的：“农业上一切用具的价格，本身就由上述那三个部分构成。就耕马说，就是饲马土地的地租，牧马劳动的工资，再加上农业家垫付地租和工资的资本的利润。因此，在谷物价格中，虽必须以一部分支付耕马的代价及其维持费，但其全部价格仍直接或最后由地租、劳动及利润这三部分组成。”① 斯密就这样固执地将问题从一个部门推到另一个部门，硬是坚持产品价值构成中，可以不列那个第四个组成部分（c）。这样，斯密就使自己在理论上走入死胡同，在再生产问题上一筹莫展。

斯密的这一错误有其深刻的理论根源：（1）同他错误地理解资本积累有关。在积累问题上，他坚持积累的剩余价值完全用于工人消费，即全部转化为工资。事实上积累的剩余价值须按资本有机构成分别追加不变资本与可变资本。（2）在价值理论上不了解生产商品的劳动具有二重性质，不理解具体劳动与抽象劳动在商品生产和价值形成中的作用，因而将商品的价值（$c+v+m$）与工人在生产过程中新创造的价值（$v+m$）混为一谈。这样，就使斯密坚信总产品价值不包括第四个组成部分的错误结论而不能自拔。

但是，这个矛盾始终困扰着杰出的经济学大师亚当·斯密，他在寻找出路，从他阐述总收入和纯收入及其相互关系时可以看到这种企图。“一个大国全体居民的总收入，包含他们土地和劳动的全部年产物。”或者说，一国全年的总产品就是该国居民的总收入。什么是纯收入呢？“在总收入中减去维持固定资本和流动资本的费用，其余留供居民自由使用的便是纯收入。换言之，所谓纯收入，乃是以不侵蚀资本为条件，留供居民享用的资财。”②

斯密的观点是十分明确的，如果列成等式，即：

总收入－（固定资本＋流动资本）＝纯收入

纯收入＋（固定资本＋流动资本）＝总收入

这里，在价值构成中属于不变资本部分的，有全部固定资本和扣除工资部分后的流动资本。既然斯密一贯坚持社会总产品价值中不包括不变资本这“第四个组成部分”，为什么又把它包括在总收入之中呢？

这表明，斯密在走投无路时，实际上已经从后门将不变资本偷运进来。但他在理论上并未解决问题。他坚持这个原则只适用于单个资本，对社会资本来说，总产品的价值仍由三种收入构成。

但是，一国居民的年产品通通被归结为收入，由三种收入构成，那么，年产品中由机器、工具、原材料等生产资料构成的部分，怎么作为收入由三个阶级消费？在这个难题面前，斯密又试图用区分以实物形式表现的收入和以价值形式表现的收入的办法寻找出路。他认为，那些生产生产资料部门的产品，在实物形式上固然无法归入纯收入，但在价值形式上却可以归入纯收入；而那些生产消费资料部门的产品则不同，它们不论在实物形式上还是价值形式上都可以归入纯收入。

可见斯密在寻求出路的理论进程中碰到了一个新的问题，即社会总劳动客观上存在着

---

① 斯密．国民财富的性质和原因的研究：上卷．北京：商务印书馆，1974：45.

② 同①262.

两个不同的种类：一个是从事生产资料生产的劳动，另一个是从事消费资料生产的劳动。在两大类劳动生产的总产品价值中，属于工资总额的部分，从价值方面看，两种劳动是相同的，可以构成社会纯收入的一部分；而从使用价值方面看却不同，一种劳动者的工资存在于生产资料的形态上，另一种劳动者的工资表现为消费品。

这种差别对工资的实现，从而产品的实现意义重大。前一类工人工资的实现，必须靠后一类工人生产的消费品；而后一类工人工资的实现，却可以自行解决，即在本部门内部解决。这就接触到社会资本再生产和流通领域内一系列重大理论问题。

斯密从固定资本的维持费转到流动资本的维持费的分析中，不自觉地接触到生产消费品的部门其产品如何实现的问题。他认为，任何单个资本家的流动资本，永远不能形成他的收入的一部分，但社会流动资本中由消费品构成的那一部分，却可以同时形成社会收入的一部分。事实上，以原材料、辅助材料为主要内容的流动资本是不变资本的一个组成部分，只能用于生产消费；而消费基金所体现的生活资料，只能用于个人消费。斯密不懂得生产消费与个人消费的区别，也就无法解决生产消费品部门的总产品如何实现，以及社会总产品的实现问题。

第五节　经济自由与国际贸易理论

经济自由主义

在斯密的经济体系中，资产者的理论化身是“经济人”，经济人的本性是利己主义。在他看来，在商品经济中，生产者为人们提供取之不尽、用之不竭的物品，不是基于他们对人类的同情和恩惠，而出于他们“自利的打算”①。正如工人出卖劳动（力）是为了挣得工资一样，资产者投资只是为了取得利润。工人为提高工资而“结合”，雇主则为降低工资而“联合”，无一不是为自身的私利。

但是，人人都追求个人私利，社会公共利益如何保证？在他看来，这除了实行充分的经济自由和完全的自由竞争，别无他途。

斯密论证，资本的“唯一目的”是“牟取利润”，为此资本家必须竭尽全力使他的产品能具有“最大的价值”。而“每个社会的年收入”不外是其产业全部年产物价值的总和。“所以，由于每个个人都努力把他的资本尽可能用来支持国内产业，都努力管理国内产业，使其生产物的价值能达到最高程度，他就必然竭力使社会的年收入尽量增大起来。”当他们这样做的时候，“既不打算促进公共的利益，也不知道他自己是在什么程度上促进那种利益”②，由于他只在盘算自己的利益，努力使自己的产品具有更高的价值，他就不自觉地实现了社会利益。“在这场合，像在其他许多场合一样，他受着一只看不见的手的指导，去尽力达到一个并非他本意想要达到的目的。”“他追求自己的利益，往往使他能比在真正

① 斯密．国民财富的性质和原因的研究：上卷．北京：商务印书馆，1974：14．

② 斯密．国民财富的性质和原因的研究：下卷．北京：商务印书馆，1974：27．

出于本意的情况下更有效地促进社会的利益。”①

至于实现这只“看不见的手”的作用的机制，正是自由竞争。这个任务是政府或政治家无法代劳的。“如果政治家企图指导私人如何运用他们的资本，那不仅是自寻烦恼地去注意最不需注意的问题，而且是僭取一种不能放心地委托给任何个人、也不能放心地委之于任何委员会或参议院的权力。”②这个权力交给任何一个自以为有资格行使的人去行使，都是一种危险的行为。

斯密认为，商品经济中市场力量、价值规律的作用，只有在充分的自由竞争中才能实现。竞争越是充分展开，价值规律越能充分发挥作用，个人利益和社会利益之间的矛盾就越有协调的可能；而限制竞争，保护独占，这种对立必将加剧，国民财富的增长和社会福利的增进势必受到阻碍。

斯密列举了资本主义经济中独占的消极作用。(1) 他指出，“独占乃是良好经营的大敌”，而出色的经营必然来自“自由和普遍的竞争”。因为“自由和普遍的竞争，势必驱使各个人，为了自卫而采用良好的经营方法”③。(2) 独占可以提高商业利润率，但高利润不仅会妨碍资本的增长速度，在农业中还会因谷物价格的高涨，而妨碍土地投资和农业技术的改良。(3) 独占违反资本流向的自然趋势，使资本时而流向享有独占权的特殊贸易，时而又限制这种转移，其结果势必破坏国家一切产业部门的自然均衡。独占在国际上也将造成敌对和不和。而“国际通商，像个人通商一样，原来应该是团结与友谊的保证，现在，却成为不和与仇恨的最大源泉”④。

为了取消独占，取消妨碍资本主义经济自由发展的政策法令，斯密提出四个方面的改革：(1) 通过废除学徒规章制度与居住法，实行选择职业的自由；(2) 通过废除限嗣继承法、长子继承法以及限制土地自由转移的规定，实行土地买卖自由；(3) 废除地方关税及其他一些税收，实行国内贸易自由；(4) 废除关税、奖励金、对商业的禁令以及政府特许的商业垄断，实行对外贸易自由。⑤ 总之，在他看来，只要“一切特惠或限制的制度，一经完全废除，最明白最单纯的自然自由制度就会树立起来”⑥。每个人只要不违反“正义的法律”，都应给予“完全自由”，让他们选择“自己的方法”，“追求自己的利益”，以其“劳动及资本”同任何人任何阶级进行自由竞争。这样，无须政府监督，就可以自发地实现增进国民财富的目的。

但是，斯密反对国家干预主义并不是绝对的。他认为在一些情况下，国家干预是必不可少的，例如，利息率的法律限制，邮政事业的国家管理，初等教育的强迫性实行，钞票的最低面额规定等等。他对银行的自由也提出必须予以限制的主张。他说尽管这种限制似乎“侵犯天赋的自由”，但这种自由“危害社会的安宁”，任何政府都要予以“法律的约束”。

---

①② 斯密．国民财富的性质和原因的研究：下卷．北京：商务印书馆，1974：27-28.

③ 斯密．国民财富的性质和原因的研究：上卷．北京：商务印书馆，1974：140.

④ 同①65.

⑤ 索贝尔．亚当·斯密是怎样一个制度主义者？// 外国经济学说研究会．现代国外经济学论文选：第四辑．北京：商务印书馆，1982：95.

⑥ 同①252.

国际贸易理论

斯密的经济自由主义在国际贸易上，则主张自由地发展对外贸易，反对垄断和政府限制政策。

斯密在清算重商主义的贸易差额理论时指出，重商主义经济学的“巨大目的”在于“尽量减少供国内消费的外国商品的输入”和“尽量增加国内产业产品的输出”。因此，“使国家致富的两大手段就是限制输入和奖励输出”①。斯密认为，这种干涉国际互通有无的主张和为达到这一目的而采取的种种手段，“既然会增加或减少国家年产物的价值，显然也一定会增加或减少国家的实际财富和收入”②，从总体上看是完全不可取的。

1. 资本限制产业，“社会全部的产业决不会超过社会资本所能维持的限度”③。保护政策并不能增加资本的数量，只能转移一部分资本的投向，而个人对资本的自发投放却有利于国家的产业。所以，保护主义的政策不仅无益，甚至是有害的。

2. 在本国以很大的费用生产国外价格低廉的产品是荒谬的。他说，绝对不要去生产可以花较小代价买得到的东西，这是每一个“精明的家长”的“行为准则”，这个准则对于一个国家也是适用的。如能从葡、法等国买到物美价廉的葡萄酒，为什么要在苏格兰的温室中栽种葡萄再酿酒呢？但是，如果我们受阻于关税壁垒而不能从外国优越的自然条件中得到好处，这难道不可悲吗？而商人和制造业者的“卑鄙的掠夺性和垄断精神”，常使人们看不到在这方面的真正利益。斯密认为，各国之间存在着“地区分工”，这种分工对大家有利，而保护政策却断送了这种本来可以分享的利益。

斯密这一主张的理论根源，在于他在批判重商主义时提出的优势原理。他把优势区分为绝对优势和相对优势，认为一个社会要实现它的生产目的，必须根据优势进行分工，发展生产，并在国内实行自由放任，在国际开展自由贸易。只有这样，才能为消费者提供丰富的消费品和必需品。

斯密从一国个人之间的分工和自由贸易推论到国际分工和国际贸易。他强调，不论国内贸易还是国际贸易都要充分利用优势。每一个精明的家长都信奉，一件物品如果做比买贵，就宁买不做，一个国家更要坚持优势原则。裁缝不愿自己做鞋，鞋匠不愿自己缝衣，而宁愿以自己的产品去换取自身所需要的产品，都是为了发展自己的优势。

同个人一样，国家与国家之间也各具自己的优势。其中有的是自然固有的，如气候、土质、矿藏以及其他自然条件等；有的是后来获得的，如劳动熟练程度、技术水平等。两种优势都可以使一个国家在某种产品生产上节约劳动时间，造成成本优势，从而在国际市场上取得价格优势。因此，各个国家都应发挥自己的优势，发展自己的优势产品生产。“只要甲国有此优势，乙国无此优势，乙国向甲国购买，总是比自己制造有利。”④ 这种绝对优势，势必形成国际分工。

一般说来，绝对优势是形成国际分工和国际贸易的根本依据，但相对优势也是不应忽视的。就富国与贫国来说，可能富国既有工业优势，也有农业优势，但富国可以在两个优

① 斯密. 国民财富的性质和原因的研究：下卷. 北京：商务印书馆，1974：22.

② 同①23.

③ 同①24.

④ 同①30.

势中选取最优势（如工业）；贫国可能在工农业两方面都处于劣势，但贫国可以在两个劣势中选取次劣势（如农业）。这样富国在工业方面实行专业化，穷国则在农业上实行专业化。这种国际分工，将促进国际贸易发展，各国都将得到利益。

斯密的经济自由主义在国内贸易和国际贸易各个方面都有明显的反映。他的政策建议实际上成为英国乃至其他资本主义国家的施政准则，这使他不愧为政治经济学科学体系和基本原理的奠基者、经济自由主义的热情倡导者。而且这一切政策建议在他后继者的著作中日臻完善，并深入到资本主义经济实践的各个方面。

阅读书目

马克思. 剩余价值理论//马克思，恩格斯. 马克思恩格斯全集：第 26 卷Ⅰ. 中文 1 版. 北京：人民出版社，1972，第 3 章第 1、2、8、10 节，第 4 章第 1、3 节

斯密. 国民财富的性质和原因的研究：上卷. 北京：商务印书馆，1974，第 1 篇第 4、5、6、7、9 章，第 2 篇第 3 章

斯密. 国民财富的性质和原因的研究：下卷. 北京：商务印书馆，1974，第 4 篇第 1、8、9 章，第 5 篇第 1、2 章

思考题

一、名词解释

使用价值和交换价值　劳动价值论　斯密的教条　货币论　看不见的手　绝对优势与相对优势

二、问答题

1. 评斯密的剩余价值理论。
2. 简述斯密的生产劳动与非生产劳动理论及其现实意义。
3. 简述“斯密的教条”在斯密再生产理论中的作用。
4. 评斯密的国际贸易理论。

第七章

李嘉图的经济理论

本章重点

英国工业革命时期的经济学家李嘉图，是英国古典经济学的完成者。《政治经济学及赋税原理》一书是古典经济学的代表作，它的诸多科学结论后来被马克思主义经济学继承和发展。李嘉图的劳动价值论，摒弃了斯密的三种收入决定价值的观点，因此，李嘉图成为劳动价值论学派的领袖。李嘉图论述工资、利润、地租，从经济理论分析中悟到工资与利润对立、利润与地租对立的社会现实。阶级的矛盾源于经济，这就是后来李嘉图社会主义学派的理论依据。李嘉图反对国家干预经济，主张自由贸易，比较成本学说是其国际贸易理论的基础。

本章知识点

- 李嘉图的著作和方法
- 李嘉图的劳动价值论及其缺陷
- 李嘉图对工资与利润、利润与地租之间对立的揭示
- 李嘉图对资本主义运行机制的探讨

第一节　工业革命时代英国古典经济学完成者李嘉图

李嘉图所处的时代与生平

英国资本主义工业化开始于18世纪60年代，人们将英国资本主义工业化第一阶段称做工业革命。1765年发明珍妮纺纱机，1799年发明缪尔纺纱机，1782年瓦特试制成功联动式蒸汽机，以及1813年刨床的发明等等，都大大地推动了英国工业由工场手工业转变

为机器大工业。英国先后建立了当时堪称先进的纺织、采矿、冶金、机械制造、运输等工业部门。这些工业部门的产量有了大幅度的增长，据统计，棉花的加工能力 1789 年增至 3 200 多万磅，煤的产量 1795 年达到 1 000 万吨，生铁 1796 年增至 12.5 万吨，海港吞吐船只总吨数 1800 年达 2 000 多万吨，进出口贸易总额 1791—1800 年达 7 300 万英镑。工业革命的结果使英国成为“世界工厂”，成为世界各国，特别是欧洲大陆各国及美洲殖民地国家工业品的主要供应者。英国向这些国家输出工业品，再由这些国家输入粮食与原料，进一步促进英国工业的发展。

工业革命就是由工场手工业向机器大工业转变的过程。这个转变过程不仅意味着生产力的极大发展，也引起了生产关系的变革。代表新生产力的工业资产阶级日益在社会上占据重要地位。与此同时工业无产阶级也开始成长起来，但此时资产阶级与无产阶级之间的矛盾还暂时居于资产阶级与地主阶级之间的矛盾之后。英国及西欧大陆各国小生产者的破产与无产阶级及下层人民群众的贫困也普遍存在。特别在反对拿破仑战争之后，欧洲各国财政经济都存在着不同程度的困难。代表工业资产阶级利益的李嘉图的经济理论正是产生于这一时期。

大卫·李嘉图（1772—1823 年）是英国金融界的知名人士，社会活动家，古典经济学的完成者。他出生于犹太族资产阶级家庭，其父亚伯拉罕·李嘉图是伦敦证券交易所的经纪人，相当富有。大卫·李嘉图 14 岁以前只受过初等教育，14 岁以后随其父在伦敦证券交易所参与实际工作，熟悉有关金融方面的业务与技能。1793 年，李嘉图决定和一个教友派的女子结婚，并成为教友派的信徒。此事触怒其父，父亲与他断绝父子关系并将他逐出犹太教。李嘉图仍继续在伦敦证券交易所工作，由于他熟习业务、善于钻营和利用时机，他的资产迅速由 1798 年的 800 英镑增加到 1814 年的 160 万英镑左右，成为英国金融界的巨富之一。此后，家产殷实的李嘉图一方面仍在证券交易所工作，另一方面则从事一些科学研究。他研究数学、化学、物理、矿物学、地质学等，是英国地质学会的创始人之一。他也喜欢读莎士比亚的书以及哲学方面的书籍等，不断从科学文化上充实自己。据说，在 1799 年，一次偶然的机会他接触到亚当·斯密的《国民财富的性质和原因的研究》一书，从此他开始了对政治经济学的研究。他从实践经验中体会到亚当·斯密书中的基本思想，即“竞争无处不存在，竞争总是带来更大的利益”的观点是十分可信的。1818 年李嘉图当选为格洛斯特郡郡长，1819 年退出证券交易所，他的财产已逐步由公债转为地产。同年他又当选为代表爱尔兰波塔林顿的下院议员，成为在下议院中主张议会改革的激进派。他主张凡承认私有财产神圣不可侵犯的人都应获得选举权，英国应该有一个充分和有效地代表人民的下议院，为了保障人民的幸福，他们的代表应拥有压倒一切的发言权。当然，李嘉图所说的人民的主体不过是工业资产阶级。他抱怨在下议院里地主的势力太大，他要竭尽全力向乡绅们开战。在英国工业化初期，工业资产阶级是代表生产力发展方向的中坚人物，李嘉图理所当然地代表他们反对地主。李嘉图也是言论与结社自由的主张者，他认为对待工人阶级也应采取适当的政策，允许其有集会结社的自由，否则政策失当，将更加激起工人的反抗。

李嘉图的一生写过不少经济方面的论文与著作，最成功的代表作是《政治经济学及赋税原理》（1817）一书。1823 年 9 月李嘉图因脑病不治逝世。

李嘉图的著作

自从李嘉图热心于研究政治经济学以来，除斯密的著作之外，他还广泛地研读了其他名家的经济学著作，并结交了一批当时知名的经济学家，如詹姆斯·穆勒、马尔萨斯、边沁、麦克库洛赫、托伦斯、萨伊、西斯蒙第等人，与他们通过交谈、通信等方式讨论经济理论问题。李嘉图和马尔萨斯的争论最激烈，马尔萨斯责难李嘉图离开了“正确的”路线，李嘉图则指责马尔萨斯的理论矛盾很多，不能自圆其说，忽视了许多重要的真理。他们之间经过多次交锋，谁也说服不了谁，以保留各自的观点而告终。李嘉图与托伦斯、西斯蒙第等人的争论也是以分歧继续存在而结束的。究其原因，除了因他们代表不同的利益集团而必然产生分歧之外，往往还是各自理论中的弱点被对方抓住，而又不肯认输的结果。

由于李嘉图熟悉金融方面的实际业务，所以他最早涉猎的经济学领域是货币流通问题。当时，这个问题是英国公众关注的重要问题之一，也是下议院中争论的重要问题。这次论战反映了工业资产阶级与执政的土地贵族、商业金融资产阶级之间的斗争。1797年英国政府实行了《银行限制法》，英格兰银行宣布停止银行券兑现。这主要是因为英国在反拿破仑的战争中军费开支浩大，财政收支失去平衡，国库空虚。政府利用英格兰银行大量发行银行券以弥补亏空，结果引起黄金价格上涨，银行券贬值，物价上升，英币汇价下跌等混乱现象。李嘉图代表工业资产阶级的要求，对这种混乱状况进行了分析与抨击，提出了建设性的意见。他先后以论文、小册子形式论述了他的观点。1809年在《晨报》上发表了《黄金的价格》《答银行纸币之友》《再答银行纸币之友》三篇文章，在此基础上于1810年写了《黄金的高价是银行纸币贬值的验证》的小册子，1811年写了《答博赞克特先生对金价委员会报告的实际观感》，1816年写了《一个既经济又安全的通货的建议》。这些论文和小册子指责英格兰银行滥发银行券，造成通货贬值、汇价低落，要求由英格兰银行逐步售卖黄金来恢复货币的原有标准价值，以保持金融稳定，利于发展经济。李嘉图的文章与小册子受到公众的关注，《晨报》赞扬它们在“促使公众了解纸币贬值的真正原因方面作了十分重要的贡献”①。李嘉图被认为是一位对通货问题有影响的作家，并被任命参加下议院金价委员会的工作。1819年李嘉图当选为下院议员后，又进一步探讨货币流通问题，于1823年写了《建立国家银行的计划》一书。

在工业革命中英国资本主义迅猛发展，谷物的作用也日益重要，因为谷物是工人阶级实际工资中包含的重要部分。1813年8月以后，李嘉图与马尔萨斯多次讨论资本增加与利润率之间的关系等问题。讨论利润必然涉及工资，从而也涉及谷物，以及农业的改进对谷物价格的影响等。1813—1815年3月以前英国下议院对《谷物法》进行过多次辩论，在《谷物法》通过以前，马尔萨斯代表地主贵族利益于1815年2月3日出版了《地租的性质与发展及其支配原则的研究》、1815年2月10日出版了《对限制国外谷物输入政策的意见的根据》两本小册子，企图影响议会的辩论。李嘉图代表工业资产阶级在1815年2月24日出版了正题为《论低价谷物对资本利润的影响》的小册子，其副标题是《对马尔萨斯最近两篇文章的评论》。书中的基本思想是允许谷物自由贸易，进口低价谷物，以降低工资，提高利润，促进资本主义发展。但终因地主贵族在下议院中占优势，《谷物法》于1815年

① 李嘉图. 李嘉图著作和通信集：第3卷. 北京：商务印书馆，1977：8.

3月10日通过，规定在谷物价格1夸特低于80先令时，禁止外国谷物进口，以维持国内谷物的高价。《谷物法》有利于地主阶级，不利于工业资产阶级，此后李嘉图在著作中及在议会中均不断地对其予以抨击。李嘉图在1817年所写的《政治经济学及赋税原理》以及1822年所写的《关于对农业的保护》中都不断指责由于《谷物法》的影响，谷物不能自由进出口，谷价高昂，使农场主、制造业者和商人的利润受到影响，对整个社会的发展也是有害的。列宁曾经指出，英国关于《谷物法》存废的争论，不是关税政策的个别问题，而是有关自由贸易问题、资本主义一般命运问题的争论，也就是说，关系到英国资本主义能否顺利发展的问题。

小册子《论低价谷物对资本利润的影响》发表后，社会反响不小，不久又刊印了第二版。大约从1815年夏季开始，詹姆斯·穆勒一再敦促李嘉图对此书加以扩充和改写，出版一本更全、更新的书。穆勒认为李嘉图已经是政治经济学方面最优秀的思想家，还应成为这方面最优秀的著作家。在穆勒的鼓励下他开始写作他的主要经济学著作。他声称他研究与写作的目的是为了“发现真理，以及提高政治经济学这门科学”①，力图写出一个前后一贯的理论来。经过两年左右的冥思苦写，终于在1817年4月19日出版了以《政治经济学及赋税原理》为名的新书。此书出版后在社会上引起了不同的反响，李嘉图迅即成为政治经济学方面的权威。该书供不应求，在1819年出了第二版，1821年出了第三版，以后逐渐翻译成各种文字流传于全世界。英国经济学界，甚至一些政府人员也来研读李嘉图的书，他的书几乎已成为这门学科的教科书。政治经济学已成为当时最热门的科学之一，以致有的贵妇人在延聘家庭教师时要求应聘者能将李嘉图的学说传授给其子女。《政治经济学及赋税原理》一书出版后，亚当·斯密的著作也受到挑战，就连绝对崇信斯密学说的爱丁堡地区的经济学界也已有了较大的转变。麦克库洛赫写信给李嘉图说：“您的著作问世时，人们认为它竟敢怀疑斯密的某项学说，简直是叛逆之罪。然而，亦步亦趋地彻底相信《国民财富的性质和原因的研究》陈述的一切都是正确的这种风气，现今也已改变了不少。”②

李嘉图不满足于已经取得的成就，因为他知道除赞扬他的人之外，也还有人对他的著作提出异议。有一篇书评指责他的书观点荒谬与无知，还有一些人，包括他的好友马尔萨斯也提出了不少反对意见。他继续从事政治经济学的研究，力求更完善地表述他的见解。1821年12月“政治经济学会”成立，在李嘉图周围聚集了一批经济学家，他们不断讨论政治经济学问题，以促进政治经济学原理的传播与提高。1822年李嘉图写了《对马尔萨斯〈政治经济学原理〉一书的评论》（1928年正式出版），以评论的形式回答马尔萨斯的反对意见，并阐述自己的观点。1823年写了《绝对价值与交换价值》继续与马尔萨斯等人讨论价值尺度问题。

李嘉图不只是一个成功的金融家，而且是一个勤奋、诚实的经济学家，直到去世前几天还在奋力写作，参加英国资产阶级经济学界关于价值的确定和价值与资本的关系的争论。马克思对李嘉图在经济学方面的成就也极为赞赏，称他是古典学派的大师，英国古典

① 李嘉图．李嘉图著作和通信集：第7卷．北京：商务印书馆，1982：45．
② 同①286．

政治经济学的完成者。

《政治经济学及赋税原理》的结构和基本思想

《政治经济学及赋税原理》出版至今已200年了，直到今天世界各国仍有不少人在研读。有人认为这本书散布了阶级不和，把经济学之车开上了错误的轨道，把人们引入歧途。有人则对其给予了很高的评价，说它使用的方法是巧妙的，阐述是深奥的，论点是明了的，揭示的内容是精彩的，等等。英国新剑桥学派甚至提出"回到李嘉图去"的口号，可见此书影响之深远。这本书是继亚当·斯密的《国民财富的性质和原因的研究》一书之后古典经济学方面的杰出著作。

《政治经济学及赋税原理》（第三版）由原序、第三版小引和32章组成。全书贯穿着一个基本思想，那就是寻找最佳途径，提高劳动生产率，发展资本主义，增进资产阶级的财富。为达到这一点，应以经济自由主义原则作为理论、政策的出发点，反对国家干预经济。在全书32章中，第1～6章属于基本理论部分。第8～18章和第29章共12章是有关各种赋税问题的论述，是基本原理的应用。第3章论矿山地租，第24章论亚当·斯密的地租学说，第32章论马尔萨斯先生关于地租的意见，都是对第2章论地租的补充与阐发，以及澄清与马尔萨斯关于地租问题的争论。第20章论价值与财富：它们的特性是对第1章论价值的补充论述，进一步阐述了他与萨伊在价值理论方面的分歧与是非。第19章论工商业途径的突然变化，第28章论富裕国家与贫穷国家中黄金、谷物和劳动的相对价值，第30章论需求和供给对价格的影响，这三章是对第4章论自然价格与市场价格的附录与补充，同时还力图说明资本的转移对国民财富增长的影响，以及经济危机的局部性。第21章论积累对于利润和利息的影响，第26章论总收入与纯收入，这两章是对第5章论工资、第6章论利润的附录与补充，同时揭示了资本主义生产的目的是为了更多的纯收入。第22章论出口补贴和进口禁令，第23章论生产补贴，第25章论殖民地贸易，这三章可看做是对第7章论对外贸易的进一步的阐发与附录。这几章近年来比过去更加受到人们的重视，因为这里涉及比较成本问题，以及一些对外贸易中的原则。第27章论通货与银行则是孤立的一章，是李嘉图对货币理论的进一步发挥。第31章论机器，第一、二版中尚未列入此章，是第三版中新加的一章。李嘉图受到约翰·巴顿（1789—1852年）所写的《论影响劳动阶级生活状况的各种条件》（1817）一书的影响，并证之于社会实践，分析了机器的采用对各阶级利益的影响。他承认应用机器只要能节约劳动，便是一种普遍的利益，但是用机器来代替人类劳动，对于劳动阶级往往是极为有害的，它会引起人口过剩，使劳动者生活状况恶化，产生了机器对人的排挤。这种认识在当时是正确的，显示了李嘉图是一位诚实的经济学家。

从《政治经济学及赋税原理》一书的结构来看，有关政治经济学的一些基本原理体现在本书前六章中，特别是集中体现在前两章中。李嘉图对以往政治经济学的全部批判、继承与发展集中地包括在前两章中。他抛弃了亚当·斯密学说中的非科学成分，探讨资本主义生产关系的内部联系及规律性。马克思对这本书的前两章给予了高度的评价，说这两章由于其独创性、基本观点一致、简单、集中、深刻、新颖和洗练给人以理论上的满足。李嘉图以劳动价值论为基础，研究了资本主义社会三个阶级收入的来源与相互关系，初步揭示了资本主义社会中阶级利益的对立。他研究了资本主义运行机制的各个方面，并作出了具有科学性的一些结论。

李嘉图的研究方法

在研究方法上，李嘉图继亚当·斯密之后，较为科学地运用了从抽象到具体的方法。资产阶级经济学家一般只看到他所使用的演绎法，把他尊为“演绎法之父”。其实，他不仅使用了演绎法，更重要的是在研究资本主义经济时使用了抽象法。马克思指出：“李嘉图有意识地把竞争形式，把竞争造成的表面现象**抽象化**，以便考察**规律本身**。”① 他摒弃了亚当·斯密的外在观察法（或称现象描述法），继承并发扬了亚当·斯密的内在观察法，深入到资本主义经济的“生理过程”中，去探察资本主义经济现象之间的本质联系。李嘉图追求一个前后一贯的理论，自然在研究方法上必然使用一元论的抽象研究方法。他以商品价值决定于劳动时间这一原理为基础和出发点，检验其他一切经济范畴是否与其相一致或相矛盾。这种看法在历史上有其合理性，因为资本主义生产是高度发达的商品生产，价值规律普遍发生作用，因而唯有在此基础上研究其他经济范畴才能得出科学的结论。所以，马克思指出，李嘉图从价值决定于劳动时间这一规定出发，“迫使科学抛弃原来的陈规旧套，要科学讲清楚：它所阐明和提出的其余范畴——生产关系和交往关系——同这个基础、这个出发点适合或矛盾到什么程度……李嘉图在科学上的巨大历史意义也就在这里”②。

此外，李嘉图还有意识地从资本主义社会中纷繁复杂的阶级关系中，抽象出三个主要社会阶级的关系进行研究。他将三个主要阶级利益上的对立看做社会的自然规律，从政治经济学的角度，抓住并揭示了历史斗争与历史发展的一个重要问题，在阶级利益对立的研究中揭示资本主义的发展规律，把古典经济学推向高峰。

总的说来，李嘉图的研究方法在政治经济学说史上是具有科学价值的。虽然受到资产阶级视野的限制，但因为使用了科学的从抽象到具体的方法，使他的经济理论分析具有一定深度，其理论至今仍具有生命力与现实意义。

李嘉图的研究方法也有其错误和缺陷。由于他把资本主义生产方式看做是自然的、绝对的生产方式，就必然忽视经济范畴与经济规律的历史性、暂时性。例如，他认为原始的猎人和渔夫手中简单的工具也是资本，这显然犯了时代的错误，他甚至让原始的猎人和渔夫在计算他们的劳动工具时去查看 1817 年伦敦证券交易所通用的年息表。有时他被经济研究中的数量所吸引，注重量的研究，忽视质的研究，从而难以得出科学的结论。此外，他的抽象法也是有局限的，有时抽象得不彻底，如在研究价值理论时，就把工资、利润、地租等问题塞进来，使问题复杂化；有时又过分抽象，或者叫做强制地抽象，不经过必要的中间环节，直接去论证有关经济范畴的一致性。比如，他还未研究证明价值如何通过利润率平均化转化为生产价格，就直接把价值与生产价格等同起来，遭到了论敌的致命攻击，碰到了理论上不能跨越的难关。

---

① 马克思，恩格斯．马克思恩格斯全集：第 26 卷Ⅱ．中文 1 版．北京：人民出版社，1973：112.

② 同①183.

第二节　李嘉图的价值与货币理论

价值决定于劳动时间

有一位经济学家说："任何经济学体系的基本原理总是价值理论。"① 李嘉图也不例外。李嘉图在计划写作《政治经济学及赋税原理》时，最初只打算研究分配问题，即工资、利润、地租等问题。但是他发现要弄清楚分配问题，没有关于价值理论的正确认识是不可能的，于是他回过头来研究价值、价格等问题。他吸收了亚当·斯密价值理论中的科学成分，提出了古典经济学中最好、最成熟的价值理论。

他继亚当·斯密之后，更为科学地区分了使用价值与交换价值。斯密在区分使用价值与交换价值时，除提出了正确的论点之外，又认为使用价值很大的东西，往往具有极小的交换价值，甚至没有；反之，交换价值很大的东西，往往具有极小的使用价值，甚至没有。如水的使用价值很大，但没有交换价值；金刚钻几乎没有使用价值，但交换价值很大。这样斯密就忽略了使用价值是交换价值的物质承担者的重要作用。与李嘉图同时代的萨伊则把效用与价值画等号，声称价值和效用量是同一方程式的两个等项，即把效用、财富、价值都当作一回事，错误地认为一件商品价值较大，是因为它的效用较大。李嘉图批驳了萨伊的错误观点，他说，萨伊始终忽视了使用价值和交换价值之间的根本区别，使用价值对于交换价值虽然是绝对不可缺少的，但使用价值，即效用，绝不能作为估计价值的尺度，因为不同种类的必需品与享用品是无法做比较的。使用价值无法用任何已知的标准加以衡量，不同的人对它有不同的估计，固然，一件商品必须是有效用才有价值，但它生产上耗费的劳动时间才是衡量它的价值的真正尺度。铁虽然更为有用，但它在生产上耗费的劳动较同数量的黄金耗费的劳动为少，铁的价值就低于黄金。同时，如果某一种商品全然没有用处，或者说，完全不能满足人们的任何一种欲望，那么不管这种商品如何稀少，也不管生产它时耗费了多少劳动，它绝不会具有交换价值。李嘉图在这里既反对了萨伊以效用决定价值的错误观点，也反对了把使用价值看做可有可无的斯密观点，接近于理解到使用价值是交换价值的物质承担者。

在众多的商品中，李嘉图认为他的主要研究对象是那些在自由竞争条件下生产的，数量很大，可以由人类劳动不断生产并随时调节产量的产品。这些商品的价值几乎完全取决于生产它们所耗费的劳动。所以，他说："我的价值尺度是劳动量。"② "耗费在一件商品上的劳动……是商品实在价值的尺度……交换价值是由实在价值来调节的，因而是由耗费的劳动量来调节的。"③ 在这段话里，他把价值称做实在价值，并把它与交换价值区分开来。在价值问题上，李嘉图使用了不少术语，他把价值叫做绝对价值、真实价值、实在价值、实际价值、自然价值等，而把交换价值叫做相对价值、比例价值等。在他的思想中有

① 熊彼特. 从马克思到凯恩斯十大经济学家. 北京：商务印书馆，1965：152.

② 李嘉图. 李嘉图著作和通信集：第2卷. 北京：商务印书馆，1979：194.

③ 李嘉图. 李嘉图著作和通信集：第9卷. 北京：商务印书馆，1986：9-10.

时对价值与交换价值作了区分，有时又加以混同，不过在他生前最后写的论文《绝对价值与交换价值》中，应该说对绝对价值与交换价值是作了区分的。在谈到绝对价值时，他说："衡量一种商品的贵贱，除了为取得这种商品而作出的劳动的牺牲以外，我不知道还有什么别的标准。任何东西原来都是用劳动购买的；没有它，就没有一样具有价值的东西能够生产出来……投入商品的劳动量的或多或少，是其价值变动的唯一成因。""交换价值的意义是，一件商品所具有的能够换取另一商品的任何某一定量的力量。"① 这里，我们可以说李嘉图实际上是区分了价值与交换价值的。

以劳动时间决定价值是李嘉图一贯的主张，这个思想在他的《政治经济学及赋税原理》出版后虽然一再遭到反对，甚至他的好友马尔萨斯也多次在书信与交谈中加以反对，然而李嘉图始终不动摇，他声称他以劳动量作为价值尺度是目前已有的各种价值尺度中最接近真理的。他说："我完全相信，把实现在商品中的劳动量定为支配它们相对价值的尺度的方向是对的。"② 这是他在《政治经济学及赋税原理》第三版出版前再次肯定他的劳动价值论时所说的话。他一直认为包含在商品中的劳动量决定商品的价值，劳动量增加，商品价值量就增大，劳动量减少，价值量就减小。总之，"商品的价值与投入它们的劳动量成正比"③。

李嘉图在研究商品价值量的过程中，除了注意劳动量多少与价值的关系之外，还认为商品价值的大小与劳动生产率成反比，劳动生产率提高，单位商品中包含的劳动量就减少，价值就下降，反之，单位商品的价值就提高。李嘉图还考虑了不同质的劳动、简单劳动与复杂劳动如何决定价值的问题。他实际上已把不同质的劳动还原为同一的社会劳动来加以比较，把复杂劳动视为倍加的简单劳动。他说："当我说劳动是一切价值的基础，相对劳动量是几乎唯一的决定商品相对价值的因素时，决不可认为我忽视了劳动的不同性质，或是忽视了一种行业一小时或一天的劳动与另一种行业同等时间的劳动相比较的困难。为了实际目的，各种不同性质的劳动的估价很快就会在市场上得到十分准确的调整，并且主要取决于劳动者的相对熟练程度和所完成的劳动的强度。"④ 宝石匠一天的劳动比普通劳动者一天的劳动所创造的价值更大。

李嘉图认为，无论是在早期社会还是在资本主义社会，劳动时间决定价值的规律都是适用的。在商品生产中，形成商品价值的劳动可分为直接劳动和间接劳动。生产中新加入的劳动是直接劳动，形成新价值；生产工具、机器、原料等生产资料转移到商品中的价值属于间接劳动。他以生产袜子为例，一双袜子的价值包括制造它和把它运送到市场上所必需的劳动总量：织袜工人的劳动；修建厂房、制造织袜机等工人的劳动；生产棉花、纺纱等工人的劳动；运送棉花到织造地和运送袜子到市场上的劳动等。总之，决定袜子价值的劳动总量，既有织袜工人的直接劳动，也有其他工人的间接劳动。所以，他说："生产出来的商品的交换价值与投在它们生产上的劳动成比例；这里所谓劳动不仅是指投在商品的

① 李嘉图. 李嘉图著作和通信集：第4卷. 北京：商务印书馆，1980：371.

② 李嘉图. 李嘉图著作和通信集：第8卷. 北京：商务印书馆，1987：313.

③ 李嘉图. 李嘉图著作和通信集：第9卷. 北京：商务印书馆，1986：163.

④ 李嘉图. 政治经济学及赋税原理. 北京：商务印书馆，1976：15.

直接生产过程中的劳动，而且也包括投在实现该种劳动所需要的一切器具或机器上的劳动。”① 李嘉图在这里用简洁明确的语言阐明了商品的价值包括工人直接劳动创造的新价值和由间接劳动所体现的旧价值。只是由于他没有科学的劳动二重性学说，不能说明新价值的创造和旧价值的转移是如何同时进行的。

以劳动时间决定商品价值，这个劳动时间必须是必要劳动时间，而不是任何一种生产商品时的劳动耗费。明确提出只有必要劳动时间才能决定商品的价值，是李嘉图价值理论上的一大长处。他说：“一切商品，不论是工业制造品、矿产品还是土地产品，规定其交换价值的永远不是在极为有利，并为具有特种生产设施的人所独有的条件下进行生产时已感够用的较小量劳动，而是不享有这种便利的人进行生产时所必须投入的较大量劳动；也就是由那些要继续在最不利的条件下进行生产的人所必须投入的较大量劳动。这里所说的最不利条件，是指所需的产量使人们不得不在其下进行生产的最不利条件。”② 从这些话中，我们看到李嘉图以最坏条件下所必须投入的劳动量作为必要劳动时间决定商品的价值，似乎只对农产品是适用的，而对工业产品则不适用。但仔细推敲起来，他所说的最坏生产条件是加了限制词的，是指对社会需要而言，只有把这种条件生产的商品投入市场，社会需求才能得到满足。那么这个最坏生产条件就不是不变的，而是可以向前或向后推移的。就工业产品来说，如果在中等生产条件下生产的商品已能满足社会需要，则中等条件下所投入的劳动量就是必要劳动时间，就应由它决定商品的价值。就农产品而言，由于社会发展，人口增加，可耕种的肥沃土地有限，社会对农产品的需求日益增加，即使在最坏条件下生产的农产品也为社会所必需，这类农产品生产中耗费的劳动时间就是必要劳动时间，决定农产品的价值。但是如果农产品，主要是谷物的供给增加，价格跌落，资本家就会从贫瘠地撤出资本，这时耕种较肥沃土地所耗费的劳动时间就会成为必要劳动时间，由它来决定农产品的价值。所以，李嘉图以加了限制词的最坏条件下生产中所耗费的劳动时间作为必要劳动时间决定商品的价值，基本上是正确的。

李嘉图在坚持劳动价值论中还纠正了斯密在价值理论上的错误。他认为斯密著作中许多待解决的疑问、矛盾，都是由于斯密在价值理论上的错误造成的。

1. 李嘉图批判斯密混淆了生产某一件商品所耗费的劳动时间和该商品能够购买到的劳动量。李嘉图认为，耗费的劳动量与购买的劳动量往往是不相等的，所以不能既以耗费劳动量决定价值，又以购买劳动量决定价值。其实李嘉图并不理解斯密的错误所在，不仅二者量不相等，即使相等也不能以购买劳动决定商品的价值，因为涉及的是交换价值，而不是价值实体本身。斯密所说的以购买劳动决定价值，实际上是以工资决定价值，是价值决定价值的循环论证。

2. 李嘉图也批判了斯密以三种收入决定价值的错误理论。李嘉图认为无论在初期野蛮社会，还是在资本主义社会，商品价值都是由生产该商品所耗费的必要劳动时间决定的。商品价值的决定和商品价值的分配是两回事，不能混为一谈。一种商品生产出来以后，它的价值可以在不同社会成员中进行分配，但这种分配不会影响商品价值的决定，其

---

① 李嘉图. 政治经济学及赋税原理. 北京：商务印书馆，1976：19.

② 同①60.

分配的数额以该商品的价值量为限。李嘉图说："在这种种不同的情况下，为这一或那一行业提供相等价值的资本的人可能在所得产品中获取1/2、1/4或1/8，而把其余的部分作为工资付给那些提供劳动的人。但这种分割不能影响这些商品的相对价值。"① 李嘉图的这些正确说法消除了斯密在这方面造成的混乱，这是李嘉图的主要功绩之一。

李嘉图的劳动价值论是当时在价值论方面的最高成就，他对价值决定于劳动时间作了最透彻的表述与发挥，马克思称他是"用劳动时间确定价值的学派领袖"②。在研究商品价值的决定中，他正确地运用了抽象法，把那些稀缺商品排除在正常研究之外，那些数量有限、不能由人的劳动随意增加其产量的商品，如罕见的雕像、图画，稀有的古书、古钱，以及特殊产地酿制的葡萄酒等，它们的价值（应该说它们的价格）都取决于购买者的嗜好、时尚和购买力。实际上这些商品的价格完全由市场上的供给与需求状况决定。

李嘉图价值理论的缺陷与矛盾

李嘉图在价值理论方面作出了突出的贡献，但其价值理论也存在不少缺陷与矛盾。他把商品生产看做是永恒的，所以只注意价值量的研究，忽视对价值质的研究。他甚至断言一个人为自己生产供本人使用的消费品也具有价值。他说："用一个月的劳动来给自己做一件上衣，而只用一个星期的劳动做一顶帽子，虽然我决不把它们拿出去交换，上衣将是帽子价值的四倍。"③ 这一段话充分暴露了李嘉图不理解为什么在商品生产条件下，劳动要表现为价值，劳动时间要表现为价值量，不能真正理解价值所体现的是商品生产者之间的关系。

李嘉图在价值理论方面还遇到了两大难关，即李嘉图体系的两大矛盾。李嘉图不能跨越难关，他的后继者们也不能跨越，最终导致了李嘉图体系的崩溃。马克思说："李嘉图体系的第一个困难是，资本和劳动的交换如何同**'价值规律'**相符合。第二个困难是，**等量资本**，无论它们的有机构成如何，都提供**相等的利润**，或者说，提供**一般利润率**。实际上这是一个没有被意识到的问题：价值如何转化为费用价格。"④

简单说来，第一个难关就是价值规律与利润规律之间的矛盾。李嘉图不能在等价交换规律的基础上说明利润的来源，不能说明资本与劳动交换如何与价值规律相一致。

主张劳动价值论的古典学派的代表人物，如亚当·斯密等，都把利润理解为工人新创造的价值的一部分。但是，他们（包括李嘉图在内）从来没有分析、回答过，利润如何在等价交换的基础上得到说明。

要越过这一道难关，需要摆脱两难处境。如果资本与劳动的交换是按价值规律进行的等价交换，那么工人所得到的工资，应该等于他在生产中新创造的价值，但这样一来，资本家的利润将等于零。如果资本与劳动进行不等价交换，工人的工资小于新创造的价值，其差额是利润，这样利润得到了说明，价值规律却遭到破坏，失效了。为了坚持劳动价值论，李嘉图宣称，绝大多数商品与商品的交换是按等价交换原则进行的，只有资本与劳动

① 李嘉图．政治经济学及赋税原理．北京：商务印书馆，1976：18.

② 马克思，恩格斯．马克思恩格斯全集：第4卷．中文1版．北京：人民出版社，1958：132.

③ 李嘉图．李嘉图著作和通信集：第9卷．北京：商务印书馆，1986：10.

④ 马克思，恩格斯．马克思恩格斯全集：第26卷Ⅲ．中文1版．北京：人民出版社，1974：192.

的交换是一种例外，但无伤大局。

其实，李嘉图没有弄清楚，在资本主义社会中，资本与劳动的交换每天都在大量进行，并且也是最重要的交换，把这些交换看做例外现象是错误的。只要资本与劳动对立，而不与劳动力相对立，这个难关是绝对难以跨越的。只有工人出卖的“劳动”，被劳动力概念所代替并得到论证之后，这个难题才会自然迎刃而解。有了劳动力学说利润就能在价值规律基础上得到说明。

李嘉图价值理论的第二个难关是价值规律与平均利润规律的矛盾。换句话说，就是等量资本获得等量利润规律与价值规律的矛盾。在《政治经济学及赋税原理》一书中，李嘉图在第1章论价值的第4、5节中都接触到这个问题，他已经感觉到价值规律与平均利润规律之间的矛盾，并反复举了几个例证希望解决这一问题。第二个矛盾实际上也是价值规律与生产价格规律的矛盾，李嘉图已经注意到资本构成不同、资本周转速度不同所引起的不同结果。为简明起见，我们以李嘉图所举有关资本周转速度不同的例子来说明产品价值变化情况。他认为用2年才生产1件商品，其所值不止是用1年的等量劳动生产的商品的1倍。假定利润率为10%，在第1年投入资本100英镑使用一定量劳动生产1件商品，年终时获得半成品值110英镑；第2年再投入资本100英镑使用与上年同样的劳动量将该半成品加工为成品，这件商品的全部价值是231英镑。这是因为要为半成品提供公道的利润报酬，231英镑是该商品应当具有的价值。但是如果按所使用的劳动量来计算，其价值只是220英镑。可见，此商品的价值231英镑不是由所投入的实际劳动量规定的，这里有了一些修正。李嘉图说：“商品的相对价值不是由一个原因而是由两个原因来调节，即生产商品所必需的相对劳动量，以及商品送往市场前资本处于静止时期的利润率。”① 他认为在这里是价格规律与平均利润规律产生了矛盾，不得不作这样的修正。为了坚持劳动价值论，他又说这种修正的影响是轻微的，商品的价值主要仍由劳动时间决定。他说：“商品内容尽管变化多端，除了生产中所需要的劳动量，任何别的原因，其影响总是比较轻微的。”②

其实，李嘉图混同了价值与生产价格。他不了解在资本主义社会价值规律作用的形式有了改变，价值已转化为生产价格，市场价格是围绕着生产价格上下波动的。资本家按价值出售商品是偶然的，而按生产价格出售商品则是经常的。上述例子，不过是该资本家按投入劳动量计算的商品价值应为220英镑，但按生产成本加平均利润计算的生产价格应为231英镑。在个别企业中，生产价格与价值往往是背离的，但就全社会看，价值总额与生产价格总额是相等的。商品按生产价格出售并不违反价值规律，恰恰是价值规律作用形式改变的必然结果。李嘉图由于缺乏科学的生产价格理论，跳过必要的中间环节，以致不能解决价值规律与平均利润规律的矛盾。

货币及货币数量论

李嘉图长期在伦敦证券交易所工作，对货币金融业务极为精通，他涉足经济研究领域

① 李嘉图．李嘉图著作和通信集：第8卷．北京：商务印书馆，1987：177.

② 李嘉图．李嘉图著作和通信集：第2卷．北京：商务印书馆，1979：63.

就是从货币问题起步的。他最早因在货币政策理论方面取得的成就而闻名于世。他的货币理论是逐步丰富发展起来的，其中既有相当深刻的真知灼见，也有一些错误观点。

他首先确认了货币的商品性质，认为货币和其他商品一样都是劳动的产物。他说："黄金和白银像一切其他商品一样，其价值只与其生产以及运上市场所必需的劳动量成比例。金价约比银价贵 15 倍，这不是由于黄金的需求大，也不是因为白银的供给比黄金的供给大 15 倍，而只是因为获取一定量的黄金必须花费 15 倍的劳动量。"① 这就是说，黄金、白银的价值不是由供求决定的，而是由生产中各自耗费的劳动量决定的。他还指出，货币价值的变动与耗费劳动量成正比，与劳动生产率成反比。如果发现了新的更丰饶的矿山，或者使用了更先进的机器，用更少的劳动量就能取得一定量的黄金，黄金的价值就会下降。

李嘉图对货币的职能也进行了若干研究，他比较注意的是关于货币的价值尺度与流通手段的职能，把流通手段作为货币的基本职能。他知道货币与商品一样都具有内在价值，故货币作为商品间的价值尺度是相宜的。黄金是价值比较稳定的金属，宜于作为一般的价值尺度。但由于黄金也是商品，其价值也是变动的，所以它只是一种测量其他商品价值的可变尺度。他认为要找寻不变的价值尺度是不可能的，除非有一种商品生产它时永远耗费同量的劳动与资本。对流通中所需货币数量，李嘉图认为取决于货币本身的价值和它需要流通的价值总额。他还考察了一国所需流通手段的数量与其流通速度的反比例关系。他不仅考察了货币流通规律，还考察了纸币流通规律。他明确知道纸币只是金银货币的代表，只能在国内流通，如果数量过多，必然引起通货膨胀。他反对滥发纸币，但对稳定的纸币流通却是赞赏的。只要纸币不贬值，纸币可以作为永久的措施，因为纸币比较经济，并具有其他显著的优点。

当李嘉图在商品价格与货币数量关系之间的思考再跨进一步时，不幸滑入了货币数量论的泥潭。货币数量论是与他的基本经济理论相矛盾的，是他的经济理论中的败笔。他认为一国所有的货币都处在流通中，以致商品的价格完全由流通中的货币数量的多少来决定。他说把大部分的各种商品放在一条线的这一边，把乘以流通速度的货币数额放在线的另一边，这在任何时候都是调节物价的因素，这就是他的货币数量论的典型表述。

他的货币数量论也通过国际贸易、金银货币的出口与进口来表述。李嘉图认为由于各国的经济实力、财富状况不同，金银货币也相应在各国间有一定的分配比例，各国货币具有同一的价值，形成货币的国际平衡。当金银货币增加时，它们自然会散布到全世界去，再形成新的货币的国际平衡。例如，有甲、乙两国，甲国发现了新的黄金产地，金属货币增加，金的价值下降，物价上涨。这时就会引起货币出口流入乙国，直到甲、乙两国的货币形成新的平衡。甲国如果不是发现新的黄金产地，而是增发纸币，使货币的价格低于价值，就会引起硬币出口到乙国，再形成一种新的货币平衡。所以，李嘉图说："货币的所有这种出口和进口的最后结果，就是一个国家会进口一种商品以交换另一种商品，两个国家里的硬币和金银都会重新获得它们自然的水平。"②

① 李嘉图. 政治经济学及赋税原理. 北京：商务印书馆，1976：301.

② 李嘉图. 李嘉图著作和通信集：第3卷. 北京：商务印书馆，1977：101.

李嘉图的货币数量论是错误的。他对当时纸币发行过多，从而引起纸币贬值，物价上涨作了不恰当的判断。他混同了纸币流通规律与金属货币流通规律。纸币会全数处在流通中，如果其数量超过了它所代表的金属货币，自然会出现纸币贬值，物价上涨。而金属货币作为流通手段则不然，除了因劳动生产率提高、金银的价值会降低之外，一般不会发生因金属货币数量多而贬值，因为多于流通需要的货币会作为贮藏手段退出流通。

第三节 分配理论

工资、相对工资论

早在1815年，李嘉图就认为分配理论与政治经济学这门科学的每一点都有联系，亟须确立正确的原理。他与亚当·斯密、马尔萨斯，甚至还有萨伊、西斯蒙第等人关于工资、利润、地租的看法有分歧，力图作出新的结论。分配问题是政治经济学中最困难、最重要的课题之一，所以，李嘉图把它当作政治经济学研究的主题。这是因为分配问题不仅涉及各阶级的经济利益，而且涉及资本主义的未来发展。他企图以分配规律证明，工业资产阶级是资本主义社会的中坚，工人阶级是不可少的，地主阶级是社会的赘疣。

李嘉图认为工人出卖的是劳动，劳动和其他在数量上可以增减的商品一样，也具有自然价格和市场价格。劳动的自然价格是使劳动者基本上能够生存下去并不增不减地延续其后裔所必需的价格。换句话说，劳动的自然价格取决于劳动者维持其自身及其家庭所需的食物、必需品和享用品的价格。随着社会的不断发展，劳动的自然价格有上涨的趋势，原因是农业中需要耕种更为贫瘠的土地，粮食的价格将上升。食物是劳动的自然价格中的主要部分，食物涨价，劳动的自然价格也随之上升。劳动的市场价格随劳动的供求变化而不断变动，但一般总是倾向于自然价格。李嘉图在这里除了混同劳动与劳动力之外，他所探讨的劳动的自然价格相当于平均工资，相当于劳动力价值的转化形式。

李嘉图还认为："劳动的自然价格不能理解为绝对固定和恒常不变的，即使用食物和必需品价值也是如此。它在同一国家的不同时期中是有变化的，在不同的国家差别就十分大。这一点基本上取决于人民的风俗习惯。"① 这就是说，因为国家、地区、时期不同，劳动的自然价格必然随着历史道德的、风俗习惯的不同而有所变化，各国各地区都会有自己的平均工资水平。各国劳动者工资的多少与差异，还会因社会改良与劳动生产率的发展不同而不断变化。李嘉图的这些思想无疑是正确的，阐明了各国、各时期工资差异的原因与必然性。

在工资理论方面，李嘉图的科学贡献还在于他提出了前人未曾提出的相对工资理论。对相对工资的研究是剩余价值理论研究的另一种表达形式，这在经济学上是非常重要的。他认为一国的产品要以地租、利润和工资的名义分配给三个主要社会阶级。产品在三个阶级间的分配比例在不同的社会阶段中是不同的。要正确判断地租率、利润率和工资率，不能根据某一阶级所获得的绝对产品量，而应根据所获得的相对产品量，也就是根据这种产

① 李嘉图. 政治经济学及赋税原理. 北京：商务印书馆，1976：80.

品所必需的劳动量。如在农业中，由于机器和农业的改良，总产品可能增加一倍，这时如果工资、地租和利润也各增加一倍，那么三者之间的比例仍和从前一样，都没有发生相对的变动。假定某一年生产了 100 件产品，工人得 25 件，地主得 25 件，资本家得 50 件；第二年由于农业技术改进，生产力提高，产品增加为 200 件，工人得 44 件，地主得 44 件，资本家得 112 件。这时，李嘉图认为从绝对数来看，三个阶级所得产品数都有了增加，但从相对数来看，工人的工资从占产品的 25%，下降到 22%，相对工资降低了。李嘉图明确地以相对工资理论揭示了资本主义社会的阶级的经济利益关系。所以，马克思指出，对相对工资或比例工资的分析，"是李嘉图的巨大功绩之一。在李嘉图以前，始终只对工资作了简单的考察，因而工人被看作牲畜。而这里工人是被放在他的社会关系中来考察的。阶级和阶级相互之间的状况，与其说决定于工资的绝对量，不如说更多地决定于比例工资"①。

利润理论、工资与利润对立学说

在分配论中，李嘉图极为重视对利润的分析。他认为只有利润的迅速增长，国家才会处于最幸福的境地。追逐利润是资本主义企业进行生产的动机与目的。"劳动者没有工资就活不下去，农场主和制造业者没有利润也是一样。"② 利润在李嘉图的经济理论中具有双重含义：(1) 指本来意义上的利润，是剩余价值与全部垫支资本之比；(2) 指剩余价值。但李嘉图经常将此二者混为一谈。他认为利润来源于工人的劳动，工人新创造的价值的一部分是工资，一部分是利润。利润是工人新创造的价值中扣除工资价值以后的余额。在分析利润时，他通常把垫支在生产资料上的资本略而不计，将利润只与垫支在工资上的资本相对比，这样，这个利润就不是本来意义上的利润，而是剩余价值了。正是从这个意义上来理解，李嘉图有剩余价值理论，他清楚地知道工人新创造的价值总是超过工资的价值，所以他反对亚当·斯密以购买劳动决定价值，认为商品本身包含的劳动量和商品能购买到的劳动量二者是不相同的，不能混为一谈。他纠正了斯密在这个问题上的混乱，因而成为"所有经济学家中唯一懂得剩余价值的人"③。

在研究利润时，也是他在研究剩余价值问题时，总把劳动者的工作日的长度不变作为研究的出发点。这样他就只考察相对剩余价值，而忽略绝对剩余价值。他说如果劳动时间延长增加了工资，这只是由于多做工作而多得报酬，不能把这叫做增加工资，由此而引起的剩余价值增加也被逐出他的视野。他只研究了工作日的长度与劳动强度不变情况下，工资与剩余价值的相互关系，得出了彼此相关的三条定律：(1) 不论劳动生产率如何变动，一定长度的工作日劳动者总是生产相同的价值产品，虽然产品的数量及个别产品价值有增减。(2) 工资与剩余价值变化的方向是相反的。劳动生产率的变动按相反方向影响工资，按相同方向影响剩余价值。在劳动生产率降低时，工资提高，反之，工资则下降。而在劳动生产率降低时，剩余价值下降，反之，剩余价值上升。(3) 由于劳动生产率的变动先影响工资，再影响剩余价值。工资是变动的原因，剩余价值则是变动的结果，是由工资的变

① 马克思，恩格斯. 马克思恩格斯全集：第 26 卷Ⅱ. 中文 1 版. 北京：人民出版社，1973：476－477.

② 李嘉图. 政治经济学及赋税原理. 北京：商务印书馆，1976：103.

③ 马克思，恩格斯. 马克思恩格斯全集：第 46 卷上. 中文 1 版. 北京：人民出版社，1979：289.

动引起的。在这里，李嘉图是在研究相对剩余价值情况下，揭示了工资与剩余价值的对立，揭示了工人与资本家两个阶级经济利益的对立，这无疑是李嘉图的一大功绩。

在研究本来意义上的利润时，即研究剩余价值对全部垫支资本之比时，李嘉图一开始就从平均利润出发来进行考察。他说："不同行业的资本的利润互相保持一种比例，并且都有朝同一方向按同一程度变动的趋势。"① 他观察到平均利润是各行业竞争的结果，当某种商品产量不能满足新的需求时，该种商品的市场价格将超过自然价格，这一行业的利润就会提高。由于此行业获得高利润就会把资本吸引到此行业中来，产品量增加以后，市场价格就会下跌，这一行业的利润又会降到一般水平。一般利润率的下跌和特殊行业利润的局部上涨几乎是同时并存的。正因为利润不等，资本才会由一种行业转移到另一种行业，形成各行业只取得平均利润。李嘉图已初步理解到由于各行业之间的竞争，各行业不同的利润率逐步趋向于平均利润率。但因为他没有有机构成学说，因此，他不能科学地阐明利润如何转化为平均利润，价值如何转化为生产价格。在利息理论方面，李嘉图和亚当·斯密一样，把利息看做利润的一部分，利息率的高低是由利润率调节的。他说："利率和任何商品一样，都是受到需求和供给的控制的；但是它的需求和供给本身，又是受到从资本得来的利润率的控制的。"②

地租理论、利润与地租对立学说

地租理论是李嘉图经济理论的重要组成部分，他以对级差地租理论的卓越分析而闻名于世。他从安德森（1739—1808 年）和韦斯特（1782—1828 年）的地租理论出发，在劳动价值论基础上，作出了古典经济学家中关于级差地租理论的最好论述。

李嘉图认为地租是为使用土地原有和不可摧毁的生产力而付给地主的那一部分土地产品。土地产品，即农产品的交换价值和其他商品一样，由从生产到送上市场这一整个过程中所必需的劳动总量所决定。地租的来源是农产品价值的一部分，它是平均利润以上的超额利润。假如所有的土地肥沃程度相同、距离城市的位置都一样，土地的数量又是无限的，就不会产生任何地租。可惜，土地的数量有限，性质与位置不同，这就必然产生地租。"地租总是由于使用两份等量资本和劳动而获得的产品之间的差额。"③ 这就是说，运用等量资本与劳动耕种不同质量（主要指肥沃程度）、位置不同，以及在同一土地上连续投资所得结果不同而产生的产品差额构成地租。由于土地肥力不同、位置不同而产生的地租属于级差地租的第一种形式。由于在同一土地上连续投资所得产量不同而产生的地租属于级差地租的第二种形式。李嘉图对这两种级差地租都作了分析。

在分析级差地租的第一种形式时，他假定耕种序列是下降的，即由先耕种优等地再推进到耕种劣等地。在最初开拓土地时，由于人口较少，所需耕种的土地只是极小的一部分，这时不存在地租。随着人口增长，对粮食的需求增加，只耕种优等地已不能满足需求，于是开始耕种肥沃程度较次的第二等地，这样第一、二等地产量之间便有了差额，此差额就立即成为第一等地的地租。社会进一步发展，人口继续增多，第三、第四以至最劣

---

① 李嘉图．政治经济学及赋税原理．北京：商务印书馆，1976：92．

② 李嘉图．李嘉图著作和通信集：第5卷．北京：商务印书馆，1983：326．

③ 同①59．

等地也需要投入耕种才能满足社会对粮食的需求。这时除劣等地外，其他土地都能提供数量不等的地租。例如，当垫支资本（工资部分，暂略去其他资本垫支）400 元耕种一等地获得产量 1 000 公斤时，这 1 000 公斤粮食的价值为 500 元，收回垫支资本 400 元，平均利润 100 元，没有地租。当社会需求增加时，第二等地投入耕种，垫支资本 400 元，收获粮食 900 公斤。这 900 公斤粮食价值 500 元，只能收回垫支资本与平均利润，没有地租。此时粮食的价值为每公斤 0.556 元（500/900），由它决定粮食的社会价值。第一等地的产量 1 000 公斤，价值 556 元，除收回垫支资本 400 元，平均利润 100 元外，尚余 56 元支付地租。当社会需求进一步增加时，第三等地将投入耕种，同样垫支资本 400 元，获得产量 800 公斤。这 800 公斤粮食价值 500 元，每公斤 0.625 元，由它决定粮食的社会价值。此时，第三等地是边际耕种，只能收回垫支资本与平均利润。第二等地则除收回垫支资本与支付平均利润外，尚余 100 公斤粮食，折价 62.5 元成为地租。第一等地则余 200 公斤粮食，折价 125 元成为地租。依此类推，随着更劣等地投入耕种，农产品的价值总是由边际耕种所需的生产成本决定，地主阶级所得地租不仅在产品数量上而且在货币量上都将不断增长。

纵观上述内容，李嘉图的地租理论是以耕种的下降序列为条件的，同时还在土地肥力递减规律基础上加以说明。其实，土地并不存在原有的、不可摧毁的生产力，土地的肥力是自然历史过程的产物。土地肥力递减规律并不存在。应用先进的农业科学技术，如现代农业化学等，对土地进行定向改造，土地的原有肥力不仅可以保持，而且可以增进，这已为先进国家农业的实际发展所证实。土地耕种序列也可以有多种组合，只要同时耕种不同性质、不同位置的土地，地租就能产生。李嘉图还否认绝对地租的存在，因为他以为价值与生产价格总是一致的，工业、农业中的资本构成也大致相同，这样当然就没有绝对地租存在的余地。实际上，由于土地所有权的存在，工农业资本构成的差别，农业利润不全部参加利润平均化，农产品价值高于生产价格，差额将支付绝对地租，这完全不违反价值规律。

通过对地租理论的分析，李嘉图得出了利润与地租对立的结论，从经济上揭示了资产阶级和地主阶级的矛盾。他说，利润始终取决于工资，工资取决于劳动的需求与供给，主要受到粮食价格的支配。粮食的价格则取决于使用在土地上的最后一笔资本的生产力，即取决于耕种劣等地所必需的生产成本。粮食价格提高，工人的货币工资就提高，资本的利润相应下降，地主阶级所得地租则上升。李嘉图代表工业资产阶级利益，以地租学说动员整个社会来反对地主阶级。他认为劳动者的货币工资虽有提高，但不如地主幸运，因为当粮食价格上涨 10%时，工资上升总是小于 10%，地租的提高则大于 10%，以实物表示的工资则下降，劳动者的生活状况普遍恶化，地主阶级的生活状况总是提高。这就是说，地主阶级不用劳神费力就在社会发展、人口增长的过程中，无论在产品份额，还是以货币表示的地租上都得到更多的利益。所以，“地主的利益总是同社会中其他各阶级的利益对立的”①。李嘉图力争粮食自由进出口，以降低粮价，提高利润，遏制地租上涨，这将有利于社会，增进国家的收入。

---

① 李嘉图. 李嘉图著作和通信集：第 4 卷. 北京：商务印书馆，1980：22.

第四节 资本主义运行机制理论

资本主义经济运行的动力与前景

李嘉图认为资本主义是商业完全自由的制度，如果没有外在干预的影响，资本主义就会自然地、永恒地发展下去。他吸取了亚当·斯密的利己主义思想与边沁的功利主义思想，断言在资本主义社会中个人利益与社会利益并不矛盾。追求个人利益是人们社会经济行为的动机与目的。每个人在对他自己最有利，也可能是对国家最有利的情况下运用其劳动与资本，不受任何限制与束缚，这个社会就会在财富日益增长中顺利地发展。利己心、追求快乐、避免痛苦的功利主义是支配人们行为的准则，斯密所称颂的那只“看不见的手”自会引导这个社会前进，从而使国家受益无穷。

在研究分配问题时，李嘉图曾揭示了工资、利润、地租的相互关系。他不无忧虑地谈到由于土地肥力递减规律的作用，随着社会发展，人口增加，为满足人们对粮食的需要，越来越多的劣等地将投入耕种。耕种劣等地，生产粮食所需的劳动增加，农产品的价格提高，工资与地租在分配中所占的份额会增加。如果有一天地租占有了全部剩余生产物，占有了全部剩余价值，资本的利润等于零，积累就会中止，社会就会停滞不前。但李嘉图说这只是为了使问题简单化而做的一个假设，事实上，农产品价格的这种状态是绝不可能发生的。由于机器的使用与改良，先进农业科学措施进一步应用于农业，以及实行粮食的自由进出口政策，就会降低农产品的价格，遏制利润率的下降趋势。只要运用资本还能带来利润，资本积累就不会终止。

在资本主义发展问题上，李嘉图还是萨伊定律的跟随者。他相信人们的欲望是没有止境的，需求是无限的，任何人从事生产都是为了消费或销售。李嘉图说：“我把人类的欲望和爱好看作无限的。我们都希望增加我们的享受或能力。消费增加我们的享受，积累增加我们的能力，它们同样地促进需求。”① 产品总是要用产品或劳务购买的，货币只是实现交换的媒介。既然这样，人们绝不会总是生产那些没有需求的商品。“如果商品已经生产出来，就必然有某些具有消费这些商品的愿望和力量的人，换个说法就是，对这些商品必然有需求。”② 如果出现某一种商品生产过剩，就少生产这种商品，而多生产另一种商品。经过资本的自由转移，实现了对生产的调节，资本按照各行业所需要的确实数量得到合理的分配，社会不会出现普遍的生产过剩。李嘉图在《政治经济学及赋税原理》第19章论工商业途径的突然变化中，也只承认局部性的生产过剩，否认普遍生产过剩的可能性，从而对资本主义的未来发展抱有信心。资本主义被他看做是可以实现自行调节、不断运行的经济机制。他说：“个人的生长过程是由青年而壮年，而老死；但是国家的发展过程却不如此。国家达到最旺盛的状态以后，再向前进时诚然可能受到阻碍，但它们的自然趋势却是永远地继续发展，使它们的财富和人口永远不会减少。”③

---

① 李嘉图. 李嘉图著作和通信集：第6卷. 北京：商务印书馆，1980：154.

② 李嘉图. 李嘉图著作和通信集：第2卷. 北京：商务印书馆，1979：308.

③ 李嘉图. 政治经济学及赋税原理. 北京：商务印书馆，1976：226.

资本主义财富增进的条件与途径

李嘉图处在资本主义向前发展、工业革命凯歌行进的时代，他深知要发展资本主义经济就必须以资本的不断积累为条件。资本积累有两种方法：增加收入或减少消费。总的说来，只要年生产量大于年消费量而有盈余，资本就会增加。具体说来，当支出不变，资本家的利润增加时，就能增加资本积累；或者利润虽未增加，而支出比以前减少时，也会增加资本的积累。增加资本积累是增加资本主义财富的必备条件，他说："资本的丧失可能立刻会把一个增长中的国家变为停滞不前或退步的国家。一个国家只有在它积累资本的时候才是前进的。"①

一个国家的收入分为总收入与纯收入，李嘉图所说的总收入包括一个国家的全部土地与劳动产品，它分解为工资、利润、地租三种收入。纯收入指利润与地租两个部分，相当于我们理解的剩余价值。工资是生产的必要费用，它的多少与社会发展关联不大，而对这个社会发展起巨大作用的是纯收入的多少，是纯收入可以用于资本积累的数额。所以，他说一个国家的实际利益是以纯收入多少来衡量的，而与总收入无关，也与这个国家人口的多少无关。"只要实际纯收入不变，地租和利润不变，那么居民究竟是 1 000 万还是 1 200 万是无关紧要的。一国能维持多少海陆军以及各种非生产性劳动的能力只和它的纯收入成比例，而不和它的总收入成比例。"② 这就是说，只有纯收入多，除去非生产性开支外，才可能积累资本。他摒弃了重商主义以及亚当·斯密把人口多少看做一国是否繁荣富强的陈旧说法，强调纯收入在增进一国富裕中的巨大作用。在纯收入方面，他极为注意地租与利润的关系。他认为地主阶级是资本主义的赘瘤，地租如果吞食过多的纯收入，将危及资本利润，从而危及资本的积累。他理想的分配情况是低工资、低地租、高利润，只有高利润才为增加资本积累提供条件，从而促成国家财富的增长。他说：财富往往是在地租稳定甚或降落的时候增加得最为迅速……在那些可用的土地最为肥沃，输入限制最少，由于农业改良增加生产可以无须相应地增加劳动量，因而地租也增长得缓慢的国家里，财富增加得最快。

李嘉图认为："国家财富的增加可以通过两种方式：一种是用更多的收入来维持生产性的劳动——这不仅可以增加商品的数量，而且可以增加其价值；另一种是不增加任何劳动量，而使等量劳动的生产效率增大——这会增加商品的数量，但不会增加商品的价值。"③ 在增加国家财富的两种方式中，李嘉图比较推崇第二种方式的采用，就是使资本投入提高劳动效率，增加产品数量，而不增加必需品的消费。这就是不增加生产劳动者的人数，而提高原有劳动者的劳动效率。将资本用于增进土地生产力，改良农用机械，发展海运业、制造业、船坞建筑、运河开凿，及其他耗费巨资的事业，都会增加劳动效率，带来年生产量的增加和国家财富的增加。增加国家财富的两种方式被李嘉图视为资本主义运行机制的重要组成部分。他认为当时英国正处在欣欣向荣的境况中，财富正在日益增加。他把提高劳动生产率不仅看做对发展英国资本主义经济是必要的，而且是人类的共同追求。他说："人类真正感兴趣的只是，使劳动有生产力，享受丰衣足食，以及很好地分配

① 李嘉图. 李嘉图著作和通信集：第 3 卷. 北京：商务印书馆，1977：259.

② 李嘉图. 政治经济学及赋税原理. 北京：商务印书馆，1976：298.

③ 同②236－237.

资本和勤勉所取得的产品。”①

促进资本主义经济运行的国内外经济政策

李嘉图相信资本主义具有自行调节的运行功能，所以人们在制定国内外经济政策时，必须适应它的生产与交换规律，才能促进它的顺利发展。在国内要实行任凭各行业自由竞争、自由发展的不干涉政策。资本在各行业之间自由流动，合理利用资源，取得最好的经济收益。劳动也应自由流动，自由地与资本家缔结契约，以调节劳动的自然价格。国家对经济的干预是多余的，李嘉图说：“在没有政府的干预时，农业、商业和制造业最为繁荣。”需要国家“做的全部事情，就是避免一切干预，既不要鼓励生产的一个源泉，也不要抑制另一个源泉”②。

国家为完成它的各项职能必须有必要的经费支出。李嘉图极其赞成政府方面的经济节约，认为每一个几尼的不必要支出就是一项公务过错。国家应该是一个廉价政府。李嘉图强调国家在保障私有财产、刷新政治、振兴教育等方面的作用。国家要为资本家发展经济创造良好的环境，使他们在发展经济中充满信心。如果他们失去了信心，就立即会使全国的生产事业损失一半。

政府支出的资金平时主要来源于税收，特殊情况下可发行公债。他赞赏萨伊的观点，最好的财政计划是少用钱，最好的捐税是数目最小的那一种。他再次重申，贸易应当完全自由，赋税的征收应当尽可能少地干涉这种自由。他赞同斯密的公平、确实、便利、经济的税收四大原则。他认为税收是一个国家的土地和劳动产品中由政府支配的部分，它来源于三种收入（工资、利润、地租）的后两个部分，这就等于承认税收是纯收入的再分配，来源于生产性的劳动，是对劳动者剩余劳动的占有。不过，有时李嘉图又说税收来源于资本与收入，或者说税收最终都落在消费者身上。其实资本主义税收的最终担负者都是劳动阶级。李嘉图要求注意征税的总效果，因为税收总有减少生产的趋势，对生产的发展是一种妨碍，它会影响现在的积累与未来的生产。在他看来，只有不能转嫁的地租税与地皮税是较好的税种。除反对会侵蚀资本、缩减生产的税收外，李嘉图也反对政府大量发行公债，因为这会造成政府的靡费，直接减少生产资本。他处处代表工业资产阶级的利益，力图从各方面增加资本，发展经济。

李嘉图主张国内有关财政经济政策要适应资本主义生产与交换规律的需要，在国际经济交往与经济政策上，李嘉图也要求保持相适应的关系。迄至1815年，英国在一切最重要的工业部门的世界贸易中占有很大优势，英国已成为这些领域的实际垄断者。英国资产阶级不怕各国的竞争，他们要求在世界市场上占有更大的地盘，以便于一方面可以大量销售英国的工业品，另一方面可以从世界其他地区取得工业所需的原料和粮食，这是英国经济发展的需要。李嘉图认为进出口贸易要尽可能处于自由的状态中，这是最明智、最稳妥的政策，也是使国人消费达到高度丰足的手段。一国的繁荣不是由另一国的穷困来促进的，对商业的种种限制不利于发财致富，对贸易的自由不加束缚并制定开明的政策，才能

---

① 李嘉图. 李嘉图著作和通信集：第9卷. 北京：商务印书馆，1986：84.

② 李嘉图. 李嘉图著作和通信集：第8卷. 北京：商务印书馆，1987：123.

最好地增进每个国家的福利和所有国家的总福利。他说："在商业完全自由的制度下，各国都必然把它的资本和劳动用在最有利于本国的用途上。这种个体利益的追求很好地和整体的普遍幸福结合在一起。由于鼓励勤勉、奖励智巧并最有效地利用自然所赋予的各种特殊力量，它使劳动得到最有效和最经济的分配；同时，由于增加生产总额，它使人们都得到好处，并以利害关系和互相交往的共同纽带把文明世界各民族结合成一个统一的社会。"①

参与国际贸易的各个国家虽然在经济发展、资源情况等方面存在着差异，但是每个国家都能以处于比较优势的产品参与国际贸易。有的国家可能在生产成本、劳动效率等方面都处于优势地位，则可通过优中择优找到最具优势的产品参加贸易；有的国家可能在生产成本、劳动效率等方面都处于劣势，但也能通过劣中相权取其轻找到比较优势。这样参加贸易的各个国家都节约了社会劳动，并能消费和享受更多的产品。李嘉图以英国、葡萄牙两国关于毛呢与葡萄酒的贸易为例，说明按比较优势原理（即比较成本原理）英、葡双方能够进行互惠互利的贸易。他假定英国生产一定量的毛呢需要100人1年的劳动，酿造一定量的葡萄酒需要120人1年的劳动；葡萄牙生产同量的毛呢需要90人1年的劳动，生产同量葡萄酒需要80人1年的劳动。这个假定表明英国在两种商品的生产上都居于劣势，但比较起来，生产毛呢的劣势小一些（100/90＜120/80）。葡萄牙在两种商品的生产上都占有绝对优势，但比较起来，生产葡萄酒的优势更大（80/120＜90/100）。在这种情况下，葡萄牙在两种商品的生产上虽然都居于优势，但也不应闭关锁国，参与国际交换可以获得更大的利益。葡萄牙集中资本与劳动生产葡萄酒，则原来生产两种商品所需的170人将生产2.125单位的葡萄酒，其中1个单位葡萄酒供本国消费，另1个单位的葡萄酒从英国换回供本国消费的毛呢，还余0.125单位的葡萄酒可以换回毛呢或别的商品，这就是按比较优势原理，实行国际分工带来的利益。英国集中资本与劳动生产毛呢，则原来生产两种商品所需要的220人，将生产2.20单位的毛呢，其中1个单位的毛呢满足本国需要。另1个单位的毛呢从葡萄牙换回供本国消费的葡萄酒，还余0.20单位的毛呢可供换回更多的其他商品。

从英、葡两国两种商品的交易看来，李嘉图认为各个国家都从对外贸易中得到了利益，就像工厂主发现了一种可用于制造其商品的改进的机器一样，迅速提高了劳动效率，节约了劳动，得到了更多的产品。从而由此推论："葡萄酒应在法国和葡萄牙酿制，谷物应在美国和波兰种植，金属制品及其他商品则应在英国制造。"②在这段话中，李嘉图表明各国所需工业品由英国供应，其他国家向英国供应粮食等产品。他殷切期盼粮食的自由进出口，认为这是英国繁荣、幸福之所系。他说，如果英国同别的国家一样，"谷物可以自由出口或进口而不加限制，那么，这个国家既拥有最精良的技术、最高度的勤奋精神、最先进的机器，在其他方面的优点又都是无出其右的，到那时它所享受到的将是举世无双和简直难以想象的繁荣和幸福"③。

李嘉图的比较优势原理（即比较成本原理）在历史上与现实中都具有一定的积极意义。

1. 比较优势原理以劳动价值论为基础来论述国际贸易，揭示当时英国资本主义发展

---

①② 李嘉图. 政治经济学及赋税原理. 北京：商务印书馆，1976：113.

③ 李嘉图. 李嘉图著作和通信集：第5卷. 北京：商务印书馆，1983：75.

与国际经济交往的关系。李嘉图原则上肯定了各国所交换的商品都是劳动产品，但劳动时间决定商品价值的规律在国内与国外不同，它发生了重大变化。国际贸易中交换的商品的价值“不是由各自生产上所用的劳动量决定的，情形不像两种商品都在英国或都在葡萄牙生产那样”。“支配一个国家中商品相对价值的法则不能支配两个或更多国家间互相交换的商品的相对价值。”① 李嘉图在这里接触到了国际价值规律问题，但未能作出科学的表述。后来马克思才解决了这个问题。

2. 一般说来，按比较优势原理进行的国际贸易，对参加贸易的各国都是有利的。各国都发挥其自然条件或其他人为条件（如机器、技术等）方面的优势，全世界各国都把资本与劳动用于最有利于本国的用途上，这样，世界上的产品必定极为丰富，数量多、质量好，社会劳动得到节约，各国处在互惠互利的关系中，虽然各国所获利益大小不同。

3. 在自由资本主义时期，比较优势原理在国际贸易中能较充分地发挥作用，对促进资本主义发展起过良好的作用。这个原理对现实也有一定的积极意义，但不应夸大，因为当今世界几乎已不存在不受干涉的国际贸易。

第五节　李嘉图之后古典经济学的余波

概　述

李嘉图作为英国古典经济学的完成者，代表工业资产阶级的利益，对他那个时代的资本主义经济作了深刻的理论上的分析，他在理论上的成就为社会所公认。他的理论中的科学成分被马克思主义经济学加以继承与发展。由于阶级的局限，李嘉图与社会主义格格不入，他对英国当时的社会主义者欧文本人表示崇敬，却极力否定他的学说。他说：“在一个他设计的那样的社会里，如果是对社会的关心，而不是对私人利益的关心，刺激了人们的努力，靠同样的人数就能比过去繁荣、生产更多的东西吗？许多世代的经验岂不是同他所想的相反吗？”②

李嘉图之后，英国古典经济学在一些方面还在继续向前推进，给后世留下了可贵的理论遗产。在这方面比较著名的代表人物有理查德·琼斯（1790—1855 年）和乔治·拉姆赛（1800—1871 年）等经济学家。

琼斯、拉姆赛对古典经济学的发展

英国经济学家理查德·琼斯在 1831 年发表了《论财富的分配和税收的源泉》一书的第一卷：《地租》；1852 年又发表了《国民政治经济学教程》。乔治·拉姆赛则在 1836 年发表了他的主要经济著作《论财富的分配》。

琼斯在某些方面超越了李嘉图，不再把资本主义看做永世长存的社会制度，而把它看做社会生产发展长河中的一个阶段。他认为在资本主义社会中，资本由收入中积累起来用

① 李嘉图. 政治经济学及赋税原理. 北京：商务印书馆，1976：112－113.

② 李嘉图. 李嘉图著作和通信集：第8卷. 北京：商务印书馆，1987：44.

以获取利润的财富构成，基本上理解到资本不过是剩余价值的资本化，因为他认为，在资本主义社会利润已成为积累的主要来源。在资本主义社会，劳动者和“积累的储备所有者”不是同一个人，未来将可能过渡到两者是同一个人的社会历史阶段。他实际上预言了资本主义将向更高级的社会生产方式过渡。他还理解到“用来支付劳动”的资本和“用来协助劳动”的资本之间的区别，随着资本主义的发展，二者的比例会不断变化，后者的增长快于前者，这就接近于了解到资本分为可变资本与不变资本，资本有机构成在不断提高。不过在“用来协助劳动”的资本中，琼斯把原料丢掉了。

乔治·拉姆赛在一些问题上也推进了英国古典经济学。在资本划分方面，他沿用了已有的固定资本与流动资本的范畴。在固定资本中，他把全部生产资料（土地、厂房、工具、机器、原料等）包括在内，把琼斯丢掉的原料一项拣了回来。流动资本只指工资，即工人口粮和其他必需品。这样，他就在事实上区分了不变资本与可变资本。在工业先进的国家，固定资本同流动资本相比总是越来越大，前者靠减少后者而增长。这实际上承认了资本有机构成随资本主义发展而提高。他还明确地认为流动资本（即工资）所支配劳动量必定大于生产它的劳动量，否则就不会有利润。这就接近于正确理解到剩余价值的来源。在再生产理论方面，拉姆赛优于斯密和李嘉图，指出生产如要在原规模继续进行，全部已消耗的东西都应得到补偿，特别是不能忘了补偿固定资本（工具、机器、厂房、原料等），这就对实际再生产过程作了较正确的描述。琼斯与拉姆赛等人也应进入优秀古典经济学家之列。

阅读书目

马克思，恩格斯. 马克思恩格斯全集：第 24 卷. 中文 1 版. 北京：人民出版社，1972：240－254，432－434

马克思，恩格斯. 马克思恩格斯全集：第 13 卷. 中文 1 版. 北京：人民出版社，1962：50－53，148－177

马克思，恩格斯. 马克思恩格斯全集：第 26 卷Ⅱ. 中文 1 版. 北京：人民出版社，1973：111－112，120－135，177－225，423－430，449－459，497－499，526－536

李嘉图. 政治经济学及赋税原理. 北京：商务印书馆，1976：原序，第 3 版小引，第 1－8 章

思考题

一、名词解释

使用价值与交换价值　价值理论的两大矛盾　货币数量论　相对工资论

二、问答题

1. 李嘉图在价值理论上有哪些成就与缺陷？
2. 李嘉图的阶级利益对立的结论在经济理论上的依据是什么？
3. 简述李嘉图的比较成本学说在历史与现实上的意义。

第八章

西斯蒙第的经济理论

本章重点

西斯蒙第既是法国古典政治经济学的完成者，又是小资产阶级政治经济学的创始人。他继承了亚当·斯密的主要经济理论，如劳动价值论、工资、利润与地租理论，但又独树一帜地与英国古典经济学相对立，认为应抑制资本主义的迅猛发展，为保留小资产阶级而呐喊。他提出消费不足危机论，建议政府要为城市下层人民及农村小农谋福利。他的主张既是小资产阶级的幻想，又是逆社会发展潮流而动的，所以他在经济学说发展史上占有特殊的地位。

本章知识点

- 西斯蒙第对政治经济学研究对象和方法的论述
- 西斯蒙第的经济危机理论

第一节　西斯蒙第在经济学说史上的特殊地位

西斯蒙第经济学说产生的历史背景

西斯蒙第和李嘉图是同时代人，李嘉图是英国古典政治经济学的完成者，西斯蒙第是法国古典政治经济学的完成者。但是，西斯蒙第和李嘉图的经济理论却是对立的，西斯蒙第的经济理论建立在批判英国古典政治经济学的基础之上，他们之间的分歧和对立反映了英法两国经济发展的不同状况。

英国在14世纪已消灭了农奴制，独立小农曾在15世纪占据优势。到18世纪50年代前后，英国的独立小农基本上已消失，而代之以资本主义租地农场的大农业。同时，英国工场手工业的发展也排挤了城市小手工业者，到18世纪下半期，产业革命的发展进一步使手工业陷于崩溃。英国社会基本上由资产阶级、工人阶级和地主阶级三个阶级组成，小生产已几乎全部消失。法国的资本主义发展却远远落后于英国。18世纪，法国还是一个农民占人口80%以上的封建农业国家，工商业中资本主义工场手工业虽有所发展，但比重较小且多为国家兴办，带有浓厚的封建色彩，城市工商业中小生产占较大比重并发挥巨大作用。1789年，资产阶级大革命摧毁了封建生产关系，为资本主义生产开辟了广阔道路，产业革命在法国迅速开展起来。产业革命的发展一方面使社会生产力有了明显的提高，另一方面又使广大城乡小生产者在摆脱了封建奴役之后，紧接着落入资产阶级新的奴役和压迫之下，广大小生产者又陷于破产、贫困的境地。西斯蒙第生长在瑞士的法语民族区，这个地区在政治、经济上与法国密切联系在一起。在法国革命的影响下，瑞士也发生了革命，19世纪初也卷入产业革命潮流之中。法国与瑞士的状况引起了西斯蒙第的注意，并作出了自己的解释。

总之，英法两国由于经济发展的差别产生两国经济学说的差别，这种差别在配第和布阿吉尔贝尔之间已暴露出来，在李嘉图和西斯蒙第之间更加突出，并形成明显的理论对立。

西斯蒙第的生平与著作

让·沙尔·列奥纳尔·西蒙·德·西斯蒙第（1773—1842年）是著名经济学家、历史学家，出生于瑞士日内瓦，属法国学者之列，其祖先是意大利贵族，16世纪定居于法国多菲尼，1685年南特敕令废除后，因宗教迫害迁居日内瓦。西斯蒙第曾到巴黎上过大学，后因父亲破产而辍学，不久被父亲送到里昂学商。1792年，里昂爆发革命，他回到日内瓦，曾迁居英国，又迁居意大利，在意大利置办农庄，经营农业。1800年，他重回日内瓦，一度从事政治活动，以后专门从事研究，1838年，他被选入法国社会政治科学院，1841年被法国政府授予荣誉军团大十字勋章。他的主要经济著作有：《托斯卡纳农业统计表》（1801）、《论商业财富》（1803）、《政治经济学新原理》（1819）、《社会科学研究》［第1卷《自由人民之宪制的研究》（1836）、第2～3卷《政治经济学研究》］等。

西斯蒙第在出版《论商业财富》时详尽介绍了斯密的经济学说，是斯密的忠实信徒，主张自由竞争和自由贸易。在出版《政治经济学新原理》时，已转变为英国古典政治经济学的反对者。

西斯蒙第经济学说的影响

西斯蒙第既是法国古典政治经济学的完成者，又是小资产阶级政治经济学的创始人，列宁曾把他的学说称为经济浪漫主义。

西斯蒙第的学说代表了处在产业革命和经济危机下，受到灭亡威胁的小生产者的思想感情和经济要求。李嘉图从发展社会生产力的角度出发，把工业革命看做生产力飞跃发展的标志，在他眼中，资本主义制度是绝对进步的制度，经济危机的出现仅是局部的和偶然的现象。西斯蒙第从小生产者的破产和工人的贫困中则发现了资本主义矛盾和危机的必然性。西斯蒙第在价值、利润、工资和货币等观点上接受了英国古典政治经济学，并作了一些补充，但他又得出了与英国古典经济学家不同的结论，即否认资本主义是合理的和自然的制度。因而，马克思指出："如果说在李嘉图那里，政治经济学无情地作出了自己的最后结论并以此结束，那末，西斯蒙第则表现了政治经济学对自身的怀疑，从而对这个结束作了补充。"①

西斯蒙第揭露了资本主义的矛盾，指出在资本主义制度下，一方面是生产力和财富的无限发展，另一方面劳动群众只能获得最低限度的生活必需品，因此，生产过剩的经济危机必然发生。这在经济学说史上是一个重要贡献。马克思认为，资产阶级经济学家"不断地在绝对的矛盾中运动而毫不觉察"时，"**西斯蒙第**由于觉察到了这种矛盾而在政治经济学上开辟了一个时代"②。但是，西斯蒙第没有分析资本主义矛盾的起源、发展及趋势，把它们看成反常的和错误的偏向，看做学说、政策和措施等矛盾和错误的结果。同时，他也不了解资本主义矛盾的解决过程，因而反对革命，反对社会主义，而试图通过国家干预、改革分配等办法消除资本主义的矛盾。他虽然热切地同情广大的劳动群众，赞同资本主义科学技术生产力的发展，希望依"正确比例"进行社会生产，也并不主张返回到中世纪旧有的制度中去，但是，他的思想却始终没有越出小资产者的生活所越不出的界限。因此，他对资本主义大生产所造成的恶果的攻击，对中世纪行会、宗法制度和农民小生产的描绘使他事实上只是成为小资产阶级的代表，反映了既要保存资本主义生产的基础，又要消灭资本主义生产矛盾的小资产阶级的社会心理和经济要求。

第二节　政治经济学的对象与方法

政治经济学的对象

西斯蒙第把自己的学说称为"政治经济学新原理"。他认为，英国古典学派只把国民财富作为研究对象是有缺陷的，人们用劳动创造财富的目的是满足自己的愿望和需要，而不是为财富而创造财富。英国古典学派单纯追求财富的增加，无视人们的享受，不了解"财富正是属于人而且为人所享受的"③，结果在英国造成富者更富、贫者更贫的状况，国家财富虽急剧增加了，但人民却更加贫困了。所以，西斯蒙第认为应该对英国古典学派理论进行"修正"或补充。他说："我们同亚当·斯密都一致认为：劳动是财富的唯一源泉，节约是积累财富的唯一手段；但是，我们还要补充一句：享受是这种积累的唯一目的，只有增加了国民享受国民财富才算增加。"④ 他的"新原理"就是要阐述与英国古典学派理论不同的理论，他不仅要研究财富，而且要研究人的享受。他的《政治经济学新原理》一书的副标题即是《论财富和人口的关系》，他认为："财富既然是人的一切物质享受的标志，我们就应该使它给所有的人带来幸福；我们必须使财富的增长跟人口的增加相互一致；在这些人口之间进行财富分配时必须按照这样一个比例，即如果没有特大的天灾人

① 马克思，恩格斯. 马克思恩格斯全集：第13卷. 中文1版. 北京：人民出版社，1962：51.
② 马克思，恩格斯. 马克思恩格斯全集：第26卷Ⅲ. 中文1版. 北京：人民出版社，1974：285.
③ 西斯蒙第. 政治经济学新原理. 北京：商务印书馆，1977：47.
④ 同③45.

祸，他们不会为生活所苦。”①

西斯蒙第认为，人有精神需要和物质需要，人的幸福是由精神条件和物质条件两方面构成的。政治学依照达到幸福所使用的方法的不同而分为两大部门：高级政治学和政治经济学。高级政治学研究人的精神幸福，而政治经济学则研究人们的物质福利。在他看来，把物质福利看做研究对象，特别是从政府的事业来看，“政治经济”就表明对国家财产的管理。西斯蒙第把物质福利作为研究对象以与英国古典学派理论对立，他同时也把国家作为研究政治经济及进行经济实践活动的主体，从而与英国古典学派自由竞争、自由放任的思想相对立。

政治经济学的方法

西斯蒙第在讲到他的基本推理和方法时说：“我认为，为了谋求所有人的幸福，收入必须和资本一同增长，人口不得超过他们赖以生活的收入，消费必须和人口一同增长，而再生产同进行再生产的资本之间以及同消费它的人口之间都必须成相等的比例。同时，我要指出，在这些比例关系之中，每一个都有可能单独遭到破坏，例如收入往往不按照资本的比例增长；即使收入不增长，人口也可能增加；数目虽然众多但是比较贫困的人口，可能要求极少的消费；最后，再生产也可能按照投入的资本的比例，而不按照需要它的人口比例进行；但是，每当这个或那个比例关系遭到破坏时，社会便陷入浩劫之中。”②依照他的观点，个人进行生产是出自他的需要和愿望，人的需要和愿望，即人的消费决定财富的生产；在交换经济中，消费决定生产表现为社会需求先于社会供给；在现实的资本主义社会经济中，人的消费又直接依存于他所分配到的收入。因此，收入与资本，生产与消费，再生产中的资本之间与消费它的人口之间都应保持适当的比例，只有这样，才能使所有人幸福。

从西斯蒙第的研究对象和研究方法上我们可以看到，西斯蒙第在政治经济学的研究对象上强调人、人的需要，批评李嘉图“常常为了抽象的理论而牺牲了人和现实利益”。他证明人的需要的存在比狭隘的资产阶级经济学家高明得多，但他所说的人只不过是被他理想化的小资产者，反映了他思想的局限性。

他强调要注意人们的情感、需要和热望，认为政治经济学不是单纯计算的科学，而是伦理道德的科学，它所研究的问题“需要良心正如需要理智一样”③。这表现了他小资产阶级的感伤与浪漫主义。

西斯蒙第把消费提到首要地位，反对李嘉图为生产而生产的思想，指责李嘉图的见解是为了手段而牺牲目的。对于这一点，马克思指出：“为生产而生产无非就是发展人类的生产力，也就是**发展人类天性的财富这种目的本身**。如果象西斯蒙第那样，把个人的福利同这个目的对立起来，那就是主张，为了保证个人的福利，全人类的发展应该受到**阻碍**”④。

西斯蒙第批评李嘉图的抽象法，他曾正确地指出李嘉图在使用抽象法时经常略去某些中间环节，因而陷于空洞的抽象。但是他自己在运用抽象法时不仅未克服李嘉图形而上学的缺点，甚至比李嘉图更退后一步。

---

①②　西斯蒙第．政治经济学新原理．北京：商务印书馆，1977：10．

③　同①13．

④　马克思，恩格斯．马克思恩格斯全集：第26卷Ⅱ．中文1版．北京：人民出版社，1973：124．

第三节　价值学说、生产劳动与非生产劳动的区分

价值学说

西斯蒙第与斯密、李嘉图在论述政治经济学理论上有很大不同。斯密研究国民财富从分工出发，论及交换、货币并直接分析商品的价值，在价值理论基础上分析工资、利润、地租，进而分析资本。西斯蒙第则直接把财富作为研究的出发点，他的基本理论以“财富的形成和发展”的形式阐述出来。因此，斯密运用抽象法能在一定程度上揭示资本主义生产关系中的内在联系，而西斯蒙第则仅仅从整体上揭示了资本主义社会经济的矛盾现象。不过，作为古典经济学家之一，他在说明财富的形成与发展中阐述了价值理论、剩余价值理论、生产劳动与非生产劳动等，并提出了自己的一些独创见解。

西斯蒙第认为，人满足自己需要和欲望的技能、本领是财富的源泉，财富是为满足他的需要和欲望的，因为消费劳动所创造的东西需较长时间，所以，财富是积累起来不予消费的劳动果实。在离群索居的条件下，劳动直接满足消费，消费直接决定生产。在交换经济中，个人需要经过交换满足，消费决定生产表现为需求决定供给。这样，他就明确提出，在资本主义以前的社会，生产品的价值，只用它对人的效用进行衡量，而在交换经济条件下，效用概念就被交换价值的概念所代替了，从而克服了英国古典经济学家把商品看做自然形态的非历史观点。他认为，财富是劳动创造的，物品的交换价值是由劳动时间决定的。在交换时，“每个人都要估计一下自己生产自己所提供的那件物品花去多少劳动和时间，这就是售价的基础；他也要把自己要给别人的物品所需要的劳动和时间和自己需要的物品所付出的劳动和时间作比较，这是确定买价的计算根据。”① 他还指出，不是一切劳动耗费都能创造交换价值，只有为社会所承认的满足社会需要的必要劳动才能创造交换价值。他说：“交易上的价值是经常固定了的，通过最终的分析，知道价值决定于提供被估价物品所必需的劳动数量……一磅银子代表一定数量的劳动日，它是从银矿中取得银子以及将它运送到交易地点所需要的平均劳动日：劳动日的数量虽然是交易双方所不知，但在出赁者和需要者双方的相互努力下，社会是能够给予估量的。”② 这个见解与李嘉图的最大劳动量决定社会必要劳动量的见解是有区别的。西斯蒙第还继承了李嘉图的绝对价值和相对价值区分的思想，同时更强调消费（需求）对价值量决定的重要性。他指出：“在政治经济学中，价值通常被分为两种：一种是内在价值，另一种是相对价值……前者是生产品和取得这种产品的劳动之间的比例，后者是生产品与需要这种产品的人们的需求之间的比例。”③ 在他的定义中，不仅更接近于区分价值和交换价值，而且还接触到了马克思所说的第二种社会必要劳动的含义，从而对古典政治经济学价值理论作了新的补充。但是，价值理论不是西斯蒙第研究的重点，他的价值思想是零散的，而且，在分析社会再生产时，仍沿用了斯密关于三种收入构成商品价值的错误观点。

---

① 西斯蒙第．政治经济学新原理．北京：商务印书馆，1977：54.

② 王亚南．阶级古典政治经济学选辑．北京：商务印书馆，1979：740.

③ 同①187.

生产劳动与非生产劳动的区分

马克思指出，西斯蒙第是斯密关于生产劳动见解的拥护者，接受了斯密区分的正确解释。西斯蒙第认为，财富必须同时具备三个条件才能成为财富，即财富必须是通过直接或间接的劳动创造的；财富必须对人有利，能直接或间接为人所使用；财富必须是能积累、能保存以备日后消费的东西，“如果这些劳动的果实永远不能保存起来以备日后消费，它就是非生产性的劳动。只有生产性的，或创造财富的劳动才能至少给他所付出的劳动以同样价值的报酬”。同时，他还指出，社会不仅需要生产财富的生产劳动者，还需要有行政人员、立法者、法官、律师、武装力量等，他们不从事任何生产，不能积累，但是因为他们的工作是必要的，所以也应该得到报偿。“作为保卫国家的人来说，他们是从事劳动，是工人，他们的收入就是他们劳动的年产值。可是，这种收入不像其他工人阶级的收入那样由国家资本项下支出。”“因此，为了供应保卫国家人员的生活，不能动用资本，而要动用社会收入。”① 这样，西斯蒙第就正确地指出了同资本相交换的劳动是生产劳动，而同收入相交换的劳动是非生产劳动。

第四节 再生产和经济危机理论

资本和收入

西斯蒙第在政治经济学上的最主要贡献，在于他批判了李嘉图学派和萨伊否定经济危机的理论。他研究了资本和收入、生产和消费等概念，实际上是研究了一国国民收入或年产品的生产、流通与分配，因而他也是资产阶级宏观经济理论的先驱者之一。

西斯蒙第认为，分工出现以后，世界上人们所能从事的工作更加多样化了。文明和进步提高了消费的要求，但是，人们的消费只能通过交换，例如富人不能用既得财富去交换，如果那样，他很快会把积蓄花光，他只能用资本产生的收入来交换。这样，西斯蒙第从消费是目的、消费先于生产的前提出发，论证了资本和收入。

西斯蒙第认为：“资本和收入之间的区别就是社会繁荣的基础。一旦生产不能和收入交换，生产就会陷于停顿。”② 因此，资本和收入之间的区别对于社会是极重要的。英国经济学家不考虑这种区别，于是产生了消费是无限的错误认识，鼓励生产无限扩张，从而造成了文明社会的灾难。什么是收入？西斯蒙第采用了斯密、萨伊的观点，认为收入有三种：地租、利润、工资，它们来源于土地、资本和劳动。什么是资本？他认为，单个农民的产品可以分为两部分：一部分小麦作为来年收获以前的粮食；另一部分保存起来作为种子，来年再生产小麦。“社会的形成和交换的发生，使这项种子积累起来能够产生收入的部分大大增加，这就是人们所谓的资本。”在这里，西斯蒙第把资本与生产资料等同。但在下面的论述中，他实际上又把资本看成一种生产关系。他说，把多余的小麦作为工人的

① 西斯蒙第．政治经济学新原理．北京：商务印书馆，1977：52－53，95．

② 同①62．

食粮，用这部分小麦换取劳动以生产产品，“那么，这部分小麦的价值就变成永久的，逐渐增多而不会再消耗的东西，这就是一种资本”①。他还指出，这种价值可以在外表形式上变化，在交换中时而变成货币，时而变成小麦或劳动，但都不会离开最初节约它的人的手。在资本与收入的关系上，西斯蒙第认为，一个人的资本可以成为另一个人的收入，比如，工人用劳动换来的小麦就是他们的收入，他们可以消费这小麦，可是工人的劳动却变成了主人的资本。西斯蒙第为了区分资本和收入，把社会总产品分为：固定资本（工厂、机器等）、流动资本（种子、原料、工资等）和收入。收入是用于消费的；固定资本是间接为人类需要服务的，它帮助人们进行消费品的再生产；流动资本则可以变为工人工资，转化为工人的消费基金。

西斯蒙第在论述资本与收入及其关系时，论述了他的分配观点。他虽采取了三种财富源泉产生三种收入的说法，但他特别强调劳动的作用，在他看来，土地和资本都只有通过人的劳动才能发挥作用，“财富的这三种源泉都和劳动有直接的关系，如果没有劳动就决不会有财富”。从这种观点出发，他得以把劳动收入和非劳动收入相对立，强烈地指责资本主义制度分配方面的不合理。他特别指出：“工资不代表劳动的绝对量，只代表维持前一年工人生活的生活资料。同样多的生活资料将在下一年产生出更大的劳动量。”② 西斯蒙第也说明了工资是维持工人生活的必要生活资料量，明确提出资本家把工人所生产的超过他们生活资料的价值的一切据为已有，揭露了资本家对工人的剥削。他同样把地租同工资对立起来，把地租看做对工人劳动产品的扣除，是剩余价值的一部分。这些都丰富了古典政治经济学的理论。

西斯蒙第虽然重视资本和收入的区分，但是他在资本和收入方面的观点是不彻底的。他不了解劳动的二重性，所以，他一方面把社会总产品分解为资本和收入，另一方面又把社会总产品都分解为收入，这表明他观点的混乱。他说：“国民收入和年生产是相等的，是等量。全部年生产在一年中消费掉，其中一部分由工人消费，他们以自己的劳动来交换，从而把劳动变成资本，并且再生产劳动；另一部分由资本家消费，他们以自己的收入来交换，从而把收入消耗掉。”③ 这实际上是接受了“斯密教条”，把社会产品中不变资本的价值部分丢掉了。

生产和消费

西斯蒙第认为，在生产和消费之间，消费起着决定的作用。他说：“人一生下来，就给世界带来要满足他生活的一切需要和希望得到某些幸福的愿望，以及使他能够满足这些需要和愿望的劳动技能和本领。这种技能是他的财富的源泉……他所创造的一切，都应该用于满足他的需要或他的愿望。”在离群索居条件下是如此，在商品经济中也是如此。生产以消费为前提，生产应该服从消费；不过，在商品经济中，生产服从消费的原则转化为供给服从于需求。在这种生产与消费关系中，收入与支出是重要环节。他指出：“国民收入应该调节国民开支，国民开支则应在消费基金里吸收全部生产；绝对的消费决定一种相

---

① 西斯蒙第. 政治经济学新原理. 北京：商务印书馆，1977：65，66.

②③ 同①73，75.

等的或者更高的再生产，再生产又产生收入。”① 绝对的消费指资本家和工人消费的绝对量，从量上说，不论资本家或工人，他们的消费即支出都不能超过收入（国民收入调节国民开支），所以，支出决定消费，国民开支消耗国民的全部生产物（国民开支在消费基金里吸收全部生产）。西斯蒙第认为工资只是维持工人生活的生活资料的数量，与劳动的绝对量是不相等的，同样多的生活资料将在下一年产生出更大的劳动量；由于这两种价值之间的比例的波动，引起了国民财富的增加或减少、生产阶级的富裕或穷困、人口的增多或消灭。因为消费是由支出，或最终是由收入决定的，所以，消费决定生产也可以看做是收入决定生产。西斯蒙第依据这种观点批评英国古典经济学家，认为他们把生产和收入等同，以为增加生产必然增加收入是完全错误的。在他看来，收入虽从再生产中产生，但生产本身不是收入，生产只有在实现以后，即“只有在每一件产品找到需要它或享受它的消费者、因而把它从流转中抽出来使它变成消费基金之后，才能获得这一名称，才能具有这种性质”②。所以，不是生产决定收入，而恰恰是收入决定生产，收入通过消费决定了生产。这便构成了西斯蒙第特有的再生产理论。

经济危机理论

西斯蒙第在收入决定生产理论基础上论证了资本主义必然产生经济危机。根据收入决定生产观点，年收入的总量必须用来交换年生产的总量；通过这项交换，每个人都可以得到自己的消费品，都要取得一笔再生产的资本，要为一项再生产而进行投资，并提出新的要求。因此，西斯蒙第认为：“如果年收入不能购买全部年生产，那么一部分产品就要卖不出去，不得不堆在生产者的仓库里，积压生产者的资本，甚至使生产陷于停顿。”③ 这种情况表明生产超过了收入，也即生产超过了消费，生产和消费的这种矛盾的发展必然导致经济危机。在他看来，收入是决定消费的，收入不足就是消费不足，经济危机产生的根本原因就是消费不足。

西斯蒙第认为，生产超过消费，这只是资本主义特有的现象。资本主义的大机器生产代替了手工生产，小生产者遭受破产，丧失了收入，从而降低了消费。在资本主义制度下，生产的目的是为了利润，生产者之间受自由竞争支配，资本家为了击败竞争者，占领市场，纷纷采用大量生产、低价售卖的政策，为此，必然力求降低生产成本、削减工人工资，工资的下降使工人消费日益萎缩。因此，一方面，追求利润、采用机器和企业不断集中，造成生产的无限扩张；另一方面，资本主义不公平的分配制度，使财产集中到少数人手中，而占国民大多数的劳动生产者收入不足，这将使国内市场越来越狭窄，使生产和收入之间的比例遭到严重破坏，产品的实现受到严重的阻碍，最终导致生产过剩的经济危机的爆发。他说：“由于财产集中到少数私有者手中，国内市场就必定要日益缩小，工业就必定日益需要寻求国外市场，因而该国的工业就要受到更加巨大的波动的威胁。”“在生产上往往不以需要为转移，而是以拥有大量资本为转移的富有的国家里……一旦生产猛然超

① 西斯蒙第．政治经济学新原理．北京：商务印书馆，1977：49，80.

② 同①84.

③ 同①76.

过消费，就会引起严重的贫困。”[①] 他认为，资本主义生产还能够发展，只是由于国外市场的存在，但随着资本主义的发展，世界市场会越来越小，产品实现问题最终会成为不可克服的困难。

西斯蒙第认识到资本主义经济危机不是偶然的，而是资本主义内在矛盾的结果，这在经济学说史上是一大功绩。马克思说：“**西斯蒙第**深刻地感觉到，资本主义生产是自相矛盾的；一方面，它的形式——它的生产关系——促使生产力和财富不受拘束地发展；另一方面，这种关系又受到一定条件的限制，生产力愈发展，这种关系所固有的使用价值和交换价值、商品和货币、买和卖、生产和消费、资本和雇佣劳动等等之间的矛盾就愈扩大。他特别感觉到了这样一个基本矛盾：一方面是生产力的无限制的发展和财富的增加——同时财富由商品构成并且必须转化为货币；另一方面，作为前一方面的基础，生产者群众却局限在生活必需品的范围内。因此，在西斯蒙第看来，危机并不象李嘉图所认为的那样是偶然的，而是内在矛盾的广泛的定期的根本爆发……他确实有这样一种模糊的猜测：对于在资本主义社会内部发展起来的生产力，对于创造财富的物质和社会条件，必须有占有这种财富的**新**形式与之适应；资产阶级形式只是暂时的、充满矛盾的形式，在这种形式中财富始终只是获得矛盾的存在，同时处处表现为它自己的对立面。这是始终以贫困为前提并且只有靠发展贫困才能使自己得以发展的财富。”[②]

但是西斯蒙第的危机理论又有根本的缺陷。生产扩大归根到底要受个人消费的限制，他强调个人消费是不无意义的，但他不了解社会总产品价值包括不变资本、可变资本和剩余价值三个部分，不了解除了个人消费还有生产消费。所以，他仅仅强调个人消费及生活资料的实现问题，而忘记了生产消费及生产资料的实现问题，这样就不能正确分析资本主义再生产。西斯蒙第用生产与消费的矛盾来解释危机，并未揭示危机的实质，生产和消费的矛盾并不是资本主义的基本矛盾，资本主义的基本矛盾是生产的社会性和生产资料的私人占有之间的矛盾，因此，仅用消费不足并不能完全解释危机。事实上，劳动人民消费不足在一切有阶级社会是共有的现象；在资本主义条件下，即使消费有所增加，危机仍然不可避免。西斯蒙第不从生产关系中去寻找危机的根源，就不可能建立科学的经济危机理论。

第五节 社会改革设想

西斯蒙第的社会改革主张

西斯蒙第同情劳动人民，强烈指责资本主义发展所带来的恶果，揭露资本主义的矛盾和缺陷，抨击资产阶级经济学家把资本主义说成是合理的自然制度。他指出机器生产和分工的破坏作用，资本和地产的集中，生产过剩的危机，小生产者的没落，工人阶级的日益贫困，生产的无政府状况，财富分配的极不平等以及旧道德、旧家庭和旧民族性的解体

① 西斯蒙第. 政治经济学新原理. 北京：商务印书馆，1977：217-218，221.

② 马克思，恩格斯. 马克思恩格斯全集：第26卷Ⅲ. 中文1版. 北京：人民出版社，1974：55.

等。他把这些归结于人们受错误思想支配，归结于执政者错误的政策和学说。因此，他把希望寄托于国家政权和执政者，要求政府保护居民摆脱竞争的后果，呼吁国家调节经济生活。他认为："立法者还必须使穷人得到某种不受普遍竞争影响的保障。""当财富逐渐地均衡地增加时，当它的任何部分都不是过分迅速地发展时，这种增加才能造成普遍的福利……从各方面看，每个个人的行动都企图加快机器的运动。也许政府的职责就是延缓这种运动，调节这种运动。"①

西斯蒙第认为，政府应保护居民不受竞争的影响。政府的建立是为了运用全民的力量保护个人不受他人的侵害，用全民的利益反对一切私人利益，而为保护全体就须根据个人的权利来制定法律和建立法院。政府对农业人口的总任务是保证工作者有一部分财产，或者是特别优先支持宗法式农业，促进不动产出卖、维持平分家产、禁止一切保留束缚财产的永久继承权的办法，或者采用更直接的办法支持小土地所有者和小农场主。对城市工业人口，立法者应抱定提高工业劳动报酬的目的，使短工从不稳定状态中摆脱出来，让他们恢复地位升迁的可能性，甚至能在企业中得到一份权利和财产。在他看来，社会改革的中心是"为城市工人和农业工人寻找社会应该以怎样的权利原则和司法原则来保护工人免遭竞争——经常企图把工人送到最贫困的生活水平以下——的危害"②。

在西斯蒙第的社会改革设想中，存在着两个主要阶级（雇主与工人），这两个阶级"彼此相依为生，所以，在他们之间存在着、至少应该存在着一种连带关系"③。在农业中：（1）土地可以由集土地所有权、资本所有权与劳动所有权于一身的人耕种；（2）土地可以由农场主或分制佃农利用长期租契耕种；（3）土地可以由农业工人耕种。前两种方式较好，所以，应免除穷人救济税来鼓励小农业。应认识大农场主（包括大地主）和工人间的自然连带关系，让农场主负责在工人病老和贫困时供养他们，并且不把工资降到最低限制，不使工人做力所不及的劳动等。为此，要加重对大地主的征税，以补偿大农场方式经营给国家带来的危害。具体说，亲自耕种 25 英亩以下遗产或全家及仆人耕种 50 英亩土地的农场主免纳穷人救济税；同时要制定法律尽力使地主按零星、长期或永久出租出售方式让给短工部分土地等。西斯蒙第认为，在农业上，把土地划分成小块给短工，让地主担负照顾短工的责任的方针将走与英国农业发展方向完全相反的道路。在工业中也应实行相同的原则：（1）为救济的目的恢复行会组织，行会首脑负责救助本行业所有穷人；（2）像农业那样，把工场的财产分给为数众多的中等资本家，而不是汇集在一个拥有亿万财富的人手中。要使工人有机会与雇主联合，能分享雇主的一份权利。他希望工场主们对工人担负责任，以更长的时间雇用工人，使工人分享雇主的利润，获得经济利益和政治利益，而不再把工人变为机器。他还就工人劳动时间、童工、保险等方面提出一些改良建议。

西斯蒙第社会改革思想的实质

西斯蒙第所理想的社会是消除了资本主义社会矛盾的社会。他叙述了农村农业、城市手工业的发展，把宗法式的农民经济和城市手工业与资本主义生产相对立。他赞美从事宗

---

① 西斯蒙第. 政治经济学新原理. 北京：商务印书馆，1977：61，244.

②③ 同①466，467.

法式农业的农民，认为他们热爱自己的房屋与土地，劳动是他们的欢乐；他们不雇用短工，平等对待自己的仆人。城市手工业和行会按照需要生产，没有资本主义盲目生产的缺陷，工人受到行会的庇护，行会的建立从理论上与实践上都阻碍过剩人口的形成。西斯蒙第认为，在宗法式农业和城市手工业条件下，没有资本主义社会的波动、危机及工人阶级的贫困与痛苦，生产是为满足人们需要的，社会生产可以按比例正常地进行。西斯蒙第也了解历史不能走回头路，他曾说："我们已经指出这一阶级（即手工业者阶级）以往在行会和公会的制度下得到怎样的庇护；也指出了当一个工人变成师傅从而能够维持其家庭生活时所获得的那种稳定。这里不是说要恢复他们的奇怪的和压迫性的组织。如果我们在自己迷失方向以后只知道盲目地回到我们先人的弯路，而不去寻找更好的道路，那么，经验教训就不是多么有用了。"① 但是，由于他没能对资本主义社会进行科学的分析，所以，他不能超越小资产阶级的眼界，在对社会进行改革的设想中不过把宗法制和行会的原则应用于资本主义社会，使他的思想带上了小资产阶级的空想性与反动性。

阅读书目

马克思．政治经济学批判//马克思，恩格斯．马克思恩格斯全集：第13卷．中文1版．北京：人民出版社，1962：51

马克思．剩余价值理论：第2册//马克思，恩格斯．马克思恩格斯全集：第26卷Ⅱ．中文1版．北京：人民出版社，1973：124

马克思．剩余价值理论：第3册//马克思，恩格斯．马克思恩格斯全集：第26卷Ⅲ．中文1版．北京：人民出版社，1974：55-56，285

马克思．资本论：第2卷//马克思，恩格斯．马克思恩格斯全集：第24卷．中文1版．北京：人民出版社，1972：434

列宁．评经济浪漫主义//列宁．列宁全集：第2卷．2版．1984：115-200

西斯蒙第．政治经济学新原理．北京：商务印书馆，1977

思考题

一、名词解释

政治经济学　内在价值和相对价值　生产劳动与非生产劳动　再生产理论

二、问答题

1. 为什么说西斯蒙第在经济学说史上占有特殊地位？
2. 简述西斯蒙第的价值学说。
3. 西斯蒙第是怎样论述经济危机的必然性的？

---

① 西斯蒙第．政治经济学新原理．北京：商务印书馆，1977：464-465.

第九章

西欧空想社会主义者的经济学说

本章重点

空想社会主义者是当时资本主义社会中无产阶级及下层人民的代言人。空想社会主义的发展分为三个阶段，16—17 世纪、18 世纪和 19 世纪初的空想社会主义。19 世纪初的法、英三大空想社会主义者圣西门、傅立叶和欧文的著作在历史上起着积极的、进步的作用。他们的一些思想为后来的科学社会主义所继承和发展。他们对资本主义的批判，启发了无产阶级的觉悟，描绘了未来社会的美好图景。但因未找到实现未来新社会的正确途径和阶级力量，他们的理想只是空想而已。

本章知识点

- 空想社会主义的发展阶段
- 三大空想社会主义者的历史地位

第一节 概 述

空想社会主义产生的历史条件及其发展阶段

空想社会主义最早产生于 16 世纪，是伴随着资本主义的产生和阶级斗争尚未充分发展而出现的一种社会主义学说。空想社会主义大致可划分为三个发展阶段，即 16—17 世纪、18 世纪和 19 世纪初期。

16—17 世纪是空想社会主义发展的第一阶段。这一时期的空想社会主义通称为早期空想社会主义，其主要代表有英国的托马斯·莫尔（1478—1535 年）和意大利的托马斯·康帕内拉（1568—1639 年）。

莫尔是英国伟大的早期空想社会主义者。他出生于一个法官家庭，曾就读于牛津大学，后来又研究法律，当过律师，担任过国家要职。他因与国王的分歧而被捕入狱，1535年被判处死刑。他的代表作《关于最完善的国家制度和乌托邦岛的既有益又有趣的金书》(1516)（简称《乌托邦》），是空想社会主义史上的第一部著作。在书中莫尔首先对当时欧洲各国的君主专制制度和刚刚产生的资本主义制度进行了尖锐的揭露和批判，把贵族、地主为了积累资本，大规模经营养羊业，以发展毛纺织业，用暴力剥夺农民土地的现象，斥为“羊吃人”。他指出造成贫富对立的根源是私有制，并提出了“完全废止私有制度”的思想。接着他描绘了一个没有私有制、没有剥削和压迫、劳动成为义务、产品按需分配的乌托邦理想社会。乌托邦是希腊字的音译，意为“没有的地方”或“乌有之乡”，后来，莫尔式的空想社会主义也称为乌托邦社会主义。

康帕内拉是早期空想社会主义的代表人物之一。青年时代学过哲学，1598年因密谋反对当时统治意大利南部的西班牙君主政权而被捕。其代表作《太阳城》(1602)就是在狱中写成的。在这本书中他提出了与莫尔类似的思想。他痛斥了私有财产制度，主张消灭剥削，消灭贫富悬殊，人人劳动，平等友爱，并提出体力劳动与脑力劳动相结合、劳动是光荣的事业、按“需要”分配生活用品等思想。在对家庭的态度上，《乌托邦》主张生产和生活都以家庭为单位，而《太阳城》中则不存在家庭。康帕内拉认为私有制是罪恶之源，而家庭又是私有制之源。这是两位早期空想社会主义者的不同之处。但总的说来，莫尔和康帕内拉都对理想的社会制度作了一番空想的描述，这在当时落后的社会经济条件下是根本不可能实现的。但是，他们在16—17世纪就公开宣布私有制必将被公有制所代替，人剥削人的制度必将被人人参加劳动、按需分配的制度所代替，这就远远地超过了前人，对后来的许多社会主义者产生了很大影响。

18世纪是空想社会主义发展的第二阶段。这一时期空想社会主义得到了进一步的发展，其主要代表人物有法国的摩莱里（生卒年不详）、马布利（1709—1785年）和巴贝夫（1760—1797年）。

摩莱里的理论活动集中在18世纪50—80年代，在空想社会主义史上，标志着一个新的发展阶段。马克思、恩格斯把摩莱里的空想社会主义称为空想共产主义，以同早期空想社会主义及其后的一些空想社会主义相区别。在摩莱里的代表作《自然法典》(1755)中，他勾画出了一个消灭了私有制，实行公有制，消灭了剥削，人人劳动，各尽所能、各得其所的新社会。他继承和发扬了前辈的空想社会主义思想，并抛弃了早期空想社会主义普遍存在的梦幻般的神秘色彩，把理想社会置于现实生活的基础之上。他从社会进步的观点出发，对未来理想社会从理论上进行论证和从立法上作出规定，不再采用“乌托邦”式的描绘。在书中他提出了许多有益的思想，如关于人类社会发展过程及其规律的思想，以及以公有制代替私有制的思想等。然而和早期空想社会主义者主张的按需分配不同，摩莱里主张对个人消费品实行平均主义分配，如他提出产品平均分配、住房一律相同等，并且从其论述中反映出浓厚的禁欲主义色彩。恩格斯说摩莱里主张的是“禁欲主义的、禁绝一切生活享受的、斯巴达式的共产主义”①。

① 马克思，恩格斯．马克思恩格斯选集：第3卷．2版．北京：人民出版社，1995：721.

马布利是法国的社会学家和空想平均共产主义的代表人物。他的著述甚多，其中最具代表性的是《论法制或法律的原则》(1776)。书中详尽地论证了他的空想社会主义的基本观点和理论依据，而且还精心制定了一部实现理想国家的社会改革纲领。他不仅反对私有制，而且看到了私有制同社会划分阶段的关系，这是他的突出进步之处。马布利的平均主义和禁欲主义比摩莱里更为强烈。他从理论上阐明了平均主义和禁欲主义。在他看来，清心寡欲就是幸福，就是美德，只有平均，才能确保大家的共同幸福。

巴贝夫是18世纪法国空想社会主义的最后一位代表。他的空想社会主义是在法国资产阶级革命胜利后成熟起来的，因而他对资本主义作了相当深刻的批判。在其主编的《人民论坛报》和其他著作中，他揭露了资本主义是新的剥削方式、压迫方式，揭露了私有制是资本主义社会不平等的根源，并指出资本主义发展的结果导致人民革命的必然性。他主张用生产资料公有制，劳动产品成为公有财产，人人劳动，消灭不劳而获及实行均等分配、计划调节生产的崭新的共产主义公社制度来代替资本主义制度。他把平均主义推向了顶峰。他不仅是空想社会主义的理论家，而且是空想社会主义的实践家，试图把社会主义思想同革命实践结合起来，这是他高于以往一切空想社会主义者的地方。

19世纪初期是空想社会主义发展的第三个阶段。其主要代表有法国的圣西门、傅立叶和英国的欧文，他们把空想社会主义学说发展到了最高阶段。他们的学说出现在19世纪初期，是与当时的经济和政治条件分不开的。18世纪后半期，在英国和法国发生了两件具有世界历史意义的重大事件，这就是18世纪60年代开始的英国产业革命和18世纪末法国的资产阶级革命。这两次革命使英、法两国的社会经济状况以及阶级关系发生了剧烈的变动，从而为三大空想社会主义者的产生创造了条件。

英国的产业革命开始于18世纪60年代，完成于19世纪初期，英国是世界上最先实现产业革命和资本主义工业化的国家。然而，产业革命并不仅仅是科学技术和工业生产上的革命，它同时也使社会生产关系、阶级关系发生了深刻的变化，改变了英国的社会经济状况。(1) 它使社会生产力有了很大的提高。在产业革命中，机器大工业迅速代替了工场手工业，机器的使用创造了巨大的生产力，资本主义工业出现了飞速发展的局面，使英国成为当时世界上工业最发达的国家。(2) 产业革命还使社会阶级关系发生了变化，社会日益分裂为资产阶级和无产阶级。随着产业革命不断发展，工人阶级的力量不断壮大。社会生产力的发展，给资产阶级带来了巨大利润，而工人阶级和广大劳动人民的劳动条件和生活条件却更加恶化。失业增加了，工人生活日益贫困。工人阶级以捣毁机器、厂房等方式来进行斗争。欧文的空想社会主义学说正是在英国当时尖锐的社会矛盾的基础上产生的。

与此同时，法国的社会矛盾也十分尖锐，终于在1789年爆发了资产阶级大革命。它彻底破坏了法国的封建关系，为资本主义发展扫清了道路。然而革命后建立起来的资本主义制度，不过是用资本主义剥削制度代替了封建主义剥削制度，用新的压迫代替旧的压迫。人们日益看清楚了这场革命并没有冲刷掉法国深刻的社会矛盾，贫富悬殊和对立依然存在。随着资本主义工业的发展，劳动群众的贫困更加深重。经过资产阶级大革命“建立起来的社会制度和政治制度竟是一幅令人极度失望的讽刺画”①。圣西门和傅立叶的空想

---

① 马克思，恩格斯. 马克思恩格斯选集：第3卷. 2版. 北京：人民出版社，1995：723.

社会主义学说正是反映了广大劳动人民对当时社会的极度失望和对美好社会的向往。他们希望改革现状，建立起一个没有人剥削人、人压迫人的社会制度。但这时无产阶级还处在自发斗争阶段，属于无产阶级自己的独立政治运动还没有展开，无产阶级“还完全无力采取独立的政治行动，它表现为一个无力帮助自己，最多只能从外面、从上面取得帮助的受压迫的受苦的等级”①。正是在这种历史条件下，三大空想社会主义者的学说产生了。学说客观上反映和表达了当时尚未成熟的无产阶级要求摆脱资本主义剥削制度，建立美好社会的愿望。

三大空想社会主义者的历史地位

三大空想社会主义者的学说反映了早期无产阶级对改造社会的迫切要求，在当时曾起过积极进步的作用。他们的历史功绩主要表现在：

1. 他们在资本主义发展的最初时期，就无情地揭露了资本主义的矛盾和罪恶，批判了资本主义制度，说明资本主义是违反“理性”“正义”的，并不是什么永恒的制度，断言人类社会是不断发展的，资本主义制度必将为理想的社会主义制度所代替。由于他们所处环境不同，个人经历不同，因而对资本主义批判的着重点也有所不同。

2. 他们不仅说明了资本主义制度的不合理性和必然灭亡，而且预见了未来理想社会的景象，对未来社会制度作了天才般的猜测和描绘。如他们主张消灭私有制或限制私有制，人人从事劳动，产品按劳分配，消灭城乡对立和工农差别，消灭体力劳动和脑力劳动差别，以及实行有计划、有组织的生产，把国家变为生产管理机构，等等，其中不乏积极的思想因素。

3. 他们的思想在 19 世纪初对启发工人阶级的觉悟、促进工人运动的发展起了很大作用，推动了无产阶级从自在阶级向自为阶级的转变。特别是三大空想社会主义者的学说，是马克思主义的科学社会主义的理论来源。恩格斯指出：“德国的理论上的社会主义永远不会忘记，它是依靠圣西门、傅立叶和欧文这三位思想家而确立起来的。虽然这三位思想家的学说含有十分虚幻和空想的性质，但他们终究是属于一切时代最伟大的智士之列的，他们天才地预示了我们现在已经科学地证明了其正确性的无数真理。”②

但是，由于历史的局限和阶级的局限，他们的理论不可避免地具有一些缺陷和错误。(1) 他们虽然无情地揭露和批判了资本主义，看到了阶级的对立，并在客观上代表了无产阶级的利益，但他们还看不到无产阶级的历史主动性，还看不到无产阶级解放的物质条件。他们不知道，无产阶级的历史使命正是要成为资本主义的掘墓人，社会主义和共产主义的建设者。他们虽然认为社会主义必然代替资本主义，但他们不了解社会发展的客观经济规律，不知道资本主义的基本矛盾是生产社会性和生产资料私人占有的矛盾、生产力和生产关系的矛盾，因而不能通过对这些矛盾的分析，科学地论证从资本主义过渡到社会主义的历史必然性。相反，和启蒙学派一样，他们把社会主义看做“理性和永恒正义”的产物。(2) 他们认为合乎“理性”和“永恒正义”的社会主义之所以迄今尚未统治世界，是

① 马克思，恩格斯. 马克思恩格斯选集：第 3 卷. 2 版. 北京：人民出版社，1995：724.

② 马克思，恩格斯. 马克思恩格斯全集：第 18 卷. 中文 1 版. 北京：人民出版社，1964：566.

因为缺少天才人物。他们把自己看成天才人物，并认为天才的产生不是历史的产物，而只是一种侥幸。(3) 他们否认阶级斗争和暴力革命，幻想通过宣传和示范的方式，使人们接受社会主义思想，特别是希望取得富人和统治者的支持，劝说他们捐献财物或放弃剥削，和平实现社会主义，因而他们不可能找到实现社会主义的正确道路。由于时代的局限，他们的理论是不成熟的。如恩格斯所指出的：不成熟的理论，是同不成熟的资本主义生产状况、不成熟的阶级状况相适应的。解决社会问题的办法还隐藏在不发达的经济关系中，所以只有从头脑中产生出来。因此，他们所设想的社会制度也是“一开始就注定要成为空想的，它越是制定得详尽周密，就越是要陷入纯粹的幻想”①。

三大空想社会主义者的学说，在 19 世纪初曾起过积极的进步的作用，但是随着阶级斗争的发展，随着无产阶级作为独立的政治力量登上历史舞台，特别是马克思主义的创立和传播，它就愈来愈失去其理论意义和实践意义。正如马克思和恩格斯所指出的：“批判的空想的社会主义和共产主义的意义，是同历史的发展成反比的。阶级斗争越发展和越具有确定的形式，这种超乎阶级斗争的幻想，这种反对阶级斗争的幻想，就越失去任何实践意义和任何理论根据。所以，虽然这些体系的创始人在许多方面是革命的，但是他们的信徒总是组成一些反动的宗派。”②

第二节　圣西门的经济学说

圣西门的生平和著作

昂利·克劳德·圣西门（1760—1825 年）出生于法国巴黎一个古老的贵族世家。他生活在法国社会大动荡的历史时期，经历了封建制度崩溃、资产阶级大革命、热月党的反动统治、拿破仑帝国和波旁王朝复辟。在法国社会大变动的历史条件下，产生了这位伟大的思想家及其空想社会主义学说。

圣西门的青少年时代正处于法国资产阶级革命的酝酿、成熟时期。他曾是著名的启蒙学者达兰贝尔的学生，从他那里，圣西门不仅学习了当时先进的科学文化知识，也受到了资产阶级民主思想的熏陶。1776 年，17 岁的圣西门按照贵族的习惯入伍服役。1779 年他以法国志愿军的名义随部队赴美参加美国的独立战争，曾参加过 5 次战役，作战勇敢，连续晋级。在美国他看到了一个新的与他的祖国不同的国家，这里没有法国那种等级森严的封建统治，而是一个自由的资本主义世界。他一边参战，一边研究和观察社会，资本主义民主思想逐渐占据了他的头脑。1783 年他回国后，晋升为上校，由于对贵族军队无所事事的生活感到厌烦，不久即离开军队到国外游历。1789 年法国资产阶级大革命爆发后，封建贵族纷纷逃亡国外，圣西门却匆匆赶回祖国，投入革命洪流。他发表演说，拥护法国革命，并主动放弃了伯爵爵位。随着革命的深入，人民群众采取了一系列革命暴力行动摧毁封建势力后，这位幻想和平改造社会的民主主义者终于退出了革命，并在 18 世纪 90 年

① 马克思，恩格斯. 马克思恩格斯选集：第 3 卷. 2 版. 北京：人民出版社，1995：724.

② 马克思，恩格斯. 马克思恩格斯选集：第 1 卷. 2 版. 北京：人民出版社，1995：304-305.

代一度与人合伙搞金融投机活动而发了财。

然而，法国资产阶级革命胜利后出现的新的社会矛盾，不断吸引着圣西门去关心和思索。1797 年，他终于放弃投机生意转而从事学术研究活动。为了找到改造社会的途径，他努力学习各门科学的最新成就，并和当时法国的著名学者过从甚密。他经常宴请宾客，以便在席间向学者请教并同他们研究问题。这的确使他学到了许多宝贵的知识，搜集了许多重要的资料，但也很快耗尽了他的全部财产。在贫困的生活中他开始著书立说。从 1814 年开始，他的周围聚集了一批门徒，后来形成圣西门主义团体。在圣西门逝世后，他们继续出版圣西门的著作和宣传他的思想。

圣西门在 1802 年写成了他的第一本著作《一个日内瓦居民给当代人的信》，初步阐述了他的社会主义思想。此后，他继续以“改造社会”为主题，进行深入的探讨和研究，写下了许多著作。其中重要的有：《人类科学概念》(1813)、《论财产和法制》(1818)、《寓言》(1819—1820)、《论实业制度》(1821)、《实业家问答》(1823—1824)、《新基督教》(1825)。《新基督教》是圣西门的最后一部著作，也是最成熟的一部著作，它标志着圣西门创建的空想社会主义思想体系的完成。圣西门的一生坎坷曲折，然而他总是不断趋向进步。在法国革命后他转变为空想社会主义者，成为工人阶级的代言人，决心为工人阶级的解放而努力。

圣西门的社会历史观

圣西门的社会历史观是他建立空想社会主义理论体系的基础。他的社会历史观基本上是唯心主义的，但其中也具有某些唯物主义因素。

圣西门认为，人类历史的发展是有规律性的，是由低级向高级发展的。他批评许多资产阶级历史学家把历史看成一个个偶然事件的堆积，也批判资产阶级经济学家把社会制度看成永恒的、一成不变的观点。他认为，历史不是偶然事件的联结和堆积，而是合乎规律的现象。他写道：“已经发生的一切和将要发生的一切，形成一个数列，这个数列的前几项是过去，后几项是未来。”① 他指出历史科学的任务就在于使人类能够根据过去推断将来。如果不根据确定历史事实的连贯次序的理论把这些事实贯穿起来，历史科学就只能是事实的杂乱无章的堆积。在这里，他正确指出了社会是不断发展和日趋完善的，是一个不断前进的历史过程，并且是有规律性的。这种思想贯穿在圣西门的全部著作中，成为他的空想社会主义学说的思想基础。

但是，由于他接受了启蒙学者的错误观点，所以用人类的理性来说明社会的发展规律。在他看来，社会的发展并不是取决于物质生活资料的生产方式，而是取决于人类理性的进步。他所说的理性是包括理智、科学、道德、宗教、哲学等在内的意识形态。他认为理性是不断发展的，从一种思想体系发展为一种新的思想体系，现实的物质社会也就相适应地从一种制度发展为一种新的制度。他认为具有高度理性的哲学家是改造社会的力量，只有依靠这些人，才能使历史发展从一个阶段进入另一个阶段。他把人类历史的发展划分为几个阶段，这些阶段都是和人类理性发展相适应的。他认为与理性发展的偶像崇拜阶段

① 圣西门. 圣西门选集：第 1 卷. 北京：商务印书馆，1979：42.

相适应的是人类的原始时期；和多神论阶段相适应的是奴隶社会；当基督教一神论代替了多神论，人类社会就进入了封建社会。15世纪以来，随着人类知识的迅速发展和工业的巨大成就，神学和封建体系已经容纳不了文明的进步，成为社会进一步发展的障碍，因而必须建立和科学发展与由它所引起的工业发达相适应的"实业和科学体系"，随之必然要建立"实业制度"。在他看来，资本主义制度不过是从"神学和封建体系"向"实业和科学体系"过渡的一个中间阶段。因此，"实业制度"的实现正是理性所决定的人类社会发展的必然结果。

由此看来，圣西门已经正确认识到了人类社会的发展是有规律性的，是一个由低级向高级、由简单到复杂的上升过程，这些观点包含有唯物论和辩证法的因素。但是他把社会的发展归结为理性的发展，因而他的历史观显然具有唯心主义的倾向。

尽管如此，他的社会历史观中也包含有一些唯物主义的因素。他有时也试图用经济原因来说明社会的发展，认为经济的发展、生产的发展决定着历史的发展，社会的变革是由经济的发展所引起的。如他认为法国僧侣和贵族的作用之所以下降，实业家的作用之所以提高，就是因为财产所有权已经从僧侣和贵族手中转移到实业家手中。值得注意的是，他在社会主义史上第一次提出了所有制是社会大厦的基础，政府只是它的形式的观点。这是他的历史观中有价值的东西，是唯物史观的思想萌芽。

圣西门的社会历史观中也带有辩证法的因素。他认为，一切社会制度都只具有相对的、历史的意义。每一个社会制度的机体，就像一个人的机体一样，也有它的童年、成年和衰老时期。当它已经衰朽的时候，就应当把它推翻，并建立新的社会制度。这些观点闪烁着历史辩证法的思想火花。

圣西门意识到了阶级斗争在历史发展中的作用。他认为法国大革命不仅是资产阶级同封建地主的阶级斗争，而且是无产阶级和贵族、资产阶级的阶级斗争。他甚至认为15世纪以来的欧洲历史的主要内容，是社会各阶级之间的阶级斗争。恩格斯高度评价了圣西门的这一观点，认为"这在1802年是极为天才的发现"①。

圣西门对资本主义的揭露和批判

圣西门生活在法国社会大动荡的历史时期，亲身经历了法国的资产阶级大革命，亲眼目睹了革命胜利后资产阶级掌握政权时无产阶级和广大劳动群众在资本主义剥削和统治下所处的困境。他虽然还没有明确使用资本主义这个概念，但实际上对资本主义社会进行了无情的揭露和尖锐的批判。

圣西门认为资本主义社会完全是一个是非颠倒的社会，因为"在各行各业中，都是由一些没有才能的人去治理有才能的人；在道德方面，都是由一些道德败坏的人去陶冶公民的操行；在分赃的法庭上，都是由重大罪犯来惩办犯了轻微罪行的小罪犯"②。在那里存在着剥削、暴力、欺骗，人类道德已经完全沦丧；在那里，并没有资产阶级所宣扬的民主自由，而是政治上的专横，是一种新的压迫制度。在经济上则是对劳动人民的残酷掠夺。

---

① 马克思，恩格斯．马克思恩格斯选集：第3卷．2版．北京：人民出版社，1995：726.

② 圣西门．圣西门选集：第1卷．北京：商务印书馆，1979：239.

他指出，工人劳动力的价格非常低廉，他们没有工作，其物质生活十分悲惨，精神生活方面更加痛苦。他指出，造成工人贫困的原因是统治者为了豢养行政和暴力机关的大批官员，采取税收和公债形式加强对劳动人民的剥削，致使国民交纳的税收比革命前增加了一倍。

圣西门指出，造成这些社会弊病的原因是充斥整个资本主义社会的冷酷的利己主义。在利己主义的支配下，人们道德沦丧，精神低下，贪得无厌和游手好闲的欲望压倒了荣誉感和爱国热情。他说，贪婪已变成在每个人身上占有统治地位的感情；利己主义这个人类的坏疽，侵害着一切政治机体，“我们这个时代的政治病，也应当归因于这种利己主义”①。

圣西门还把批判的矛头指向资本主义社会的生产无政府状态，认为这是法国社会经济危机和贫困的又一原因。他说，无政府状态是一切灾害中最严重的灾难。资本主义缺乏组织社会经济的力量，一切都是孤立地进行，而资产阶级经济学家所宣扬的经济自由，不仅不能给社会带来利益，且必然导致无政府状态，导致其他灾难。要消灭这些灾难，就必须实行他设计的实业制度。

圣西门还批判了资产阶级理论家把资本主义社会美化成自然、永恒的社会的观点，并指出资本主义制度必将被一种新的社会制度所代替。但是由于他不了解资本主义生产方式的性质，没有真正认识到资本主义种种罪恶的根源，因而他对资本主义的批判还是很不深刻的，还仅仅停留在表面现象上。

圣西门的实业制度

圣西门把他所设想的未来理想社会制度称为“实业制度”。按照他的解释，这种制度是由实业家掌握权力和财产，并使一切人都得到最大限度自由和保证社会得到最大安宁的社会制度。他对这种制度作了比较详细的描绘和说明。

圣西门认为，在实业制度中，阶级压迫将被消除，统治者与被统治者的对立将不复存在，其领导机构和现存的国家机构根本不同，它的性质发生了根本的变化，国家将变成只是管理生产的机关，它的主要任务将是组织生产。国家机构将从为少数统治者谋利益的机构变成为最大多数人谋福利的组织。他认为：“可以在原则上确定：在新的政治制度下，社会组织的唯一而长远的目的，应当是尽善尽美地运用科学、艺术和工艺的现有知识来满足人们的需要。”② 也就是说，要使人们获得幸福，就要发展科学、艺术和手工业，提高生产，满足人们物质生活和文化生活的需要。因此他认为，在实业制度中，掌握领导权的应该是实业家和科学家。他说：“应当把政权从军人手中夺过来，交给那些最爱好和平、最能生产和最能管理行政工作的人。”③ 他还把社会权力分为世俗权力和精神权力，主张让实业家掌握世俗权力，让学者（科学家）掌握精神权力。在他看来，“实业家对于维持社会的安宁，对于节省国家的开支，以及对于限制专横，都是最为关切的……在全体社会成员中，他们最能证明自己拥有真正的行政管理才能。”④ 他所说的实业家，既包括工人、

① 圣西门. 圣西门选集：第3卷. 北京：商务印书馆，1985：201.

② 圣西门. 圣西门选集：第1卷. 北京：商务印书馆，1979：243，307.

③ 同②307.

④ 圣西门. 圣西门选集：第2卷. 北京：商务印书馆，1981：53.

农民，也包括工业资本家、农场主、商人和银行家，他们占社会人口总数的绝大多数，是物质财富的生产者，没有他们，社会其他阶级就不可能生存下去。

圣西门主张在实业制度下，人人都要劳动，实行普遍劳动的原则，这是未来社会有最大限度平等的重要表现。他说："一切人都应当劳动，都要把自己看成属于某工场的工人。"① 不允许游手好闲的懒汉和寄生虫存在。他还认为，在实业制度下从事脑力劳动的人也是劳动者，称他们是在各自专业方面"专门从事脑力劳动的人"②。他指出了劳动在未来社会中的地位和对于培养高尚情操的意义，"劳动是一切美德的源泉，最有益的劳动应当最受尊重"③。

在他的实业制度中，消费品的分配将采取"各按其能""各按其劳"的原则。他指出未来社会中每个人的收入应当同他的才能和贡献成正比，"使每个社会成员按其贡献的大小，各自得到最大的富裕和福利"④。这里每个人的收入不取决于自身贵贱，而取决于他的劳动情况和能力大小。可见，这里已经包含按劳分配的思想萌芽。但是他把工场主、商人、银行家和农场主都看成劳动者，因而在实业制度的分配中实际上还存在着剥削收入。

圣西门还指出，他的实业制度是建立在现代化大生产的基础上的，因而他非常强调有计划地组织整个社会的生产。他虽然不是第一个提出未来社会实行计划经济的人，但他把这一思想提高到了一个新的水平。他指出旧社会人们征服自然纯粹是个人孤立地进行，无政府状态使生产遭到破坏，加之实行少数人统治，结果使大部分力量抵消了。他十分重视未来社会的联合和协作，强调在实业制度下要有计划地组织生产，并在社会生活各方面都制定并实行明确的和配合得十分合理的工作计划，通过有组织的分工把人们紧密地联结起来，有效地把科学、艺术和手工业等一切工作结合并协调起来。因此，他又把实业制度称做"协作制"。

不难看出，圣西门对未来社会的设想中包含许多积极的因素。恩格斯曾热情赞扬圣西门眼光远大，指出："由于他有这种眼光，后来的社会主义者的几乎所有并非严格意义上的经济学思想都以萌芽状态包含在他的思想中"⑤。然而，他的空想社会主义学说还没有摆脱资产阶级思想的影响，还存在着根本的缺陷。(1) 在圣西门的实业制度中仍然保留了私有制，仍然存在着阶级，利润仍然存在。他主张用利润来鼓励企业主从事修建运河、铁路、桥梁等。在他看来，工商业资本家以管理企业工作的劳动为企业的生产和销售服务，他们和工农大众的收入都是劳动的报酬。工农大众在分配中取得的劳动报酬是工资，资本家在分配中取得的报酬就是利润。(2) 由于他的实业家委员会主要由工业资本家、农场主、商人和银行家的代表组成，因此，在他的实业制度下，原来的资产者还依然处于对工人和农民发号施令并享有经济特权的地位。(3) 圣西门反对暴力革命，认为暴力革命是一种残忍的行为，实业制度应该用和平的方式去实现。他认为只要依靠理智的力量，依靠人

① 圣西门. 圣西门选集：第1卷. 北京：商务印书馆，1979：24.

② 圣西门. 圣西门选集：第2卷. 北京：商务印书馆，1981：251.

③ 同②71.

④ 同①223.

⑤ 马克思，恩格斯. 马克思恩格斯选集：第3卷. 2版. 北京：人民出版社，1995：609.

们的道德观念，依靠社会舆论，人们就会接受他的实业制度。他甚至把希望寄托在天才人物和国王、君主们身上，多次向统治阶级呼吁。实践证明，他的希望和呼吁注定是要落空的，他的学说只能是不能实现的空想。

第三节　傅立叶的经济学说

傅立叶的生平和著作

弗朗斯瓦·沙利·傅立叶（1772—1837年）出生于法国东部柏桑松的一个商人家庭。他的父亲曾任当地商业法庭庭长。傅立叶在中学时代成绩优良且兴趣广泛，爱好自然科学和文学艺术。由于他早年丧父，中学毕业后便不得不放弃升学愿望，遵从父亲的遗愿去学习经商。他当过店员、经纪人、推销员、会计和出纳员等，先后在里昂、巴黎、卢昂、马赛和德国、荷兰、英国等地经商。这样的生活阅历大大开阔了他的视野，使他学到了不少知识。1792年，他继承了父亲的一部分财产，开始在里昂独立经商。1793年，里昂城内发生了以吉仑特为首的反革命暴动，反对国民大会和雅各宾专政。在这次暴动中，傅立叶丧失了他的全部财产。当雅各宾党人攻克里昂后，他又被视为叛军的支持者而几次被捕。这些经历对他产生了深刻的影响，使他后来对暴力革命一直持否定的态度。此后，他无钱独立经商，只好继续到别人的商店中当店员。

傅立叶先后在商业界工作了几十年，到了晚年才退休而专门从事写作。因而他的空想社会主义学说几乎是利用他全部的业余时间创立的。革命后的法国仍然存在着许多严重的社会问题，资产阶级大发横财，而广大劳动人民的生活状况并未改善，资本主义社会的各种矛盾日益尖锐。面对这种现实，他极为不满。他同情劳动人民的苦难遭遇，力图寻找改造社会的方案，希望建立一个公平合理的理想社会。

傅立叶在晚年收授了一些门徒，并创办了《法仑斯泰尔》和《法郎吉》杂志。他们拥护并热情地宣传他的学说，但都没有钱支持他的实验。到1832年，他的两个门徒捐出一块地，通过招股的办法募集了一些资金，在他的亲自主持下，勉强办起了一个协作社进行社会改造的实验，但不久就失败了。

傅立叶从一个商人开始转变为空想社会主义者，是在18世纪90年代后期。他自称他的理论在1798年开始萌发，1798—1802年间形成了他的空想社会主义学说。1803年，他在《里昂公报》上发表了名为《全世界和谐》的文章，第一次阐述了自己的观点。1807年，他发表了《商业欺诈》。1808年，他的重要著作《四种运动和普遍命运的理论》（简称《四种运动论》）问世，阐明了他的宇宙观和历史观，批判了资本主义制度，并提出了对未来社会的设想。1822年，他出版了《论家务——农业协作社》（又称《宇宙统一论》），着重描绘了未来社会的经济制度和生活方式。在1829年发表的《经济的和协作的新世界》（又称《新世界》）中，他全面系统地阐述了和谐社会的组织问题，同时揭露了资本主义制度的矛盾，描述了无产阶级的贫困状态。1837年的《论商业》一文，是傅立叶批判资本主义商业的杰作，于1845年由他的门徒发表在《法郎吉》杂志上。

傅立叶的社会历史观

傅立叶和圣西门一样，也承认社会发展存在着规律性，并在此基础上论证了理想社会实现的必然性。对此，恩格斯说："傅立叶最了不起的地方表现在他对社会历史的看法上。"① 傅立叶的社会历史观总的来说是唯心主义的，但值得我们注意的是他的历史观中所具有的唯物主义思想的萌芽和分析历史现象的辩证观点。

他在许多地方都论述了社会发展的历史过程。他在《四种运动论》中制定了一个"社会运动过程一览表"。他认为人类社会大约存在8万年，要经历童年、成长、衰落、凋谢四大阶段，共有32个时期，每一个时期又分为幼年、青年、壮年和老年四个阶段，指出"社会的各个时期是服从于一般成长的规律的"②。他只对32个时期中的1～8个时期作了说明。在《经济的和协作的新世界》一书中，他曾用表加以说明（见表9-1）。③

表9-1

生产活动以前各个时期	K.混沌时期没有人类 1.原始时期，被称做伊甸园的时期 2.蒙昧时期或无为时期
分散的、欺诈的、令人厌恶的生产	3.宗法制度　小规模生产 4.野蛮制度　中等生产 5.文明制度　大规模生产
协作的、真实的、诱人的生产	6.保障制度　半协作制度 7.协作制度　简单协作制度 8.和谐制度　复杂协作制度

他所讲的第1～5个时期，实际上是指从人类社会诞生到他所生活的社会，第6～8个时期是向幸福社会过渡的时期，从第9个时期开始人类社会进入幸福阶段。从表中我们可以看出，虽然他在划分历史时期时掺进了人的心理因素，但他又考虑到了不同类型的生产，把生产和生产的性质作为划分历史时期的基本标志。从这个意义上说，他对历史时期的划分中也包含唯物主义因素。

傅立叶还认为，没有一个纯粹的社会，每个社会都常有旧制度的残余和新制度的萌芽。他说："这个社会（文明制度）还多少掺杂着从高级时期或低级时期因袭下来的一些性格"④，"要找到一个未经任何改变、不因袭高级或低级时期的任何性格特点的纯粹社会，是非常困难的，而且几乎是不可能的"⑤。

傅立叶还强调说明人类社会是一种运动，是由低级向高级发展的，不能长期停滞在一个历史阶段上。他说："我们的使命是前进。每个社会时期都必须向更高的时期前进。大自然的意旨是要野蛮制度走向并逐步达到文明制度；文明制度走向保障制度；保障制度走

---

① 马克思，恩格斯．马克思恩格斯选集：第3卷．2版．北京：人民出版社，1995：727．

② 傅立叶．傅立叶选集：第3卷．北京：商务印书馆，1982：113．

③ 傅立叶．傅立叶选集：第1卷．北京：商务印书馆，1981：77．

④ 同③68．

⑤ 同③74．

向简单协作制度。其他时期也是一样。”① 这些观点“是和他的同时代人黑格尔一样熟练地掌握了辩证法的”②。

傅立叶对资本主义的批判

对资本主义制度的无情的批判，是傅立叶空想社会主义学说的重要组成部分。正如恩格斯所说：“在傅立叶的著作中，几乎每一页都放射出对备受称颂的文明造成的贫困所作的讽刺和批判的火花。”③ 在马克思主义以前，对资本主义社会“能够进行这种批评的只有傅立叶一人”④。

傅立叶认为资本主义是混乱、丑恶、欺诈、贫困和罪恶的制度。在这种制度下，生产是分散的、不协调的，生产的目的是追求个人利益，而不是社会的利益和幸福。因此，个人利益和社会利益尖锐对立着，这是文明社会中一切灾难产生的主要原因。他说，资本主义社会中“经济制度有一种更加突出的破坏性，即集体利益和个人利益之间的冲突。任何一个劳动者都由于个人利益而和群众利益处于对立状态，对群众不怀好意。医生希望自己的同胞患寒热病；律师则希望每个家庭都发生诉讼；建筑师需要一场大火把一个城市的1/4化为灰烬……这是反协作制经营方式或倒行逆施的世界的必然结果”⑤。

傅立叶激烈地抨击了资本主义制度造成的贫富不均的现象，敏锐地看到了资本主义工业化给劳动人民带来的苦难。他称雇佣劳动制度是“复活了的奴隶制”，是少数富人掠夺穷人的制度，“文明制度的机构在一切方面都只是一种巧妙地掠夺穷人而发财致富的艺术”⑥。他指出，资本主义制度创造了大规模的工业生产和高度发展的科学艺术，“却不能保证给予人民劳动和面包”⑦。资本主义工业越是发达，工人的处境越是恶化，贫富之间的差距也越大。他还指出资本主义的另一严重弊病在于2/3的人不从事生产，过着寄生的生活，而靠1/3的人过度的劳动来供养。他认为，属于寄生虫的人有官吏、军队、仆役、妓女、乞丐、大半数企业主以及9/10的商人等，这种广泛存在的寄生现象是社会的沉重负担，它造成了大量劳动力和物质财富的浪费，加剧了劳动人民的痛苦。他对寄生者的划分虽然是不科学的，但他揭露资本主义制度的寄生性却是十分深刻的。

傅立叶揭露了资本主义生产的无政府状态及其严重后果。他认为资本主义制度虽然创造了大规模生产，但是这一制度的经济结构“像一盘散沙”，生产仍是分散经营，生产的分散性和无政府状态，必然引起生产者之间的激烈竞争，这不仅会造成物质财富的浪费，而且还会造成生产和消费的比例失调，商人利用这种情况进行投机倒把，从而导致整个社会经济混乱，使经济危机必然发生。因此，“在文明的经济制度下，一切都是恶性循环”⑧。当1825年第一次资本主义经济危机爆发时，他指出这种危机是“生产过剩所引起

① 傅立叶. 傅立叶选集：第2卷. 北京：商务印书馆，1981：281-282.

② 马克思，恩格斯. 马克思恩格斯选集：第3卷. 2版. 北京：人民出版社，1995：728.

③ 同②615.

④ 马克思，恩格斯. 马克思恩格斯全集：第2卷. 中文1版. 北京：人民出版社，1957：659.

⑤ 傅立叶. 傅立叶选集：第1卷. 北京：商务印书馆，1981：122.

⑥ 傅立叶. 傅立叶选集：第3卷. 北京：商务印书馆，1982：114.

⑦ 同⑤93.

⑧ 同⑤123.

的危机"①。他虽然没有找到经济危机的根本原因，但他看到了危机的实质，这无疑是一个贡献。

由于傅立叶非常熟悉资本主义商业的内幕，所以对资本主义商业进行了细致而深刻的揭露和批判。他认为，商人本应是生产者和消费者之间的中介，但是在资本主义社会中，商业却成为一种新的社会权力，整个社会都处在商人的统治下，并认为文明制度下一切灾难的一个根本原因就是商业欺骗。他还根据亲身经历和现实材料列举了商业中囤积居奇、投机倒把、买空卖空、哄抬物价、弄虚作假、制造饥荒、贩卖黑奴等 36 种罪恶，并将每种罪恶都刻画得淋漓尽致。他认为商业是一种有组织的和合法化的抢劫行为，甚至把商人称为"吸血鬼""海盗"和"政治界中真正的暴君"。

傅立叶还以社会发展规律的思想批判了关于资本主义永恒性的论调。资产阶级学者推崇资本主义制度是"尽善尽美的化身"，宣扬它是一种永恒的制度。但是，傅立叶却认为："必须怀疑文明制度，怀疑它的必要性、它的完善性以及它的持久性。"② 他认为这些资产阶级思想家的理论是建筑在文明制度上的，它将与文明制度同归于尽。他正是以这种辩证的观点说明了资本主义灭亡的必然性。

傅立叶的和谐制度

傅立叶把他所设想的未来理想社会制度称为"和谐制度"。他在许多著作中特别是在《新世界》中全面系统地论述了这种未来的社会制度。

他认为，建立和谐制度必须具备两个条件："第一，要创造大规模的生产、高度发展的科学和艺术，因为这些动力是建立与贫困和愚昧无知水火不相容的协作制度所必需的；第二，要发明这种与分散经营相反的协作结构，即经济的新世界。"③ 第一条是文明制度已经具备的，第二条则没有做到，因而他把创造第二个条件作为自己的历史任务来完成。他认为人们只有组织起来才能节约劳动时间，促进生产发展。他还指出了协作制度本身有一个由低级向高级发展的过程，最后才能进入实行复杂协作的和谐社会。

傅立叶认为和谐制度的基层组织是"法郎吉"。"法郎吉"一词来源于希腊语，意指严整的步兵队伍。他用此表明和谐制度是有组织的生产—消费协作社，以区别于资本主义的无政府状态。法郎吉实行工业、农业、商业、家务、教育、科学、艺术的全面协作而形成完整的体系。法郎吉的规模可大可小，但他认为最理想的规模应由 1 620 人组成。因为在他看来，人有 12 种基本情欲，而这 12 种基本情欲又以各种不同的方式结合起来形成 810 种性格。所以法郎吉的人数如能按 810 种性格加倍计算，那就不但使每个人都能找到所爱好的工作，还可设置副职。法郎吉的生产以农业为主，工业只是农业的附属和补充。他认为人们对于农业的爱好 3 倍于对工业的爱好，因此法郎吉每年的劳动量应当有 3/4 投在农业上。显然他忽视了现代化大工业在理想社会中的主导作用，这与当时法国以农业为主、工业较落后的历史情况有关。他还主张法郎吉中实行农业和工业相结合的形式，人们亦工

① 傅立叶. 傅立叶选集：第 1 卷. 北京：商务印书馆，1981：120.

② 同①4.

③ 同①93.

亦农，“工业生产将不像现在这样都集中在穷人麇集的城市中，而将遍布全球乡村和法郎吉中”①。这里他已有了消灭工农差别、城乡差别的思想萌芽。法郎吉的资本通过招股的办法来筹集。他设想法郎吉占地1平方法里，大约需要400万法郎的资本。他主张用较优厚的股息来吸引资本家，确信资本家会把资本投到比银行更可靠和更有利的法郎吉中。

傅立叶认为在和谐制度下，人人都要参加劳动。法郎吉内部按劳动性质划分为若干劳动专业队，称为“谢利叶”，下设若干小组，每个小组7～9人。法郎吉的劳动是自由的、多样化的，每个成员都可根据自己的兴趣和爱好自由地选择和交换工种，参加几个“谢利叶”轮换进行不同的劳动。这样，劳动的多样化将使人们把“聪明灵巧贡献给自己比较喜爱的诱人的活动”②，人们的创造欲望和竞赛欲望得到满足，劳动也就变成人们乐生的需要。这种竞赛完全不同于资本主义的竞争，而是劳动者之间的友谊竞赛，它会促进大家的劳动积极性，提高劳动生产率。

傅立叶很重视和谐制度下的产品分配问题。他认为公正、和谐的分配方式，是“使每个人都能按照他的三种手段——劳动、资本和才能而获得满意的报酬”③。因此在产品的分配中，首先要扣除维持全体成员生存所需要的部分，其余则按比例分配，其中“资本占4/12，劳动占5/12，才能占3/12”④。他认为依照这种比例进行分配，既可以鼓励资本家积极向法郎吉投资，从而增加法郎吉的物质力量，又可以激发广大劳动者的积极性，使他们逐渐有所积蓄，变成有产者，同时也能鼓励人们充分发挥其才能，为法郎吉的发展服务。这里他已经开始把劳动作为未来社会分配产品的依据，具有按劳分配的因素；但他又保留了资本的收入，从而保存了生产资料私有制，这又带有阶级融合的倾向。

在和谐制度中，公职人员由群众选举产生。他认为应该选举有教养、有经验、办事公正的人担任领导工作。在和谐制度下，国家政权实际上已不再存在，法郎吉设立的权威评判会只是咨询机构，对法郎吉的计划提出意见，供谢利叶参考。

在傅立叶的理想社会中，还提到了妇女解放和儿童教育问题。他认为妇女在未来社会中享有与男子一样的地位和权利，和男子一样参加集体劳动，从事科学研究和艺术活动，家务劳动由公共食堂和公共服务事业所代替，妇女将会获得彻底的解放。儿童教育将由社会来承担，对儿童从小就要进行劳动教育，培养劳动习惯。

总之，傅立叶对和谐制度的设想，包含了许多积极的因素，其中也有明显的错误和空想性。（1）他没有提出废除资本主义私有制的要求。在他的分配原则中，以股份基金的形式保留了资本主义私有制，并企图在此基础上调和劳动和资本的矛盾，这是不可能的。（2）他反对阶级斗争和暴力革命，主张以和平的方式建立和谐社会。他和圣西门一样，不了解无产阶级的社会历史使命，而是幻想由统治者和资本家的支持来实现他的理想社会。他和他的门徒也曾经在组织“法郎吉”方面作过尝试，但结果都以失败而告终。

---

① 傅立叶. 傅立叶选集：第1卷. 北京：商务印书馆，1981：259.

② 同①176.

③ 傅立叶. 傅立叶选集：第2卷. 北京：商务印书馆，1981：173.

④ 同③175.

第四节　欧文的经济学说

欧文的生平和著作

罗伯特·欧文（1771—1858年）出生于英国北威尔士蒙哥马利郡纽塘镇一个小手工业者家庭。由于家境贫寒，他只读完小学，从9岁开始独立谋生，在商店里当学徒，并利用业余时间刻苦自学。1787年，他到英国纺织中心曼彻斯特当店员，两年后与人合办一个有40人的小纺织厂，不久独自经营。1791年，年仅20岁的欧文受聘管理一个有500名工人的大纺织厂。在那里，他精心管理，改良机器，改善劳动条件，不断提高产品质量，充分发挥了他的管理才能。4年后，他又与人合伙创办了由几个工厂组成的“查尔顿公司”，并担任这个公司的经理。

1800年，欧文开始担任苏格兰北部新拉纳克的一家大纺织厂的经理。这里集中体现了工业革命和工厂制度给工人带来的苦难。在这个工厂中，2 000多名工人中多数是失去土地的苏格兰农民和破产的手工业者，还有来自孤儿院的儿童。他们每天工作长达13～15小时，劳动强度高，工资微薄，饮食居住条件很差，生活极端困苦。欧文任经理后，在工厂中进行了一系列改革：把工人的工作日缩短到10小时半；9岁以下的儿童安排到学校免费读书；提高工人工资；建设工人新村，改善居住条件；向工人提供廉价的生活必需品。此外，他还创办了第一个幼儿园和模范学校等福利事业。这些改革使欧文在社会上博得了慈善家的声誉。改革使劳动生产率大大提高，股东们仍然得到了优厚的利润。

1813年，欧文开始著书立说，发表了《新社会观，或人类性格的形成》等著作，以宣传自己的思想和改革的成就。他还进行了一系列社会实践活动，到许多工厂作深入调查。他参加关于失业问题的讨论，积极主张建立工人新村来解决失业问题。他还主张缩短女工和童工的劳动时间，并使英国政府在1819年通过了工厂立法。

但是，欧文并不满足于已取得的成就。他看到工人的状况尽管在改革后有所改善，但他们仍然处于受奴役的地位。他从管理工厂的实践中逐渐认识到，工人所生产的财富比他们所消费的多，二者之间的差额以利润的形式落到企业主手里去了。1820年，欧文发表了《致拉纳克郡的报告》，第一次明确而系统地概述了自己的空想社会主义观点。这标志着欧文已完成了由一个慈善家到空想社会主义者的转变。但这样一来，他便被资产阶级社会所敌视，并从此被逐出上层社会。

1824年，欧文带着他的4个儿子和一些学生，到美国印第安纳州购置了3万英亩土地，进行“新协和公社”的实验。他在公社中消灭了生产资料私有制和剥削。他想以示范的方式引起社会的广泛注视。然而这个公社为资产阶级社会所不容，4年后就瓦解了，为此他损失了4万英镑，几乎耗尽了他的全部财产。

1829年，欧文返回英国后直接转向工人阶级，在工人中进行共产主义宣传和实践活动。这是欧文一生中新的进步。这时，他倡导的合作运动正在英国工人阶级中蓬勃兴起。他为了领导和发展这一运动，在1832—1834年间，一方面成立“全国生产部门大联盟”，建立合作工厂；另一方面则在流通领域中创办“全国劳动产品公平交换市场”。这两项实验是欧文逐步实现改造社会的初步措施，但在资本主义商品生产的包围和资本主义经济规律的支配下，是行不通的。例如，用劳动券领取产品，结果使优良产品很快领取罄尽，而质劣不适用的产品则大量积压，商人乘机倒卖劳动券从中牟利。有劳动券的人买不到适用产品，劳动券贬值，劳动产品公平交换市场最终失败了。

1835年后，欧文逐渐脱离了工人运动而致力于著书立说，继续宣传他的空想社会主义学说。由于他不主张进行政治斗争，因而对1836—1848年间的宪章运动也持否定态度。

1836年，欧文出版了他的重要著作《新道德世界书》，系统地论证了自己的空想社会主义学说。1839年，他又发表了《论婚姻、宗教和私有财产》一文，进一步批判了现存制度。同年，他和学生们在英格兰汉普郡组织了一个“皇后林新村”，坚持了5年的共产主义实验，但仍告失败。1848年欧洲革命期间，欧文在巴黎出版小册子，仍坚持宣传自己的和平改造社会的主张。1849年他发表了《人类头脑和实践中的革命》，马克思曾指出这是“一本非常重要的著作……欧文在这本书中对自己的全部学说作了简要概述”①。

欧文一生不仅积极宣传社会主义思想，而且顽强地进行了改造社会的实践活动。他不仅是伟大的思想家，而且是积极的社会活动家和改革实践家。他的空想社会主义学说的形成与他改造社会的实践活动密切相关。他的学说较圣西门、傅立叶更加成熟。他主张消灭私有制，建立公有制，实行产品的按需分配，因而他也被称为空想共产主义者。

欧文对资本主义的批判

欧文在社会历史观方面明显逊色于圣西门和傅立叶。他没有像圣西门、傅立叶那样用自己的哲学观点系统地阐述人类历史发展的过程，只是粗略地提出了自己的看法。他认为人类社会最初生活在没有私有财产的渔猎时代和游牧时代，到了犁耕时代，人们承认在耕种过的土地上付出劳动的人应有权占有土地，从而产生了私有制。在私有制产生之前，人的权利都是自然权利；在私有制产生以后，人为权利便取代了自然权利。他还认为私有制的出现是不可避免的。“过去是不可避免的，它也是创造现在所必要的，正如现在是创造人类生存的未来形式所必要的一样”②，人类即将进入文明幸福的理性社会。因此，人类历史是一个不断发展的过程。欧文比圣西门和傅立叶高明的地方正是他更明确地考察了私有制的产生和公有制代替私有制的必然性。

欧文对资本主义的批判比圣西门和傅立叶更为深刻，因为他把矛头直接对准了资本主义社会的基础——私有制。他指出私有制是资本主义社会一切罪恶的根源。他说：“私有财产或私有制，过去和现在都是人们所犯的无数罪行和所遭受的无数灾祸的根源。”③ 他认为阻碍社会改造的三大障碍——私有制、宗教和现行的婚姻制度，是“三位一体的祸害”，而私有制是其中的主要祸害，它使富人变成卑鄙的利己主义者，变成贪得无厌的“两脚兽”，对劳动者进行残酷的掠夺；它引起了竞争和敌视，嫉妒和不和，贫富悬殊；它使人们道德败坏，相互欺诈和仇视，使妇女去卖淫；也正是因为私有制，人类历史上发生了无数次的战争，使人们大量被屠杀。因此他认为私有制严重地阻碍了社会前进，必须坚

① 马克思，恩格斯．马克思恩格斯全集：第34卷．中文1版．北京：人民出版社，1972：68.

② 欧文．欧文选集：第2卷．北京：商务印书馆，1981：68-69.

③ 同②11.

决消灭，实行公有制。对此，马克思恩格斯很重视，认为他是“对现代社会的**现实**基础进行了无情的**批判**”①。

欧文亲眼看到了产业革命给社会带来的严重后果。他揭露了资本主义工业的发展给工人带来的危害，深刻地指出，机器的使用造成了巨大的生产力，但给工人带来的却是灾难。在机器的竞争下，大批工人失业，流落街头，饥寒交迫；而在业工人的劳动时间延长了，工资和生活水平却下降了。机器本来是为人类谋幸福的手段，然而在资本主义制度下竟成为工人阶级贫困、不幸和失业的祸源。

欧文深刻揭露了资本主义制度下的贫富对立现象。他指出，工人们创造的巨大的社会财富，本来可以满足全国人民一切合理的需要，然而这些财富却被“少数人掌握”，“少数人利用这些财富继续吞没多数人的劳动所产生的财富”②，使工人们更加贫困，他们“正遭受着比已往任何时代都更深重的苦难”③。

欧文还把对资本主义制度的揭露提到了理论的高度。他接受了李嘉图的劳动价值论，指出既然劳动是财富的源泉，价值是劳动创造的，那么创造财富的人就应该享受这些财富，工人有权享受自己的全部劳动产品。欧文是第一个提出这一思想的空想社会主义者，在当时的历史条件下具有反对资本主义剥削的进步意义。他还提出了剩余产品的概念。他说工人除了“生产出自己的生活资料”，还“生产出剩余产品”，而工人创造的剩余产品成了资本家的利润。因此欧文提出：“劳动者生产出剩余产品以后，应当得到公平合理的报酬。”④ 为此，欧文还批判了马尔萨斯的人口论。马尔萨斯为资本主义辩护，把工人失业、贫困的原因归于“人口自然规律”，认为是生活资料的增长赶不上人口增长的结果。欧文有力地批驳了这一论点，认为现存制度下的失业、贫困并不在于什么“人口自然规律”，而在于资本主义制度；造成工人阶级贫困的真正原因是资本家剥削了劳动者创造的剩余产品。

欧文还对资本主义国家进行了严厉的批判。他谴责建立在私有制基础上的各国政府为了少数剥削者的利益，采取暴力和欺骗手段掠夺和折磨生产阶级，并为他们制造低劣、有害和罪恶的条件。历史上的和现存的一切政权都没有为人民造福，更不可能培养人们高尚的性格，而是无知、欺骗和残暴统治的集合体。资产阶级议会只是夸夸其谈，实际上只为私人利益服务。而现行法律则是支持万恶的旧制度，保护富人利益，凌辱和压迫穷人的工具。他提出要消灭英国和世界上极端无知与罪恶的政府，建立合乎理性的政治制度。可见，他在一定程度上看到了资产阶级国家和法律的本质。

欧文和圣西门、傅立叶一样，也看到了资本主义制度的历史短暂性，并从发展生产力的观点出发，指出资本主义制度已经和无可限量的新的生产力不相适应，“现存的社会制度已经过时，迫切要求实行人类事业中的巨大变革”⑤。虽然他对资本主义的批判较圣西

---

① 马克思，恩格斯．马克思恩格斯全集：第 2 卷．中文 1 版．北京：人民出版社，1957：107.

② 欧文．欧文选集：第 1 卷．北京：商务印书馆，1979：318.

③ 同②195.

④ 同②312.

⑤ 欧文．欧文选集：第 2 卷．北京：商务印书馆，1981：52.

门、傅立叶要深刻得多，但仍然没有作出资本主义必然灭亡的科学的结论，而是幻想通过阶级合作和平改造资本主义社会。在当时的历史条件下，这种空想社会主义的理想方案是注定要失败的。

欧文的合作公社

欧文在对资本主义制度进行批判之后，提出了一个和资本主义相对立的、没有阶级和剥削的理想社会，这一理想社会的基层组织是合作公社。欧文设想，公社是建立在财产公有制基础上的集体劳动的生产单位和消费单位。公社的最高权力机关是社员大会。公社的常设领导机构是社员大会选举的理事会。公社设有农业部、工业机械部、文学科学和教育部等，负责领导公社经济和文化等各方面的工作。

欧文还设计了合作公社的规模。因自然条件等的不同，公社的人数可由几百人至几千人组成。公社每个成员平均有1英亩～1.5英亩的土地。在公社里，全体成员都参加集体劳动，没有懒汉和失业者。每个成员都被分配做与自己的年龄、特长相适应的工作；并且通过多种多样的劳动获得全面发展，通过采用机器来减轻生产中繁重的体力劳动。他认为只有这样，才能使全体成员都做到"各尽所能"地从事劳动和工作。

欧文认为，在生产资料公有制的条件下，社会生产将会得到迅速发展，因而每个社员劳动的时间将大大缩短，每天只需工作4小时，就可以生产出丰富的产品。由于公社的产品极为丰富，个人消费品将实行按需分配。他说："这种社会的成员将通过简易、正常、健康和合理的工作，生产出满足其消费欲望还有余的为数极多的剩余产品。因此，可以让每个人都随便到公社的总仓库去领取他所要领的任何物品。"而另一方面，谁也不会超过自己的需要而多拿一点东西，因为在这种社会里，财富会像水源一样充足，"以致任何个人积累的欲望都将完全消失"①。

欧文在他的合作公社计划中，还提出了消灭工农差别、城乡差别、脑力劳动和体力劳动差别的思想。他认为，单纯从事农业劳动或工业劳动，都会对劳动者在经济上和精神上造成有害的影响。因此，他主张合作公社中的每个成员应当既从事农业劳动，又从事工业劳动。为了消灭城乡差别，消灭由于城乡分离所造成的弊端，就应该把城市和乡村的优点结合起来。为了消灭脑力劳动和体力劳动的差别，就应当使劳动阶级各个人的脑力和体力广泛地结合起来，把教育和生产劳动结合起来，使每个人都得到全面的发展。

从以上可以看出，欧文在对未来社会的设想中，提出了许多重要的观点，包含了对社会主义、共产主义社会有意义的猜想和积极因素，如实行公有制、各尽所能、按照需要进行分配、消灭三大差别等，从而为科学社会主义的创立提供了宝贵的思想材料。但是他也和圣西门一样，不了解资本主义的基本矛盾和社会发展规律，不了解无产阶级的历史使命，因而也不能找到实现新制度的正确途径和阶级力量，他的理论只能是空想的。

---

① 欧文. 欧文选集：第1卷. 北京：商务印书馆，1979：355.

阅读书目

马克思，恩格斯. 马克思恩格斯选集：第1卷. 2版. 北京：人民出版社，1995：302-305
马克思，恩格斯. 马克思恩格斯选集：第3卷. 2版. 北京：人民出版社，1995：719-732
莫尔. 乌托邦. 北京：商务印书馆，1982：59-94
圣西门. 圣西门选集：第2卷. 北京：商务印书馆，1981：169-189
傅立叶. 傅立叶选集：第1卷. 北京：商务印书馆，1981：51，131-135，137-144，233-237
欧文. 欧文选集：第2卷. 北京：商务印书馆，1981：50-55，72-77，125-159

思考题

一、名词解释

圣西门的实业制度　实业家　分配原则　傅立叶的危机论　分配论　欧文的分配论

二、问答题

1. 试析空想社会主义者的经济学说在经济学说史发展中的意义。
2. 空想社会主义者是如何批判资本主义的?
3. 空想社会主义者对未来社会的设想有哪些有意义的观点?

第三篇

19 世纪初—19 世纪 60 年代的西方经济学说

本篇包括两章，第十章介绍19世纪初期的西方经济学，包括英国的马尔萨斯和法国的萨伊，他们与李嘉图和西斯蒙第是同一时代的代表人物，马克思把他们归为庸俗经济学的创立者，而西方经济学说史把他们归为古典经济学家。第十一章介绍19世纪30—60年代英法政治经济学的发展。

第十章

19世纪初期的西方经济学

本章重点

19世纪初期英、法西方经济学的代表人物有马尔萨斯、萨伊、詹姆斯·穆勒、麦克库洛赫等，都是李嘉图的同时代人。他们从不同的角度考察当时社会，得出与李嘉图不尽相同，实际上是将李嘉图理论庸俗化了的结论。马尔萨斯对人口问题的研究，使人口理论成为一个新的学科。萨伊对政治经济学的研究使用三分法（生产、分配和消费），这为以后西方经济学沿用。否认经济危机的"萨伊定律"成为西方经济学的教条。詹姆斯·穆勒、麦克库洛赫对困扰古典经济学的两大矛盾的庸俗化解释，导致了李嘉图学派的解体。

本章知识点

- 马尔萨斯的人口理论
- 马尔萨斯的经济危机理论
- 萨伊经济学说对西方经济学的影响
- 李嘉图学派的解体

第一节　马尔萨斯的经济学说

概　述

马尔萨斯（1766—1834年）是英国早期的庸俗经济学家，他的经济理论和人口理论对后来西方经济学的发展都产生了巨大的影响，尤其在人口理论方面影响最大。

马尔萨斯出生于英国萨立州附近的陆克里一个土地贵族家庭。他的祖辈有的担任皇家的医生，有的当牧师，他的祖父是皇家军队的上校军官。他的父亲丹尼尔·马尔萨斯曾进入牛津大学学习，在事业上一事无成，靠拥有相当资产在乡间过着绅士的生活。他和休谟、卢梭等人都有交往，大约在启蒙主义影响之下，思想颇为激进。马尔萨斯早年受教于他的父亲，1784 年入剑桥大学耶稣学院学习。大学毕业之后，他先在家中闲居，后又进入剑桥大学继续研究，1796 年，他到萨立州的奥尔巴当牧师。1798 年马尔萨斯匿名发表了《人口论》小册子，1803 年用真名出版了《人口原理》第二版。1805 年他被聘为东印度学院的历史和政治经济学教授直到去世为止。他的著作除《人口原理》之外，其他经济著作还有《价值尺度》（1823）、《地租的性质与发展的研究》（1815）、《政治经济学原理》（1820）等。

人口理论

马尔萨斯的经济理论除人口论之外，尚有价值理论、利润理论、有效需求不足危机论等。但他的人口理论影响最深最广，所以我们首先评介他的人口理论。

马尔萨斯在《人口论》的著者序中写道："有一次，同一个朋友读到葛德文氏《一个研究者论教育、道德和文学》书中的贪欲及滥费论，这便是这篇论文的起源。"① 这里所说的朋友不是别人，就是他的父亲丹尼尔·马尔萨斯。据说丹尼尔·马尔萨斯曾把当时风靡一时而给他留下深刻印象的葛德文的著作推荐给马尔萨斯，但马尔萨斯对葛德文的著作和法国革命都持反对态度。事实上，马尔萨斯在此之前并没有研究过什么人口问题，而是在与他父亲争论时才触及这一问题，以人口过剩为论据来反对法国革命和社会改革思想。由于这本小册子利用"人口过剩"替资本主义制度作了辩护，十分适合英国统治阶级反对当时正在兴起的人民群众革命斗争的需要，因而它博得了他们的热烈赞扬和喝彩。出乎马尔萨斯的意料，它引起了社会的很大反响。小册子的意外成功，促使马尔萨斯进一步探究人口问题。他于 1799 年到欧洲各地搜集有关资料，回到英国后，把原先的小册子加以修改和扩充，出版了《人口原理》的第二版，此后在 1806 年、1807 年、1817 年、1826 年又分别出版了《人口原理》的第三版至第六版。

马尔萨斯在《人口原理》的开篇承认，他是由于法国革命所引起的政治上的争论而提出人口问题的。19 世纪上半期由于资本主义统治造成了人民群众生活状况恶化和大批失业人口的存在，人口问题自然也引起了社会的广泛注意，逐渐发展成为理论研究的一个独立对象，成为社会科学的一门新的学科。在资产阶级人口理论发展史中，马尔萨斯的人口理论开创了一个新纪元，至今仍然产生着重大的影响。

马尔萨斯的人口理论首先从两个所谓公理出发：（1）食物为人类生存所必需；（2）两性间的情欲是必然的。人得吃饭，没有生活资料就不能生存；人类还要延续后代，生儿育女。这是人人都知道的常识。但问题不在于证明人类的生存需要食物和人类存在着情欲这两个众所周知的事实，而在于应该说明人类在历史发展的不同阶段是怎样生产和分配生活资料的。因为只有经过生产和分配，然后人们才能得到维持生存的生活资料。这绝不是由于食物不够吃而使一些人陷于饥饿，而是一定社会经济制度造成的分配不均的结果。人类生产和分配生活资料总是在生产力发展到一定水平以及与它相适应的生产关系下进行的。

① 马尔萨斯．人口论．北京：商务印书馆，1959：1.

总之，要说明生活资料的生产与分配就必须研究特定的社会生产方式，抽象地谈论食物为人类生存所必需对研究人口问题是没有什么意义的。两性结合取决于婚姻制度和家庭制度，这两者又决定于社会生产方式。决定人口增殖情况的，主要是人口的出生率和死亡率以及两者之间的比例。但是，人口的出生率和死亡率并不单纯取决于自然因素，而主要是受社会因素决定的，它包括生产力发展水平、生产关系、上层建筑的各种因素，如国家的人口和卫生政策等。列宁指出："人类的增殖条件直接决定于各种不同的社会机体的结构。"① 所以，人口增殖并不是只取决于男女之间的情欲，而是要视社会条件而定。

从上述两个所谓固定公理出发，马尔萨斯作出了如下论断："我的公理一经确定，我且假定，人口增殖力，比土地生产人类生活资料力，是无限的较为巨大。人口，在无所妨碍时，以几何级数率增加。生活资料，只以算术级数率增加。略有数学知识的人，就会知道，与后一种力比较，前一种力怎样巨大。""随便假定世界有多少人口，比方假定有 10 亿吧，人类将以一，二，四，八，一六，三二，六四，一二八，二五六，五一二那样的增加率增加；生活资料却将以一，二，三，四，五，六，七，八，九，十那样的增加率增加。225 年内，人口对生活资料即将成五一二对十之比。"② 马尔萨斯在谈到人口按几何级数增加时，只举了美国人口每 25 年增加 1 倍一例，却抛开了当时欧洲大量移民到美国这一事实。在谈到食物按算术级数增加时，只是说这是根据对土地性质拥有的一切知识作出的判断。他关于人口增加必然要大大超过生活资料的增长的论断，并不是立足于经济学的基础，而是从生物学观点出发的，即从人类具有固定不变的情欲出发的。马尔萨斯强调情欲的不变性，所以认为人口的增加必然要超过生活资料的增长。马尔萨斯把他的上述观点归结起来，认为人类历史及各时代各国家人类生活和现代人类生活都证明："人口增加，必须受生活资料的限制；生活资料增加，人口必增加；占优势的人口增加力，为贫穷及罪恶所抑压，致使现实人口得与生活资料相平衡。"③

在《人口原理》第二版的著者序中，马尔萨斯写道："贯彻本书全部，和前一论著比较起来，我在原则上有一个大不相同的想法，就是认为有另外一种对人口抑制的作用，它既不属于恶习，又不属于苦难；而且，在本书的后半部里我致力于使我在第一篇论文里所作出的某些最苛酷的结论变得缓和了。"④ 这就是说，在初版中，马尔萨斯认为只有增加死亡率，才能阻碍人口增长，使它和生活资料保持平衡。而在第二版中提出了通过道德抑制，即降低人口出生率来保持人口和生活资料之间的均衡比例。所谓道德抑制，就是无力赡养子女的人不要结婚，并且在婚前要保持贞操。作为牧师，马尔萨斯反对实行避孕方法，按照他的说法，避孕是违反自然和不道德的，也是宗教所不允许的，它还会使妇女败坏贞节和道德，并使劳动阶级免受养育子女的压力而懒散起来。马尔萨斯认为，如果不实行他所说的道德抑制，那么由人口增殖超过生活资料增长而产生的贫困和罪恶就不能避免了。

由于马尔萨斯在《人口原理》第二版中提出了道德抑制，因此他对初版第 7 章中概括

---

① 列宁．列宁全集：第 1 卷．中文 2 版．北京：人民出版社，1984：414.

② 马尔萨斯．人口论．北京：商务印书馆，1959：8.

③ 同②43.

④ 马尔萨斯．人口原理．北京：商务印书馆，1961：6.

出的三点结论也作了一些修改，这些结论改成了："1.人口必然地为生活资料所限制。2.只要生活资料增长，人口一定会坚定不移地增长，除非受到某种非常有力而又显著的抑制的阻止。3.这些抑制，和那些遏止人口的优势力量并使其结果与生活资料保持同一水平的抑制，全部可以归纳为道德的节制、罪恶和贫困。"① 这三点就是马尔萨斯所说的人口原理或支配人类命运的永恒的自然的人口规律的基本内容，也就是马尔萨斯主义的要点所在。

马尔萨斯根据他所阐述的人口原理，认为资本主义社会中的贫穷和罪恶并不是社会经济和政治制度造成的，而是人口规律作用的结果。他说："葛德文先生在他的全部著作里所犯的重大错误是将人类社会里所难免的一切罪恶和贫困，几乎都归咎于社会制度。他认为一切的政治法规和由来已久的财产所有制度是万恶之源，亦即使人类堕落的一切罪恶的温床。"② 马尔萨斯认为，如果情况真是这样，那么从人世间除去贫穷与罪恶就不是一件无希望的工作了。为了实现这个大目的，理性就似乎是适当而充足的手段了。但是在马尔萨斯看来，人类社会制度只是失业和贫困的表面原因，其根本原因在于人口增加超过了生活资料的增长。废除财产私有制，实行婚姻自由，改善和提高人们的生活水平，势必会刺激人口的增加。在这一社会制度下，妨碍人口增长的贫穷和罪恶又被假设已经消除，因此人口必然会以前所未有的速度增长起来，可是生活资料的增长总是有限度的，所以即使建立起理想的平等社会制度也必然会很快趋于瓦解。马尔萨斯把葛德文等人描绘的理想社会制度看做"是黄粱一梦——是想象中的一幅幻景而已"，"这个幸福的日子是永远不会到来的"③。

马尔萨斯认为，建立在财产私有制基础上的社会制度是受出自人性的"人口自然规律"的支配而产生的，它是永恒存在而不能推翻的。在他看来，财产私有制是限制人口增长的最有效的办法，可以克服社会发生贫困和罪恶等各种弊病。他写道："所以和各文明国家里现在所流行的相差不很大的财产支配制度，似乎很可以确定下来作为最好的（虽然不是充分胜任的）良药，来救治这个社会所患的各种弊病。"④ 马尔萨斯还认为，财产私有制是发展人类能力和智慧、培养和提高人类德性的最良好的制度。他说："不平等的社会状态给善良行为提供自然的报酬，并广泛地普遍地使每个人都希望在社会里往上升，而害怕沦落。这种社会形态无疑是最能发挥人的能力和智慧，并且是最有利于人类品德的锻炼和改进的。"⑤ 由此，我们可以看出马尔萨斯《人口原理》的辩护性质。

马尔萨斯又认为，工人的工资同样是受人口规律支配的。按照他的说法，假定一国的生活资料恰好足够维持该国人民的安乐生活，如果人口的增加超过了生活资料的增长，工人的人数也就会超过劳动市场所需求的比例，这样必然引起工资下降和工人生活的恶化，从而使工人的繁殖减少，人口增加停止。这时，工资水平低，工人人数众多，工人为维持自己的收入必须比过去加倍地努力工作，从而将鼓励资本家发展生产，直到后来，生活资

① 马尔萨斯. 人口原理. 北京：商务印书馆，1961：14.

② 同①316－317.

③ 同①316.

④ 同①323.

⑤ 同①330.

料再像当年一样保持同一比例。于是工人生活获得改善，工资又提高，对人口的限制又因而放松。可是经过短期之后，生活状况必然再发生恶化。马尔萨斯认为，工人的工资水平和工人的生活状况就是这样随工人人口的增减而进退，并周而复始地反复下去。马尔萨斯在自己的著作中多次提到劳动基金，他认为劳动贫民的安乐与工资高低就完全取决于工人的人口数量。这一理论后来一直被资产阶级经济学所沿袭并形成工资基金学说。

马尔萨斯在《人口原理》中用很大篇幅竭力反对当时英国实行的济贫法。他力图论证济贫法有害无益。他说："英国的济贫法，依这种方法，有抑压贫民一般状况的趋势，它的第一个明了的趋势，即是不增加维持人口的食物，而增加人口。一个贫民，虽明知不能独立维持家庭，亦将结婚，在相当程度上，可说这个法律，是供养贫民以创造贫民；人口增加了，国内的食品必须按较小比例分配于每个人。结果，不仰助于教区扶助的人劳动，亦比先前，只能购买较小量的食品。他们之中，必有更多的人，被迫而申请扶助。"① 在《人口原理》第二版中，马尔萨斯更加强调穷人没有被救济的权利，大肆宣扬贫民是他们自身贫困的原因。救济的手段，是在他本身，而不在于别人。政府和社会对此是完全无能为力的。这种否定劳动人民有生存权利和贫民有被救济的权利的思想一直贯穿于《人口原理》的以后各版中。

马尔萨斯的人口原理的主要论点之一，就是生活资料的生产只能按算术级数增加。他提出这个论点时，最初并没有什么根据，后来为了替这一理论找依据，他就提出土地肥力递减规律作为人口理论的经济学和自然史的基础。按照他的说法，人口加倍和再加倍增长，正好像地球缩小一半又缩小一半一样，一直到最后，它缩小到使食物和生活必需品降低到维持生命所必需的水平以下。由于土地肥力递减规律的作用，食物赶不上以几何级数增加的人口。

如上所述，马尔萨斯的人口理论是把资本主义生产方式下造成的劳动群众的贫困和失业，说成是存在于人类社会各个历史时期的普遍的人口规律作用的结果，然后反过来用这个所谓人口规律来证明资本主义私有制是这种永恒的人口规律作用所形成的最好制度，认为只有这种制度才能使人口的增加受到自然的限制，才能改善人类的德性，使人类得到最适当的发展。马克思科学地揭示了决定社会发展的不是人口，而是人们获得生活资料的生产方式。人口本身同样是受社会生产方式决定的。生产方式包括社会生产力和生产关系，人口状况取决于社会生产力发展水平以及和它相适应的社会生产关系。离开了社会生产方式也就谈不上什么人口规律。马克思指出："事实上，每一种特殊的、历史的生产方式都有其特殊的、历史地起作用的人口规律。抽象的人口规律只存在于历史上还没有受过人干涉的动植物界。"② 马尔萨斯则把人类社会和动物界等同起来，抽象地从人的情欲中引申出一个所谓永恒的自然的人口规律，来掩饰资本主义人口规律的特殊性质。事实上，马尔萨斯在《人口原理》中所描绘的贫困、失业和罪恶，不过是资本主义生产方式存在的特殊现象。当马尔萨斯宣扬这种贫困与罪恶是由人口增长超过生活资料增长所引起的时候，正是英国社会生产力空前发展，社会财富增长远远地超过人口增长的历史时期。被马尔萨斯

---

① 马尔萨斯. 人口论. 北京：商务印书馆，1959：25-26.

② 马克思，恩格斯. 马克思恩格斯全集：第23卷. 中文1版. 北京：人民出版社，1972：692.

看做对人口增长起抑制作用的贫困与罪恶，完全不是什么根源于人类本性的无法避免的现象，而纯粹是资本主义制度的产物。马克思指出："工人人口本身在生产出资本积累的同时，也以日益扩大的规模生产出使他们自身成为相对过剩人口的手段。这就是资本主义生产方式所特有的人口规律。"①

至于说到马尔萨斯关于工资水平决定于工人人口数量的观点，同样是不能成立的。(1) 马尔萨斯所说的劳动基金即社会生活资料并不是一个不变的数量，随着社会生产力的发展，劳动生产率的提高，必然会使社会生活资料不断地增长；(2) 工资数量不是直接取决于社会生产出来的生活资料的数量，而是取决于国民收入在资本家和工人之间的分配；(3) 在资本主义制度下，工资水平是受相对过剩人口数量调节的。马克思指出："决定工资的一般变动的，不是工人人口绝对数量的变动，而是工人阶级分为现役军和后备军的比例的变动，是过剩人口相对量的增减，是过剩人口时而被吸收、时而又被游离的程度。"②

马尔萨斯对人口问题的基本观点是不科学的，但自从他的《人口原理》出版后，人口问题日益引起人们的重视，并逐渐发展成为社会科学中一门独立的科学。我们虽然指出马尔萨斯的人口观点是错误的，但是人口和社会经济发展有着密切的关系，研究各种不同社会结构的人口规律，根据各国具体情况制定适合于本国社会发展要求的人口政策是完全必要的。

价值、利润、地租理论

在《人口原理》一炮打响之后，马尔萨斯又逐步涉足研讨一般经济理论。他的主要观点集中体现在《政治经济学原理》(1820)、《政治经济学定义》(1827) 等书中。在价值理论上，他继承了亚当·斯密以购买劳动决定价值和以三种收入（工资、利润、地租）决定价值的错误观点，同时吸收了萨伊的生产三要素论，反对李嘉图的劳动价值论。马尔萨斯认为价值有三种不同的含义：一是使用价值，它是商品的内在效用；二是名义交换价值或价格，除特别指明其他物品外，它不过是以贵金属来估量的商品价值；三是内在交换价值，它是指由商品的内在原因产生的购买力。这个购买力的大小由供给与需求状况决定，通常决定于该商品的基本生产成本或生产费用。生产费用是取得商品供给的基本条件，它一般包括工资、利润和地租。所以，马尔萨斯说："任何可以交换的商品的通常价格，可以认为包括三个部分——在生产中所雇用的劳动者的工资；使生产得以便利进行的资本的利润（包括对劳动者的垫支在内）；地租，即使用属于地主的土地的肥力的报酬。"③ 在《政治经济学定义》一书中，马尔萨斯又认为商品的价值决定于该商品所能支配和购买的劳动量。这个购买的劳动量代表和衡量商品中包含的劳动量和利润。于是马尔萨斯把购买劳动量作为衡量商品价值的尺度。可见马尔萨斯的价值论不过是供求论、生产费用和购买劳动决定价值的混合物，不过，他却在无意中承认了资本与劳动的交换是不等价的，资本能够支配比它本身价值更大的劳动量。

① 马克思，恩格斯. 马克思恩格斯全集：第23卷. 中文1版. 北京：人民出版社，1972：692.
② 同①699.
③ 马尔萨斯. 政治经济学原理. 北京：商务印书馆，1962：68.

在利润理论中，马尔萨斯认为利润是国民收入中归于资本家的部分，它是商品价值扣除各种垫支以后的余额。这些垫支的内容他曾在《政治经济学原理》一书中详细列表加以计算，大体上包括投在厂房、机器、原料上的费用、职工的薪金与工资、地租、赋税和地方税，以及各种杂费等。产品售出以后的卖价，减去以上垫支，即为利润。所以，他说："在任何商品的生产中，利润率的变动决定于该商品出卖后的价值和已知的垫支价值之间的差额；而这差额的大小总是决定于供求情况的。"① 马尔萨斯只从表面现象上说明了利润，未曾揭露利润的本质，最后把利润归结为让渡利润。

在论证地租问题时，马尔萨斯认为地租是产品总价格中扣除劳动工资和耕种投资利润后的剩余部分。地租是对地主占有土地的肥力的报酬，是自然对人类的赠与或是上帝对人类的赐予。为什么农产品的售价扣除工资、利润之后还有剩余？马尔萨斯说其原因有三点：（1）决定于土地的性质，土地能够生产出比维持耕种者的需要还多的生活必需品。（2）决定于生活必需品所特有的性质，它能够不断地创造出对它的需求者，即生活必需品总是有销路的。（3）决定于无论是天然的，还是人为的肥沃土地的相对稀少性。这就是说，由于肥沃土地数量有限，肥沃土地上生产的生活必需品所需生产费用比劣等土地上生产的生活必需品所需生产费用低。生活必需品的价格一般由劣等土地上耗费的生产费用决定。肥沃土地上生产的生活必需品出售后就会得到一个差额，这个差额就是地租。这里，马尔萨斯研究的只是级差地租，并把它说成是自然产生的，与土地的垄断经营无关。

马尔萨斯与李嘉图相反，竭力论证地主阶级的利益和社会利益相一致，声称地租的增加是社会繁荣进步的标志。他认为地租的增加是因为生活必需品（农产品）价格与生产费用（包括通常的利润在内）之间的差额扩大的结果。引起差额扩大的主要原因有四点。（1）随着社会的发展，资本积累增多，投资者之间竞争的结果是使利润下降。（2）人口增加，引起以谷物表示的工资下降。这是由于人口增加超过了劳动基金的增加，劳动者不得不满足于数量较少的生活必需品。（3）农业中采用了更精良的农具和更有效的农田管理制度，因而在耕种上陆续出现许多重大改良，劳动生产率提高了，生产一定数量农产品所需的劳动相应减少。（4）农产品的货币价格因需求增加而上涨。农产品价格上涨是由国内、国外增长的需求促成的。这样前三项趋向于下降，最后一项趋向于上升，二者之间的差额必然扩大，地租增长。地租增长成为社会进步、富裕和繁荣的象征。马尔萨斯进一步认为地租增长将促使新的土地的开垦与耕种，原有土地不断改良，对整个国家与社会是有益的。马尔萨斯在这里为那些不劳而获并日益占有更多的社会财富的地主阶级作辩护，这与代表工业资产阶级利益的李嘉图的论述形成鲜明的对照。

有效需求不足危机论

在商品的实现方面，马尔萨斯说，一些有才能的学者，如萨伊、詹姆斯·穆勒、李嘉图等都认为只存在某些特殊商品的过剩，或叫做局部过剩，一般商品过剩则不存在。他们认为商品总是与商品交换的，其中的一半商品将为另一半商品提供市场。生产就是需求的唯一来源，一种商品的供给过多，不过说明另一些商品供给不足，只要调整另一些商品的

① 马尔萨斯．政治经济学原理．北京：商务印书馆，1962：223.

供给，就不会出现一般商品生产过剩。马尔萨斯认为这种说法是毫无根据的，因为商品不都是和商品交换的，很多商品还和生产性劳动或私人服务交换。这些交换之间未必是平衡的，于是资本主义社会就存在着一般商品生产过剩的可能性，原因是有效需求不足。马尔萨斯看到了商品生产与商品消费之间应有一定的比例关系，只有二者相适应，商品的全部实现才有可能。如何使生产出来的商品都能销售出去，并能收回必要的生产费用，就是问题的关键。在马尔萨斯看来，在资本主义社会中使所有商品顺利实现的关键，在于提高社会的有效需求。

在资本主义社会，有效需求或有效消费是由以下几种人提供的。劳动者的消费只限于工资，如果工资下降或劳动者失业，有效需求将减少。资产阶级的有效需求由他们的生活需求和将收入用于资本积累来决定，此外他们不会消费得更多。马尔萨斯认为资本家一生的重大目的是节约和积累资本，他们不会把全部收入都消费掉，因为这不符合大多数资本家的习惯。只有一批非生产性的消费者才能提供巨大的有效需求。马尔萨斯认为，在资本主义的商品实现中，非生产性消费者必须占有一定的地位，他们只消费、不生产，他们提供的有效需求是必不可少的。他们之中包括地主、国家官吏、军队、司法、卫生、牧师及教育人员等。这些靠地租以及靠赋税维持的人给社会提供了巨大的有效消费。他们中间的一些人还雇用了大批的仆役，增加了社会的有效需求。所以，马尔萨斯说："一批非生产性消费者的特殊作用在于保持产品与消费的平衡，使全国人民辛勤劳动的成果获得最大的交换价值，从而促进财富的增长。"[①]为此，他主张非生产性消费者应该经常维持在最适应于生产力的这样一个水平上，以便保证社会产品的实现。马尔萨斯感到了资本主义社会生产与消费存在矛盾，并提出了资本主义有发生生产过剩危机的可能性，有其可取之处，但是他并不理解资本主义产生生产过剩危机的真正原因，反而为非生产性消费者作辩护。

第二节　萨伊的经济学说

概　述

法国资本主义的发展和英国相比要晚得多，18 世纪末 19 世纪初，法国社会经济的发展进入了一个新的阶段。1789 年，法国爆发了资产阶级革命，资产阶级夺得了政权，为资本主义社会经济制度的建立和发展开辟了道路。随着法国资本主义经济的发展，资产阶级不断加深了对无产阶级和劳动群众的剥削和压迫，社会阶级矛盾开始显露出来。面对当时法国的这种斗争形势，反对无产阶级劳动群众和小资产阶级"左派"的斗争，逐渐成为资产阶级的主要任务，而反对封建贵族的斗争则随之退居次要的地位。

在这个时期内，以西斯蒙第为代表的小资产阶级政治经济学还在发展，它反映了小生产者的利益和要求。同时，在法国也出现了代表广大劳动群众利益的空想社会主义学说。他们从各不相同的立场出发，揭露了资本主义的弊端和矛盾，批判了资本主义，并对未来社会作了猜测和设想。古典政治经济学已经不能适应资产阶级的需要。为了维护资本主义制度，对资产阶级的剥削和压迫进行辩护，在法国出现了以萨伊为代表的资产阶级庸俗政治经济学。

让·巴蒂斯特·萨伊（1767—1832年）是法国资产阶级庸俗政治经济学的创始人。他出生在一个新教徒的商人家庭里，早年经营商业，后去英国学习。在留学期间，他看到了英国工业革命促进经济发展的现实，认真研读了斯密的《国民财富的性质和原因的研究》，深感亚当·斯密以前还没有政治经济学这门科学。萨伊回国后仍然经营商业，担任一家保险公司经理克拉维尔的秘书。1789年法国爆发资产阶级革命，他在大资产阶级执政期间拥护革命，并积极参加军队同保皇军作战。但是，当雅各宾派上台后，他便离开军队，回到巴黎担任《哲学、文艺和政治旬刊》的主编。他的许多经济论文都是在这个刊物上发表的。1803年，萨伊的主要代表作《政治经济学概论》发表。因为这部著作提倡经济自由，反对拿破仑的对外实行禁止性关税政策，被禁止重印。为此，他离开学术界，经营约有400人的纺纱厂。拿破仑失败，波旁王朝复辟后，他恢复了科学研究工作，并于1814年再次出版《政治经济学概论》。1817年任巴黎工艺美术学院工业经济学教授，1828—1830年发表《政治经济学教程》。这一著作基本上重复了旧的思想，没有什么新的东西。从1830年起，萨伊任法兰西学院政治经济学教授，直至逝世。

《政治经济学概论》一书，除了绪论外，分为财富的生产、财富的分配和财富的消费3篇42章。萨伊认为，斯密的《国民财富的性质和原因的研究》不是政治经济学或统计学的完整论著，而是一大堆不齐整的奇妙的创造性理论和已知与已被证明的真理。萨伊将斯密的经济理论条理化和系统化，以简单概括的方式把它介绍到法国和其他欧洲各国。《政治经济学概论》被译成各种文字，在资本主义国家中广泛流传。萨伊也因此受到资产阶级经济学家的称赞，被誉为“科学王子”、亚当·斯密的“伟大继承者”和欧洲大陆的政治经济学权威。他适应当时资产阶级的需要，将斯密经济理论中的非科学成分分离出来加以发挥，创立了法国资产阶级庸俗政治经济学。萨伊提出的政治经济学研究对象、三分法、效用价值论、生产三要素、三位一体分配理论和销售理论等，对以后资产阶级政治经济学的发展有着深远的影响，并为后来一些经济学家所继承。同时，我们也注意到在他的经济理论中，特别是经济政策部分还存在着明显的反对封建主义的倾向。他反对重商主义学说和政策，反对奢侈浪费的风气，提倡经济自由主义，强调市场机制，反对国家干预经济等，成为法国资产阶级荡涤封建残污、发展社会生产力的理论武器，促进了法国资本主义经济制度的发展。

政治经济学研究对象和“三分法”

萨伊在《政治经济学概论》中首先提出了政治经济学的研究对象。他认为，以往的一些经济学家把良好政治的根本原则与国家财富和私人财富的增长所依存的根本原则混在一起，这样不仅不能把问题弄清楚，反而会使问题更加模糊。财富是不能依存于政治的，所以政治学和政治经济学是不同的。政治学研究的是社会秩序所根据的原则，而政治经济学的研究对象则是“阐明财富是怎样生产、分配与消费的”①。因此，萨伊把政治经济学划分为生产、分配和消费三个部分，这就是被后来西方经济学家采用的所谓“三分法”②。

---

① 萨伊．政治经济学概论．北京：商务印书馆，1963：19．
② 同①15．

萨伊的政治经济学研究对象和“三分法”，否认经济规律的历史性，抽掉对社会经济关系的研究，企图把政治经济学变成一种抽象的，像化学、物理学、天文学一样的科学，以掩盖资本主义的社会矛盾。

价值学说

萨伊的效用价值论是和他的生产论有直接关系的。萨伊认为，人类所消费的一些东西，如空气、水和日光等，都是自然给予的没有代价的礼物，不需要经过人的努力来创造，所以没有交换价值。除此之外，其他众多的对人类生存和幸福不可缺少的东西，都是在生产中创造出来的。人类不能创造物质，也不能使物质的数量有所增加或减少。人们能够做到的只是改变原有物质的形态，使它具有新的效用，或者是扩大原有的效用。因此，他提出，“所谓生产，不是创造物质，而是创造效用”①。生产的数量不是由产品的长短、大小和轻重来估计，而是看产品能够提供多少效用。人们给某种物品以价值，是因为它有用，能够满足人们的需要，或能满足人们的嗜好和虚荣。没有用的东西，是谁也不肯给予它价值的。所以说，“物品的效用就是物品价值的基础”②，价值渊源于物品的效用。物品的效用是由劳动、资本和自然力（土地）共同创造的，因而价值也是劳动、资本和自然力这三个方面共同作用和协力的结果。他批评斯密只强调劳动是创造价值的唯一尺度，而忽视资本和自然力作用的观点，认为这是不正确的。

在萨伊看来，物品的价值既然是由劳动、资本和自然力协同生产的，它们就是生产的三要素。劳动创造了工资，资本创造了利息，土地（自然力）创造了地租。三种收入是生产三要素在协同创造效用的过程中所必须支付的代价，它构成了效用的生产费用，因此价值也是由生产费用决定的。这样一来，萨伊就从效用价值论转到了生产费用论。

在谈到物品价值大小如何决定时，萨伊认为，“价格是测量物品的价值的尺度，而物品的价值又是测量物品的效用的尺度”③。因为一种物品价值的决定是任意的和不确定的，要通过市场上购买者对它愿意支付多少货币来决定，即由市场价格来决定。价格是测量物品价值的尺度，从而价格决定价值。一种物品的价格，在一定的时间和地点，随着需求的增加和供给的减少按比例上升，或是由于需求减少和供给增加而按比例下降。价格是由供求关系规定的，而价格又决定价值，因此价值也是由供求关系决定的。于是，萨伊在价值问题上又转到了供求论。

萨伊的价值理论是混乱的，有效用论，也有生产费用论和供求论。它的错误在于：

1. 萨伊放弃了古典政治经济学的劳动价值论，提出了效用价值论。把使用价值和价值混淆起来，用创造使用价值的要素代替创造价值的要素。李嘉图在评述萨伊的价值论的错误时说：“和亚当·斯密的意见相反，萨伊先生在第 4 章中谈到了太阳、空气、气压等自然要素赋予商品的价值，这种种要素在生产中有时代替人类的劳动，有时在生产中和人类协同发生作用。不过这些自然要素尽管会大大增加商品的**使用价值**，但是从来不会使商

---

①② 萨伊. 政治经济学概论. 北京：商务印书馆，1963：59.

③ 同①60.

品增加萨伊先生所说的交换价值。”①

2. 萨伊的生产费用论，继承了斯密价值理论中三种收入决定价值的错误观点，把生产资料排除在商品价值构成之外。用生产费用决定商品价值，只不过是用价格决定价值。

3. 价格是商品价值的货币表现，它虽然能够表现商品价值的大小，可是其基础是价值。市场上的供求关系只能说明价格和价值相背离的程度，但不能说明价值本身。

萨伊的价值理论尽管是错误的，但是他在论述价值在生产过程中各种不同劳动的共同动作时，把劳动分为三类：(1) 研究规律和自然趋势的科学家的劳动；(2) 应用科学家的知识而创造新产品的农场主、工场主和商人的劳动；(3) 在前两种人的指挥和监督下生产产品的工人的劳动。他认为，产品就是这三种劳动的成果。这三种劳动都属于创造价值的生产劳动。萨伊把体力劳动和脑力劳动都看做生产劳动，是具有可取之处和参考价值的。

分配理论

萨伊的分配理论是以生产三要素论为基础的。他认为，劳动、资本和土地（自然力）在创造价值的过程中，共同提供了生产性的服务，从而创造出来的产品构成了拥有这些生产手段的人的收入。工人、资本家和地主分别从产品价值中得到相应的报酬：分配给工人的部分叫做工资，分配给资本家的部分称为利润，分配给地主的部分则是地租。

在萨伊看来，工资是企业主借用劳动力所付的代价，是劳动服务的报酬。他还主张实行低工资政策，认为这样可以使商品价格下降，对整个社会消费是有好处的。

萨伊用利息和企业主收入来代替利润，认为它来自两个不同的源泉。他特别强调工业企业家的力量对财富分配发挥了最显著的作用。经营企业的人必须具备判断力、坚毅、常识和专业知识，掌握监督和管理技术，还要有敢冒风险的精神。在同一种工业企业中，一个贤明的、积极的、有条不紊的、专心经营的企业家可以发财致富，而另一个没有这些素质或者遭遇不同的企业家就会失败破产。因此，企业家和资本家是不同的。企业家的收入和工人工资一样，是他劳动的工资，是对他监督管理企业、掌握科学技术和承担风险的报酬，而资本家的利息，则是“对于资本的效用或使用所付的租金”②。

萨伊对地租理论的见解是前后矛盾的。一方面，他认为土地有能力改变很多物质，使它适合人类的使用。因此，土地对物品生产所起的作用，是土地的生产性服务，是地主能够取得地租的原因。另一方面，他反对李嘉图利润与地租对立的学说，认为地租是地主实行节约和发挥智慧的结果。他说：“一个土地所有者，由于注意，由于实行节约和发挥智慧，年收入比方说增加5 000法郎。如果国家对他的增加收入征取1/5，他还有4 000法郎的盈余，作为他努力的鼓励与报酬。”③

---

① 李嘉图．政治经济学及赋税原理．北京：商务印书馆，1976：243.

② 萨伊．政治经济学概论．北京：商务印书馆，1963：394.

③ 同②535.

马克思曾对萨伊的分配理论做过深刻精辟的批判，讽刺地称之为“三位一体公式”。萨伊离开了亚当·斯密的科学论断，利用其错误观点，割裂工资、利润与地租之间的内在联系，掩盖资产阶级收入的真正来源，企图证明资本主义制度下各阶级之间的利益都是和谐一致的。

萨伊认为，科学家的研究工作“使企业从他们所保管和增进的知识得到巨大利益”①，而他们的报酬和劳动是不相称的和不公平的。因此，他主张脑力劳动者的工资应该高于一般的体力劳动者。萨伊提出的关于科学家和企业家的劳动应该得到较高报酬的观点，代表和反映了当时法国工业资产阶级的要求。它对于反对封建贵族穷奢极欲的腐朽生活，促进资本主义的发展是有一定进步意义的，对现在来说也还是有一些参考价值的。

销售理论

销售理论也即实现论，在萨伊的经济理论体系中占有重要的地位。19 世纪上半期，萨伊、李嘉图、马尔萨斯和西斯蒙第之间就经济危机的问题进行了论战。萨伊反对马尔萨斯的只有地主、牧师和官吏的存在，才能提供有效需求，保证资本家取得利润，避免生产过剩经济危机的发生的观点。同时，也反对西斯蒙第的由于小生产者的贫困和破产，带来了消费不足，导致生产过剩经济危机发生的观点。萨伊否认资本主义生产过剩经济危机爆发的可能性，认为“生产给产品创造需求”②。在他看来，任何人从事生产都是为了出售和消费，任何人出售商品都是为了购买对自己现在或未来有用的其他商品。在以产品换钱、以钱换产品的两道交换过程中，货币只是在一瞬间起作用。当交换结束时，总是以一种货物交换另一种货物。也就是说，产品总是由产品来购买，卖者同时也是买者。“一种产物一经产出，从那时刻起就给价值与它相等的其他产品开辟了销路。”③ 正是由于这个原因，丰收不仅对农民有利，而且对经营一切货物的商人都有利。农民的收成越好，他所要购买的东西也越多。工商部门的产品也是如此，如果某一个工商业部门生意兴隆，它就能提供更多的购买手段，给其他部门的产品开辟更大的销路。所以，资本主义生产过剩经济危机是不会发生的。

但是，市场上有时也会出现货物充斥的过剩现象，这是由于它的供给超过了需求。供给之所以超过需求，则是因为生产过多，或是别的产品生产过少。个别企业的某些货物生产过少，别的货物才形成过剩。只要政府当局不是愚昧无知或贪得无厌的，一种产品供给不足，而另一种产品充斥过剩的现象，是不会永远持续存在的。“如果对生产不加干涉，一种生产很少会超过其他生产，一种产品也很少会便宜到与其他产品价格不相称的程度。”④ 这就是说，生产过剩或生产不足会自行调整，最终供给会创造它的需求。

萨伊根据上述观点演绎出以下四个结论：（1）在一切社会，生产者越多，产品越多样化，产品就销得越快、越多和越广泛，而生产者得到的利润也越大，因为价格总是和需求

① 萨伊．政治经济学概论．北京：商务印书馆，1963：370.

② 同①142.

③ 同①144.

④ 同①145.

一起增长。(2) 每个人都和全体共同繁荣利害相关。一个企业成功，就可帮助其他企业也能够办得成功。(3) 购买或输入外国货物不会损害国内或本国的产业和生产。(4) 仅仅鼓励消费无益于商业，因为困难不在于刺激消费的欲望，而在于提供消费的手段。所以，刺激生产是英明的政策，鼓励消费则是拙劣的政策。

萨伊的销售理论曾被西方经济学家看做是对政治经济学作出的“巨大贡献”，把它称为“萨伊定律”，并成为现代西方经济学中供给学派的理论先导。他的这个理论混淆了商品流通和物物交换，抹杀了资本主义再生产过程中的矛盾和城乡之间的矛盾。随着资本主义的发展，资本主义的基本矛盾也在不断加深。在这种情况下，生产过剩经济危机必然会周期性地发生。因此，萨伊的销售理论是错误的。马克思指出，“危机有规律的反复出现把萨伊等人的胡说实际上变成了一种只在繁荣时期才使用，一到危机时期就被抛弃的空话。”① 尽管如此，在他的这个理论中，也还存在着一些对发展当时法国资本主义经济比较有益的内容，如反对奢侈浪费、主张经济自由、鼓励发展生产等。

经济政策思想

萨伊反对奢侈浪费，提倡节约，认为法国的大量财富掌握在王公、宠臣和姬妾，以及趾高气扬的公款侵吞者手里。他们将巨款耗费在贵重的小装饰品、丰盛的食物、堂皇的大楼和声色犬马上。如果把这些财富投在生产事业上，就可以使一大批希望找到工作的工人得到御寒的衣服、有营养的食品和家庭便利品。封建贵族和上层人士的奢侈，使没有工可做的工人陷于穷困。所以说，奢侈和贫穷是两个不可分开的伴侣，“那些滥用大权力或大才能传播奢侈习尚的人，是社会幸福的最大敌人”②。

萨伊在反对封建贵族地主阶级的非生产性消费的同时，提出了鼓励节约的主张。他区分了节约、吝啬和浪费的不同，认为吝啬不是为了消费或者再生产而积蓄，只是单纯为了积蓄而积蓄。“至于真正节约，它是熟思审虑与健全判断的产物，不为着奢侈品而牺牲必需品，不像守财奴那样为着随时可享用而始终没享用的奢侈品而牺牲现今的生活舒适品。”③ 节约是经过深思熟虑的，是一种美好的道德风尚，它促进产业的发展和社会财富的增长。

萨伊继承了亚当·斯密的经济自由主义思想，结合当时法国的具体情况，反对国家对经济的干预和保护关税等重商主义的政策。他认为，政府干预生产的最大危害，不是偶然违反了既定的准则，而是由于对自然规律的不正确的看法，以及以这些错误看法为基础制定的错误原则。因此，弊政层出不穷，灾难也随之发生。例如，政府在生产企业中限制生产人数，规定不得经营一种以上的行业，或者是规定必须遵守的营业条件等，其结果必然是产生特许公司和行业联合组合。不管使用什么方法，利益总是全部由享有特权的人得到。他说：“如果不让个人利害关系起互相制约的作用，个人利害关系便不再成为可靠的标准。如果某个人或某阶级能够得到政府的帮助阻止别人的竞争，他就取得特殊权利，而

---

① 马克思，恩格斯．马克思恩格斯全集：第26卷Ⅱ．中文1版．北京：人民出版社，1973：570.

② 萨伊．政治经济学概论．北京：商务印书馆，1963：461-462.

③ 同②455.

以整个社会为牺牲，使整个社会遭受损失。”①

萨伊参照英国工业发展的原因，并根据巴黎的一些郊区，特别是弗布尔、圣安多印工业发达的事实，说明“利己主义是最好的教师”②。他认为，“最繁荣的社会，必定是不受形式拘束的社会。当然，这是以个人没有被有权势的人勒索的忧虑，没有被法律欺骗的忧虑，没有被阴谋和暴力迫害的忧虑为条件。”③ 产业和财富的健全状态，是绝对自由，也就是听任各种事业各自照顾自己的利益。如果让商人自由选择货物，必定要选择那些赚钱最多的货物，即运到目的地后会有更大价值的货物。

萨伊在反对国家对经济干预的同时，也强调了政府的主要职责应该是保证经济活动的自由进行。他认为，如果管理的目的在于防止那些对其他生产事业有害或危害公共安全的欺骗行为，以及保护消费者利益等，而不干涉产品的性质和制造的方法，这种管理是有益的和正当的。在政府使用的一切鼓励生产的方法中，最有效的是保证人身和财产的安全，特别是保证不受专横权力蹂躏的安全。这种保证本身不仅抵消了一切阻碍国家繁荣的束缚的影响，而且是国家繁荣的源泉。

在课税问题上，萨伊认为，课税是指一部分来自劳动、资本和土地的年产品，从个人手中转到了政府手里，用来支付公共费用或供给公共消费。因此，他提出最好的租税原则应当是：（1）税率要适度。课税既然是从纳税人那里拿走了一部分用来满足个人需要或用于再生产的产品，因而税额越少越好。横征暴敛只会使私人陷于贫困，而国家也不会因此而富裕。（2）便利纳税人。一个国家的人民只应缴纳所应负担的租税，节省征收费用，增加国库收入。（3）公平课税。不公平的课税不但会危害个人的利益，而且会使国家收入受到损失。对于只能维持生活的个人收入，应课以较轻的税。富人对公共费用的负担，不仅要和他的收入相称，而且还应当要多些。因此，除公平摊派租税负担外，也要按照累进率课税，做到公平合理。（4）税收不要妨害再生产。课税对生产的影响，表现在生产资本的减少和对某些生产与消费发生的限制作用上。国家应利用租税促进生产性的消费，并阻抑非生产性的消费。（5）税收应有利于国民道德的培养。课税既然影响到了国民的生产与消费，因而也对国民的习惯风尚发生影响，所以应使它成为政府改善人民道德、促进勤劳、鼓励节俭的有力工具。萨伊认为，从公共繁荣的观点来看，无论现在还是将来，都是要按照这些原则来衡量课税的好坏的。萨伊处在法国资本主义开始发展时期，他所提出的经济政策主张，对反对封建贵族，加速法国资本主义经济的发展，还是起了一定的积极作用的。

第三节　李嘉图学派的解体

19世纪20年代英国经济学界的大论战

马克思在论述西方经济学的发展时指出，“从1820年到1830年，在英国，政治经济

① 萨伊．政治经济学概论．北京：商务印书馆，1963：158．

② 同①196．

③ 同①197．

学方面的科学活动极为活跃。这是李嘉图的理论庸俗化和传播的时期，同时也是他的理论同旧的学派进行斗争的时期。”① 从当时英国的情况来看，工业革命促进了社会生产力的提高和资本主义经济的蓬勃发展。同时，资本主义生产的矛盾也日益显露出来，1825年爆发了第一次生产过剩经济危机。当时英国社会的主要矛盾，仍然是工业资产阶级和封建贵族之间的矛盾。他们在议会改革和谷物法等一些问题上进行着激烈的斗争。以李嘉图学说为代表的古典政治经济学，作为工业资产阶级反对封建地主阶级的理论武器，也还在发展。针对李嘉图经济理论体系中存在的矛盾，在英国，经济学界围绕着价值概念的规定和价值对资本的关系开展了一场大论战。一派是以马尔萨斯、贝利和托伦斯为代表的李嘉图学说的反对者，他们利用李嘉图经济理论中的矛盾，企图证明劳动价值论和剩余价值理论是错误的。另一派是以詹姆斯·穆勒和麦克库洛赫为代表的李嘉图学派，他们在和反对者进行的论战中，把李嘉图的经济学说看做是一个完美无缺的体系，对其存在的矛盾与错误作了庸俗化的解释，从而导致了李嘉图学派的解体。

詹姆斯·穆勒与麦克库洛赫都是李嘉图的门徒和李嘉图学说的继承者，他们之间的友谊是很深厚的。正如1823年李嘉图逝世后，詹姆斯·穆勒在写给麦克库洛赫的信中说，只有他们两个人是李嘉图的真心弟子，对李嘉图的怀念将会使他们永远结合在一起。但是，在他们两个人的著作中，关于对劳动价值论和利润理论的解释，都是对李嘉图经济学说的庸俗化。同时，这也是李嘉图学派解体的明显标志。

解决李嘉图体系矛盾的不成功的尝试

詹姆斯·穆勒（1773—1836年）是英国经济学家和历史学家。他出生于苏格兰的法福尔，毕业于爱丁堡大学，获得文学学士学位。后来担任过传教士、家庭教师，以及东印度公司的官员，并长时期在伦敦著书立说。边沁的功利主义思想给了他很大的影响，他是边沁的弟子和其思想的传播者。1804年，詹姆斯·穆勒发表了《关于谷物奖励金的失策和谷物贸易所应采取的原则》，1807年发表了《商业保护论》。就在这个时候，他结识了李嘉图。他在1821年发表的主要经济学著作《政治经济学原理》中第一次系统地阐述了李嘉图的经济理论，该书可以看做是李嘉图《政治经济学及赋税原理》的通俗本。但是，“他的阐述只是一个相当抽象的轮廓。他力求做到的，是形式上的逻辑一贯性。‘因此’，从他这里也就开始了李嘉图学派的**解体**。”②

和李嘉图一样，詹姆斯·穆勒也认为商品价值是由劳动时间决定的。他在解释李嘉图体系中两大矛盾的第一个矛盾，即价值规律与劳动和资本的交换规律之间的矛盾时，为了维护劳动价值论，把劳动和资本之间的交换归结为商品和商品的交换。他认为，商品是由劳动和资本共同生产的，劳动者和资本家都是商品的所有者，商品的一部分为劳动者所有，另一部分则属于资本家。在生产过程中，劳动者为了维持生活的需要，将本来属于他自己的那部分商品价值出卖给资本家，“当商品中属于工人的一份以工资的形式全部得去

---

① 马克思，恩格斯. 马克思恩格斯全集：第23卷. 中文1版. 北京：人民出版社，1972：16.

② 马克思，恩格斯. 马克思恩格斯全集：第26卷Ⅲ. 中文1版. 北京：人民出版社，1974：87.

以后，商品本身就属于资本家，他在实际上购买了工人的一份，并且已经预先作出支付”①。资本家以工资的形式预付了属于工人的那部分商品的价值，因此，劳动和资本的交换只是普通商品之间的交换。至于劳动者的工资和资本家应得部分的大小的确定，则是由市场决定的，随着供求关系的变化而变化。

李嘉图学说的反对者在评论李嘉图经济理论中存在的第二个矛盾，即价值规律与等量资本得到等量利润的规律的矛盾时，举出生产等量陈葡萄酒和新葡萄酒所耗费的劳动相同，但是陈葡萄酒的价格却比新葡萄酒贵得多的例子，证明李嘉图的劳动价值论是错误的。詹姆斯·穆勒对这种观点进行了反驳，宣称资本也是一种积蓄劳动。资本家在生产过程中投入的资本，如厂房、机器设备和原料等，都是过去劳动的产品，是由积蓄在其中的劳动组成的。产品在生产过程中，劳动者提供了直接劳动，资本家则提供了积蓄劳动。所以说创造商品价值的，有劳动者的直接劳动，同时也包含资本家的积蓄劳动。因此，产品的价值就是由这两种劳动决定的。新葡萄酒在窖藏中变成陈葡萄酒的时期内，虽然用手直接去做的劳动已经结束，但是生产新葡萄酒时耗费的全部积蓄劳动，也就是资本，仍在继续“劳动”。因而葡萄酒在窖藏期间，它的价值还在不断增加，还在继续创造新的价值。由于资本是一种积蓄的劳动，所以利润是对积蓄劳动的报偿。“它是这样一种劳动的工资，即不是用手直接去做的劳动，而是用手所生产的工具间接去做的劳动”② 的工资。

詹姆斯·穆勒对李嘉图学说中两大矛盾的解释是错误的。（1）他混淆了劳动和劳动力，把劳动与资本的关系看做是一般商品的交换关系，从而掩盖了劳动和资本的对立和矛盾。（2）混淆了价值和生产价格，没有看到利润转化为平均利润，价值转化为生产价格，因而对李嘉图学说中存在的矛盾作了不科学的解释。另外，还混淆了旧价值的转移和新价值的创造。

詹姆斯·穆勒为了捍卫李嘉图的经济理论，在同李嘉图学说的反对者进行的论战中，实际上对李嘉图的经济学说作了庸俗的解释，使之陷入更大的矛盾之中。马克思指出，“穆勒一方面想把资产阶级生产说成是绝对的生产形式，并且从而试图证明，这种生产的真实矛盾不过是表面上的矛盾。另一方面，他力图把李嘉图的理论说成是这种生产方式的绝对的理论形式，并且同样用形式上的理由把有些已为别人所指出、有些是摆在他本人眼前的理论上的矛盾辩解掉。”③ 因而，詹姆斯·穆勒促进了李嘉图学派的解体。不过，他忠实于他的老师，坚持和维护工业资产阶级的利益，反对封建土地私有权。这在某种程度上比李嘉图的经济观点前进了一步。他从李嘉图的地租理论出发，作出了反对土地私有权存在的实际结论。他主张通过直接征收高额地租税的办法，或多或少地把土地从私有变为国有。

麦克库洛赫进一步使李嘉图理论庸俗化

约翰·雷姆赛·麦克库洛赫（1789—1864 年）是英国经济学家，李嘉图学派的另一

---

① 季陶达．资产阶级庸俗政治经济学选辑．北京：商务印书馆，1963：149．

② 同①164．

③ 马克思，恩格斯．马克思恩格斯全集：第 26 卷Ⅲ．中文 1 版．北京：人民出版社，1974：87－88．

个主要代表。他出生于苏格兰的威格顿郡，后入爱丁堡大学学习政治经济学。他先后担任过《爱丁堡评论》经济书刊首席评论家、《苏格兰人报》记者和编辑、经济学私人教师、英国文书局审计员等职位。麦克库洛赫是李嘉图经济学说的积极宣传者和信徒，并依靠李嘉图经济学在伦敦大学得到一个教授的职位。他的主要经济著作是1825年发表的《政治经济学原理》。在这本著作中，麦克库洛赫在所有方面都庸俗化了李嘉图的经济学说。马克思指出，他"不仅是李嘉图的庸俗化者，而且是詹姆斯·穆勒的庸俗化者"①，同时也是李嘉图经济理论解体的"最可悲的样板"②。

麦克库洛赫在解决李嘉图经济理论体系中的价值规律与劳动和资本交换规律的矛盾时，首先区分了"实际价值"和"交换价值"。他认为，"实际价值"是由生产商品所消耗的必要劳动量决定的，而"交换价值"是以它与其他商品或劳动所能交换到的劳动量或商品量来表示的。劳动和其他商品一样，也是一种普通商品，所以在市场上，商品和商品的交换是按等价进行的。劳动与资本的交换也是按等价进行的，二者之间的矛盾也就不存在了，从而也不存在利润。但是，为了说明利润是合理的，麦克库洛赫又认为，"实际价值"和"交换价值"只是在供给和需求均衡的时候才是一致的。可是在现实生活中，它们往往是不一致的，"交换价值"总是超过"实际价值"，二者之间的差额就是利润。他说："当一个资本家用他的资本或商品交换劳动，他实际上是以已经制成的劳动产品交换用来制造商品的劳动。""事实上，它总是交换到多一点，**这个多余的部分，便构成利润。**没有一个资本家愿意把已经制成的一定量劳动的产品，来交换尚待制造的同量劳动产品。这等于不收取利息的贷款。"③ 这样，利润就被麦克库洛赫转变为贷款的利息，资本家成为贷款者。劳资之间的剥削关系，变成了一般的借贷关系。

麦克库洛赫在解释李嘉图学说中存在的价值规律与等量资本得到等量利润的规律的矛盾时，认为李嘉图之所以不能解决这个矛盾，是由于把商品交换价值只是看做由生产它所需要的劳动决定的，而没有把商品在购买或生产后一直到适合于使用前这一段时期内，有时增加的交换价值也看做是劳动的结果所致。在他看来，"假定1桶值50英镑的新葡萄酒，放在地窖里，在满了12个月之后，它值55英镑，问题是葡萄酒所增加的5英镑价值，究竟应该看作是值50英镑的资本被冻结的**时间**的补偿呢，还是应该看做是实际上对葡萄酒所增加的劳动价值呢？我想，这应当用后面的解释来考虑，因为在我看来，这是最满意和肯定的理由。"④ 葡萄酒在窖藏期间增加的价值，是通过自然力的媒介，把一笔等量资本转移到葡萄酒内的，即自然本身的作用力在酒桶里产生的。所以，劳动不仅限于人力，一切操作都是劳动，连自然力也会劳动，也能创造价值。麦克库洛赫说："当一个商品全部或一部分借助于机器而生产时，每一个人都承认，由机器的作用而转入到这个商品中的价值完全是由劳动得来的，但是，借助于机器的作用，与发酵的作用，以及在桶内完

---

① 马克思，恩格斯．马克思恩格斯全集：第26卷Ⅲ．中文1版．北京：人民出版社，1974：182－183．

② 同①182．

③ 麦克库洛赫．政治经济学原理．北京：商务印书馆，1981：125．

④ 同③177．

成的其他过程，除了一个能看见，另一个看不见之外，在本质上根本没有一点不同的影子。”① 他就是这样，认为陈葡萄酒之所以比新葡萄酒更贵，是因为自然力劳动的结果，与价值规律并不矛盾，李嘉图经济理论的第二个矛盾也就不存在了。

麦克库洛赫在和李嘉图学说反对者的论战中，离开了劳动价值论，和马尔萨斯一样，把利润归结为是在流通领域中产生的让渡利润。他还把使用价值的生产和价值的创造混同起来，并把劳动的概念本身任意加以扩大和庸俗化。正如马克思所指出的，“我们必须把这种庸俗化看成是这个学派作为一个学派解体的最后的最丑恶的表现。”②

阅读书目

马克思，恩格斯. 马克思恩格斯全集：第23卷. 中文1版. 北京：人民出版社，1972：14-18，648-656，676-678，689-702

马克思，恩格斯. 马克思恩格斯全集：第25卷. 中文1版. 北京：人民出版社，1974：919-940

马克思，恩格斯. 马克思恩格斯全集：第26卷Ⅲ. 中文1版. 北京：人民出版社，1974：3-69，87-110，182-204

季陶达. 资产阶级庸俗政治经济学选辑（有关马尔萨斯、萨伊、詹姆斯·穆勒部分）. 北京：商务印书馆，1963

麦克库洛赫. 政治经济学原理. 北京：商务印书馆，1981：119-147，162-184

思考题

一、名词解释

马尔萨斯的人口规律　马克思的人口规律　有效需求不足论　萨伊的政治经济学研究对象　效用价值论　萨伊定律

二、问答题

1. 简评马尔萨斯人口理论。
2. 简评萨伊的经济理论。
3. 詹姆斯·穆勒与麦克库洛赫是如何解决李嘉图理论体系的矛盾的？

---

① 麦克库洛赫. 政治经济学原理. 北京：商务印书馆，1981：179.

② 马克思，恩格斯. 马克思恩格斯全集：第26卷Ⅲ. 中文1版. 北京：人民出版社，1974：202.

第十一章

19 世纪 30—60 年代的西方经济学

本章重点

本章评述继萨伊、马尔萨斯之后的经济学家，他们抛弃了古典经济学，另寻说辞以适应改变了的新形势。西尼尔以“节制”说明利润的来源，认为劳动与节制共同构成商品的生产成本，从而证明资本主义不存在无偿占有。约翰·穆勒认为生产规律是永恒的，分配规律是历史的，应力求改变分配以满足无产阶级的诉求。凯里站在美国新兴资产阶级的立场上主张保护关税以抵制英国。凯里与巴师夏都惧怕当时空想社会主义的传播，在不同国度编造了相似的阶级利益和谐论以麻痹大众。

本章知识点

- 西尼尔关于政治经济学的基本命题和“节欲论”
- 穆勒形成新的折中主义理论体系
- 美国凯里和法国巴师夏的“和谐”理论

第一节　西尼尔的经济学说

西尼尔生平与著作

纳骚·威廉·西尼尔（1790—1864 年）是英国著名经济学家。他出生于威尔特郡的一个乡村牧师的家庭里，幼年是在父亲的严格教育下度过的。以后就读于伊顿学院、马格达连学院和牛津大学等院校，并于 1811 年在牛津大学毕业获得文学硕士学位。1819 年，他在伦敦担任律师职务。从 1825 年开始，曾经两度担任牛津大学教授，开设了英国历史上最早的经济学讲座，即德鲁孟德经济学讲座。西尼尔还担任过政治经济学考试委员会委员、调查集会结社和罢工运动委员会成员、济贫法修改委员会委员，以及高等法院的院长等职。他的主要经济著作是《政治经济学大纲》，该书最初于1836年以论文的形式发表在《伦敦百科全书》上，1850年印成单行本出版发行，在他生前共出过五版。此外，他还著有《政治经济学绪论》（1827）、《论工厂法对棉纺织业的影响的书信》（1837）等。

西尼尔在其经济学说中首先提出了纯经济理论的观点。他认为，政治经济学作为一门科学，它的含义过于广泛。一些号称经济学家的早期作者们所议论的不是财富，而是政治。因此，西尼尔主张政治经济学研究的对象“应当以财富的性质、生产和分配为限”①。他从人类心理活动和人们的主观愿望出发，和萨伊一样，把政治经济学变成一门纯粹经济学的理论。西尼尔在其代表作《政治经济学大纲》里对此作了最完整的阐述，用纯经济理论解释价值、工资、利润和利息等经济范畴，并力求把萨伊和李嘉图的经济学说协调起来。

政治经济学的基本命题

西尼尔认为，政治经济学所依据的一般事实，可以概括为出于观测或者是出于意识结果的以下几个基本命题：

1. 每个人都希望以尽可能少的牺牲取得更多的财富。西尼尔认为，没有人会感到自己对财富的全部欲望已经得到充分满足。每个人总会有一些欲望没有得到满足，为了满足这些欲望，就希望财富应该再多一些。由于每个人的个性不同，所以他们的欲望及其迫切程度也不同。为了追求财富所做的牺牲，无论在量上还是在质上，也是因人而异、存在差别的。

2. 限制世界上的人口或限制生存在这个世界上的人数的原因，不是由于精神上或物质上的缺陷，就是出于各个阶级中人们按照固有的不同风俗习惯的要求，担心财富可能会不足以适应他们需要的顾虑。西尼尔同意马尔萨斯的人口理论，主张对人口的增长采取预防性的抑制。他认为，如果人口比现在少些，其他的人就可以比现在富裕一些。如果人口增长率能够降低，今后的生活就可以有所改善。无论什么样的社会改革方案，如果不兼顾提高财富的生产和防止人口过度的增加，就不能说是完善的。

3. 劳动的力量和生产财富的其他手段的力量，借助于将由此所生产的产品作为继续生产的工具，可以无限地增加。西尼尔在这里研究的是生产财富的手段。他将生产手段分为三类，即劳动、自然要素（土地）和节制（资本）。随着机械和分工的广泛利用与深化，生产发展的前景将是无限美好的。

4. 假定农业技术不变，在某一地区内的土地上所使用的增益劳动，一般会产生比例递减的报酬。也就是说，尽管土地上投入的劳动增加，总的报酬会有所增加，但是报酬不能随着劳动的增加按比例增加。

西尼尔认为，与第三、第四两个基本命题相比，耕种土地时使用各种生产手段的效率和对农产品进行加工时的效率之间，也就是农业效率和制造业效率之间是大不相同的。

在西尼尔看来，上述四个基本命题中，第一个命题是意识的问题。它在政治经济学中

① 西尼尔．政治经济学大纲．北京：商务印书馆，1986：10．

的地位，和万有引力在物理学中的地位一样。其他三个基本命题，则是观测的问题，是对第一个基本命题的注解。

西尼尔对政治经济学四个基本命题的提出和论述只不过是旧的功利主义、马尔萨斯人口论以及萨伊经济学说的继续和发展。但是，其中关于生产要从实际需要出发，适销对路，降低成本增加收益；增加财富生产，集中劳动和其他生产手段的力量，促进生产的发展等观点，还是值得参考的。

价值理论

西尼尔反对古典学派的劳动价值论，认为任何一种事物要使它成为财富，也就是使之具有价值，应该包括三种特质：效用、可转移性和供给有定限。效用是用来表示作为防止痛苦或者是间接产生愉快的一种手段的特质，是价值的一个必要成分，它指的是事物对人们痛苦与愉快的关系。可转移性表明产生愉快和避免痛苦的能力，能够在一定时期内，全部或部分地被转移。供给有定限是构成价值的第三个特质，也是最重要的一个，指的是限制某种商品供给阻力的比较强度。它对价值的影响，主要根源于人们的天性是喜好经常变换，以及喜好体面两个要素。他说："我们所想往的主要不是在于量的增加，而是在于内容的多样性。不但任一类商品所能提供的愉快总有其一定的限度，而且在达到这个限度之前，它所提供的愉快早已在越来越迅速地消逝。同类的 2 件物品所提供的愉快，很少会比 1 件所提供的增加 1 倍，10 件所提供的，更不会达到 2 件所提供的 5 倍。因此，任何物品，如果供应充足，那么已经具备、不再需要增购或者即使要增购也有限的那些人，为数必然很多，供应越是充足，这类人就越多；就这类人说来，增加的供应已经失去了全部或将近全部的效用。反之，物品越是稀少，需要的人就越多，需要的迫切程度就越加提高；因此，物品的效用，也就是保有某一数量时所获得的愉快，将按比例地增加。"①

西尼尔认为，确定一定量的某种商品和另一种商品相交换，即任何两种商品的相互价值，应取决于两个因素：（1）决定这种商品的需求与供给；（2）决定另一种商品的需求与供给。使某一种商品有效用，并使它的供给有定限的那些原因，称为商品价值的内在原因。使和它交换的那些商品有效用，并使其供给有定限的那些原因，称为商品价值的外在原因。供给则是受劳动、自然要素和节制这三种生产手段制约的。劳动是在生产过程中，在体力和脑力方面付出的努力。自然要素虽然是必要的，提供了使其他生产手段得以发挥作用的基础，但是，这些自然要素如果是随处可以取得的，其本身是不构成价值的。在生产中，尽管人类的劳动和自然要素是主要的生产力量，但要使二者能够充分发挥作用，如果没有节制这第三个生产要素参加，也是无能为力的。节制是指资本家牺牲了目前的享受，把可以自由使用的那一部分资本，不是用于非生产性的使用，或者是宁愿有计划地从事收益在于将来，而不是在于当前的生产。因此，西尼尔认为，"所谓**生产成本**，我们说的是生产所必要的劳动与节制的总和"②，商品价值就是由这种生产成本决定的，它包括

① 西尼尔．政治经济学大纲．北京：商务印书馆，1986：25－26.

② 同①155.

劳动得到工资，节制带来利润。

西尼尔认为，如果生产中得到了自然要素的协助，它的商品价值必然高于没有自然要素协助、用同样劳动和节制生产出来的商品的价值。这种商品叫做独占商品，占有这种自然要素的人叫独占者。他把独占的形式分成以下四类：（1）独占者没有生产方面的独占权，只是作为一个生产者有某些独占设备，可以在不减少设备或是增加设备的情况下增加其产量。（2）独占者是唯一的生产者，他的商品不怕竞争，而且商品总量也没有办法增加。价格不会因生产者希望扩大产量而受到抑制，如某些葡萄园所有者就拥有这种独占权。（3）这种独占方式比较常见，处于上述两种情况之间。独占者是唯一生产者，他通过对增益劳动和增益节制的运用，使生产可以无定限地增加，出版事业属于这种情况。（4）这种独占形式在生产中，借助于数量有限和效能高低不同的自然要素所提供的相对助力，必然会随着投下的劳动和节制量的增加而递减。大部分农产品都是在这种情况下生产的，它实际上是“土地大独占”。

西尼尔在分析生产成本时指出，在自由竞争下，生产成本是价格的调节者。他认为，只有在平等竞争的条件下，大家才可以变成生产者。在同样有利的情况下，生产者和消费者，即卖和买双方的生产成本相同，这样生产出来的商品是按其生产成本出售的。它的价格等于生产所需要的劳动和节制的总和，或者说，它的价格和生产者愿意继续努力所必须支付的工资与利润总量相等。

西尼尔的价值论，实际上和萨伊的一样，都是生产成本论。他混淆了价值和使用价值，对商品效用作了主观唯心主义的解释，它是 19 世纪 70 年代边际效用价值论的思想来源之一。西尼尔在对价值作进一步的说明时，则又用价格代替了价值，而转到了西方经济学中的供求决定价值上去。

利益协调的分配论

在产品分配问题上，西尼尔把交换分为两类：（1）普遍适用于一切的交换，也即研究支配交换的总规律；（2）适用于各不同生产手段所有者之间进行的交换。他认为，社会上可以划分为三个阶级，即劳动者、资本家和自然要素的所有者。劳动者使用体力或智力劳动进行生产，工资是他的报酬。资本是一项财富，是人类在生产或分配财富中作出努力的结果。节制所表示的，是不把资本用于非生产性的动作，而是将资本用于收益在将来的生产部门。执行这一行动的是资本家，他所得到的报酬是利润。也就是说，工资和利润都是人类创造的，工资是劳动者牺牲安逸的报酬，利润是资本家牺牲眼前享乐的报酬。第三个阶级是自然要素的所有者，他通过所占有的自然要素的协助而生产的商品，和使用同样的劳动和节制而没有自然要素的参与所生产的商品相比，具有更大的价值。这种商品出售时的价格，除了偿付劳动者和资本家的工资与利润外，其超过部分为自然要素所有者所取得的地租。它的来源不是劳动和节制，而是自然的赐予。

西尼尔认为，工资与利润和地租是完全不同的，由于两者都是出于一种牺牲的结果，所以都有一个最低限度和最高限度。“断然确定为工资的最低限度的，当然是使现有劳动人民得以生存时所必要的那个数额。另一方面，由于工资率多半取决于工人的人数，利润率多半取决于资本的数量，因此，不论是高工资或高利润，都有一种自动促使减退的倾向。高工资会促使人口因此也就是劳动者人数增加，高利润会促使资本增加。”① 如果用来支付工资的资本量增加，劳动人数不变，利润会下降。如果劳动人数增加，而资本量和劳动生产率不变，工资则下降。如果劳动人数和资本量按等比增加，但由于双方对所需自然要素使用的加大，工资和利润都将下降。在他看来，工资是劳动者运用其智力和体力时所得到的报酬。决定工资率高低的近因，“必然取决于**维持劳动者的基金限度对被维持的劳动者人数的比率**”②。

西尼尔用主观唯心主义说明劳动和资本，证明在资本主义制度下，雇佣工人和资本家之间的关系是完全平等的，他们各自的收入也是正当的、合理的。工人收入的低微，完全是工人人口过多，自然界不能提供大量生活资料的结果。在分配理论上，西尼尔完全歪曲了工资和利润的本质，掩盖了资本主义制度的剥削。

西尼尔的经济政策主张

西尼尔作为济贫法修改委员会的委员，亲身参与了济贫法的改革、工厂法的制定和手工织布业工人的调查等活动。他提出的“最后一小时”理论，成为当时英国资产阶级制定反对工会主义，反对工人争取10小时劳动斗争的政策依据。按照当时的法律，凡是雇用不满18岁的人的工厂，严格规定每天劳动时间不得超过11.5小时。但是，西尼尔假定工人每天劳动时间为11.5小时，将它划分为23份，生产年产品的价值115 000英镑。纺纱需要资本家垫付固定资本80 000英镑，流动资本20 000英镑，总利润为15 000英镑。在这种情况下，工人每半个小时，即1/23的工作日中生产的价值为5 000英镑。工人在前20个半小时内的生产所得的价值为100 000英镑，用来补偿资本家垫付的固定资本和流动资本。在第21个半小时内，工人生产的价值为5 000英镑，用来作为厂房和机器等项磨损的折旧费。只有在最后1个小时，即第22个和第23个半小时内，才能生产出10 000英镑，即10%的纯利润。所以，纯利润来自最后1小时。如果劳动时间减少1小时，纯利润就会消失；如果劳动时间缩减1.5小时，总利润也就消失了。因此，工人的劳动时间绝对不能缩短为10小时。

马克思对西尼尔的“最后一小时”作了详尽的分析和深刻的批判，指出“在《关于工厂法的书信》中，全部纯利润，即‘利润’、‘利息’和甚至‘更多的东西’取决于工人的一小时无酬劳动！而在一年前，西尼耳* 在他那本为牛津的大学生和有教养的庸人写的《政治经济学大纲》一书中，还反对李嘉图提出的价值由劳动时间决定的论点，‘发现’利润来源于资本家的劳动，利息来源于资本家的禁欲主义，来源于他的《Abstinenz》（‘节欲’**）。这一派胡言本身是陈旧的，但‘节欲’这个词是新鲜的。”③ 事实上，西尼尔并不懂生产商品的劳动具有二重性，工人用具体劳动把不变资本的旧价值转移到新产品中的同时，又用抽象劳动创造了新的价值。因此，工人每个小时的劳动中都包括旧价值的转移

---

* 这里，引文中的“西尼耳”即为本书中的西尼尔。

** 即节制。——引者

① 西尼尔．政治经济学大纲．北京：商务印书馆，1986：211.

② 同①231.

③ 马克思，恩格斯．马克思恩格斯全集：第23卷．中文1版．北京：人民出版社，1972：256.

和新价值的创造。工人少劳动1小时，只是使资本家少得1小时的剩余价值，而不是全部剩余价值。

西尼尔虽然主张经济自由主义，但是在一些具体经济政策上，则是根据经验灵活处理的。例如，他为了解决爱尔兰的贫困落后状况，主张政府采取积极措施进行干预。对一切社会服务尽可能给予优惠待遇，甚至由政府贷款给人民，鼓励他们向外移民，修建公路、运河和港口工程等。在西尼尔看来，只有这样，才能消除爱尔兰的封建残余，提高劳动生产率，促进经济的发展。改变单纯的救济方式，提倡加速对爱尔兰经济的开发，改变贫穷落后的面貌，这就是政府义不容辞的责任。西尼尔的这些主张无疑对促进爱尔兰的经济发展有着积极意义。

第二节　约翰·穆勒的经济学说

约翰·穆勒的生平与著作

约翰·斯图亚特·穆勒（1806—1873年）是19世纪中叶经济学家和哲学家。他出生于英国伦敦的一个经济学世家，是詹姆斯·穆勒的长子。约翰·穆勒自幼聪明好学，10岁的时候就已经通晓世界历史和希腊、罗马文学，11岁时阅读了他父亲的著作《英属印度史》，13岁开始学习政治经济学。在詹姆斯·穆勒的指导和严格教育下，他先读了李嘉图的《政治经济学及赋税原理》，后又学习了斯密的《国民财富的性质和原因的研究》。后来，约翰·穆勒回忆起这段生活时认为，因为他经常参加他的父辈们的学术活动，认识了他父亲最亲密的朋友大卫·李嘉图。李嘉图态度友好、善良、谦虚，很受青年人的喜欢。在约翰·穆勒开始研究政治经济学以后，李嘉图就和他一起讨论这门科学的问题。1820年，约翰·穆勒应边沁的邀请到法国进行访问，在巴黎期间结识了萨伊和圣西门。回到英国后，在继续学习和研究政治经济学的同时，也研究了法学和边沁的著作。1823—1858年他在东印度公司任职，1865—1868年当选为国会议员。后来在一次选举中遭到失败，随即移居法国的阿维尼翁，直到逝世。

约翰·穆勒的主要经济著作是《略论政治经济学的某些有待解决的问题》(1844)，这本著作基本上包括了他对经济科学作出的新见解。特别是1848年出版的《政治经济学原理》，总结了19世纪初以来的资产阶级政治经济学，形成了一个新的折中主义的理论体系，受到资本主义国家经济学者的欢迎。这一著作被译成许多种文字，在他生前就出了七版。直到1890年马歇尔的《经济学原理》出版前，该书是最权威的资产阶级政治经济学著作，为英语地区国家的高等学校广泛采用。

约翰·穆勒的青年时代，受到斯密和李嘉图提倡的经济自由主义和边沁的功利主义思想的影响，成为边沁功利主义的信徒，并发表了一些文章宣传人类的改造在于启发人们的利己感情。1836年以后，英国宪章运动蓬勃发展，社会主义思潮广泛传播，约翰·穆勒在思想上发生了很大变化，对边沁的功利主义能否使人类安乐和幸福产生了怀疑。虽然他不完全同意圣西门和孔德的学说，但是空想社会主义思想对他的影响还是很大的，使他逐渐成为资产阶级人道主义者。

和英法两国其他经济学家不同，约翰·穆勒从斯密和李嘉图的基本经济理论出发，看到了资本主义制度的弊端，承认资本主义各种矛盾的存在，对雇佣劳动者的处境表示了深切的同情。从主观上看，他是在想方设法寻找真理，寻找克服资本主义矛盾和改善这种社会制度的方法。但是，由于他的资产阶级世界观的限制，他不可能和传统的经济理论决裂。因此，约翰·穆勒的这种矛盾思想，充分地反映到了他的经济理论中。他企图将资产阶级与雇佣劳动者的利益和要求调和起来。一方面崇信自由竞争原则的资产阶级经济理论，另一方面又宣扬资产阶级人道主义和社会改良主义，提出了清除资本主义恶果，改善资本主义的经济政策和社会改革纲领。他的经济理论体系，是一个毫无生气的混合主义、折中主义。马克思指出，在这个时期，“资产阶级政治经济学的代表人物分成了两派。一派是精明的、贪利的实践家，他们聚集在庸俗经济学辩护论的最浅薄的因而也是最成功的代表巴师夏的旗帜下。另一派是以经济学教授资望自负的人，他们追随约·斯·穆勒，企图调和不能调和的东西。”① “约·斯·穆勒之流由于他们的陈旧的经济学教条和他们的现代倾向发生矛盾，固然应当受到谴责，但是，如果把他们和庸俗经济学的一帮辩护士混为一谈，也是很不公平的。”②

生产规律与分配规律

生产规律与分配规律的学说在约翰·穆勒的经济理论体系中占有重要地位。他反对斯密和李嘉图关于经济规律都具有普遍性和永恒性的观点，认为生产规律和分配规律具有不同的性质。他说：“财富生产的法则和条件具有自然真理（physical truth）的性质。它们是不以人的意志为转移的。不论人类生产什么，都必须按照外界物品构成人类身心结构固有性质所决定的方式和条件来生产。”③ “财富的分配要取决于社会的法律和习惯。决定这种分配的规则是依照社会统治阶级的意见和感情而形成的。这在不同的年代和国家内是很不相同的。”④

约翰·穆勒认为生产规律和分配规律具有不同性质的观点是错误的。他不懂生产规律和分配规律是一定历史发展阶段的产物，是属于一定的生产关系的，它们的性质是一致的。绝不可能在资本主义的生产关系下，随意改变分配的形式。他把生产规律和分配规律割裂开来，幻想通过改善分配方式来调整资本主义的矛盾，为他的社会改良主义政策纲领提供理论依据。

价值与国际价值理论

在价值学说上，约翰·穆勒认为，一个商品的价值是该商品购买其他商品的一般力量，价格则是表示商品与货币相联系的价值。在自由竞争的条件下，一般商品的价值是围绕着生产费用这个中心而变化的。他认为，生产费用是由劳动和资本构成的。劳动是其主要的因素，它包括在生产过程中直接投入的劳动和生产资料转移的过去的劳动。另一个因

① 马克思，恩格斯. 马克思恩格斯全集：第 23 卷. 中文 1 版. 北京：人民出版社，1972：18.

② 同①670.

③ 穆勒. 政治经济学原理：上卷. 北京：商务印书馆，1991：226.

④ 同③227.

素是资本，它是资本家节制的结果。约翰·穆勒提出，商品的临时市场价值是由供给和需求决定的；商品的自然的或经常的价值则是由生产费用来决定的。他进而把商品划分为三类：(1) 数量有限，供给不能任意增加的商品，如古代的雕刻、已故名家的书画、绝版的书籍、稀有货币和邮票等。这类商品不是主要的，它的价值决定于供求关系。(2) 不增加生产费用，而供给数量又可以无限增加的商品，如工业产品。这类商品包括买卖中的大部分商品，它的自然的或经常的价值是由一般生产费用决定的，而其市场价值，也就是“在任何时候都是供给和需求相互作用的结果，常常是为现有的供给创造市场所必需的”①。(3) 供给数量能够无限制地增加，但是每个单位生产费用会随着产量的增加而递增的商品，如农产品属于这一类。这样的商品在流通中占有很大的比例，它的“价值取决于制造它和把它运到市场上所必需的劳动总量”②，即由最不利条件下的生产费用来决定。

约翰·穆勒在说明需求和供给决定市场价值的同时，也分析了供求均衡的问题。他认为，有效需求就是有意购买的人在一定的时间和地点所能购买的数量③，而价格就是决定于有效需求和供给的比率。需求的数量不是固定不变的，而是依据价值的大小变动的。例如，在一个确定的时间内，需求大于供给，也就是说，购买商品的人准备按市价购买的数量大于商品的供给量。因此，竞争在买方发生，使价格上涨，如果需求大于供给 1/3，价格也上涨 1/3。假若是生活必需品，不管价格多少，人们都会购买它，这样，1/3 的差额，就会使价格上涨 3～4 倍之多。也有可能相反，因为人们不愿意购买这种商品，在价格还没有上涨到 1/3 时，就停止了竞争。只有需求等于供给，双方达到均衡，才能使价格终止上涨。他的这个观点实际上是有关商品需求价格弹性的分析，为后来的西方经济学家所继承和发展。

约翰·穆勒的价值学说，是西方经济学中的供求论和生产费用论的混合物。他虽然用供求来说明价值，但是供给所需要的生产费用是他的价值论的基础。约翰·穆勒的生产费用论，实际上是以总结的形式，彻底地背离了古典学派的劳动价值论。

约翰·穆勒赞同李嘉图的自由贸易和比较成本学说，并在这个基础上提出了国际价值和国际价值规律的观点。他认为，在自由竞争制度下，一个国家的商品同另一个国家的商品相互交换的价值，不像国内商品的价值那样决定于生产费用，而是由为支付进口而出口商品的生产费用来决定，即这个国家的出口总额，恰好等于支付进口总额所需的价值。这种国际价值规律，称为需求与供给方程，是一般价值规律的扩大。由于国际价值规律要受国际需求均衡规律的支配，在两个国家之间进行的贸易中，商品价值经过自行调整，使需求等于供给。也就是说，在商品交换时，一个国家出售的商品，同时也是它所要购买的基金。一方商品的全部供给能力，构成了另一方商品的全部需求能力，这实际上是相互需求，一方的需求等于另一方的需求。约翰·穆勒在国际贸易上，对国际贸易利益分配的问题给予了很大的重视。他认为，国际贸易的发展，虽然使双方都能得到好处，但是在富国和穷国进行的贸易中，富国在数量上得到的利益要少，而穷国反倒能够得到更多的利益。

约翰·穆勒一般是反对保护政策的，认为这是有损无益的。但他在遵循自由贸易学说

---

① 穆勒. 政治经济学原理：上卷. 北京：商务印书馆，1991：510.

② 同①518.

③ 同①503.

的同时，也承认为了发展新的工业，暂时采取一些保护政策是恰当的。

约翰·穆勒的国际贸易理论离开了古典学派的劳动价值论，把价值和交换价值混淆起来。因此，他的国际价值实际上是交换价值，而国际价值规律，也不过是用供求规律进行分析得出的论断，它是萨伊定律的继续。约翰·穆勒在国际贸易利益的分配上所作出的结论同样是错误的，不符合历史和现实。

分配理论

在讨论分配问题时，在工资问题上，约翰·穆勒接受了工资基金理论，认为短期的工资决定于供给和需求的关系，也就是在自由竞争的条件下，取决于维持雇佣劳动生活的资本的数量，即工资基金和要求就业的劳动者人数的比例。最低工资的规定，不能超过平均工资水平。由于工资基金的数量是一定的，因而总会有一部分失业工人存在。除了增加用于雇佣劳动的总基金数量以外，工资率是不能上升的。1869年，约翰·穆勒在《双周评论》上发表文章，表示放弃工资基金学说，认为劳动的价格不是由工资基金的数量决定的，而是劳动的价格决定工资基金的数量。但是，他并没有彻底放弃工资基金学说。

在利润问题上，约翰·穆勒接受了西尼尔的节制论。但是，他认为西尼尔的节制论不够全面，必须加以补充。约翰·穆勒把总利润划分为三个部分，即利息、保险费和管理工资。由于资本家在生产开始时，预付了工人的工资，进行了节制，因而利息是对资本节制的报酬。保险费是对资本家承担投资风险的报偿。管理工资则是对资本家管理企业、组织领导生产所付出的劳动和技能的代价。他认为，由于社会进步和破坏性战争的消失，社会上一些暴力行为的减少，以及教育的普及，正义的增强，人民有了安全感，出现有利于投资的和平环境。同时，随着社会的进步，人类会更多地考虑如何发挥聪明才智和实行自我克制的问题。这样，为了将来的发展，就能够对现在的生活作出更大的牺牲。在此情况下，资本积累增加，利润率将呈现下降的趋势。

至于约翰·穆勒的地租学说，基本上沿袭了斯密和李嘉图等人的地租理论。他和斯密、李嘉图一样，认为由于地主阶级对土地的垄断，所以农民耕种土地，就必须支付地租。同时，他也认为，由于土地肥沃程度和位置的不同，耕种优等土地或距离市场较近的土地，比用同等数量资本耕种劣等土地或距离市场较远的土地，所生产的产品产量要多，其差额就是级差地租。约翰·穆勒还提到了随着科学的发展，新的科学技术成就被大量和迅速地应用到农业上，使得农产品产量大幅度增加，农产品价格下降。随着经济的增长，地租和土地价格会一起增加，因此，他主张这一部分财富应当收归国家所有，用于社会福利事业。

约翰·穆勒在分配学说上没有提出什么新的创见，只不过综合了以往经济学家的庸俗观点，并加以发挥而已。但是，约翰·穆勒限制地租的主张，是有一定进步意义的。在人口和经济发展关系与利润问题上，也有一些值得参考的地方。

改良主义的经济政策思想

约翰·穆勒受到圣西门学派、西斯蒙第以及1848年的社会主义者的关于世袭财产权、合作协会等的思想影响。约翰·穆勒对共产主义和私有财产制度进行对比时，揭露了私有财产制度的分配不均和弊端。他说："如果要在具有一切可能性的共产主义和具有各种苦难和不公的现今的社会状态之间作出选择；如果私有制必定会带来我们现在所看到的后果，即劳动产品的分配几乎同劳动成反比——根本不干的人拿得最多，只在名义上干点工作的人居其次，工作越艰苦报酬就越低，最劳累、消耗体力最多的劳动甚至无法肯定能否挣到足以糊口的收入；如果要在这种状况和共产主义之间作出抉择，则共产主义的一切大大小小的困难在天平上都将轻如鸿毛。"①

但是，他又说，现存的私有财产制并不是它的最好的形式，很难和共产主义进行对比，权衡两者的利弊，"这是将来必须加以解决的问题。我们对采取最好形式的私有制或采取最好形式的社会主义能取得什么样的成就都一无所知，因而无法确定这两种制度中哪一种会成为人类社会的最终形态"。② 可是由于约翰·穆勒思想上的矛盾和阶级的局限，他只提出了一些改良主义的经济政策主张。他的主要经济政策思想是：

1. 改变工资制度，建立生产者协会。约翰·穆勒认为，现行的工资制度使雇佣劳动者不关心自己的劳动成果，束缚了个性的充分发挥。因此，他提出了废除工资制度，根据平等的原则建立生产者协会的主张。在这个协会中，劳动者拥有充分的发言权，与雇主共同管理集体的资本，组织经营生产，选举和监督经理人员等，使阶级间的相互对立变为利害关系一致的联合。

2. 征收土地税，使地租社会化。约翰·穆勒认为，在私有财产制度下，地租阻碍了人们更好地发挥生产积极性，并使地主阶级能够无偿占有他人生产出来的劳动成果。这一部分被无偿占有的劳动产品，应该归还给社会。因此，他主张用征收土地税的办法，使地租逐步社会化。在没有进行全面改革以前，约翰·穆勒认为，先实行扩大自耕农制度。在这种制度下，使财富得到分散。劳动者能够自由地支配自己的命运，完善生产技术，最有效地利用地力，充分发挥勤劳节俭和聪明才智，并有效地节制人口的增长。

3. 限制遗产权，减少财富分配的不均，使财富得以分散。约翰·穆勒认为，无论任何人都有权将自己的财产转送给他人。在法律上，对这种权利是不能加以限制的。但是，为了避免财富的分配不平等，促进财富的分散化，应该对接受赠与或继承财产的任何人规定一个接受或继承的最高数量标准。在这个限额之内，继承人可以有权自由地加以支配。至于所继承的财产超过法律规定的最高数量限额部分，则是不合法的。

此外，约翰·穆勒所描绘的私有财产制度最完善形式的社会，除了提倡经济自由主义，还主张政府从事满足人类的共同福利、对个人无利可图的事业，如普及教育文化，开展科学研究，发展交通运输，兴修水利，创办公共医疗卫生事业等。

约翰·穆勒在分析其改良主义的经济政策和社会纲领时，对共产主义和私有财产制度进行了对比。一方面，他看到了资本主义的弊病和社会矛盾的加剧，揭露了资本主义分配的不平等，对雇佣劳动寄予了同情，把私有财产制度称为"邪恶的制度"；另一方面，他也指出了共产主义是一种优越于私有财产制度的社会体系。这些说明，约翰·穆勒对资本主义的社会经济进行了一定程度的客观的科学研究。但是，他又认为，共产主

---

① 穆勒. 政治经济学原理：上卷. 北京：商务印书馆，1991：235.

② 同①236－237.

义作为一种社会体系，还存在于观念之中，同时私有财产制度也还是大有改善余地的。因此，他提出的经济政策和社会改革纲领，幻想在不触动现存的经济基础的情况下，清除资本主义制度本身存在的弊端，实现人类的最大幸福，只能是一种不切实际的、不能实现的空想。

第三节　凯里的经济学说

凯里的生平与著作

亨利·查尔斯·凯里（1793—1879 年）是美国经济学家，阶级利益和谐论的倡导者。他 生于美国费拉德尔菲亚城的一个富裕商人家庭，父亲马修·凯里是爱尔兰的移民，凯里与李出版公司的创办人。凯里是一个虔诚的天主教徒，同时也是一个坚定的共和党人。他继承父业，长期从事出版事业，直到 1835 年退职为止。在这之后，专门致力于经济学的研究工作。凯里的著作大多发表在 19 世纪 50 年代，美国南北战争以前。最主要的代表作是 1857—1859 年发表的《社会科学原理》（3 卷本），此外，还有《政治经济学原理》（1837—1840）、《过去、现在和将来》（1848）、《农工商利益一致论》（1851）等。

凯里生活的时代，正值美国独立战争之后，资本主义经济开始处于高速发展的时期。随着资本主义经济的发展，无产阶级和资产阶级之间的矛盾也日益显露出来。在这个时期，风行于西欧的空想社会主义学说也传播到了美国。在这样的历史条件下，他提出了以经济利益和谐一致为核心的经济学说。它代表和反映了当时美国资产阶级发展资本主义经济，反对空想社会主义学说的愿望和要求。凯里结合当时美国土地和人口的情况，认为对城乡之间和工农业之间和谐的破坏来自英国。因此，他主张实行国家关税保护主义，防止英国竞争，积极发展本国的工业。凯里指责李嘉图是“共产主义之父”。他说，“李嘉图的理论体系是仇恨的体系，总是要在各个阶层之间和各个民族之间挑起战争。”“他的作品对于极力想通过战争、掠夺和土地均分运动来取得统治权的煽动家是一部手边必备的书。”①凯里之所以指责李嘉图，不过是因为李嘉图如实地道出了资本主义社会阶级利益对立的真相，和凯里的阶级利益和谐论不相容。

再生产费用价值论

再生产费用价值论是凯里阶级利益和谐论的理论基础。他认为：“价值是我们为了获得实现目的所需要的生活必需品而必须克服的反作用的尺度，即人对自然的支配的尺度。”② 人类的目的就是增强对自然界的控制能力，使它为人类服务。人类对自然的统治每前进一步，劳动的困难程度便会随之减轻，而劳动的报酬则要增加。在凯里看来，在一切发展的社会里，科学技术的进步、生产工具的改良，降低了再生产的费用。再生产同一种产品所需费用的减少，已经不可能交换到比再生产时所需费用更多的价值量。

① 季陶达. 资产阶级庸俗政治经济学选辑. 北京：商务印书馆，1963：245-246.

② 同①230.

因此，生产费用不再是价值的标准，而价值则是由再生产费用决定的。再生产费用包括人类在控制自然过程中使用的工具等生产资料，以及耗费的劳动。由于他把用来取得对自然力支配权的工具看做资本，所以再生产费用也就是由劳动者的工资和资本家的利润组成。

凯里的价值学说是错误的，它实际上是资产阶级庸俗经济学中生产费用论的继续和发展。他把资本和生产资料混同起来，用以说明资本主义制度下的阶级利益是和谐一致的，从而掩盖了资本的剥削实质。

分配理论

凯里论证了价值论之后，进而研究分配理论。他认为，整个社会产品都是在工人和资本家之间进行分配的。在社会发展的最初阶段，分给资本家的部分数量最大。随着社会生产力的发展，资本的再生产和增殖所必需的劳动数量逐渐减少。工资在相对量和绝对量上都在增加，而利润在绝对量上有增加，在相对量上则是减少。凯里根据不同发展时期，用表 11－1 对分配状况加以说明。

表 11－1

时　期	产品总额	工人的份额	资本家的份额
使用石斧时期	4	1.00	3.00
使用铜斧时期	8	2.66	5.33
使用铁斧时期	16	8.00	8.00
使用钢斧时期	32	19.20	12.80

在表 11－1 中，利用石斧所能完成的工作量虽然不是很大，但是对它的所有者来说价值却很大。因此，借用石斧的人要向所有者付出很高的代价。借用石斧的人利用石斧一天砍伐的木材，比不利用石斧时在一个月内所砍伐的木材还要多。尽管使用石斧要付出自己产品的 3/4 给资本家，可是他自己所得的份额，比起他赤手空拳地伐木所得还是大大增加了。能够带来巨大效用的铜斧的出现，不仅提高了劳动生产率，而且使制造铜斧所必需的劳动量大幅度减少。在这种情况下，拥有铜斧的资本家，将这个比石斧更完善的生产工具出借给工人使用，而只是要求他付给 2/3 的产品。资本家所得的产品虽然在数量上也增加了，但是所占的比例却减少了。资本家和工人相比，过去是 3∶1，现在是 2∶1。工人手里的产品增多，将使工人逐渐转变为资本家。

后来又出现了铁斧，再生产费用又一次随之降低。这时，资本和劳动相比，劳动所占的比例再次提高。作为新工具的铁斧与铜斧相比，它可以使木材砍伐量再提高 1 倍，然而资本家所分得的份额只能是产品的一半。其后更出现了钢斧，它使产品产量又提高了 1 倍，同时再生产费用进一步降低，资本家所占份额也就进一步减少。

凯里认为，“支配劳动产品分配的伟大规律，就是如此。在科学所发现的一切规律中，它可能是最美妙的，因为它正是使人类各个不同阶级之间的现实的和真正的利益达到充分和谐的基础。”①

在地租理论上，凯里反对李嘉图和马尔萨斯关于农业耕种顺序是从耕种最肥沃的土地开始，然后过渡到耕种劣等土地的观点。他认为，远古时代贫困的美国移民所走过的道路证明，人们耕种土地，不是首先从耕种最肥沃的土地开始的。因为最肥沃的土地都位于河床地带，要使它干涸必须付出很大的努力，进行疏通河道和排水等项工程。在经过土地清理后，才能够开出可供人们使用的土地。在当时人少地多的情况下，这是做不到的。土地的耕种，从来就是先从最贫瘠的劣质土地开始的，人们总是随着财富的增加和人口的增长，才有力量逐步过渡到耕种和使用最肥沃的土地，并使报酬不断得到提高。由此可见，李嘉图的理论基础是错误的。在凯里看来，如果按照李嘉图的说法，由于土地肥力不断递减，人们只能年复一年地成为自然的奴隶。当最肥沃的土地被地主占有之后，农业资本家租用土地就必须支付地租，作为对地主及其先人在这块土地上投入资本和劳动的报酬。凯里认为地租是资本投到土地上取得的利息，是利润的一种形式。地租和资本家取得的利润一样，都是合理的。

从整个资本主义发展的历史来看，随着科学技术的不断进步和劳动生产率的提高，工人的工资在国民收入中所占的比例是逐步降低的，而资本家的利润量和所占比例则是在日益增加的。因此，凯里的分配学说是错误的。马克思指出，凯里“作为谐和论者，他首先证明，在资本家和雇佣工人之间没有什么对抗。第二步是证明土地所有者和资本家之间的谐和”②。

凯里主张实行国家保护关税的政策，并把它和阶级利益和谐论结合起来。他对当时英国实行的政策进行了激烈的批评，指责英国企图使自己成为世界工厂，而强迫其他国家陷于脱离制造业的农业之中，使之成为英国的原料供应基地。凯里认为，实行国家保护关税政策，是实现人类高度联合的手段。因为在国家保护关税政策的指导下，加快开辟国内市场，可以促进这一地区工厂的建立和原材料生产的发展。当工厂生产出产品后，通过市场出卖给当地的消费者。这样，人们之间、生产者和消费者之间的相互交换的扩大，必然推进人们之间的团结。

凯里主张实行国家保护关税和鼓吹阶级利益和谐一致的经济政策，实际上并不能消除资本主义国家之间，以及各阶级之间的矛盾和对立，只会使它们之间的矛盾和对立更加激烈。但是，凯里的国家保护关税政策的主张，对加速当时美国资本主义经济的发展，还是有一定积极意义的。

第四节　巴师夏的经济学说

巴师夏的生平与著作

弗雷德利克·巴师夏（1801—1850 年）是 19 世纪中期法国的经济学家，阶级利益和

① 季陶达. 资产阶级庸俗政治经济学选辑. 北京：商务印书馆，1963：234.

② 马克思，恩格斯. 马克思恩格斯全集：第 32 卷. 中文 1 版. 北京：人民出版社，1974：385.

谐论的创始人之一，是自由贸易派的旗帜。他出生于法国贝耶纳的一个富商之家。1825年，他继承了祖父的一宗遗产，从而成为酿制葡萄酒的资本家。巴师夏曾担任地方法官、自由贸易协会秘书、立法议会的议员等。在巴师夏所处的时代，法国资本主义已有很大发展，工人阶级也开始登上政治舞台。1830年，法国爆发了推翻波旁王朝的“七月革命”，1831年，里昂工人发动了武装起义，1834年又再次爆发起义。同时，在法国，圣西门、傅立叶等人的空想社会主义思想对社会也产生了极大的影响。资产阶级对此惊恐万状，巴师夏起而反对一切社会主义思想。他写了《财产与剥夺》，反对傅立叶主义者孔西得朗；写了《正义与友爱》，反对圣西门主义者比埃尔·勒鲁；写了《财产与法律》，反对路易·勃朗；写了《资本和利息》，反对蒲鲁东。

和凯里主张保护关税不同，巴师夏则是自由贸易论的宣扬者。当时在法国，资本主义已经发展起来，特别是法国的酿酒业在国外具有很强的竞争力，巴师夏因而积极主张自由贸易。他到过英国，和英国反谷物法同盟的主要成员科布登有交往。回国后，巴师夏于1845年写了名为《科布登与同盟》一书宣传自由贸易。他还写了《蜡烛、蜡光灯、蜡台、街灯、烛花剪刀、熄灯器制造业者和油类、兽脂、树胶、酒精以及一般说来和照明有关的一切东西的生产者请愿书》的小册子。此书的主要思想也是宣扬自由贸易，反对保护政策，以讽刺的笔调嘲笑那些生产照明用品的生产者居然要求政府保护他们免受日光的竞争。巴师夏的经济著作还有《经济诡辩论》（1847）、《经济和谐》（1850）等。

服务价值论

巴师夏在政治经济学研究对象上认为，这一学科的研究对象应是人，但不是全部的人类事务，是人们的欲望和满足欲望的手段。也就是说，政治经济学研究的是个人利益的领域。在他看来，人类社会的发展日益完善，而资本主义制度就是一个和谐的社会组织。人类社会生活要求不断地避免痛苦和追求满足与愉快，只有通过相互交换才能达到这一目的。

巴师夏从交换出发，认为人类社会就是交换的社会。因为人们不可能想象世界上存在没有交换的社会，或者是没有社会的交换。在自由交换的前提下，每个人的努力都能够交换回来用以满足自己欲望的服务或劳务，一个人为满足别人的欲望作出了努力，就为别人提供了服务或劳务，同时别人又为他提供了另一种服务或劳务，这就形成了两种服务的交换。他说：“交换意味着活动，而惟有努力才体现了这种积极精神。我们虽然感到他人的痛苦或欢乐，但不可能代人受苦或享受。不过，我们可以彼此帮助，可以替他人劳动；我们可以相互提供劳务，用我们的能力或源自能力的东西，在得到相应回报的条件下为他人提供劳务。这就是社会。”[①] 这种相互提供服务或劳务的交换具有两种表现：（1）力量的联合，这意味着交换。根据自然赋予每个人的体力、脑力和道德上的才能的不同，组织他们进行合作。这样，就能够使每个人分享所得到的好处。每个人用自己的努力为别人谋利益，而他自己又从别人的努力中得到利益。（2）专业的分工，它是力量联合的另一种更持

① 巴斯夏（即本书提到的“巴师夏”）. 和谐经济论. 北京：中国社会科学出版社，1995：100.

久的方式。于是巴师夏认为："如果我们承认自由交换，那么，现今的社会组织就是一种最好的、最广泛的联合——这是非常正确的说法……这种联合远比社会主义学派梦想为好。因为，由于拥有良好的机制，这种联合与个人的独立并行不悖，每个人在任何时候都可以根据自己是否适合的原则参加和退出联合。每个人为联合作出自愿的贡献，从联合中得到满足，这是依据公正的法则，由事物的性质而不是由首领的专断决定的，所以相比之下更高、更进步。"①

巴师夏又说，从经济观点来看，交换的主要因素是价值概念。价值是通过有偿工作取得的，无偿的东西是没有价值的。所以，价值必须关系到人们为了满足其欲望所作的努力。"价值就是两项交换的劳务之间的比例关系。""世界上第一次有价值观念是这样一种情况：某人对他兄弟说，'你替我做这事，我帮你做那事'。他们两人都同意了，因为这时人们第一次可以说：两项交换的劳务价值相等。"②他举例说，一个人在海滩散步时，无意中拾到一颗钻石，因此获得了很大的价值。这颗钻石之所以具有很大价值，不是由于它的效用很大，也不是由于曾作了长期大量费力气的工作，而是因为购买钻石的人认为拾者给了他一种重大的服务，但是钻石只有这么一颗，购买钻石的人就更觉得这种服务的价值大。所以说，衡量价值大小的尺度是提供服务的人所作的努力和紧张的程度，以及接受服务的人免除努力和紧张的程度，即价值大小与承受者节省下来的努力与紧张成正比。

巴师夏同意西尼尔关于稀少性对价值有影响的观点，认为稀少性会使服务或劳务更为宝贵一些。他离开了物质生产过程，用主观因素来说明价值，把它单纯看做相互提供服务或劳务的关系。巴师夏以此来证明资本主义社会是和谐一致的，从而掩盖了资本主义的矛盾。

分配论

在分配学说上，巴师夏在分析地租问题时，认为地租是对地主阶级作为社会和自然界的中间人，在开发和改良土地时所提供的服务的报酬。他在讨论利润时，将它划分为利息和企业主的收入。巴师夏说，一个人为了让别人得到好处，在出借或者是转移资本时，作出了自我牺牲。他牺牲了眼前的满足，把本应立即得到的代价或报酬推迟到几年以后，这本身就是一种特殊的服务。对这种牺牲了现在的满足，而使别人得到好处的人，应该付给报酬。因此，利息是对资本家为积累资本而延缓了自己的消费和享受的报酬。这就是以服务或劳务交换服务或劳务的规律。根据不同情况，这种报酬也有不同的名称，如租金、地租和年收入等，但一般则称为利息。

巴师夏还反对李嘉图的利润、地租和工资相对立的见解，认为这是不符合事实的。在他看来，资本家提供生产资料和生活资料，工人则替资本家进行生产，这是两种相互的服务，而工资和利润就是这两种服务的报酬。资本家所得的利润也可以叫做企业主的收入。巴师夏认为，"随着资本的增长，资本从总产品中的绝对提取额增加了，而它的相对份额

---

① 巴斯夏．和谐经济论．北京：中国社会科学出版社，1995：106.

② 同①136.

降低了。相反，劳动从中提取的绝对额和相对份额都增加了。”① 他用数字作了如下说明（见表11-2）。

表 11-2

	总产品	资本家的份额	劳动者的份额
第1期	1 000	500	500
第2期	2 000	800	1 200
第3期	3 000	1 050	1 950
第4期	4 000	1 200	2 800

假设在这几个连续的时期中，社会总产品分别用1 000、2 000、3 000和4 000来表示。按照巴师夏的主张，资本家分配的份额是逐渐减少的，例如从50%跌到40%、35%、30%；而劳动者所得的份额则是递增的，它从50%增加到60%、65%、70%。结果资本家与劳动者在分配的绝对量上，都是一期比一期增长，而在相对份额上，资本家所得是不断下降的，劳动者所得则逐步增加。

巴师夏认为，这是一个伟大的、奇妙的、保险的、必要的和不变的资本规律，也是劳动和资本合作成果在分配领域的重要规律。这样，资本家和工人之间就不再需要以嫉妒和不信任的眼光相互看待了。因为资本家和雇佣工人双方利益是一致的，都得益于社会利益的增长。他指责那些宣传社会主义的人的荒谬演讲是从无知和假设出发的，他们是在保证未来社会繁荣的借口下，制造现时的倾轧和不和。总之，巴师夏在分配问题上，企图通过相互提供服务，说明资本家和工人的收入水平在日趋接近，他们之间的利益是一致的，因而资本主义制度是一个永恒的、自然的及和谐的社会制度。

阅读书目

马克思，恩格斯. 马克思恩格斯选集：第2卷. 2版. 北京：人民出版社，1995：12-16

马克思，恩格斯. 马克思恩格斯全集：第23卷. 中文1版. 北京：人民出版社，1972：251-256，648-656

马克思，恩格斯. 马克思恩格斯全集：第26卷Ⅲ. 中文1版. 北京：人民出版社，1974：554-564

马克思，恩格斯. 马克思恩格斯全集：第25卷. 中文1版. 北京：人民出版社，1974：992-999

马克思，恩格斯. 马克思恩格斯全集：第46卷上. 中文1版. 北京：人民出版社，1979：3-7

① 巴斯夏. 和谐经济论. 北京：中国社会科学出版社，1995：212.

季陶达. 资产阶级庸俗政治经济学选辑（有关西尼尔、约翰·穆勒、凯里、巴师夏部分）. 北京：商务印书馆，1963

思考题

一、名词解释

西尼尔的价值论　节制论　约翰·穆勒的生产规律与分配规律　工资基金论　凯里的再生产费用价值论　巴师夏的服务价值论

二、问答题

1. 简评西尼尔的政治经济学的基本命题。
2. 简析凯里与巴师夏的阶级利益和谐论。

第四篇

马克思与恩格斯创立无产阶级政治经济学

本篇分为三章，介绍马克思主义经济学。马克思主义经济学是无产阶级的经济学理论体系，是无产阶级阶级意识的理论表现。马克思和恩格斯是马克思主义经济学的创立者。第十二章介绍马克思主义政治经济学在19世纪40年代的产生，第十三章介绍马克思主义政治经济学理论体系在19世纪50—60年代的确立，第十四章论述19世纪70年代以后马克思主义政治经济学的进一步完善。

第十二章

马克思主义政治经济学的产生

本章重点

马克思主义必然在19世纪40年代产生于作为矛盾斗争焦点的德国。马克思主义是对英国古典政治经济学、法国空想社会主义的继承和发展。马克思、恩格斯早期著作的主要思想说明他们已从唯心主义转向唯物主义；从革命民主主义转向共产主义。马克思在《犹太人问题》《1844年经济学哲学手稿》，恩格斯在《政治经济学批判大纲》《英国工人阶级状况》，马恩在他们合著的《德意志意识形态》等书中，奠定了无产阶级政治经济学的理论基础。马克思、恩格斯19世纪40年代后期的著作，如《哲学的贫困》《雇佣劳动与资本》《共产党宣言》等书中的经济理论，标志着马克思主义政治经济学的产生。

本章知识点

- 马克思主义政治经济学产生的历史条件
- 马克思和恩格斯早期的经济学研究
- 马克思和恩格斯的主要代表性著作

第一节　马克思主义政治经济学产生的历史条件

资本主义统治地位的确立

资本主义生产方式从16世纪开始产生、发展以后，到19世纪40年代，在西欧各主要国家已占据统治地位。首先是英国，从18世纪60年代瓦特发明蒸汽机起就已开始了产业革命，到19世纪40年代已经完成。这时在纺织、冶金、采矿等部门中，大机器生产基本上取代了工场手工业，从而使产品产量获得迅速发展。如生铁产量，1830年为69万吨，

1840年则为142万吨，增长1倍以上。到1850年，又增长61.3%，达到229万吨，同期的煤产量分别为1 600万吨、3 600万吨、5 000万吨，也是几乎每隔10年就成倍地增长。其次是法国，在19世纪30—40年代，工业革命的进展也非常迅速，许多生产部门，特别是纺织工业，都已经逐渐采用了机械生产。如全国各生产部门拥有的蒸汽机，1830年为616台，1840年则为2 591台，增长3倍多，1848年又较1840年增长1倍以上，达5 212台。最后是德国，产业革命的进程虽然比英、法落后一些，但资本主义在这时也有所发展，机械工业已经出现，很多地区的工业都已相当发达。

资本主义社会阶级斗争的尖锐

随着资本主义经济的发展和统治地位的确立，资本主义所固有的基本矛盾也日益发展和尖锐起来。1825年，英国爆发了第一次经济危机，以后大约每隔10年就爆发一次。而且危机的规模越来越大，后果越来越严重。经济危机期间，生产急剧下降，大量工人失业，大批的机器设备和厂房不能被利用，使已经发展起来的生产力遭到巨大破坏。这就充分暴露了资本主义生产方式的历史暂时性，说明了资本主义生产关系必将为新的社会主义生产关系所代替。

伴随着资本主义机器大工业而来的无产阶级与资产阶级的对立和斗争也日益明显和尖锐。在19世纪上半期，欧洲各国工人的劳动日一般长达十几小时，劳动强度因机器运转加速而空前提高，但劳动条件却极其恶劣，劳动工资极其低微，而且有大量工人被机器排挤在工厂大门之外，同时又有大量的妇女儿童被卷入资本的剥削压迫之下，以致整个无产阶级处于极度的贫穷、困苦之中。有剥削、有压迫，就必然有反剥削、反压迫的斗争。起先，无产阶级反对资产阶级的斗争还处于不自觉的状态，往往表现为捣毁机器和厂房的所谓“鲁第运动”。但是随着斗争的发展，工人觉悟不断提高，斗争也就逐渐由不自觉状态走上了自觉状态，由捣毁机器转向反对资本主义制度，由争取改善生活条件发展到争取政治权利，由无组织的斗争走向有组织的斗争。1831年和1834年法国里昂工人的起义，1836年开始的英国大宪章运动和1844年德国西里西亚纺织工人的起义，就显示出了这一新的波澜壮阔的斗争场面。在里昂起义中，工人已明确提出要推翻富人政权、争取建立民主共和国的政治主张。在大宪章运动中，广大工人制定了《人民宪章》的政治斗争纲领，公开要求取得普选权和其他民主权利。在西里西亚纺织工人的起义斗争中，有3 000多工人拿起武器同政府军英勇搏斗，经过两天激战才被镇压下去。这些斗争都充分表明无产阶级已经成为一支独立的政治力量登上了历史舞台，它既为创立无产阶级的科学的革命理论提供了客观条件，同时也为创立这一理论提出了迫切要求。

马克思主义产生的必然性

列宁说过，没有革命的理论，便没有革命的运动。先进的工人运动，就需要有先进的革命理论来武装。但在当时，工人运动却受着空想社会主义的思想影响。空想社会主义者虽然抨击资本主义制度，能够在一定时期激发无产阶级的斗争热情，但它并未阐明资本主义制度的本质和发展规律，也未看到无产阶级就是创造社会主义的力量，特别是他们宣扬阶级调和，就不免会使工人阶级的斗争迷失方向，以致最后都不免归于失败。因此，当时的社会历史和工人运动的发展，已迫切要求创立科学的革命理论，马克思主义就是为适应这种需要而产生的。

马克思主义不仅必然要在19世纪40年代产生，而且还必然要在德国产生。这是由当时德国特殊的社会历史环境决定的。在19世纪30—40年代，德国资本主义工业虽然已有相当发展，但封建残余还十分严重，并且由极端反动的奥地利首相梅特涅担任作为国家最高统治机关的德意志联邦议会的主席。因此，当时德国处于各种矛盾的焦点，即存在着资产阶级、广大人民和封建统治的矛盾，资产阶级与无产阶级的矛盾，以及反对外国统治的民族矛盾。这表明，德国尚处于资产阶级革命的前夜。在一般情况下，资产阶级革命应由资产阶级来领导。但由于德国资产阶级的软弱性和妥协性却不能指望它来把这个革命领导到胜利，正如我国资产阶级民主革命不能由资产阶级来领导取得胜利一样。所以，当时德国的先进思想家就势必把领导资产阶级革命的重担寄托在已经日益觉醒的无产阶级身上。这就是说，在德国，由于资产阶级革命需要由无产阶级来领导，因此，才有可能把资产阶级革命与无产阶级革命直接有机地衔接起来；使前者为后者创造必要的前提，后者成为前者发展的必然结果。马克思、恩格斯当时就曾精辟地指出："德国正处在资产阶级革命的前夜……德国将在整个欧洲文明更进步的条件下，拥有发展得多的无产阶级去实现这个变革，因而德国的资产阶级革命只能是无产阶级革命的直接序幕。"① 既然如此，德国的先进思想家们便不能不以极大的注意力来考察德国无产阶级在德国革命中的重大作用，并且必须打破以往社会主义者和资产阶级革命理论的局限性，而以全新的观点来正视无产阶级在革命历史中的地位和使命。这样，德国的特殊的社会历史环境便为马克思主义的产生提出了更加迫切的要求和极为有利的条件。出生于德国的伟大的革命思想家马克思、恩格斯则历史地承担起了创立马克思主义的伟大的光荣使命。

马克思主义之所以产生于19世纪40年代，是与当时已存在的人类先进思想分不开的。列宁指出，马克思的"学说的产生正是哲学、政治经济学和社会主义极伟大的代表人物的学说的直接继续"②，其中，马克思主义政治经济学就直接来源于英国古典政治经济学。古典政治经济学最主要的功绩在于，它奠定了劳动价值论的基础。但又由于受资产阶级狭隘眼界的限制，它只看到了资本主义经济中物与物的关系，并把资本主义经济制度说成是永恒的、最合理的制度。马克思则站在无产阶级立场，运用科学的方法，批判地吸收了他们思想中有价值的东西，揭露了资本主义物与物背后的人与人之间的关系，从而在劳动价值学说的基础上，一步一步地揭露了资本主义剥削的秘密，阐明了资本主义产生、发展和灭亡的规律，科学地论证了无产阶级的历史地位和作用，创立了马克思主义的即无产阶级的政治经济学。

第二节　为人类未来探索的两位革命导师的早期活动

马克思早期的活动和思想变化

卡尔·马克思（1818—1883年）1818年5月5日出生于普鲁士莱茵省的特利尔城的

① 马克思，恩格斯．马克思恩格斯选集：第1卷．2版．北京：人民出版社，1995：307.

② 列宁．列宁选集：第2卷．3版．北京：人民出版社，1995：309.

一个律师家庭。1835 年在家乡特利尔中学毕业后，进入波恩大学法律系学习了一年，1836 年又转入柏林大学法律系学习，不过马克思这时实际研究得最多的是历史和哲学。他在 1841 年大学毕业时写的毕业论文题目是《德谟克利特和伊壁鸠鲁的自然哲学的区别》，并由此获得了博士学位。

马克思在 1836—1841 年于柏林上大学期间，按其观点来说，还是一个黑格尔唯心主义者。黑格尔学派在黑格尔死后分为左右两派，左派亦称青年黑格尔派，它代表小资产阶级民主派利益，企图从黑格尔哲学中得出无神论和革命的结论，来论证德国有进行资产阶级改革的必要。1838 年，马克思参加了青年黑格尔派的“博士俱乐部”，并立刻成了这个团体的精神中心。

马克思 1841 年 3 月在柏林大学毕业后，本来打算应邀去波恩大学担任讲师，后因故改往《莱茵报》当编辑。该报是一些同青年黑格尔派分子接近的激进的资产者于 1842 年 1 月创办的一个政府反对派的报纸。马克思从 1842 年 4 月开始为《莱茵报》撰稿，同年 10 月 15 日担任编辑。从此，该报革命民主倾向越来越明显，订户不断增加，然而却因此触怒当局，于 1843 年 4 月被查封。

马克思在《莱茵报》上发表了一系列论文，其中包括《关于林木盗窃法的辩论》一文，坚决站在维护贫苦农民利益的立场上。这也是他第一次对经济问题发表意见，从而产生了马克思对政治经济学进行深入研究的动机。马克思后来回忆说：“我作为《莱茵报》的编辑，第一次遇到要对所谓物质利益发表意见的难事。莱茵省议会关于林木盗窃和地产析分的讨论，当时的莱茵省总督冯·沙培尔先生就摩塞尔农民状况同《莱茵报》展开的官方论战……是促使我去研究经济问题的最初动因。”①

马克思由于对经济问题的深入研究，又进一步促使他由唯心主义转向唯物主义，由民主主义转向共产主义。因为他在深入研究中深感黑格尔的唯心主义方法很难说明物质领域的利害关系问题；同时他还发现，在资本主义经济关系中，隐藏着资产阶级和无产阶级的尖锐对立，随着这个对立的发展，资本主义生产方式势必要为社会主义生产方式所代替。这样，随着对经济理论的深入研究，马克思也一步一步地由民主主义者转为共产主义者。列宁在评价马克思在《莱茵报》发表的论文时曾指出，从中“可以看出马克思开始从唯心主义转向唯物主义，从革命民主主义转向共产主义”②。

1843 年 3 月，马克思辞去《莱茵报》编辑职务以后，就如愿以偿地从社会舞台退回书房，即迁居到莱茵省的克罗茨纳赫，从事《黑格尔法哲学批判》一书的写作。这是一本当时未能写完，也未出版的著作。但从这一著作手稿中可看出，马克思对黑格尔的唯心主义体系持坚定批判态度，并已接受费尔巴哈唯物主义的思想影响，因而在形成自己科学的世界观上跨出了一大步。当然，马克思对费尔巴哈的“半截”唯物主义观点是不满意的。早在他写作《黑格尔法哲学批判》一书以前，在 1843 年 3 月 13 日致阿尔诺德·卢格的信中就曾指出：“费尔巴哈的警句只有一点不能使我满意，这就是：他过多地强调自然而过少

---

① 马克思，恩格斯．马克思恩格斯选集：第 2 卷．2 版．北京：人民出版社，1995：31.

② 列宁．列宁全集：第 26 卷．中文 2 版．北京：人民出版社，1988：83.

地强调政治。然而这一联盟是现代哲学能够借以成为真理的唯一联盟。”①

恩格斯早期的活动和思想变化

弗里德里希·恩格斯（1820—1895年）1820年11月28日出生于普鲁士莱茵省巴门城的资本家家庭。他的父亲除了在巴门有一个公司外，在德国还有一座工厂，又是英国一家大企业的股东，但因思想保守，并且是一个虔诚的教徒，使得渴望民主的青年时代的恩格斯不得不为摆脱家庭的束缚和影响而经常与自己作斗争。

恩格斯于1834年进中学念书时就已萌发了憎恨专制制度和官吏专横的思想，中途辍学去他父亲在巴门开设的公司里当办事员，1838—1841年又去不来梅一家大公司当练习生。在此经商期间，他也从不放松学习与对科学和政治的研究工作，对黑格尔哲学和批判宗教著作的研习，使他形成了比较明确的反对封建专制的革命民主主义思想。1839年3月写成并发表的《乌培河谷来信》一文，便反映了他在这个时期的民主主义观点。该文揭露了德国资产阶级和僧侣的蒙昧主义与伪善，同时对劳动群众过着半饥半饱的穷苦生活深表同情。

1841年9月—1842年10月，恩格斯趁在柏林服兵役的公余机会，经常去柏林大学旁听当时著名的哲学家谢林的哲学讲座，因而得与当时在柏林的青年黑格尔派分子建立了密切关系。这里恩格斯已完全站在青年黑格尔派的革命民主主义立场上并积极参加了斗争。1841年12月，他在《德意志电讯》上发表的《谢林论黑格尔》和1842年4月用匿名出版的小册子《谢林和启示》等著作中，便尖锐地批判了谢林诋毁黑格尔及其哲学，以及为基督教和威廉四世反动统治辩护的反动观点。这本书产生了良好影响，当时青年黑格尔派首领卢格就赞扬说：这个可爱的青年，把柏林的所有老蠢材都抛在后面了。

1842年11月，恩格斯在柏林服役期满以后，遵照父亲的意旨去英国曼彻斯特一家大纺纱厂“欧门-恩格斯”公司当办事员。途经科伦时，曾去拜访当时正在那里任《莱茵报》编辑的马克思。这是两位革命导师的第一次会见，但这次会见因互有疑虑，是相当冷淡的。恩格斯去曼彻斯特后，一面在纺纱厂里当办事员，一面乘机经常深入工人群众考察他们的穷困生活状况，使他亲眼看到资本主义大机器生产所带来的无产阶级与资产阶级之间的尖锐矛盾，并且认为，工人要摆脱贫困，单靠宪章派的那种“合法革命”是不可能的，“‘合法革命’把一切都搞糟了”。然而无产者已越来越“意识到了用和平方式进行革命是不可能的，只有通过暴力消灭现有的反常关系，根本推翻门阀贵族和工业贵族，才能改善无产者的物质状况”②。这说明恩格斯到英国后，通过自己的革命实践活动和科学研究已开始形成暴力革命思想，并已开始由一个革命民主主义者转变为一个革命无产者。列宁说：“恩格斯是在英国，是在英国工业中心曼彻斯特结识无产阶级的。”③ 还应看到，恩格斯这个认识和转变的取得，与他同当时在英国工人运动的活动家建立了密切联系也有很大关系。例如，当时恩格斯与在曼彻斯特的宪章运动左翼领导人就有密切联系，并为宪章派

---

① 马克思，恩格斯. 马克思恩格斯全集：第27卷. 中文1版. 北京：人民出版社，1972：442-443.

② 马克思，恩格斯. 马克思恩格斯全集：第1卷. 中文1版. 北京：人民出版社，1956：550-551.

③ 列宁. 列宁选集：第1卷. 3版. 北京：人民出版社，1995：91.

的报纸《北极星报》撰稿，同时还与在伦敦的正义者同盟的领导人建立了联系。正义者同盟是德国在国外的流亡者建立的秘密革命同盟。恩格斯于 1843 年在伦敦与同盟的一些主要成员如卡尔·沙佩尔、亨利希·鲍威尔和约瑟夫·莫尔三人建立了联系，从而更促进了他向无产阶级革命者的转变。恩格斯在回忆这段情况时说："1843 年我在伦敦认识了他们三人，这是我遇到的第一批革命无产者。尽管我们当时的观点在个别问题上有分歧……但我永远也不会忘记这三个真正的男子汉在我自己还刚刚想要成为一个男子汉的时候所留给我的令人敬佩的印象。"①

第三节 马克思与恩格斯早期的经济学研究

马克思早期的经济学研究

马克思对政治经济学的系统研究，是从 1843 年 10 月到巴黎以后开始的。马克思同燕妮·冯·威斯特华伦在 1843 年 6 月结婚以后，于同年 10 月一起迁居巴黎，直到 1845 年 1 月才离开。在旅居巴黎期间，马克思根据编辑《莱茵报》期间关于林木盗窃问题的启示，专心致志地研究了资产阶级政治经济学、德国唯物主义者和空想社会主义者的著作，并作了大量的摘录和评语，共有 7 册之多，现一般称为《巴黎笔记》。笔记的主要内容都是政治经济学方面的，其中也包括对恩格斯的《政治经济学批判大纲》的摘录，足见《政治经济学批判大纲》对马克思初期经济学的研究和推动产生了一定影响。

马克思写作《巴黎笔记》的目的是打算在这个基础上写作一部批判现存制度和资产阶级政治经济学的巨著，书名定为《政治和政治经济学批判》，并实际上已于 1844 年春开始着手写作。现还保存下来的《1844 年经济学哲学手稿》就是这部巨著手稿的一部分。可见，《巴黎笔记》不仅为马克思后来的经济学研究打下了基础，也直接为《1844 年经济学哲学手稿》作了准备。因此，它反映了马克思研究经济学的一个阶段。

马克思早先与青年黑格尔派分子卢格计划创办的《德法年鉴》杂志，在去巴黎不久，即 1844 年 1 月正式出版了。马克思在其中发表了《犹太人问题》《黑格尔法哲学批判导言》两篇论文，表明他最终完成了从唯心主义到唯物主义、从革命民主主义到共产主义的转变。

《犹太人问题》是马克思针对鲍威尔的两篇关于犹太人问题的文章而写的。鲍威尔把犹太人问题仅仅看做宗教问题。马克思则认为应该从一定的社会经济条件中去寻找犹太人问题的原因，并认为只有通过消灭私有制和国家才能达到"人类解放"，从而直接提出了社会主义革命任务问题。在这一分析中，马克思还第一次论及货币拜物教问题。他说："钱是一切事物的普遍价值，是一种独立的东西。因此它剥夺了整个世界——人类世界和自然界——本身的价值。钱是从人异化出来的人的劳动和存在的本质；这个外在本质却统治了人，人却向它膜拜。"② 马克思后来建立的货币理论在这里已初露端倪。

---

① 马克思，恩格斯. 马克思恩格斯选集：第 4 卷. 2 版. 北京：人民出版社，1995：192.

② 马克思，恩格斯. 马克思恩格斯全集：第 1 卷. 中文 1 版. 北京：人民出版社，1956：448.

《黑格尔法哲学批判导言》与《犹太人问题》可以说是两篇互为补充的关于社会主义的文章，如果说后者是从哲学上概述了社会主义社会，前者则从哲学上概述了无产阶级的阶级斗争。马克思在这篇文章里第一次提出了无产阶级是实现社会主义革命的社会力量的原理，并且精辟地表述了理论与实践的关系，指出："批判的武器当然不能代替武器的批判，物质力量只能用物质力量来摧毁；但是理论一经掌握群众，也会变成物质力量。"①这就是说，先进理论是群众斗争的精神武器，群众是改造社会的物质力量，对现存制度必须用无产阶级群众的革命手段去推翻。这表明马克思已是站在无产阶级革命立场上的革命家了。

马克思通过《德法年鉴》发表的两篇论文完成了由唯心主义到唯物主义、由革命民主主义到共产主义的转变后，在 1844 年 4—8 月间写成《1844 年经济学哲学手稿》，第一次试图从唯物主义和共产主义立场出发对资本主义制度和资产阶级经济学进行批判性的考察，对自己新的哲学、经济学观点和共产主义思想作综合性的阐述。在这部手稿中，马克思开始探讨了政治经济学的一系列重要问题，诸如对工资、利润、地租和资本与劳动的关系等都进行了全面的分析论述。这部手稿虽然还算不上是一部成熟的马克思主义著作，当时也未公开发表，却表明马克思对政治经济学的研究已取得初步成果，并在实际上已为后来形成的马克思政治经济学的各个有关部分奠定了一定基础。在手稿中，马克思还借助于"异化"的概念来进行经济分析，提出了劳动异化学说。这实际上已孕育着马克思的剩余价值理论、贫困化理论的萌芽。马克思还认为，由于劳动异化的结果，就必然要产生私有制；同时又认为私有制"是劳动借以外化的**手段**，**是这一外化的实现**"②。马克思进而指出，异化劳动只不过是人类劳动发展中的一个阶段，它必将随着消灭了私有制的共产主义之实现而消灭。这样，马克思虽然还借用黑格尔、费尔巴哈旧哲学的异化概念，但已初步表明了自己的辩证唯物主义观点，初步从私有制社会的客观矛盾的发展中得出了共产主义必然产生的结论。

恩格斯早期的经济学研究

如果说马克思对政治经济学的系统研究是移居巴黎以后的事，那么恩格斯开始研究经济学的时间，比马克思还要早一点。恩格斯在 1842 年 11 月去曼彻斯特以后，在从事工人生活的考察、研究的同时，便对亚当·斯密、大卫·李嘉图、詹姆斯·穆勒和让·萨伊等资产阶级经济学家的经济著作开始进行了系统的研究。曾发表在 1844 年 1 月《德法年鉴》上的著名的《政治经济学批判大纲》（简称《大纲》）就是他这个时期的研究成果。这是恩格斯的第一篇经济论文，也是科学社会主义最早的文献之一。它虽然还不是一部完全成熟的马克思主义著作，但已充分表明恩格斯这时已完成由民主主义向社会主义、由唯心主义向唯物主义的转变。恩格斯在《大纲》中从社会主义的观点考察了当时经济制度的基本现象，认为那是私有制统治的必然结果；并认为建立在私有制基础上的资本主义制度，由其内在不可克服的矛盾必将引起社会主义革命。而实现这一革命的社会力量何在呢？恩格

① 马克思，恩格斯. 马克思恩格斯全集：第 1 卷. 中文 1 版. 北京：人民出版社，1956：460.

② 马克思，恩格斯. 马克思恩格斯全集：第 42 卷. 中文 1 版. 北京：人民出版社，1979：100.

斯在当时《德法年鉴》上一同发表的另一篇论文《英国状况》中，实际已回答了这个问题：就是工人。他说："只有大陆上不熟悉的那一部分英国人，只有工人……将来拯救英国的却正是他们。"① 可见，恩格斯在这时已很明确无产阶级所肩负的实现社会主义革命的伟大历史使命了。

恩格斯在《大纲》中还对资产阶级经济学进行了批判，称之为"私经济学"，"一门完整的发财致富的科学"，指责它在"额角上就打着最丑恶的自私自利的烙印"②，其任务和目的就是欺骗和掠夺劳动人民。恩格斯指出，资产阶级政治经济学的根本缺陷是它把私有制看成永恒不变的东西，因而他们不可能从私有制出发来分析社会经济现象，因而也不可能揭露出资本主义经济现象的本质及其内在矛盾。

恩格斯在《大纲》中批判资产阶级政治经济学家的时候，特别注意揭露、批判了马尔萨斯的人口论。他说："人口过剩或劳动力过剩是始终同财富过剩、资本过剩和地产过剩联系着的。"③"科学发展的速度至少也是和人口增长的速度一样的；人口的增长同前一代人的人数成比例，而科学的发展则同前一代人遗留下的知识量成比例，因此在最普通的情况下，科学也是按几何级数发展的。"④

《大纲》还从对资产阶级政治经济学的批判和资本主义私有制出发，全面地研究了政治经济学的各种经济范畴，包括价值、价格、资本、利润、利息、工资、危机、竞争和垄断等等。恩格斯当时对这些范畴的分析和表述虽然还不完全科学，但在本质上已经与资产阶级经济学区别开来了。因为恩格斯是站在无产阶级立场上，把资本主义的各种经济现象看成私有制的必然结果，视为历史上的暂时现象，而资产阶级经济学却把资本主义经济现象视为永恒不变的东西。因此，恩格斯对上述各经济范畴的阐述，可以视为马克思主义政治经济学若干原理的萌芽，它不仅为恩格斯后来研究经济问题奠定了基础，而且大大帮助和促进了马克思经济观点的形成。因此，马克思对《大纲》给予了高度评价，称之为"天才"的著作。

当然，《大纲》既然是恩格斯研究经济学的最初成果，也就不可能是一部成熟的马克思主义著作。它在对某些经济范畴的分析和表述上还有不足之处，还保留有空想社会主义的痕迹，在批评资产阶级社会和资产阶级经济学家时，有的地方还是以一般人类道德和人道原则为根据的，同时也还没有划清古典经济学和庸俗经济学的界限。

马克思、恩格斯合作研究的开始

马克思、恩格斯在1844年初期以前，通过早期革命实践和科学研究活动完成了由革命民主主义向共产主义、由唯心主义向唯物主义的转变，1844年1月《德法年鉴》的出版，就是这一转变完成的标志。而在此转变前后和过程中，他们也各自开始了对经济问题的系统研究，并取得了初步成果。这样，他们由于发现彼此思想一致，便逐渐交往频繁、联系密切起来了。

---

① 马克思，恩格斯. 马克思恩格斯全集：第1卷. 中文1版. 北京：人民出版社，1956：628.
② 同①596.
③ 同①619.
④ 同①621.

起初，在《德法年鉴》出版后，二人便开始了通信往来。1844 年 8 月，恩格斯从曼彻斯特回国途中路经巴黎时第二次会见了马克思。从此，这两位革命导师就为共同创建无产阶级革命理论和为无产阶级革命事业进行斗争奠定了基础。恩格斯在回忆这次会见的意义时说："当我 1844 年夏天在巴黎拜访马克思时，我们在一切理论领域中都显出意见完全一致，从此就开始了我们共同的工作。"①

马克思、恩格斯合作的第一部著作是《神圣家族，或对批判的批判所作的批判。驳布鲁诺·鲍威尔及其伙伴》（简称《神圣家族》）。全书于 1844 年 9—11 月写成，1845 年 2 月出版。大部分由马克思执笔。它是批判以鲍威尔兄弟为代表的青年黑格尔派的唯心主义的黑格尔哲学的著作。它在辩证唯物主义的基础上，精辟地阐明了人民群众是历史的真正创造者这个历史唯物主义原理。该书还第一次在深刻分析私有制的基础上，提出了无产阶级是资本主义的掘墓人的思想。它指出，"无产阶级，作为无产阶级来说，不能不消灭自身，因而也不能不消灭制约着它而使它成为无产阶级的那个对立面——私有制。"②

在《神圣家族》一书中，马克思和恩格斯在制定历史唯物主义和社会主义的基本原理的同时，还对价值问题提出了自己的新见解。原来，无论是反映在马克思的《巴黎笔记》中，还是反映在恩格斯的《政治经济学批判大纲》中，当他们开始研究经济学时，对劳动价值论都是持否定态度的。他们认为，在资本主义社会现实生活中存在的价值，只能是由于竞争，即供求关系所决定的市场价格，或"交换价值"，因而否定商品有内在价值，否定李嘉图的价值由劳动决定的观点。而在《神圣家族》中，在谈到物品的价值时，则已接近于肯定劳动价值论了。他们说："生产某个物品所必须**花费**的**劳动时间**属于这个物品的**生产费用**，某个物品的生产费用也就是它**值**多少，即它能卖多少钱。"③"在直接的物质生产领域中，某物品是否应当生产的问题即物品的价值问题的解决，本质上取决于生产该物品所需要的劳动时间。因为社会是否有时间来实现真正人类的发展，就是以这种时间的多寡为转移的。"④ 列宁认为，马克思、恩格斯的这段话"很有意思"，已经"**接近**劳动价值论了"⑤。因此，《神圣家族》一书，不仅在马克思主义的哲学和社会主义发展史上具有重大意义，而且在政治经济学的发展史上也有重要意义。

《英国工人阶级状况》

恩格斯在 1844 年 8 月与马克思商定共同写作《神圣家族》一书以后，便回到家乡德国的巴门，除完成《神圣家族》的分担任务外，还着手写作《英国工人阶级状况》一书，于 1845 年 3 月写成，同年 5 月出版。这是他在 1842 年 11 月至 1844 年 8 月侨居曼彻斯特期间，在对英国工人阶级状况进行深入考察、研究的基础上写成的一部科学社会主义形成初期的优秀著作。它和《神圣家族》在所述内容和方法上虽有所不同，但其精神实质却是一致的，即都同样从革命的唯物主义出发，并同样得出了无产阶级是实现社会主义的社会

---

① 马克思，恩格斯. 马克思恩格斯选集：第 4 卷. 2 版. 北京：人民出版社，1995：196.

② 马克思，恩格斯. 马克思恩格斯全集：第 2 卷. 中文 1 版. 北京：人民出版社，1957：43.

③ 同②61.

④ 同②62.

⑤ 列宁. 列宁全集：第 55 卷. 中文 2 版. 北京：人民出版社，1990：13.

力量的结论。如果说《神圣家族》从哲学上论证了革命唯物主义的基本原理，证明了无产阶级只有消灭私有制才能使自身获得解放，因而无产阶级必然成为资本主义制度的掘墓人，那么，《英国工人阶级状况》则以大量的实际材料进一步巩固和发展了唯物主义原则，特别是从经济学方面论证了无产阶级的伟大历史使命。后者从头到尾都贯穿着这样一个中心思想：未来属于工人阶级。恩格斯在分析和论证中，不仅第一次科学地阐明了无产阶级的产生，详尽地描绘了工人阶级的贫困状况，而且深刻地分析了造成工人贫困、失业的原因，实际上已初步提出了无产阶级贫困化理论；同时还把无产阶级的失业、贫困与经济危机联系起来，提出了资本主义经济周期性的问题。他指出，一方面，危机使“过剩人口”激增；另一方面，“过剩人口”的存在，又是资本主义生产周期性的发展所必不可少的条件。恩格斯的这些思想实际上已为后来马克思经济理论体系的创立，提供了重要思想基础。

《德意志意识形态》

马克思、恩格斯合作的第二部著作是《德意志意识形态》。这是他们1845年春逗留布鲁塞尔期间商定，而于同年9月—1846年写成的一部第一次对历史唯物主义基本原理进行系统阐述的著作。马克思在巴黎期间，因在担任《前进报》编辑的活动中积极抨击普鲁士政府，于1845年2月被法国基佐政府在普鲁士的要求和压力下驱逐出境，而迁居布鲁塞尔。马克思在那里继续加紧进行《政治和政治经济学批判》（简称《批判》）一书的材料搜集和研究整理工作。同年4月，恩格斯也到了布鲁塞尔，于是他们商定准备合写《德意志意识形态》一书。同年夏天，他们又一同前往曼彻斯特，继续为写作《批判》一书作准备。马克思在那里阅读了配第、图克等英国经济学家的著作，以及恩格斯的手抄本，同时还直接考察了英国经济、政治生活以及英国工人运动，并在英国购买了大批参考书籍。马克思、恩格斯在英国停留了约6个星期，于8月回到布鲁塞尔后，在深入进行经济学的研究中发现，为了写成《批判》一书，必须先有一个正确的历史唯物主义指导思想，加之当时有人攻击《神圣家族》，也需要首先进行哲学上的论战，同时又因已与出版商谈妥出版《德意志意识形态》一书，于是便把《批判》的写作暂停下来，于9月开始集中进行《德意志意识形态》的写作工作。

《德意志意识形态》全书有两卷。第1卷是批判费尔巴哈和布·鲍威尔、施蒂纳的旧的哲学观点的，第2卷是批判“真正社会主义”的。在批判中，马克思、恩格斯第一次比较系统地阐述了历史唯物主义的基本原理，即第一次阐述了生产力和生产关系对立统一的规律，指出生产力和生产关系是物质生产的两个相互联系的方面，生产力的发展状况决定着社会的状况，生产关系又反过来影响生产力的发展；同时还第一次对历史上的各种不同所有制的形成作了唯物主义的解释，认为历史上的各种不同所有制是由生产力从而分工发展的不同阶段的状况决定的。“分工发展的各个不同阶段，同时也就是所有制的各种不同形式”①。并且论述了历史上已有过的四种所有制形式之间的区别，指出了它们存在的历史必然性和暂时性。马克思、恩格斯这种科学的唯物史观的确立，便为无产阶级政治经济学的形成奠定了理论基础。

---

① 马克思，恩格斯. 马克思恩格斯选集：第1卷. 2版. 北京：人民出版社，1995：68.

不过，《德意志意识形态》一书，在当时因有反对“真正社会主义”内容，原准备帮助出版的两位“真正社会主义者”突然拒绝资助，而未能出版。直到1932年才在苏联第一次用原文发表，1933年又译成俄文出版。从上面的论述中，我们看到马克思、恩格斯在1846年以前的早期革命实践活动中，已开始对经济学进行了深入系统的研究，并已取得丰硕成果，为马克思主义政治经济学的创立作了充分准备。

第四节　无产阶级政治经济学的产生

《哲学的贫困》

在19世纪40年代后期，马克思主义政治经济学开始产生、萌芽。马克思所著的《哲学的贫困》《雇佣劳动与资本》和马克思、恩格斯合著的《共产党宣言》便是重要标志。

《哲学的贫困》一书是马克思在1847年写成出版的一本成熟的马克思主义的最初著作。它是为批判蒲鲁东主义而写的一本论战性著作。蒲鲁东（1809—1865年）是一个小资产阶级哲学家和经济学家。他在1846年秋出版了一本《哲学的贫困》（又名《经济矛盾体系》），宣称生产资料私有制和交换在“本质上是正义的”、永恒的，幻想通过和平改良的办法来消除资本主义社会的矛盾和贫困，企图在保存小私有制的基础上实现社会的普遍平等与幸福。很明显，这种观点只会对革命起腐蚀、涣散的作用，而且已在法国、德国、比利时等国产生了很大影响。因此，马克思便针锋相对地写了《哲学的贫困》一书，予以彻底批判。

马克思在批判中，第一次运用马克思主义哲学观点来研究经济现象，并在历史唯物主义的基础上阐明了政治经济学的对象、方法和范畴等一系列政治经济学原理，因而它标志着马克思主义政治经济学已开始产生，是马克思主义政治经济学发展史中一个具有决定性的阶段。马克思在叙述自己的经济思想的形成过程时说：“我们见解中有决定意义的论点，在我的1847年出版的为反对蒲鲁东而写的著作《哲学的贫困》中第一次作了科学的、虽然只是论战性的概述。”①

《哲学的贫困》分为两章。第1章名为“一个科学的发现”，主要是批判蒲鲁东的所谓构成价值论。马克思把蒲鲁东的“构成价值论”与李嘉图的劳动价值论作了比较，指出：“李嘉图的价值论是对现代经济生活的科学解释；而蒲鲁东先生的价值论却是对李嘉图理论的乌托邦式的解释。”② 这样，马克思便改变了过去的观点，开始完全肯定劳动价值论了。应当看到，马克思这里对价值的分析基本上与李嘉图是一致的，以至李嘉图的货币数量论，马克思也是同意的。当然，即使在当时，马克思与李嘉图的劳动价值论还是有所不同的，后者把劳动价值论表述为适合人类本性的自然的永恒的规律，马克思则认为劳动决定价值只是商品生产者社会的规律，即价值规律将随着商品关系的消失而消失。因此，马克思在《哲学的贫困》中，虽然还没有创立自己完整的价值论，但已发现价值是一个历史

---

① 马克思，恩格斯. 马克思恩格斯选集：第2卷. 2版. 北京：人民出版社，1995：34.

② 马克思，恩格斯. 马克思恩格斯全集：第4卷. 中文1版. 北京：人民出版社，1958：93.

的商品经济的范畴，从而为他后来创立完全科学的马克思主义的劳动价值论奠定了基础。在第1章里，马克思还针对蒲鲁东否认在资本主义制度下劳动（力）能够成为商品的观点，一针见血地指出，资本主义社会就是建立在以劳动（力）成为商品这个“可怕的现实”① 的基础上，即建立在资本家对雇佣劳动的剥削关系的基础上。在这里，马克思虽然与古典学派一样，还没有把劳动和劳动力区分开来，但已认识到，劳动商品只是资本主义社会所特有的历史范畴，而且是不同于其他普通商品的一种特殊商品，在这劳动成为商品的事实中，已隐藏着资本家对工人剥削的秘密这个“可怕的现实”。这样，马克思就为他的剩余价值理论提供了初步基础，指出了剩余价值是从哪里产生的。正如恩格斯在《资本论》第2卷序言中所指出的，马克思在《哲学的贫困》和稍后的《雇佣劳动与资本》两本书中已经非常明白地知道资本家的剩余价值是从哪里产生以及如何产生的了。可见，马克思在《哲学的贫困》中，已开始提出了与古典学派根本不同的剩余价值理论，从而为政治经济学的革命变革作了开端。

第2章名为“政治经济学的形而上学”，全面、深刻地批判了蒲鲁东的唯心主义和形而上学观点。在批判中，马克思第一次科学地论述了经济范畴的客观性和历史性。他说：“经济范畴只不过是生产方面社会关系的理论表现，即其抽象。”② 由于社会生产关系会随着生产力的变化而变化，所以，在经济上的“这些观念、范畴也同它们所表现的关系一样，不是永恒的。它们是**历史的暂时的产物**”③。马克思这个关于经济范畴的客观性的历史性原理，不仅批判了蒲鲁东的唯心主义观点，还为以后全面地批判资产阶级政治经济学和创立无产阶级政治经济学奠定了牢固的理论基础。因为资产阶级经济学家都认为，资本主义是永恒不变的；他们在观察社会经济现象时，只看到物与物之间的关系，看不到人与人之间的关系，而这恰好与马克思主义政治经济学是相反的。在第2章里，马克思针对蒲鲁东关于分工的错误观点，还论述了关于简单协作、工场手工业和大机器工业生产的问题。他说：“生产工具和劳动者的积累与积聚，发生在作坊内部分工发展以前。”④ 这就指明了工场手工业生产的前提是有一定的资本积累和一定数量的劳动者集合在一个作坊之内。马克思在详细地研究了工场手工业之后，又分析了大机器工业生产的发展过程，并揭示了大机器工业和工厂的发展对工人阶级状况的影响。这些实际上已初步论述了资本主义生产发展三阶段的原理，为后来的相对剩余价值生产学说奠定了重要理论基础。

《雇佣劳动与资本》

标志着马克思主义政治经济学已开始产生的第二部著作是《雇佣劳动与资本》。这是马克思继《哲学的贫困》一书之后，于1847年秋冬之际在为布鲁塞尔德国工人协会⑤演讲的基础上写成的又一本成熟的马克思主义著作。它最初于1849年4月在德国《新莱茵报》

① 马克思，恩格斯．马克思恩格斯全集：第4卷．中文1版．北京：人民出版社，1958：100.

② 同①143.

③ 同①144.

④ 同①167.

⑤ 布鲁塞尔的德国工人协会是马克思、恩格斯于1847年8月底建立起来的，拥有约100个会员。协会的目的是要对流亡比利时的德国工人进行政治启蒙教育和宣传共产主义思想，为无产阶级政党的建立准备后备力量。

上以社论形式连续发表了一部分，后来于1880年在布勒斯劳首次以单行本形式出版。从内容上看，它可以说是《哲学的贫困》一书的继续，把后者提出的政治经济学一系列原理进一步发挥和系统化了，是马克思第一部公开出版的从正面系统阐述自己理论观点的著作。因此，它的出版说明，马克思主义政治经济学在形成发展过程中又前进了一大步。

在《雇佣劳动与资本》一书中，马克思在阐明工资的本质与决定时，进一步发挥和阐明了《哲学的贫困》中提出的资本主义制度下劳动是商品的观点。他明确指出，"劳动力是一种商品，是和砂糖一模一样的商品。"① 同时又指出，劳动是在资本主义制度下才有的一种特殊商品。这里实际上已有了把劳动力商品的价值和使用价值加以区分的思想，认为劳动力的价值像其他商品的价值一样，是由生产它的费用决定的。而这一劳动力的生产费用**"就是为了使工人保持其为工人并把他训练成为工人所需要的费用"**。这个费用就决定了劳动的价格，即工资。而劳动力商品的使用价值是一种"创造力量"，"这种创造力量不仅能补偿工人所消费的东西，并且还使积累起来的劳动具有比以前更大的价值"②。可见，马克思在这里实际上已接近于把劳动与劳动力两个概念区别开来③，并揭示了剩余价值的源泉，从而接近于解决李嘉图理论体系中价值规律与劳动同资本交换的矛盾问题了。

为了说明劳动力商品的价值决定问题，马克思还第一次明确地阐明了价值由劳动决定的论点。他说，商品的"价格由生产费用决定，就等于说价格由生产商品所必需的劳动时间决定"④。当然，马克思这时还没有明确提出商品的二重属性，更没有劳动二重性的观点，因此，还不能说已建立了自己的劳动价值论，特别是在资本主义制度下，他还把商品价值而不是生产价格看成是不断波动的市场价格所趋向的中心，表明马克思这时根本还没有价值转化为生产价格的学说。

在《雇佣劳动与资本》一书中，马克思着重地论述了资本是资产阶级社会特有的社会生产关系，即资本家对雇佣劳动的剥削关系的本质。这就与古典学派的资本概念划清了界限，从而开始建立了马克思主义的资本学说。古典学派认为，用做进行新的生产的手段而积累起来的劳动就是资本。马克思则认为，积累起来的劳动如纺纱机，只有在一定关系下才成为资本，"资本的实质并不在于积累起来的劳动是替活劳动充当进行新生产的手段。它的实质在于活劳动是替积累起来的劳动充当保存并增加其交换价值的手段"⑤。换言之，资本的实质就在于它是剥削雇佣劳动的手段。

马克思还特别阐述了关于资本积累和无产阶级贫困化问题。前已指出，马克思在《1844年经济学哲学手稿》中即已有了无产阶级贫困化理论的萌芽，在《雇佣劳动与资本》中，又进一步分析了资本家和工人之间的对立关系，随着资本积累的发展不断加深，从而进一步阐明了无产阶级贫困化的必然性。马克思指出，"资本的迅速增加就等于利润的迅速增加。而利润的迅速增加只有在劳动的价格相对工资同样迅速下降的条件下才是可

---

① 马克思，恩格斯．马克思恩格斯选集：第1卷．2版．北京：人民出版社，1995：334.

② 同①342，347.

③ 在1849年发表于《新莱茵报》上的《雇佣劳动与资本》中，马克思写到劳动力时，均未加"力"字。马克思有区分"劳动"与"劳动力"二者的思想，但未明确提出"劳动力"这一概念。

④ 同①342.

⑤ 同①346.

能的。”因此，随着资本的增加，“即使实际工资同名义工资即劳动的货币价值同时增加，只要实际工资不是和利润以同一比例增加，相对工资还是可能下降”①。在这里，马克思虽然还没有资本有机构成学说，但实际上已提出和初步阐明了资本积累和无产阶级相对贫困的学说。不仅如此，马克思还进一步分析指出，随着资本的增加、新机器的采用和分工的发展，工人阶级由于队伍的扩大和竞争的加剧而必然更加趋于贫困化。

《共产党宣言》

标志着马克思主义政治经济学已开始产生的第三部著作是《共产党宣言》。这是马克思、恩格斯于1847年12月至1848年1月共同写成的，以“共产主义者同盟”党纲的形式于1848年2月出版的一部划时代的著作，是马克思、恩格斯对自己在19世纪40年代从事理论研究的总结和对工人革命运动经验的总结。它的诞生为人类开辟了一个世界无产阶级革命的新纪元。

在《共产党宣言》（简称《宣言》）中，马克思、恩格斯对他们在以前所提出的无产阶级政治经济学基本原理作了进一步表述和发展。(1) 进一步论证和发展了关于资本主义产生、发展和灭亡的规律，指出资本主义生产关系比旧的生产关系大大促进了生产力的发展，但是，在资本主义竞争下，生产力的迅速发展必然要和资本主义生产关系发生日益尖锐的矛盾和冲突。于是，以前“资产阶级用来推翻封建制度的武器，现在却对准资产阶级自己了”②。因此，资本主义生产关系的消灭乃是不可避免的。(2) 进一步从资本主义生产力与生产关系的矛盾中深刻地揭露了产生危机的根本原因，并把危机与资本主义制度的崩溃联系起来，从而大大发展了经济危机学说。《宣言》指出，“几十年来的工业和商业的历史，只不过是现代生产力反抗现代生产关系、反抗作为资产阶级及其统治的存在条件的所有制关系的历史。只要指出在周期性的重复中越来越危及整个资产阶级社会生存的商业危机就够了。”③《宣言》还阐述了危机的各种表现，诸如生产过剩、大批地销毁商品和机器设备等现象。(3)《宣言》深刻地揭示了资产阶级社会生产关系的特征，指出资本主义生产是商品生产的最高形式，资本主义经营的唯一目的就是为了赚取利润。因此，资产阶级社会生产关系的一个重要特征就是金钱关系，指出资产阶级“使人和人之间除了赤裸裸的利害关系，除了冷酷无情的‘现金交易’，就再也没有任何别的联系了”④。(4)《宣言》还进一步论证和发展了关于无产阶级产生、发展及其伟大历史使命的学说。《宣言》着重论述了无产阶级怎样由“自在阶级”发展为“自为阶级”的斗争过程，并指出这种斗争最后必将导致无产阶级革命和无产阶级专政。这个专政的任务就是要使无产阶级从资产阶级手中夺取全部资本，并用以“尽可能快地增加生产力的总量”⑤。

总之，马克思、恩格斯在19世纪40年代后半期，通过革命实践活动和深入的科学研究，经济思想获得了新的飞跃，使马克思主义政治经济学进入了一个决定性的开始产生或萌芽阶段。

---

① 马克思，恩格斯. 马克思恩格斯选集：第1卷. 2版. 北京：人民出版社，1995：354.
②③ 同①278.
④ 同①274.
⑤ 同①293.

阅读书目

马克思. 政治经济学批判//马克思，恩格斯. 马克思恩格斯选集：第 2 卷. 2 版. 北京：人民出版社，1995

恩格斯. 关于共产主义同盟的历史//马克思，恩格斯. 马克思恩格斯选集：第 4 卷. 2 版. 北京：人民出版社，1995

恩格斯. 政治经济学批判大纲//马克思，恩格斯. 马克思恩格斯全集：第 1 卷. 中文 1 版. 北京：人民出版社，1956

恩格斯. 资本论（第 2 卷序言）//马克思，恩格斯. 马克思恩格斯选集：第 2 卷. 2 版. 北京：人民出版社，1995

马克思. 哲学的贫困//马克思，恩格斯. 马克思恩格斯全集：第 4 卷. 中文 1 版. 北京：人民出版社，1958

马克思. 雇佣劳动与资本//马克思，恩格斯. 马克思恩格斯选集：第 1 卷. 2 版. 北京：人民出版社，1995

马克思，恩格斯. 共产党宣言//马克思，恩格斯. 马克思恩格斯选集：第 1 卷. 2 版. 北京：人民出版社，1995

列宁. 弗里德里希・恩格斯//列宁. 列宁选集：第 1 卷. 3 版. 北京：人民出版社，1995

列宁. 卡尔・马克思//列宁. 列宁选集：第 2 卷. 3 版. 北京：人民出版社，1995

思考题

一、名词解释

货币拜物教　经济范畴　资本

二、问答题

1. 为什么马克思主义必然要在 19 世纪 40 年代产生于德国？
2. 标志马克思主义政治经济学产生的是哪三部著作？其主要内容是什么？

第十三章

马克思主义政治经济学的确立

本章重点

19世纪50—60年代末是马克思、恩格斯从事无产阶级革命理论研究获得重大成功的时期。1859年正式出版了马克思的《政治经济学批判》第一分册，建立了科学的劳动价值论和货币理论。《1857—1858年经济学手稿》《1861—1863年经济学手稿》《1863—1865年经济学手稿》是《资本论》的三个手稿，体现了马克思主义政治经济学体系的形成与确立。1867年《资本论》第1卷正式出版，标志着马克思主义政治经济学体系的建立。马克思主义经济学体系包括科学的劳动价值论、剩余价值理论、社会资本再生产与危机理论等，是政治经济学说史上的伟大革命。

本章知识点

- 《1857—1858年经济学手稿》和六册计划
- 《资本论》的写作和出版
- 马克思主义经济学重要理论的确立

第一节　19世纪50年代马克思的经济学研究

19世纪50年代前期马克思的研究和《伦敦笔记》

1848年在法国和德国先后爆发了以无产阶级为主力军的资产阶级民主革命。原来侨居在比利时布鲁塞尔的马克思和恩格斯在革命爆发后立即赶往法国，后又转至德国积极参加和指导革命斗争。革命失败后，马克思于1849年5月辗转流亡到伦敦，在那里一直居住到与世长辞。恩格斯也于1850年11月迁居曼彻斯特，重新回到欧门-恩格斯公司工作，以便从经济上帮助马克思集中全力从事无产阶级革命的理论研究和实践活动。

马克思的经济理论研究工作在1848年因欧洲革命而不得不暂时停顿下来以后，直到1850年秋天才在伦敦重新恢复起来。这时他重新仔细研究了资产阶级政治经济学，特别是英国资产阶级经济学家的著作。1850年9月—1853年8月的3年间，他写的笔记就有24本，1 250多页，现称为《伦敦笔记》。

《伦敦笔记》涉及的内容十分广泛。在1850—1851年间写的前7本笔记中，主要是研究货币理论问题，其中相当篇幅是关于"通货原理"和"银行理论"之间的论战。这时他对李嘉图的货币数量论已从过去的同意转变为反对了，认为这个理论同现实是矛盾的。现实是，不是流通中的货币数量决定商品的价格，相反的是流通中的商品价格总额决定流通中的货币数量。在论述货币问题时，马克思还批判了蒲鲁东用资本主义制度的缺陷来解释经济危机的观点。从第8本笔记开始，马克思更多地转入一般性经济著作的研究，除价值、利润、工资等问题外，地租成了他注意的中心。他用历史事实证明了李嘉图把地租的增长看成是由农产品价格上涨引起的论点是错误的，并指出李嘉图把级差地租的产生与所谓土地肥力递减规律联系在一起也是错误的。在《伦敦笔记》中，马克思还第一次发现了李嘉图体系中价值规律与劳动资本相交换的矛盾。当然，当时由于他还没有把劳动与劳动力区分开，也无法解决这个矛盾。此外，《伦敦笔记》还对工人状况、农业史、经济史、发明史、技术和工艺史、银行问题、经济危机问题，以至文学史、文化史、伦理史和殖民体系问题、外交政策问题等等都有论述。从《伦敦笔记》反映出的理论观点来看，很显然，马克思这时的思想水平已超过了19世纪40年代。还值得注意的是，马克思在这时已开始有了区分古典经济学与庸俗经济学的思想。他在撰写《伦敦笔记》过程中的1851年4月2日给恩格斯的信中说："我已经干了不少，再有大约五个星期我就可以把这整个的经济学的玩意儿干完……实际上，这门科学从亚当·斯密和大卫·李嘉图时代起就没有什么进展。"① 这个判断对于马克思主义政治经济学的形成具有十分重要的意义。

马克思在这个时期研究政治经济学的过程中，经常与在曼彻斯特工作的恩格斯通信讨论问题。马克思不仅就一系列问题征询过恩格斯的意见，而且还向他索取过有关材料，恩格斯对马克思提出的问题和要求，总是给予满意的答复和热情的帮助。他们这种在理论研究上的相互切磋不仅限于当时，在以后的几十年也一直如此。同时，恩格斯还担负着在报刊上与论敌斗争的任务，好让马克思集中精力去从事《资本论》的研究和写作。恩格斯自己就说过："马克思和我之间有分工，我的任务就是要在定期报刊上，因而特别是在同敌对见解的斗争中，发表我们的见解，以便让马克思有时间去写作他那部伟大的基本著作。"② 当然，更不用说恩格斯为了保证马克思有从事理论研究的生活条件，不惜作出牺牲去从事自己十分厌恶的商业工作。这些都充分说明马克思主义政治经济学是由马克思、恩格斯两位伟大的无产阶级革命导师共同用心血凝结而成的。

---

① 马克思，恩格斯．马克思 恩格斯《资本论》书信集．北京：人民出版社，1976：41.

② 马克思，恩格斯．马克思恩格斯选集：第3卷．2版．北京：人民出版社，1995：134.

19 世纪 50 年代后期马克思的研究和《1857—1858 年经济学手稿》

马克思写作《伦敦笔记》是为他在 19 世纪 40 年代初即已着手进行而后又中断了的一部《政治和政治经济学批判》巨著进行准备。但他的这个庞大研究计划在 1854—1856 年间因生活极端困苦、工作过度紧张、健康状况越来越坏而被迫中断，直到 1857 年下半年开始，为迎接欧洲因已爆发经济危机而可能引起的革命，他才又加紧恢复了经济学的研究工作。马克思在 1858 年 12 月 8 日给恩格斯的信中说："我现在发狂似地通宵总结我的经济学研究，为的是在洪水之前至少把一些基本问题搞清楚。"① 没过多久，在给拉萨尔的信中又说："目前的商业危机促使我认真着手研究我的政治经济学原理，并且搞一些关于当前危机的东西。我不得不为了挣钱的工作而消耗……白天。我只剩下夜晚来做真正的工作，而且还有病痛来打扰。"② 这说明马克思在 1857 年恢复经济学研究以后，依然是在十分贫困而艰苦的生活中顽强拼搏的。

《1857—1858 年经济学手稿》就是这一时期马克思研究政治经济学的重大成果。这部手稿共有 7 本，50 多个印张，包括"导言""政治经济学批判"等七个部分。"导言"写于 1857 年 8 月底，没有全部完成，"政治经济学批判"写于 1857 年 10 月—1858 年 5 月。这部手稿于 1939 年在莫斯科第一次全文发表。

在"导言"中，马克思详细地阐述了政治经济学的研究对象和方法问题。过去西方经济学家都把抽象的个人当作政治经济学研究的出发点，否定生产和分配等的内在联系，把资本主义生产看做是永恒不变的一般生产，认为只有分配方式才会发生变化，因而往往把分配方式当作政治经济学研究的对象。马克思在"导言"中深刻地批判了这些观点，从马克思主义的唯物史观出发，精辟地论述了生产、分配、交换和消费之间的辩证关系，强调了生产在其中的决定性作用及生产发展的历史阶段性；并明确提出了政治经济学研究的对象是生产关系；此外，还第一次明确地阐述了政治经济学的方法论，说明了他所使用的从抽象到具体这一逻辑方法是同现实即历史发展过程相一致的，并批判了黑格尔的逻辑方法的唯心主义错误。

在这里，马克思根据他关于政治经济学对象和方法的思想提出了《政治经济学批判大纲（草稿）》结构的第一个计划草稿，打算把全书分为五篇：（1）一般的抽象的规定，因此它们或多或少属于一切社会形式。（2）形成资产阶级社会内部结构并且成为基本阶级的依据的范畴。资本、雇佣劳动、土地所有制。它们的相互关系。城市和乡村。三大社会阶级。它们之间的交换。流通。信用事业（私人信用）。（3）资产阶级社会在国家形式上的概括。就它本身来考察。"非生产"阶级。税。国债。公共信用。人口。殖民地。向外国移民。（4）生产的国际关系。国际分工。国际交换。输出和输入。汇率。（5）世界市场的危机。

《政治经济学批判大纲（草稿）》（简称《大纲》）实际上是《资本论》的第一个手稿。它表述了马克思主义政治经济学的许多重要原理，它的内容分为"货币""资本"两章，除地租学说外，《资本论》中的基本原理几乎都包括进去了。在《大纲》中，马克思第一

---

① 马克思，恩格斯. 马克思恩格斯全集：第 29 卷. 中文 1 版. 北京：人民出版社，1972：219.

② 同①527－528.

次明确地阐明了他的价值理论的基本要点和一些细节问题；并在此基础上提出了科学的剩余价值理论的一些基本原理。其要点是：(1) 在“货币章”中，马克思首先批判了蒲鲁东主义者达里蒙的“劳动货币”论，指出“劳动货币”的概念是站不住脚的，因为货币是商品形式发展的必然结果。因此，蒲鲁东主义者抬高商品而贬黜货币，乃是对货币本性的无知。此外，马克思还第一次提出了生产商品的劳动具有二重性的思想，对商品二重性、简单商品生产的基本矛盾、价值形式以及货币的起源、本质和职能等问题作了深刻的分析。(2) 在《大纲》中，马克思详细地分析了资本的生产过程和流通过程以及剩余价值转化为利润、利息等问题，第一次对劳动和劳动力作了明确区分，指出了劳动不是商品，只有劳动力才是商品，劳动是劳动力商品的使用价值，它是价值的源泉，但它本身并没有价值；第一次区分了绝对剩余价值和相对剩余价值，区分了剩余价值一般和剩余价值的具体形式，初步论述了平均利润率的形成问题。(3) 考察了资本主义以前的各种所有制形式的发展过程，并且对未来的共产主义社会中的劳动、人的全面发展、时间的节约以及技术在生产中的应用等问题也作了论述和分析。

《大纲》反映了马克思主义政治经济学创立过程的极其重要阶段，标志着马克思已经完成他的政治经济学批判工作。不过《大纲》所研究的问题，“只是一种专题研究的形式，常常过于详尽……”①。它只是一种供弄清问题的草稿，而不是供出版用的完成著作。因此，在结构和叙述上并不一贯和严密，对所论劳动价值论和剩余价值理论也还远没有达到完善的地步。

《资本论》的6册结构和《政治经济学批判》第1分册

马克思在1858年初即将完成他的草稿时，预计一下子出版自己的全部著作是不可能的，同时也根据他在草稿中新的研究成果，对书的结构作了重新安排。即与“导言”中的5篇结构不同，这次他把全书分为6个分册，总的书名定为《政治经济学批判》。马克思在1858年2月22日和3月11日给斐·拉萨尔的信中说明了他计划的这6个分册是：“(1) 资本（包括一些绪论性的章节）；(2) 地产；(3) 雇佣劳动；(4) 国家；(5) 国际贸易；(6) 世界市场。”② 其中第1分册又细分为：(1) 价值；(2) 货币；(3) 资本一般（资本的生产过程、资本的流通过程、两者的统一或资本和利润、利息)。在这6个分册中，马克思并不打算平均用力，而认为前3册属于“基本经济原理”，将作“详细的解释”，后3册则不作详细探讨③，而第1册的第3篇“资本一般”又是分析的重点，马克思称之为“精髓”④ 和“核心”⑤。因此，马克思认为，真正的战斗是从分析“资本一般开始”的。但从政治上考虑，先出版这一部分是不合适的，于是决定先把价值、货币两部分（这属于“绪论性的章节”）出版，这两部分就构成了1859年出版的《政治经济学批判》第1分册的主要内容。

---

① 马克思，恩格斯．马克思恩格斯全集：第29卷．中文1版．北京：人民出版社，1972：534.
② 同①531.
③ 马克思，恩格斯．马克思 恩格斯《资本论》书信集．北京：人民出版社，1976：130，170，152.
④ 同③170.
⑤ 同③152.

《政治经济学批判》第1分册由“序言”和第1章“商品”、第2章“货币或简单流通”组成。它是马克思在自己的《资本论》问世之前出版的最主要的一部杰出的经济学著作。恩格斯说，这是马克思“多年研究经济学的最初成果”，“这部著作第一次系统地阐述了马克思的价值理论，包括货币学说在内”①。在这部著作中，马克思首先全面、系统地阐明了自己的劳动价值论，在商品二重性上，不仅指出了二者是商品的内在属性，而且阐明了二者之间的对立统一关系；在分析了商品二重性之后，进而又明确地分析了生产商品的劳动二重性，创立了崭新的劳动二重性学说；在此基础上第一次阐明了价值的形式问题，从而揭示了货币的起源和本质。可见，马克思在这部著作中已基本上完成了劳动价值论和货币论中的革命变革。在这部著作中，马克思还对货币职能和商品、货币分析的历史进行了分析和考察。但这时马克思还没有对价值和交换价值加以区分，也没有对价值向生产价格的转化进行分析。

以上说明，马克思在19世纪50年代的经济学研究又进一步取得新的重大成就，主要是完成了对资产阶级政治经济学的批判，基本上创立了自己的劳动价值论和剩余价值理论，从而使马克思主义政治经济学的创立过程完成了它极其重要的决定性阶段。而这一创立过程的完全完成，则是在60年代通过《资本论》的写作和出版来实现的。

第二节 《资本论》的写作和出版

1861—1863年手稿的写作和内容

马克思《资本论》的写作经过了一个漫长的过程，从他1843年开始研究政治经济学，实际就是在为撰写《资本论》做准备算起，到1867年第1卷正式出版，前后共经过20多年。这一方面是因为《资本论》这座宏伟的科学大厦之创立是十分艰巨的，不可能一挥而就；另一方面也由于马克思是伟大的无产阶级思想家和革命家，他的经济学研究和《资本论》的写作过程，同时也是积极参加国际工人运动的过程，并且是直接为指导无产阶级斗争、为国际工人运动服务而去写作的，因此有时为了直接参加革命斗争的需要而不得不把经济理论的研究暂时停顿下来，这也使得它的创作不可能在短时间之内完成。

1859年《政治经济学批判》第1分册出版之后，马克思本来打算紧接着就出版第2分册，即出版阐明“资本一般”的那一分册。但正当马克思开始着手写第2分册的时候，法国路易·波拿巴所收买的德国庸俗民主主义者福格特写书攻击马克思及其战友在共产主义者同盟中的活动，诬蔑他们是阴谋者等等。马克思意识到，这不只是对他个人的攻击，而是企图使正在形成的无产阶级政党的信誉扫地。因此，马克思便不得不暂时放下经济学的研究，而在1860年用了近一年的时间写成了《福格特先生》这一论战性著作，予以反击。直到1861年夏天，才重新恢复第2分册的写作。在1861年8月—1863年7月之间共写了23本笔记，约200个印张近1 500页的手稿，简称为《1861—1863年经济学手稿》，这部手稿实际上是继《1857—1858年经济学手稿》之后的《资本论》的第二个手稿。

① 马克思，恩格斯．马克思恩格斯选集：第3卷．2版．北京：人民出版社，1995：332.

1861年夏天，马克思刚刚开始写作《1861—1863年经济学手稿》时，即拟了一个《政治经济学批判》第3章的提纲草稿。这个草稿把“资本一般”扩充为四大部分：（1）资本的生产过程；（2）资本的流通过程；（3）资本和利润；（4）其他问题。这就把“资本一般”的结构进一步具体化了，《1861—1863年经济学手稿》基本上就是按照这个结构顺序来写的，以后则把“资本一般”单列为一部独立的著作，定名为《资本论》。1862年12月28日他在给库格曼的信中谈到了这部著作的内容。他说：“它是第一册的续篇，将以**《资本论》**为标题单独出版，而《政治经济学批判》这个名称只作为副标题……这一卷的内容就是英国人称为‘政治经济学原理’的东西。”①

《1861—1863年经济学手稿》的写作经历了三个阶段。第一阶段是从1861年8月至1862年春的时期。这个时期写了第Ⅰ～Ⅴ本笔记和第ⅩⅥ、第ⅩⅦ本笔记的前7页（1022～1028页）。第Ⅰ～Ⅴ本笔记论述货币转化为资本、绝对剩余价值、相对剩余价值，实际上是后来《资本论》第1卷的一部分内容；第ⅩⅥ和第ⅩⅦ本笔记前7页论述资本和利润，实际上是后来《资本论》第3卷的一部分内容。第二阶段是从1862年春到同年12月的时期。这一时期写了第Ⅵ～ⅩⅤ本笔记和第ⅩⅦ～ⅩⅧ本笔记。第Ⅵ～ⅩⅤ本笔记主要是写剩余价值理论，这后来由考茨基编辑单独出版，也称为《资本论》第4卷。在第ⅩⅡ～ⅩⅢ本笔记中写了商业资本、资本主义再生产中的货币回流运动，以及包括一部分剩余价值理论。前两部分成为后来《资本论》第3卷的一部分内容。第三阶段是1863年1月至7月的时期。这个时期写了第ⅩⅨ～ⅩⅩⅢ本笔记。第ⅩⅨ～ⅩⅩ两本笔记继续讨论曾于一年前在第Ⅴ本笔记中中断了的相对剩余价值问题，实际上是对“机器”问题继续进行考察；第ⅩⅩⅠ～ⅩⅩⅢ本笔记依次论述了劳动对资本的从属问题、生产劳动和非生产劳动问题、资本积累和再生产问题，以及原始积累等问题。值得指出的是，在第ⅩⅩⅡ～ⅩⅩⅢ本笔记的一些历史插论部分中，马克思增加了对威廉·配第、大卫·休谟、约·马西、达·诺思和约·洛克等人的摘录。这表明马克思对政治经济学的研究，这时已向前延伸到了17世纪末—18世纪中叶。这些历史插论部分后来被统统编入了《剩余价值理论》一书中。

从《1861—1863年经济学手稿》写作的过程及其内容可看出，这部分手稿既包括《资本论》的理论部分，也包括它的历史批判部分，即剩余价值理论的历史考察。而历史批判部分占了整个手稿一半以上的篇幅。在写作顺序上，马克思是先写理论部分，而当写到相对剩余价值学说时，即转而写历史部分，直到基本完结历史的考察后才再写理论部分。这就是说，马克思对于作为《资本论》理论部分即前三卷的创作过程，始终伴随着对其理论的历史部分的考察和批判。马克思原打算把历史部分附在资本主义生产过程的理论分析之后，就像在《政治经济学批判》中那样，把关于商品分析的历史和关于货币学说的历史分别附在“商品”和“货币”之后来叙述一样。但是因为资产阶级经济学家在剩余价值问题上犯有许多错误，尤其是把剩余价值同利润混同，把劳动同劳动力混同，把简单商品生产同资本主义商品生产混同，这就使得马克思对剩余价值理论历史的批判，无论在深度还是广度上都远远超过了原定的计划，后来就把它单列成卷，即成了现在的《资本论》第4卷——《剩余价值理论》。马克思对《资本论》的这个创作过程说明，马克思主义政

---

① 马克思，恩格斯．马克思恩格斯全集：第30卷．中文1版．北京：人民出版社，1974：636.

治经济学是在全面批判以往一切经济学的基础上建立起来的，是崭新的、革命的、批判的科学，它的创立过程，也就是政治经济学革命的过程。

《1861—1863年经济学手稿》的写成，表明马克思主义政治经济学的创立过程又跨入了一个新的发展阶段。它不仅在理论的结构体系上更趋于成熟，而且对政治经济学原理作出了一系列新的贡献。主要是：在这部手稿中，马克思全面剖析了劳动力商品的特性，并抛弃了最低工资的观点，完成了劳动力商品学说的创立；进一步阐述了剩余价值理论，在相对剩余价值的研究中第一次详细地考察了协作、分工和机器大生产的各个阶段，特别强调了科学技术在社会发展中的重大作用，并且指出机器的资本主义使用，必然使工人阶级和资产阶级之间的矛盾和对立日益加深；提出了劳动在形式上和实际上从属于资本的论点；详细地阐述了资本主义条件下生产劳动和非生产劳动理论，并作了科学划分的规定；论述了资本积累的原始积累理论；在考察魁奈《经济表》和批判"斯密教条"的基础上第一次系统地阐述了社会再生产理论，并论述了经济危机理论；第一次详细地提出了平均利润和生产价格理论；在生产价格理论的基础上论述了绝对地租理论并进一步完善了级差地租理论；广泛地阐述了商业资本和货币资本的理论，以及它们的特殊增殖条件；在进一步阐明剩余价值一般的同时还研究了剩余价值的各种转化形式及其在各统治集团之间分配的一般规律，从而完成了广义的剩余价值理论。不仅如此，这部手稿所包含的理论历史部分的考察，即"剩余价值理论"部分，乃是构成《资本论》第4卷的唯一手稿，从而使马克思最终形成了未来《资本论》的四卷结构。因此，在《1861—1863年经济学手稿》中，马克思已基本上把《资本论》作为一个完整的体系加以论述，而且《资本论》全书的结构体系在纲目上都已大体确定了。以后《资本论》的写作，基本上就是按照这个结构体系来安排的。

1863—1865年手稿

1863年8月—1865年12月间，即第一国际成立（1864年9月）前后，马克思在积极投入政治斗争并承担第一国际领导工作的同时，又加紧撰写了《资本论》的第三个手稿，即《1863—1865年经济学手稿》。这份手稿分为三册。第1册是《资本的生产过程》，共有6章，前5章与后来出版的《资本论》第1卷完全一致，但其手稿已遗失，现在保留下来的手稿只有第6章："直接生产过程的结果"。第2册是《资本的流通过程》，共有3章。这是后来《资本论》第2卷的第一稿，它所考察的范围也大致上与后来《资本论》第2卷相一致。第3册是《总过程的各种形式》，它是现在仍保留下来的《资本论》第3卷的唯一手稿。

可见，马克思在1865年底已最后完成了《资本论》三大卷的全部手稿。他在1866年2月13日给恩格斯的信中高兴地说道：《资本论》初稿于"12月底已经完成"①。

《资本论》第1卷的出版和修订

马克思在《资本论》第三个手稿写完以后，从1866年1月1日开始，即着手对第1

① 马克思，恩格斯．马克思恩格斯全集：第31卷．中文1版．北京：人民出版社，1972：180.

卷的手稿进行最后的加工、整理和润色。本来，马克思是不打算在自己的整个著作全部完成以前去出版任何一部分的，只是由于恩格斯的恳切劝告和建议，才决定首先出版第1卷，以便尽快地用科学的政治经济学去武装各国工人阶级。这时，马克思又补写了关于商品和货币部分，作为第一章，再加上上述第三个手稿第1册《资本的生产过程》的前5章便构成了《资本论》第1卷第1版的全部内容，即除"序言"外共有6章：第1章商品和货币；第2章货币转化为资本；第3章绝对剩余价值的生产；第4章相对剩余价值的生产；第5章对绝对剩余价值和相对剩余价值生产的进一步考察；第6章资本的积累过程。在加工、整理和润色的过程中，马克思的忠实伴侣和战友燕妮承担了繁重的抄写任务。到1867年3月，第1卷的全部定稿工作便告完成。接着4月中旬，马克思把稿子亲自送往德国汉堡排印；8月16日，马克思又亲自校完了全部清样；同年9月14日《资本论》第1卷德文第1版就在汉堡问世了。

《资本论》第1卷第1版只印了1 000册。由于当时资产阶级进行沉默抵制，使该书起初销售很慢，到1869年底还有308册没有售完。但是，经过恩格斯的热情宣传和多方努力，终于使该书在社会上引起人们的关注和重视，并使它很快成了工人阶级非常喜爱的读物。特别是到了1871年秋天，在巴黎公社失败后，由于国际工人运动迫切需要革命理论的指导，正好这时《资本论》第1卷已经售完，于是马克思根据出版商的要求决定再版。再版时马克思对第1版的篇章结构进行了一些调整，并改写了难以理解的第1章中"价值形式"一节，删去了原有的关于"价值形式"的附录部分。这样，1872年7月出版的《资本论》第1卷第2版便分为7篇25章。这就是我们现在通常见到的《资本论》第1卷的结构。

《资本论》第1卷德文第2版于1872年7月出版后，马克思又紧接着于同年9月开始，在各方面协助下出版了法文版的第1卷。这个法文版是由约瑟夫·鲁瓦翻译并经马克思亲自校订过的，在篇章结构和某些论点等方面，马克思也作了一些极为重要的修改。

1883年马克思逝世后，恩格斯又根据马克思修订的《资本论》第1卷德文第3版的遗稿继续完成其修订工作，并于1884年2月出版了《资本论》第1卷德文第3版。1889年9月，恩格斯再次对照法文版和马克思的笔记，把法文版的一些地方补充进去，又由马克思的女儿爱琳娜根据英文的原著核对了大多数的行文，订正了一些印刷错误和增加了一些说明性的注释，于1890年12月出版了德文第1卷第4版。这就是我们今天通常读到的《资本论》第1卷的版本。

《资本论》第1卷出版的伟大意义

《资本论》第1卷的出版，是一个具有划时代意义的事件。(1) 它标志着马克思、恩格斯创立的无产阶级政治经济学体系和在政治经济学领域中进行的伟大革命已经全部完成，从而宣告了具有完整科学理论体系的无产阶级政治经济学在对资产阶级和小资产阶级政治经济学的斗争中已取得决定性的胜利，开辟了无产阶级政治经济学在工人运动中占统治地位的时代。(2) 它标志着整个马克思主义从根本上已建立起完整的科学理论体系，因为政治经济学是马克思主义三个组成部分中的主要内容。(3)《资本论》的出版还促进了工人阶级在政治上更加成熟，推动了他们向资本主义制度展开更加猛烈的进攻，因为它是“最后在理论方面给资产阶级一个使它永远翻不了身的打击”①，是“向资产者（包括土地所有者在内）脑袋发射的最厉害的炮弹”②。

恩格斯曾用工人自己的语言，形象地把《资本论》称为“工人的圣经”，并说：“自从世界上有资本家和工人以来，没有一本书像我们面前这本书那样，对于工人具有如此重要的意义。”③ 但我们工人阶级在读到这本“圣经”的时候，曾否想到马克思对它的创作过程，却是一个充满着斗争和艰苦的、辛勤劳动的过程？他不仅要同各国反动资产阶级政府加给他的种种迫害和恶意中伤进行斗争，还要经常同贫困和病魔作斗争。马克思由于没有固定的经济收入，有时穷得连买稿纸、信纸的钱都没有，寄一份稿件的邮费也付不起；家里人病了无钱去医治，小女儿死了，无钱买棺材；家里有时一连几个星期只能吃点面包和土豆充饥。马克思就是这样经常在贫困饥饿的威胁下从事《资本论》的写作的。由于长年的贫困和劳累，马克思的身体健康受到严重损害，多种疾病缠身。尽管如此，马克思也从未向困难低头，而是顽强地为着无产阶级的革命事业不懈地进行写作。马克思曾这样描述过自己当时的情景：“我一直在坟墓的边缘徘徊。因此，我不得不利用我还能工作的每时每刻来完成我的著作，为了它，我已经牺牲了我的健康、幸福和家庭。”④ 马克思这种不畏艰苦的、顽强的革命精神，永远值得我们学习和纪念。

第三节 马克思主义政治经济学的重要理论的创立

科学地确立了政治经济学的对象

马克思主义政治经济学创立于19世纪40—60年代之间。它是马克思、恩格斯在总结人类社会经济发展规律特别是资本主义经济运动规律的基础上创立起来的。马克思主义政治经济学的创立标志着经济科学领域中的伟大革命，它既批判地继承了资产阶级古典政治经济学，也批判了资产阶级庸俗政治经济学和小资产阶级政治经济学。

马克思、恩格斯在创立马克思主义政治经济学中的贡献，首先表现在他们运用辩证唯物主义和历史唯物主义原理来研究政治经济学，科学地确立了这门科学的对象。古典政治经济学家虽然第一次把政治经济学发展成为一门独立的科学，但是由于受到资产阶级立场、观点和方法的局限，并不曾科学地确立这门科学的对象，在他们看来，政治经济学研究的对象不是生产关系，而是国民财富即资产阶级财富的生产和分配。因此，他们实际研究的只是物，或物与物之间的关系。李嘉图在研究财富的分配时，虽然涉及阶级利益的矛盾，但这矛盾仅局限于分配领域，而且还被认为是自然现象。而庸俗政治经济学家则故意抹杀政治经济学的阶级性，专门以物与物之间的关系来掩盖人与人之间的关系，为资本主义剥削进行辩护。与此相反，马克思、恩格斯认为，政治经济学研究的对象应是人与人之

① 马克思，恩格斯. 马克思恩格斯全集：第31卷. 中文1版. 北京：人民出版社，1972：425.
② 同①542－543.
③ 马克思，恩格斯. 马克思恩格斯选集：第2卷. 2版. 北京：人民出版社，1995：589.
④ 同①543.

间的社会生产关系。恩格斯说："经济学所研究的不是物，而是人和人之间的关系，归根到底是阶级和阶级之间的关系。"[①] 在马克思、恩格斯看来，经济范畴无非是人们的社会生产关系在理论上的表现。因此，列宁在说到马克思主义政治经济学与资产阶级政治经济学在研究对象上的区别时指出："凡是资产阶级经济学家看到物与物之间的关系（商品交换商品）的地方，马克思都揭示了**人与人之间的关系**。"[②] 马克思和恩格斯就是这样把政治经济学变为一门研究一定社会生产方式下的生产关系及其发展规律的科学的，它研究人类社会各个发展阶段上支配物质生活资料的生产、交换和分配的规律。

马克思、恩格斯还进一步肯定，政治经济学在本质上是一门历史的科学。因为作为政治经济学研究对象的一定的社会生产关系总是人类社会一定历史阶段的产物，从而在理论上抽象表现这种生产关系的经济范畴，也必然要随着客观的社会生产关系的变化而变化。这样，马克思、恩格斯就最先揭示了经济范畴的客观性和历史性，并第一次深刻地揭示了资本主义生产方式的历史暂时性，及其产生、发展和必然灭亡的规律，彻底否定了古典学派把资本主义的经济范畴视作抽象的永恒的"人类本性"的体现，把资本主义经济规律视作与"人类本性"相适应的永恒规律的错误观点。

制定了研究政治经济学的科学方法

马克思、恩格斯首先在哲学上进行革命，创立了科学的辩证唯物主义和历史唯物主义的方法，并第一次把这种方法运用于研究政治经济学。这正是马克思、恩格斯之所以能在经济学领域中实现伟大革命的一个根本原因。

马克思、恩格斯认为，政治经济学必须从社会经济现象的普遍联系出发，从社会经济关系或社会经济结构出发，全面研究各种经济范畴，才能揭示出社会经济发展的客观规律。列宁说："马克思把经济科学推进了一大步，这表现在他是根据普遍的经济现象，根据社会经济的全部总和来分析问题，而不是……只根据个别偶然现象或竞争的表面现象来分析问题。"[③] 这样，他们就彻底抛弃了古典学派孤立地、静止地、片面地考察经济现象的方法。诚然，古典学派的学者在一定限度内也研究了资本主义经济的内部联系，但他们偏重于量的分析，而忽视了事物的本质，而且把资本主义制度当作静止不变的永恒制度来看待，所以，他们始终不能揭示资本主义制度的本质和发展规律。而马克思、恩格斯却总是从运动、变化和发展的观点去研究经济现象和经济范畴，同时他们始终贯穿着经济矛盾分析和阶级分析，并把二者结合起来，从而揭示出各个生产方式的本质及其自始至终的矛盾运动，以及一个生产方式被另一个生产方式所代替的历史必然性。他们就是这样揭示了资本主义制度的剥削本质、基本矛盾和基本经济规律，阐明了资本主义生产方式的产生、发展和必然灭亡的客观规律性。

马克思、恩格斯使用抽象方法，是他们在研究政治经济学上运用唯物辩证法的又一重要表现。马克思指出："分析经济形式，既不能用显微镜，也不能用化学试剂。二者都必

① 马克思，恩格斯. 马克思恩格斯全集：第13卷. 中文1版. 北京：人民出版社，1962：533.

② 列宁. 列宁选集：第2卷. 3版. 北京：人民出版社，1995：312.

③ 同②434.

须用抽象力来代替。"① 古典学派的学者虽然也采用抽象方法，但他们的抽象方法或者是不彻底的，如斯密的方法就是二元论的；或者是片面的，如把抽象分析绝对化，而与历史的分析对立起来，因而都是不科学的。马克思、恩格斯则与此相反，是唯物辩证地把抽象分析与历史分析相结合，逻辑进程与历史进程相统一。"历史从哪里开始，思想进程也应当从哪里开始，而思想进程的进一步发展不过是历史过程在抽象的、理论上前后一贯的形式上的反映。"② 马克思的《资本论》就是这样运用唯物辩证的抽象方法的典范。它以丰富的实际材料为依据，把逻辑进程与历史进程密切地结合起来，全面阐明了从简单到复杂、从量变到质变、从低级到高级、从经济细胞到成熟的资本主义经济形态的辩证发展过程。

马克思、恩格斯研究政治经济学的方法，还有一个重要特点，就是具有高度的革命性和批判精神。他们总是把经济理论研究同革命实践结合起来，始终贯穿着对资产阶级和小资产阶级政治经济学的批判斗争。这也是他们运用唯物辩证法的一个重要表现。因为按照唯物辩证法的观点，事物总是在对立统一运动中发展的。所以马克思主义政治经济学在本质上是革命的、批判的，它处处闪耀着为无产阶级利益而战斗的光辉，给无产阶级和全世界劳动人民指出了解放的道路。

创立了科学的劳动价值论

马克思、恩格斯在批判地继承古典学派劳动价值论的基础上，建立了崭新的、完整的、科学的劳动价值论。古典学派虽奠定了劳动价值论的初步基础，但他们由于受到资产阶级狭隘眼界的束缚，并没有也不可能创立生产商品的劳动二重性的学说，因而不知道究竟是什么劳动创造价值，不了解创造价值的劳动的社会性质，从而也就不了解价值的实体和本质，也没有分析价值形式，并且陷入商品拜物教。古典学派所注意研究的只是价值的量的方面，而且即使是古典学派的最后完成者李嘉图，也没有把价值和生产价格区别开来，因而不能说明价值规律和平均利润率之间的矛盾。只有马克思从分析商品二重性入手，最先揭示了商品的内部矛盾，即价值和使用价值的辩证关系，说明商品二重性的矛盾包含着资本主义一切矛盾的萌芽。特别是马克思、恩格斯首先创立了劳动二重性学说，彻底解决了古典学派所没有或不能解决的诸如价值实体、价值的本质和价值量等一系列有关劳动价值论的基本问题，为他们的全部经济学说提供了"理解的枢纽点"。他们还第一次科学地区分了价值、交换价值和价格，创立了价值形式学说。他们彻底解决了古典学派由于混同价值与生产价格的区别而遇到的无法解决的难题，从历史上和逻辑上阐明了从价值到生产价格的转化，科学地说明了价值规律和平均利润率之间的矛盾，从而把劳动价值论贯彻到底。科学劳动价值论的建立，为剩余价值理论和全部政治经济学提供了理论基础。

创立了剩余价值理论

马克思、恩格斯在劳动价值论的基础上创立了剩余价值学说。剩余价值学说是马克思

---

① 马克思，恩格斯. 马克思恩格斯全集：第 23 卷. 中文 1 版. 北京：人民出版社，1972：8.

② 马克思，恩格斯. 马克思恩格斯全集：第 13 卷. 中文 1 版. 北京：人民出版社，1962：532.

主义政治经济学的核心和基石，它的发现使全部政治经济学发生了根本的革命，从而建立起了系统、完整的无产阶级政治经济学的科学理论体系，全面深刻地揭示了资本主义经济的剥削本质和运动规律。古典学派虽然在一定程度上接触到剩余价值问题，但由于其阶级局限性，没有也不可能认识到剩余价值的本质以及它是如何产生的。马克思指出："古典政治经济学几乎接触到事物的真实状况，但是没有自觉地把它表述出来。只要古典政治经济学附着在资产阶级的皮上，它就不可能做到这一点。"① 所以，即使是斯密和李嘉图，也没有把剩余价值从它的各个具体形态里抽象出来；他们还没有区分劳动和劳动力，从而更谈不到揭露剩余价值的本质和生产过程，以及建立严密的剩余价值学说。李嘉图虽然看到工资和利润的对立，但是不能理解这种对立的实质和根源，却认为这是一种自然关系。空想社会主义者虽曾在不同程度上看到资本家对工人的剥削，但由于历史条件的限制，他们不能说明这种剥削的社会根源以及它是怎样进行的，结果只是幻想用取消劳动与资本不等价交换的办法来把这种不公平的分配废除掉。

马克思、恩格斯则与古典学派和空想社会主义者相反，他们站在无产阶级的立场上，运用唯物史观来观察社会经济现象，因此，在古典学派和空想社会主义者认为问题已经解决的地方，他们正看到问题的所在。他们不是停留在古典学派仅仅承认有剩余价值存在的这一事实的局限之中，而是进一步揭示出剩余价值的来源、本质和运动规律。马克思、恩格斯最先把剩余价值从它的具体形态中抽象出来，并且区分了劳动和劳动力、不变资本和可变资本，揭露了剩余价值的来源和资本主义生产的剥削本质，阐明了绝对的和相对的剩余价值的生产过程，从而深刻地揭示了资本主义基本经济规律即剩余价值规律，全面地论述了剩余价值的生产、流通和分配，创立了严密完整的剩余价值学说。可见，古典学派虽接触到剩余价值问题，但是真正发现和创立剩余价值学说的却是马克思和恩格斯。

创立了完整的资本理论

马克思在创立剩余价值学说的同时又创立了完整的资本学说。古典学派虽然也研究资本问题，但是由于他们的阶级局限性，根本不能揭示资本的本质，而把资本与生产资料相混淆，认为资本是一个存在于一切历史阶段的超社会、超历史的自然范畴，是一个自然的"物"，而且是"静止之物"。由于他们不了解资本的本质，所以他们对资本的分类也是极其混乱和不科学的。只有马克思、恩格斯才彻底揭示了资本的本质，并创立了完整、科学的资本学说。马克思指出，资本不是物而是"一种社会生产关系"，即资本家剥削雇佣劳动的阶级关系，并且认为，资本是不停地运动的。"因此，它只能理解为运动，而不能理解为静止物。"② 为此，马克思全面详尽地分析了资本循环的各个不同阶段，揭示了资本运动的形式。

对资本的构成，马克思首先在劳动二重性学说和剩余价值学说的基础上第一次把资本划分为不变资本与可变资本，并进而创立了资本有机构成的学说，同时马克思还澄清了古典学派在把资本划分为固定资本与流动资本上的混乱，而以资本周转的不同方式为依据，

① 马克思，恩格斯．马克思恩格斯全集：第 23 卷．中文 1 版．北京：人民出版社，1972：593.
② 马克思，恩格斯．马克思恩格斯全集：第 24 卷．中文 1 版．北京：人民出版社，1972：122.

科学地划分了固定资本和流动资本。

马克思还从个别产业资本的运动形式出发，把资本区分为货币资本、生产资本和商品资本三种资本形式。并在这三种资本形式学说的基础上，在研究剩余价值的分配问题时，从社会总资本的角度，按照资本在各个不同领域中发挥不同职能的特点及其运动规律，相应地将资本区分为产业资本、商业资本和借贷资本三大类。

马克思的资本学说与剩余价值学说是紧密联系在一起的，因而马克思和恩格斯创立了完整、科学的资本学说，就为创立严密、完整的剩余价值学说提供了必要的前提。

创立了资本积累和无产阶级贫困化理论

马克思和恩格斯在资本和剩余价值学说的基础上，最先揭示了资本积累的一般规律，创立了资本积累和无产阶级贫困化的学说，进一步揭露了资本主义的经济矛盾和无产阶级与资产阶级之间的对抗性矛盾并从而阐明了资本主义积累的历史趋势，科学地论证了无产阶级的历史使命。因此，这个学说的创立，直接为论证资本主义过渡到共产主义的必然性提供了可靠的科学依据。

创立了社会资本再生产和经济危机理论

马克思和恩格斯对社会资本再生产和经济危机的分析，是他们揭露资本主义内部矛盾及其运动规律的又一个重要方面，同时也是他们对政治经济学所做的又一个新的重要贡献。

资产阶级古典学派从重农学派开始，便试图说明资本主义社会的再生产，但始终没有形成一种科学的理论。随后由于斯密教条的统治，更使资产阶级经济学在这个问题上长期陷于矛盾和混乱之中。斯密排除了不变资本 c，同时又混淆了生产消费和个人消费。因此，不可能正确理解资本主义积累和社会资本再生产实现问题。李嘉图不仅沿袭斯密教条的错误，而且还混淆了物物交换与商品流通，断言生产会自行创造需求，否认资本主义有普遍生产过剩危机的可能性和必然性。西斯蒙第虽然对李嘉图的结论提出了怀疑，承认资本主义必然要产生经济危机，但又错误地认为，危机是群众消费不足的结果。

马克思和恩格斯彻底克服了古典学派的上述错误，把社会产品按价值形态划分为不变资本、可变资本和剩余价值（$c+v+m$）三部分，同时又按实物形态划分为生产资料和消费资料两种，相应地把社会生产划分为两大部类，从而在政治经济学说史上，第一次阐明了资本主义再生产实现的基本条件和运动规律，创立了严密、完整的社会资本再生产学说。同时他们还揭露了资本主义的基本矛盾，即生产的社会性和资本主义私人占有之间的矛盾，这个矛盾的发展就必然要阻碍和破坏社会资本再生产实现的条件，从而使资本主义经济危机不可避免。马克思、恩格斯不仅科学地揭示了资本主义经济危机的必然性及其根源，而且阐明了危机的周期性及其物质基础和影响等，建立了完整的经济危机理论。马克思、恩格斯的社会资本再生产和经济危机的理论说明，资本主义经济的发展不可避免地会周期性地爆发日益严重的经济危机，因而进一步论证了资本主义制度的历史暂时性和过渡性，它最终必将为共产主义制度所代替。

由上说明，马克思、恩格斯以无产阶级的立场、观点和方法，深刻地分析了资本主义经济的内部结构，纠正了古典学派和空想社会主义者在对资本主义经济研究中的错误和不彻底性，粉碎了庸俗经济学家的辩护谬论，创立了以剩余价值学说为核心的崭新的无产阶级政治经济学体系，深刻地揭示了资本主义剥削本质及其产生、发展和灭亡的规律，论证了无产阶级的伟大历史使命，从而完成了政治经济学的伟大革命。

阅读书目

马克思．政治经济学批判（序言、第 1 章）//马克思，恩格斯．马克思恩格斯全集：第 13 卷．中文 1 版．北京：人民出版社，1962

马克思．资本论（第 1 卷第 1 版序，第 10、14、23 章）//马克思，恩格斯．马克思恩格斯全集：第 23 卷．中文 1 版．北京：人民出版社，1972

马克思．资本论：第 2 卷（第 19 章）//马克思，恩格斯．马克思恩格斯全集：第 24 卷．中文 1 版．北京：人民出版社，1972

马克思．剩余价值理论（第 1、2 册有关部分章节）//马克思，恩格斯．马克思恩格斯全集：第 26 卷Ⅰ．中文 1 版．北京：人民出版社，1972；马克思恩格斯全集：第 26 卷Ⅱ．中文 1 版．北京：人民出版社，1973

恩格斯．卡尔·马克思《资本论》第 1 卷书评——为《民主周报》作//马克思，恩格斯．马克思恩格斯选集：第 2 卷．2 版．北京：人民出版社，1995

思考题

一、名词解释

政治经济学的对象与方法　劳动和劳动力

二、问答题

1. 为什么说马克思在 19 世纪 50 年代已经完成了对资产阶级政治经济学的批判工作？

2. 马克思的《1861—1863 年经济学手稿》在马克思主义经济学的创立过程中有何重要意义？

3. 如何理解剩余价值理论的创立是由马克思来完成的？

4.《资本论》第 1 卷出版的伟大意义何在？

第十四章

马克思主义政治经济学的进一步完善

本章重点

19世纪70—90年代，马克思所写的《哥达纲领批判》批判了拉萨尔派机会主义者，科学地论述了共产主义发展的两个阶段。恩格斯所写的《论住宅问题》批判了蒲鲁东主义者小资产阶级幻想。《反杜林论》反击了德国经济学家杜林对马克思主义的诋毁。《家庭、私有制和国家的起源》对家庭、私有制、阶级及国家的起源，以至未来国家的消亡都作了科学的论述。《资本论》第2、3卷的出版，更为无产阶级留下了宝贵的理论财富。

本章知识点

- 马克思晚年对政治经济学的进一步研究
- 恩格斯对马克思主义政治经济学的贡献

第一节　19世纪70年代马克思、恩格斯的经济学研究

《论住宅问题》

19世纪70年代初，随着普法战争的结束和巴黎公社运动的失败，形形色色的机会主义思潮在欧洲也趁机泛滥起来。机会主义者千方百计地企图把无产阶级的革命斗争引向歧途，削弱和瓦解工人群众的革命斗志。在这种形势下，马克思、恩格斯为了指导革命运动，便在与机会主义的斗争中继续深入研究政治经济学，发表了《论住宅问题》《哥达纲领批判》《反杜林论》等一系列重要经济学著作，从而使马克思主义政治经济学获得进一步发展。

恩格斯在1872年5月—1873年1月写的三篇论文，曾于当时德国社会民主党的《人

民国家报》上连载，后来以三个分册出版，1887年汇集成名为《论住宅问题》一书出版。这本书是继马克思的《哲学的贫困》之后，又一部揭露和批判蒲鲁东主义的重要著作。

德国经过1870—1871年普法战争，实现了国内统一，并从法国掠取了巨额战争赔款和丰富的矿藏资源，大大促进了资本主义工业的发展。随着城市人口迅速膨胀，加上为建立新工业区拆除了大批工人住宅，以致城市工人和广大劳动群众的住宅问题变得十分严重。小资产阶级的蒲鲁东主义者阿尔都尔·米尔柏格（1847—1907年）提出，应该通过法律规定强制房主出卖房屋，工人用"赎买出租住宅"的办法，使自己成为房屋的所有者，这种观点在当时社会上和工人运动中产生了一定影响，迫使恩格斯不能不予以公开批评。恩格斯指出，以"赎买"形式使工人成为自己住宅的所有者，实际上是把现代社会退回到除了织布机以外，还有自己的小屋子、小菜园和小块土地的手工劳动的状态，这实际上是要把"世界历史的时钟倒拨100年，从而把当代工人又变成像他们的高祖们那样眼界狭隘、唯唯诺诺、胆小怕事的奴隶"①。不仅如此，恩格斯还指出，在资本主义大工业的统治下，工人拥有的小住宅成了工人最沉重的枷锁，成了工人阶级最大的不幸，成了工资低于正常水平的基础。所以，工人阶级是不欢迎这种办法的，只有资产阶级和小资产阶级从他们的私利出发，才极力鼓吹工人拥有住宅。在《论住宅问题》中，恩格斯不仅揭露了蒲鲁东主义者解决住宅问题办法的反动实质，同时还从无产阶级的立场出发，为如何解决住宅问题指出了一个明确的方向。他认为，住宅问题的解决是与国家政权和生产资料所有制这些根本问题的解决联系在一起的。因为在资本主义制度下，住宅问题是靠供求关系在经济上的逐渐均衡来解决的。但这样解决之后，住宅缺乏问题还会不断产生。因此，住宅问题同其他一切社会问题一样，在资本主义生产关系范围内是无法根本解决的。实际上，现代大城市里有足够的住宅，只要合理使用，就可以立即帮助解决真正的住宅缺乏问题。但要实现这一点，必须首先实现社会革命，剥夺房主房屋，让无房或少房的工人搬进去。因此，"只要无产阶级取得了政权，这种具有公共福利形式的措施就会像现代国家剥夺其他东西和征用民宅供军队宿营那样容易实现了"②。

恩格斯在论述如何解决住宅问题时，还第一次提出了消灭城乡对立条件的设想。他认为住宅问题的解决与消灭城乡对立的问题也有关系，而坚持工人用"赎买"办法来拥有住宅的米尔柏格却认为，消灭城乡对立是一种空想，因为它是在历史上产生的一种自然现象。恩格斯则针锋相对地提出："消灭城乡对立不是空想，不多不少正像消除资本家与雇佣工人的对立不是空想一样。消灭这种对立日益成为工业生产和农业生产的实际要求。"③这里实际上已提出，城乡对立的消灭是以工农业的高度发展为物质基础的。当时恩格斯认为，这个物质基础的建立是"以废除资本主义生产方式为前提"④。而住宅问题的解决，归根到底仍然要取决于无产阶级社会革命的胜利。在恩格斯看来，当无产阶级夺取政权，消灭资本主义制度以后，在工农业生产高度发展的基础上，随着城乡对立状态的消灭，住宅问题也就比较容易解决了。

---

① 马克思，恩格斯．马克思恩格斯选集：第3卷．2版．北京：人民出版社，1995：155.

② 同①157.

③④ 同①215.

恩格斯在批判米尔柏格用权利观念去说明经济关系的错误观点时，还精辟地阐明了房屋租赁是一种商品买卖关系。他提出，房屋是一种消耗期限很长的商品，有可能把使用价值分期零星出卖，房主每一次在一定期限内将使用价值出租，从而渐次地实现交换价值。可见，房屋的租赁关系实质上是商品买卖的等价交换关系。值得注意的是，恩格斯在承认资本主义住房商品化的同时，并不认为工人的住房要以自己拥有所有权为前提，相反，他是坚决反对使工人拥有住房所有权的这种蒲鲁东主义的住房问题解决办法的。

《哥达纲领批判》

这是马克思在1875年4—5月为批判拉萨尔（1825—1864年）机会主义的党纲草案《哥达纲领》而写的一部科学共产主义的纲领文献，同时也是广义政治经济学的经典文献。

巴黎公社失败后，国际工人运动的中心从法国转移到了德国。但当时德国工人运动中存在两派：一派是以李卜克内西（1826—1900年）、倍倍尔（1840—1913年）为代表的革命左派，他们于1869年8月在爱森拉赫城召开了德国先进工人代表大会，正式成立了以马克思主义为指导思想的德国社会民主工党，所以又称爱森拉赫派；一派是以斐迪南·拉萨尔机会主义者为代表的拉萨尔派。他们于1863年成立了“全德工人联合会”。在普法战争结束和巴黎公社失败后，两派逐渐趋向联合，并于1875年2月在哥达召开两派合并的代表大会。在会上拟订了合并后党的纲领草案——《哥达纲领》。这个草案浸透了拉萨尔机会主义观点，因此，马克思和恩格斯见到后，非常气愤，并立即于4—5月写成《对于德国工人党纲的几点意见》，即《哥达纲领批判》，但当时由于种种原因未能发表，直到1891年，经过恩格斯的坚持斗争，才第一次公开发表。

在《哥达纲领批判》中，马克思运用辩证唯物主义和历史唯物主义原理，第一次把共产主义社会划分为两个发展阶段，深刻地阐明了两个阶段的基本经济特征及其辩证发展关系。马克思指出，共产主义社会的第一阶段或低级阶段是“刚刚从资本主义社会中**产生出来的**，因此它在各方面，在经济、道德和精神方面都还带着它脱胎出来的那个旧社会的痕迹”①。因此，在政治上的特征是必须实行无产阶级革命专政，在经济上实行生产资料公有制和按劳分配原则，即每个生产者将以他为社会提供的劳动量作为衡量他获取消费品的尺度。马克思说，在扣除了劳动者为社会基金而进行的劳动之后，“他以一种形式给予社会的劳动量，又以另一种形式领回来”②。共产主义社会第二阶段或高级阶段的条件和特征则是：“在迫使个人奴隶般地服从分工的情形已经消失，从而脑力劳动和体力劳动的对立也随之消失之后；在劳动已经不仅仅是谋生的手段，而且本身成了生活的第一需要之后；在随着个人的全面发展，他们的生产力也增长起来，而集体财富的一切源泉都充分涌流之后，——只有在那个时候，才能完全超出资产阶级权利的狭隘眼界，社会才能在自己的旗帜上写上：各尽所能，按需分配！”③

---

①② 马克思，恩格斯. 马克思恩格斯选集：第3卷. 2版. 北京：人民出版社，1995：304.

③ 同①305－306.

《反杜林论》

这是恩格斯在1876年5月—1878年7月间写的批判杜林机会主义观点的一部马克思主义的百科全书和广义政治经济学的重要经典文献。

欧根·杜林（1833—1921年）曾任柏林大学讲师，是德国唯心主义哲学家和庸俗经济学家。从1867年起他就开始攻击马克思主义。1875年前后，他突然宣布改信社会主义并以社会主义“行家”和“改革家”自居，写了一些著作来鼓吹他的“社会主义”论，对马克思主义进行全面攻击。他贩卖唯心主义的先验论，极力反对辩证唯物主义和历史唯物主义；散布庸俗经济学观点，抹杀无产阶级和资产阶级之间的对立，肆意歪曲马克思的剩余价值学说；宣扬资产阶级改良主义，反对无产阶级革命和无产阶级专政，用反动的小资产阶级社会主义对抗科学社会主义。他狂妄地宣称他的这一套理论是最后的“绝对真理”。杜林的这套理论当时在德国的传播已达到十分危险的程度，以致党内的一些机会主义者也成了他的应声虫和热心的支持者，这就不能不引起马克思、恩格斯的高度重视。恩格斯立即花了约两年时间，写成一系列批判杜林的论文，分篇刊登在当时德国社会主义工人党中央机关报《前进报》上，1878年7月汇集成名为《反杜林论》一书出版。恩格斯在写作过程中得到马克思的积极支持和协助，并亲自写了其中第10章《批判史论述》。

《反杜林论》针对杜林对马克思主义的全面攻击，以论战的形式，对马克思主义的三个组成部分作了全面、系统、扼要的精辟阐述。在经济学方面，在《反杜林论》中，恩格斯给政治经济学下了一个科学的定义：“政治经济学，从最广的意义上说，是研究人类社会中支配物质生活资料的生产和交换的规律的科学。”① 由于人们在生产、交换产品时所处的条件在不同国家和不同时代都各不相同，因此，政治经济学不可能对一切国家和不同时代都是一样的，所以，“政治经济学本质上是一门**历史的科学**”②。它所研究的经济规律，除少数几个例外，不可能都适用于一切社会形态。恩格斯指出，政治经济学迄今为止，只限于对资本主义生产方式的研究，这是一种“狭义的政治经济学”。他认为，政治经济学还应以研究各种社会形态的经济规律为对象，这可称为广义政治经济学。他说：“政治经济学作为一门研究人类各种社会进行生产和交换并相应地进行产品分配的条件和形式的科学，——这样广义的政治经济学尚待创造。”③ 这样，恩格斯便第一次明确区分了狭义政治经济学和广义政治经济学，并为广义政治经济学规定了明确的研究对象，从而为广义政治经济学奠定了理论基础。不仅如此，在《反杜林论》中，恩格斯还进一步进行了广义政治经济学的创立工作，即对前资本主义社会经济形态和阶级的产生作了许多论述；也对未来共产主义社会经济形态进行了科学的预测。后一点下面还将谈到。

《反杜林论》在继《资本论》之后，更加集中而深刻地分析了资本主义基本矛盾，阐明了资本主义产生、发展和必然灭亡的历史趋势。马克思在《资本论》中对资本主义经济制度的分析就是建立在对资本主义基本矛盾分析的基础上的，但在《资本论》中，对基本矛盾本身并未进行集中的、全面的分析和论述。恩格斯在《反杜林论》中，则把生产的社会性同占有的资本主义私人性之间的矛盾明确地表述为资本主义的基本矛盾。恩格斯指

①② 马克思，恩格斯．马克思恩格斯选集：第3卷．2版．北京：人民出版社，1995：489．

③ 同①492．

出，在资本主义下，生产资料和生产实质上已经变成社会化了，但它们仍然服从于私人的“占有形式”，这就是资本主义的基本矛盾，这**“已经包含着现代的一切冲突的萌芽”**，随着资本主义的发展，**“社会的生产和资本主义占有的不相容性，也必然越加鲜明地表现出来”**①。这个矛盾的主要表现是：(1) 在阶级关系上，表现为无产阶级和资产阶级的对立；(2) 在经济上，表现为个别工厂中的生产的组织性和整个社会生产的无政府状态之间的对立。而这两个矛盾发展的结果，就必然导致傅立叶所发现的“恶性循环”，即周期性危机。

在经济危机的问题上，恩格斯还精辟地阐明了危机周期各个阶段的特征和危机的实质与意义。他指出，经济危机的实质就是生产过剩。其意义在于，它表明了“经济的冲突达到了顶点：**生产方式起来反对交换方式，生产力起来反对已经被它超过的生产方式**”②。并说：“这种生产力本身以日益增长的威力要求消除这种矛盾，要求摆脱它作为资本的那种属性，要求**在事实上承认它作为社会生产力的那种性质**。”③ 简言之，就是要求用生产资料公有制来代替资本主义私有制，从而解决资本主义所固有的基本矛盾。为了实现这一目的，恩格斯得出了必须实行无产阶级革命和无产阶级专政的结论。他说：“资本主义生产方式日益把大多数居民变为无产者，从而就造成一种在死亡的威胁下不得不去完成这个变革的力量……**无产阶级将取得国家政权，并且首先把生产资料变为国家财产**。”④

在论证无产阶级革命和无产阶级专政时，恩格斯深刻地阐明了国家在资本主义经济中的作用，以及股份公司和国家垄断的性质与作用的问题。他说，企业“无论转化为股份公司，还是转化为国家财产，都没有消除生产力的资本属性”。资产阶级国家，“不管它的形式如何，本质上都是资本主义的机器，资本家的国家，理想的总资本家。它越是把更多的生产力据为己有，就越是成为真正的总资本家，越是剥削更多的公民。工人仍然是雇佣劳动者，无产者。资本关系并没有被消灭，反而被推到了顶点。”⑤

恩格斯对未来共产主义社会的一些基本特征作了论述。他指出，未来的共产主义社会，(1) 将是以生产资料为全社会占有的公有制为基础，因此，那时将不再有商品生产和商品交换。他说，“一旦社会占有了生产资料，商品生产就将被消除，而产品对生产者的统治也将随之消除”⑥，从而商品价值和货币关系也不存在了，那时，“人们可以非常简单地处理这一切，而不需要著名的‘价值’插手其间”⑦。(2) 社会的生产无政府状态就让位于按照全社会和每个成员的需要对生产进行社会的有计划的调节。(3) 将消灭旧的分工和城乡对立。恩格斯指出，资本主义机器大生产已为消灭旧的分工提供了客观的物质基础，当生产资料公有制建立以后，旧的分工就将成为“时代的错误”而不再存在，那时“一方面，任何个人都不能把自己在生产劳动这个人类生存的自然条件中所应参加的部分推到别人身上；另一方面，生产劳动给每一个人提供全面发展和表现自己全部的即体力的

---

① 马克思，恩格斯．马克思恩格斯选集：第3卷．2版．北京：人民出版社，1995：621.
② 同①627.
③ 同①627-628.
④ 同①630.
⑤ 同①629.
⑥ 同①633.
⑦ 同①660-661.

和脑力的能力的机会，这样，生产劳动就不再是奴役人的手段，而成了解放人的手段，因此，生产劳动就从一种负担变成一种快乐”①。关于消灭城乡对立问题，在继《论住宅问题》之后，在《反杜林论》中，恩格斯又进一步指出，“大工业在全国的尽可能均衡的分布是消灭城市和乡村的分离的条件”②。（4）将消灭社会阶级的划分，随之国家也将自行消亡。恩格斯指出，社会阶级的划分“是以生产的不足为基础的，它将被现代生产力的充分发展所消灭”③。并认为，在共产主义社会里，既然阶级和阶级差别已消灭，作为阶级统治的“国家政权对社会关系的干预在各个领域中将先后成为多余的事情而自行停止下来。那时，对人的统治将由对物的管理和对生产过程的领导所代替”④。恩格斯还特别强调指出，在共产主义社会低级阶段所不可避免地要存在的无产阶级的“国家不是‘被废除’的，**它是自行消亡的**”⑤。这既批判了反对用革命暴力去打碎资产阶级国家机器的机会主义观点，也批判了企图在一天之内就废除国家，而反对无产阶级专政的无政府主义观点。

第二节 马克思逝世后恩格斯对马克思主义政治经济学的研究和发展

《家庭、私有制和国家的起源》

《家庭、私有制和国家的起源》（简称《起源》）一书是恩格斯根据马克思留下的笔记和其他大量历史资料于1884年3—6月写成，并于同年10月出版的一部重要著作。马克思在1880—1881年研究美国进步科学家摩尔根的《古代社会》时曾写了该书的详细摘要，其中包括许多批判意见和见解。恩格斯认为，马克思的这些意见和见解对于丰富和充实历史唯物主义原理很有价值，因此有必要去完成马克思准备完成而尚未完成的工作。于是便充分利用马克思留下的笔记和摩尔根《古代社会》一书的材料，以及自己对希腊、罗马、古代爱尔兰和日耳曼等民族的历史进行研究的大量成果写成了此书。所以恩格斯在谈到写作此书的目的时说，这部书“在某种程度上执行马克思的遗言”，“只能稍稍补偿我的亡友未能完成的工作”⑥。

在《起源》中，恩格斯详细分析了人类蒙昧时代、野蛮时代和文明时代的经济条件，科学地揭示了原始社会制度的瓦解和阶级社会的形成过程，揭露了国家的起源和本质，并论证了国家将随着共产主义社会的最后胜利而消亡的历史必然性，从而大大丰富了马克思主义的历史唯物主义和政治经济学。马克思、恩格斯虽然在以前的许多著作中，对前资本主义社会都做过研究，但只有在《起源》一书中，才第一次系统地对人类早期社会历史发展的一般规律进行了研究。恩格斯首先说明了人类早期的婚姻和家庭的形态如何随着那种

① 马克思，恩格斯．马克思恩格斯选集：第3卷．2版．北京：人民出版社，1995：644.

② 同①647.

③ 同①632.

④⑤ 同①631.

⑥ 马克思，恩格斯．马克思恩格斯选集：第4卷．2版．北京：人民出版社，1995：2.

和生产力增长相联系的社会经济发展而发生变化；同时还以希腊人、罗马人和德意志人三个民族为例，分析了原始氏族制度瓦解的过程及其瓦解的经济原因。恩格斯指出，在氏族时代，没有私有财产，也没有阶级和国家，但随着生产的发展便引起了分工和交换。并指出，在人类早期社会有过三次社会大分工；随着分工的发展，交换也发展了起来；随之，私有制也产生、发展起来，从而引起了氏族制度的破坏和阶级的形成。阶级矛盾的产生又引起了维护统治阶级利益的暴力工具，即国家的产生。由此，恩格斯断言，私有制、阶级和国家并不是从来就有，而是社会在一定发展阶段上的产物；国家的本质乃是维护在经济上占统治地位的阶级利益的暴力工具，“它照例是最强大的、在经济上占统治地位的阶级的国家”[①]；阶级和国家将不可避免地要归于消灭，在以生产者自由平等的联合体为基础的、按新方式来组织生产的社会，全部的国家机器就将被送进博物馆，与青铜斧陈列在一起。

从政治经济学的角度来看，《起源》的重要意义还在于，它深刻地论证了物质财富的生产方式是随着生产力的发展而发展变化的原理。它以相当大的篇幅详尽地考察了人类历史上生产资料所有制各种形式的产生和发展过程，论证了生产资料所有制是社会生产关系的基础。

《资本论》第2卷和第3卷的编辑出版

马克思在1867年《资本论》第1卷出版之后，本来希望第2卷也能很快出版。但因为一方面忙于刚刚成立不久的第一国际的领导工作；另一方面又要忙于第1卷的修改再版和翻译成外文版的校订译序；加之病魔缠身，以致这项工作时断时续，拖延很久也未能亲手全部完成。然而，尽管如此，马克思对第2卷《资本流通过程》，在1877—1881年间仍先后写成了4个草稿，加上1865—1870年写成的4个草稿，共有8个草稿。这8个草稿中，第Ⅱ、第Ⅷ两个草稿是全卷性的，其余6个草稿是篇章性的，后来正式出版的《资本论》第2卷，则是以第Ⅱ草稿为基础编辑而成。此外，在19世纪70年代，马克思还为《资本论》第3卷补充撰写了两个较大的手稿，其中包括利润率问题，写于1875年5月到8月之间，它对剩余价值率和利润率间的差数作了无数次例证的计算，后来成了《资本论》第3卷第3章《利润率和剩余价值率的关系》的基础。马克思在逝世前不久曾对他的女儿爱琳娜说，希望恩格斯根据他的遗稿继续完成《资本论》后几卷的出版工作。

恩格斯根据马克思的遗志和嘱托，除了完成《资本论》第1卷德文第3版、第4版的修订出版工作外，从1883年底开始，便着手整理《资本论》第2卷。这是一个十分艰巨而繁重的任务。因为马克思为第2卷留下的文稿数量很大，同时大多数又带有零星片断的性质；文稿的用语又多欠洗练，而且是英、法两种文字的术语混在一起，往往几句甚至几个整页都是用英文来写的；还有些重要部分，文稿只有一个提示，需要增补和展开论述；用作例解的事实材料也没有适当的安排，更没有推敲整理；此外，马克思的字体有时连他自己也难辨认出来，就更增加了整理和编辑工作的困难。但是，恩格斯经过一年多的辛勤劳动，终于在1885年7月把《资本论》第2卷编辑出版了。

---

① 马克思，恩格斯．马克思恩格斯选集：第4卷．2版．北京：人民出版社，1995：172.

《资本论》第2卷出版后，恩格斯紧接着又开始整理编辑第3卷的工作。这比编辑整理第2卷的任务更繁重而艰巨，因为第3卷的手稿更加零散，字迹也难以辨认。恩格斯说："本卷的编辑工作根本不同于第二卷。第三卷只有一个初稿，而且极不完全。"① 因此，恩格斯除了为克服字迹难认的困难，不得不先把全部手稿抄写一遍，然后再进行整理编辑外，还需对手稿进行大量的增补。例如，第1篇的第4章"周转对于利润率的影响"，马克思只留下一个标题；第6篇的第43章关于"级差地租Ⅱ——第三种情形：生产价格上涨"的问题也没有具体内容；第5篇仅仅开了一个头，不少地方只是一堆未经整理的笔记、评述和摘录的资料；等等。这些都需要重新进行研究、补充。此外，还有些文稿只有个大意，或是许多不同的内容混杂在一起，需要细心地加工整理。如此艰巨而繁重的任务，对于年迈体弱、视力衰退而又肩负着领导整个国际工人运动重任的恩格斯来说，其困难之大是可想而知的。因此，第3卷的编辑整理工作，整整经过9年多的时间，直到1894年底才得以完成。

马克思的包括在他《1861—1863年经济学手稿》中的《资本论》第4卷遗稿，恩格斯在世时已来不及整理出版，即嘱托卡尔·考茨基来完成。考茨基在恩格斯逝世后进行编辑整理，并出于对国际工人运动有利斗争的考虑以《剩余价值理论》的书名于1905—1910年分三册出版。至此，体现马克思宏伟的科学理论大厦的《资本论》四卷巨著便完整地呈现在我们面前了。这部巨著从它在19世纪40年代开始酝酿到最后全部完成，整整经过了半个多世纪，仅以马克思、恩格斯共同努力完成了前3卷的出版工作计算也有40多年的时间。这部巨著是马克思、恩格斯40多年共同的心血结晶，是他们留给无产阶级的宝贵的理论财富。列宁在评价恩格斯编辑《资本论》第2卷、第3卷的功绩时说："恩格斯出版《资本论》第2卷和第3卷，就是替他的天才朋友建立了一座庄严宏伟的纪念碑，无意中也把自己的名字不可磨灭地铭刻在上面了。的确，这两卷《资本论》是马克思和恩格斯两人的著作。"②

第三节 恩格斯对资本主义开始进入垄断时期新的经济现象的分析

对垄断组织作用的分析

从19世纪70年代起，世界资本主义已开始由自由资本主义向垄断资本主义过渡，到了80—90年代，即在恩格斯编辑出版《资本论》第3卷的时候，垄断现象已日益明显。恩格斯便对《资本论》第3卷作了增补，及时针对这些新的经济现象的本质作了分析。

马克思和恩格斯早在19世纪40—60年代创立马克思主义政治经济学的过程中，当资本主义垄断现象还处于萌芽状态时，就对垄断与竞争的关系有所论述；在70年代还初步揭示了垄断的实质和作用，指出资本主义制度下的大规模的生产机构和商业、银行，无论

① 马克思，恩格斯. 马克思恩格斯全集：第25卷. 中文1版. 北京：人民出版社，1974：4.
② 列宁. 列宁选集：第1卷. 3版. 北京：人民出版社，1995：95.

转化为股份公司还是转化为国有财产，都没有消除生产力的资本属性，并认为这为解决资本主义基本矛盾提供了一个形式上的“手段”和解决冲突的“线索”。① 恩格斯在《资本论》第3卷第27章的一段增补里考察了垄断组织的作用。他说：“在每个国家里，一定部门的大工业家会联合成一个卡特尔，以便调节生产。”“在个别场合，甚至有时会成立国际卡特尔”②。“虽然生产需要调节，但是负有这个使命的，肯定不是资本家阶级。”③ 意即在资本主义制度下，即使形成垄断统治，也不可能对生产作有计划的调节。要做到这一点，就只有从根本上推翻资本主义制度和资产阶级的统治，建立社会主义公有制。这样，恩格斯就有力地驳斥了机会主义者的所谓垄断组织可以“调节”社会生产，从而否认无产阶级革命的必要性的观点。

交易所作用的分析

恩格斯在增补的“交易所”一节里，对垄断阶段的新现象更集中地进行了比较系统和深入的分析，指出交易所在资本主义发展过程中的地位和作用已日益增强。在马克思写成《资本论》第3卷初稿的1865年时，交易所在资本主义经济体系中还只是一个次要因素。但自那以后，情况已逐渐发生变化，证券交易所的作用已日益增强，并且“这种变化在其进一步的发展中还有一种趋势，要把包括工业生产和农业生产在内的全部生产，包括交通工具和交换职能在内的全部流通，都集中在交易所经纪人手里，这样，交易所就成为资本主义生产本身的最突出的代表”④。恩格斯在这里考察的实质上是金融资本对整个国民经济的统治问题。当然，恩格斯这时还没有明确提出金融资本的理论，这个任务是后来由列宁来完成的。

资本输出问题

恩格斯揭露了在垄断资本统治下的资本输出的现象。他说，在当时，在股份公司已很发达的情况下，“一切国外投资都已采取股份形式”⑤。例如，英国的对外投资就是如此。虽然恩格斯在这里还没有明确地把资本输出看做垄断资本主义的重要特征，但他实际上已看到资本输出与以前已有不同的意义和形式。

殖民地问题

恩格斯揭露了殖民地的新作用及列强瓜分殖民地的现象。他说：“现在，它*纯粹是交易所的附属品。”⑥ 这就是说，在19世纪80—90年代，殖民地的作用与以前自由资本主义时期已有所不同，它已成为受交易所支配的垄断组织输出资本、掠夺原料和推销商品的场所，因而殖民地实际上已成为交易所支配的附属物了。这就势必引起列强瓜分世界的后

---

* 指殖民地。——引者

① 马克思，恩格斯．马克思恩格斯选集：第3卷．2版．北京：人民出版社，1995：629.

② 马克思，恩格斯．马克思恩格斯全集：第25卷．中文1版．北京：人民出版社，1974：495.

③ 同②138.

④ 同②1028.

⑤⑥ 同②1030.

果。恩格斯指出："欧洲列强为了交易所的利益在几年前就把非洲瓜分了。"① 当然，这时还没有论及重新瓜分世界的问题，因为当时的世界还没有被瓜分完毕。

寄生性问题

恩格斯还分析了随着资本积累的增加，食利者的人数也有增加的现象，并指出："这种人对营业上经常出现的紧张已感到厌烦，只想悠闲自在，或者只揽一点象公司董事或监事之类的闲差事。"② 这里已深刻地揭露了资本主义寄生性和腐朽性有日益增长的趋势，说明了在垄断资本的统治下，资本家已成为多余的寄生虫了。

可见，恩格斯在他的晚年，在《资本论》第 3 卷的增补中，当垄断资本主义还在刚刚形成的时期，就已对它的一些最重要的经济现象进行了科学的、尽管还只是初步的分析，从而为后来列宁创立完整的帝国主义理论奠定了重要的理论基础。

以上说明，恩格斯不仅与他的亲密战友马克思共同创立了马克思主义政治经济学，而且在 1883 年马克思逝世之后，又在独立地担负起领导国际工人运动的工作的同时，继续为坚持、捍卫和发展马克思主义，特别是马克思主义政治经济学作出了艰苦的努力和卓越的贡献。列宁指出，马克思逝世后，"恩格斯是整个文明世界中最卓越的学者和现代无产阶级的导师"③。1895 年 8 月 5 日恩格斯不幸逝世了。恩格斯毕生为无产阶级革命事业而奋斗，鞠躬尽瘁，直至生命最后一息。他所留下的丰富而光辉的思想是无产阶级永远享用不尽的财富，他为无产阶级建树的丰功伟绩，是任凭怎样估计也不过分的。然而，恩格斯却又总是十分诚挚谦逊地把自己比作"第二小提琴手"。他越是谦逊，越是显得他的精神崇高、伟大，因而越是值得我们永远学习和怀念。

阅读书目

恩格斯. 资本论（第 2 卷序言）//马克思，恩格斯. 马克思恩格斯全集：第 24 卷. 中文 1 版. 北京：人民出版社，1972

恩格斯. 资本论（第 3 卷序言和"补充"）//马克思，恩格斯. 马克思恩格斯全集：第 25 卷. 中文 1 版. 北京：人民出版社，1974

马克思. 哥达纲领批判//马克思，恩格斯. 马克思恩格斯选集：第 3 卷. 2 版. 北京：人民出版社，1995

恩格斯. 论住宅问题//马克思，恩格斯. 马克思恩格斯选集：第 2 卷. 2 版. 北京：人民出版社，1995

恩格斯. 反杜林论（第 3 篇第 2 节"理论"）//马克思，恩格斯. 马克思恩格斯选集：第 3 卷. 2 版. 北京：人民出版社，1995

恩格斯. 家庭、私有制和国家的起源（第 1 版序言）//马克思，恩格斯. 马克思恩格斯

---

① 马克思，恩格斯. 马克思恩格斯全集：第 25 卷. 中文 1 版. 北京：人民出版社，1974：1030.

② 同①1029.

③ 列宁. 列宁选集：第 1 卷. 3 版. 北京：人民出版社，1995：88.

选集：第4卷. 2版. 北京：人民出版社，1995

思考题

一、名词解释

共产主义的两个阶段　政治经济学　广义与狭义的政治经济学　资本主义社会的基本矛盾　国家的产生与消亡

二、问答题

1. 为什么恩格斯认为蒲鲁东主义者解决住宅问题的办法是不可取的？

2. 马克思、恩格斯在19世纪70年代以后对社会主义、共产主义经济学的主要贡献何在？

3. 恩格斯对垄断资本主义经济作了哪些分析？

第五篇

19 世纪 70 年代—20 世纪初的西方经济学说

本篇分为三章，介绍19世纪70年代到20世纪初西方经济学的发展。第十五章介绍德国历史学派和美国制度学派的产生与发展，它们被认为是非正统或非主流的经济学派。第十六章介绍边际效用学派的兴起。第十七章介绍马歇尔的经济学说，边际效用学派发展到马歇尔已综合为主流或正统的经济学流派。

第十五章

德国历史学派和美国制度学派的经济学说

本章重点

历史学派与制度学派被正统西方经济学视为“异端”。历史学派的先驱者李斯特强调经济学的民族性，以其独特的生产力理论力促德国经济的发展。旧历史学派的代表罗雪尔强调要建立历史方法的国民经济学。新历史学派的代表施穆勒以历史统计方法研究经济学，强调心理、道德、法律等在经济中的作用，否认普遍经济规律的存在。制度学派的代表凡勃伦用历史的、心理的和法律的因素来解释制度，以社会改良主义来解决社会矛盾，强调国家对经济的干预作用。

本章知识点

· 李斯特的经济学说
· 历史学派的经济学研究方法
· 新历史学派经济学说的特点
· 凡勃伦的制度经济学说
· 康芒斯和米契尔的经济学说

第一节 概 述

德国经济学的产生与发展

德国社会经济的发展远远落后于资本主义较为发达的英国，甚至落后于法国。直到19世纪初，德国仍然是一个以宗法式的农业为主体的封建国家，政治上四分五裂、封建割据，这种状况严重阻碍了资本主义生产关系的产生与发展。1789年的法国资产阶级革命和 19 世纪初拿破仑对德国的战争，在一定程度上促进了德国封建农奴关系的解体和国内统一市场的形成。1848 年革命以后，德国资本主义生产关系有了较为迅速的发展。然而整体说来，德国资本主义发展水平还很低。

社会经济的不发展导致了经济理论的贫乏。18 世纪下半叶以前，德国经济思想中占主导地位的是所谓的“官房学派”，实际上是重商主义在德国的变种，着重于国家的财政管理方面。19 世纪初期以后，英法资产阶级经济学作为一种“舶来品”输入德国，一些德国经济思想家开始从资产阶级古典经济学中吸取营养。然而不幸的是，德国经济学家对于他们英国老师的理论并不真正理解，而只是拼凑一些词句，加上原有的旧教条，形成一个大杂烩。不过，这一时期德国经济思想的发展也有例外。一些注重实际的经济思想家，力图从德国自己的民族实际出发去理解英法资产阶级政治经济学，强调政治经济学的民族性，这时，以李斯特、亚当·穆勒等为代表的德国“国家经济学”产生了。李斯特的民族主义经济学开创了德国经济学中“反古典”的传统。

19 世纪 40 年代以后，随着德国资本主义的进一步发展，德国产生了自己独立的政治经济学派——历史学派。历史学派把同英法古典经济学的对立发展到了极端的地步，在经济学研究方法上根本否定古典学派的抽象演绎法，极力推崇所谓的“历史方法”。历史学派在其发展过程中经历了两个阶段，即旧历史学派和新历史学派。直到 19 世纪末 20 世纪初，历史学派一直占据德国经济思想的主流，对近代德国政治经济学的发展产生了深远影响。此外，历史学派还对美国资产阶级政治经济学产生了一定影响。

美国经济学的产生与发展

美国同德国一样，资本主义发展水平落后于英国和法国。直到 19 世纪中叶，资本主义生产关系才得以在美国确立。但是 19 世纪中叶以后，美国资本主义却发展很快，到 19 世纪末，已赶上西欧国家。资本主义生产关系的迟迟发生，使得美国的政治经济学同德国一样，没有经过古典政治经济学阶段。19 世纪中叶，在美国占主导地位的是以凯里为代表的庸俗的阶级利益调和论和保护关税理论。到 19 世纪末，随着由自由资本主义向垄断资本主义的过渡和阶级斗争的发展，美国政治经济学发展到一个新的阶段，出现了制度学派经济学。制度学派在某些方面受到德国历史学派的影响，在经济学方法上强调所谓制度研究，以求对资本主义现实作出新的解释。

一方面，由于历史学派对制度学派有一定的影响，二者具有某些共同之处；另一方面，现代西方学者往往把历史学派和制度学派视为不同于西方正统经济学的“异端派”，由于这两方面的原因，我们把二者放在一章中加以论述。

第二节　历史学派先驱者李斯特的经济学说

李斯特的生平、著作和学说特色

弗里德里希·李斯特（1789—1846 年）是 18 世纪末 19 世纪初德国重要的经济思想家，贸易保护主义的倡导者。他出生于德国罗伊特林根的一个制革匠家庭。1806 年通过自学参加文官考试，进入符腾堡公国的政府机构任书记员。后在图宾根担任会计检察官等职，同时在图宾根大学学习法学。1817年，他被聘为图宾根大学财政学教授，1820年又当选为符腾堡议会议员。1840年耶拿大学授予他名誉法学博士学位。

李斯特生活的时代，正是德国社会经济和政治发生剧烈变动的时期。这一时期德国分裂为许多封建小邦，邦与邦之间关卡林立，严重阻碍了德国资本主义工商业的发展和国内统一市场的形成。作为产业资产阶级的代言人，李斯特发表了大量的评论和演说，积极宣传资产阶级民主，呼吁在德国国内消除封建割据，要求建立统一的民族市场。李斯特在这一时期的政治活动也大都是围绕这一中心而展开的。1819年，他倡议成立德国工商业协会，并亲自领导该协会的工作，力主废除国内关卡，统一关税，实现国内贸易自由。李斯特的这些主张遭到德国封建反动势力的强烈反对，他本人就因为受到反动势力的迫害而多次流亡国外，并曾被捕入狱。1825年，他移居美国，直到1832年才得以以美国驻莱比锡领事的身份返回德国。由于他继续倡导建立统一的关税保护制度，并且积极参与和领导了于1834年成立的全德统一关税同盟的活动，因而继续受到封建势力的迫害，其间又几次离开德国。反动势力的迫害、政治幻想的破灭以及生活的窘迫致使李斯特的精神完全崩溃，他于1846年11月30日在奥地利的库夫施泰因自杀身亡。

李斯特的经济思想反映在他的关于现实社会经济问题的大量文章和演说中，这些思想在他的主要经济著作中得到了系统阐述。这些著作包括：《美国政治经济学大纲》（1827）、《政治经济学的自然体系》（约写成于1837年，1961年正式出版）、《政治经济学的国民体系》（1841）等，其中最后一本书集中代表了李斯特的经济思想。

李斯特时代的德国资产阶级，在经济上面临着双重任务：一方面，为了发展资本主义工商业，需要在国内结束封建割据，实行自由贸易，以促进国内统一市场的形成；另一方面，德国资本主义工商业从一开始就面临着英国已经发达的资本主义工业的强烈竞争，为了使德国工业尽快成长起来以同发达国家相抗衡，德国产业资产阶级又要求在国际贸易中实行关税保护制度。这种情况就使得李斯特的经济学说具有鲜明的特点，这就是反对英法古典经济学说，强调政治经济学的民族性。

李斯特没有能够区分资产阶级古典经济理论和庸俗经济学说，而把它们统称为“流行学派”。他认为，流行学派的理论是一种“世界主义经济学”，这种学说始终只是以整个人类社会的利益为唯一对象，而完全没有顾及各个国家的不同利益，因而这种学说对于德国来说就不具有任何实践意义。同流行学派相反，李斯特竭力要建立一种新的学说体系，这就是他所谓的“国家经济学”。他提出，这种学说不是建立在空洞的世界主义之上的，而是以事物本质、历史教训和国家需要为依据的。他写道：“作为我的学说体系中一个主要特征的是**国家**。**国家**的性质是处于**个人与整个人类**之间的中介体，我的理论体系的整个结构就是以这一点为基础的。”① 李斯特把自己的主要经济学著作称做《政治经济学的国民体系》，最恰当地表明了他的学说的这一本质特征。他在解释为什么这样做时写道：“换句话说，这个名称的意思是：从民族的立场出发所理解的政治经济学。”②

---

① 李斯特. 政治经济学的国民体系. 北京：商务印书馆，1961：7.
② 法比翁克. 弗里德里希·李斯特. 北京：商务印书馆，1983：36.

自由贸易与保护主义

李斯特的学说体系与英法古典主义的对立，集中体现在是主张自由贸易还是实行保护主义的论争上。

英法古典政治经济学家从他们所处的已经发达的资本主义经济现实出发，以他们的分工和价值理论为基础，把全面的自由贸易看做是在各个国家之间合理分配劳动和资源、从而最有利于生产的天然的制度。李斯特则从当时德国具体的历史条件出发，反对这种普遍的自由贸易，而主张在德国实行关税保护制度。他认为，流行学派所倡导的普遍的自由贸易是建立在一个错误的假设之上的，即它认为统一的世界联盟和持久和平已经存在；而在李斯特看来，这种统一的世界市场的实现还为时尚早，在此情况下要实现全面的自由贸易的主张，就完全不符合资本主义发展水平较低国家的民族利益。他提出，两个具有同样高度文化的国家，要实行自由贸易而对双方有利，只有在二者具有大体相等的工业发展水平时才能实现。“如果任何一个国家，不幸在工业上、商业上还远远落后于别国，那么它即使具有发展这些副业的精神与物质手段，也必须首先加强它自己的力量，然后才能使它具备条件与比较先进各国进行自由竞争。”①

李斯特认为，当时的德国正是一个在工业上大大落后于英法的国家，因而他主张只有通过关税保护制度，首先使德国实现工业化，然后才能在国际贸易中实现自由竞争。他特别强调，实行关税保护不应妨碍国内工业的发展，提出新式机器和现代化生产资料的进口应当尽可能地不因关税而受到阻碍。他写道：“在某种意义上说来，机器工业是工业的工业，对国外机器输入征收关税，实际上就是限制国内工业的发展。”② 由此可见，李斯特完全是把德国资本主义工业化和德国工业产品占领国内市场，作为实行关税保护制度的目标，进而把关税保护制度仅仅看做将来在国际范围内实现自由贸易的一种手段，而不是目的。正是这一点使他既区别于传统的重商主义，又不同于英法古典经济学，而是二者的一种结合。这种结合代表了德国产业资产阶级的利益，因而在当时的德国具有一定的历史进步意义。

关税保护与生产力理论

为了论证他所提出的关税保护制度，李斯特提出了独具特色的生产力理论。

李斯特以他的生产力理论与古典经济学的价值理论相对立。他提出：“要解释经济现象，除了‘价值理论’以外，还必须考虑到一个独立的‘生产力理论’。”③ 他指责古典学派从世界主义经济学出发，只重视财富和交换价值，而忽视了生产力。他认为，财富的生产力比财富本身要重要得多，它不仅可以使原有价值得到保存，而且可以使已经消耗掉的价值得到补偿和增殖。

为了发展德国的生产力，李斯特提出必须实行关税保护制度。他认为，在实行保护制度的初期，可能会使生产成本增加，商品价格提高，从而使利润有所丧失，并不利于消费

---

① 李斯特．政治经济学的国民体系．北京：商务印书馆，1961：5.

② 同①265.

③ 同①122.

者，但是这种损失却使生产力有了发展，在工业生产力发展以后，生产成本会降低，从而会获得更大的物质财富。“因此，保护关税如果使**价值**有所牺牲的话，它却使**生产力**有了增长，这足以抵偿损失而有余，由此使国家不但在物质财富的量上获得无限增进，而且一旦发生战事，可以保有工业的独立地位。”① 在这里，李斯特把由于实行保护关税而暂时出现的工业品价格的提高和利润的丧失，看做是国家为了达到工业上的自主发展所必须付出的代价。

李斯特还对生产力问题作了具体的考察，在《政治经济学的国民体系》中，他用了四章的篇幅来专门论述这一问题。李斯特在这个问题上的观点可以归纳为以下几个方面。

1. 生产力是一个综合的概念。李斯特认为，流行学派从单纯追求交换价值的观点出发，把生产力片面地理解为物质生产力，因而仅仅把劳动本身看做生产力的源泉。这种认识是不全面的。他提出应该从整个国家和社会的范围来考察生产力问题。一个社会的生产力不仅是物质财富累积的结果，而且是科学与艺术、国家与社会制度、智力培养、创造发明等人类精神财富累积的结果。正因为如此，他不仅认为思想和意识的自由对国家生产力有很大的影响，而且把基督教、一夫一妻制、奴隶制与封建领地的取消、王位的继承、警察制度等等都看做是生产力增长的丰富源泉。

2. 李斯特强调指出：“一国的最大部分消耗，是应该用于后一代的教育，应该用于国家未来生产力的促进和培养的。”② 他认为，关于下一代的教育是对现有价值的消耗，但目的却在于国家的未来生产力的增长。从这一观点出发，他认为教师、音乐家、医师、法官等人的劳动也是生产性劳动，而且他们的生产性比单纯的物质生产者还要高，因为他们生产的是生产力，而后者只是生产了交换价值。

3. 一国生产力的增进是国内各产业之间分工协作和国家间分工协作的结果。李斯特接受了斯密认为分工能够促进生产力的观点，并且作了进一步的发挥。他认为，分工的原理不仅适用于某一行业，而且适用于整个国家。(1) 一个国家最重要的分工是精神工作与物质工作的划分，两者是相互依存的。一方面，精神生产者的成就越高，物质财富的产量就会越大；另一方面，物质生产者生产的物质产品越多，精神生产就越能够获得推进。(2) 在物质生产中最重要的分工和协作是工业与农业的划分和协作，二者也是相互依存的。一方面，如果“一个国家没有工业，只经营农业，就等于一个人在物质生产中少了一只膀子”③，因此，他极力强调发展国家的工业生产力。另一方面，工业发展带动农业发展以后，农业反过来会促进工业的进一步发展，它不仅为工业部门提供剩余劳动力，而且还扩大了工业品和农产品的市场，从而使国内产业协调发展。(3) 同一个国家各个不同地区和各个行业之间一样，各国之间也存在着分工与生产力的协作关系，这种协作对生产力的增进也起着积极作用。不过，李斯特认为，一个国家总是把目标放在首先提高国内的生产力上，其次才是国际分工。在作了上述分析以后，李斯特提出了一个重要的观点：“凡

① 李斯特．政治经济学的国民体系．北京：商务印书馆，1961：128．

② 同①123．

③ 同①141．

是一个国家，既培养了在它领域以内工业的一切部门，使工业达到了高度完善阶段，又拥有广大疆土和充分发展的农业，使它工业人口在生活必需品和原料方面的需要，绝大部分可以由本国供应，那么它就拥有最高的生产力，因而也就是最富裕。”① 这里我们可以看出，在生产力问题上仍然体现了李斯特学说的特色，即强调政治经济学的民族性。

李斯特以生产力理论来补充英法古典经济学的价值理论，论证当时在德国发展资本主义生产力的必要性，并且把组织管理和教育等看做影响生产力的重要因素，这是有积极意义的。但是，李斯特对于生产力的理解是不科学的，他任意扩大生产力概念的含义，甚至把基督教、一夫一妻制、王位的继承等都包括在生产力的范畴之内，这表明他还不能够正确地理解生产力与生产关系、经济基础与上层建筑之间的关系。

关税保护与经济发展阶段论

为了进一步说明在德国实行关税保护制度的必要性，李斯特还提出了他的经济发展阶段论。

李斯特认为，一个国家实行什么样的贸易政策，在不同的经济发展阶段是不一样的。他认为流行学派的一个错误，就在于不顾具体的历史条件和经济发展水平，抽象地主张在世界各国普遍地实行自由贸易。他提出，一个国家的经济一般必须经过以下五个发展阶段，即“原始未开化时期、畜牧时期、农业时期、农工业时期、农工商业时期”②。在不同的阶段应该实行不同的政策。他认为，当一个国家从原始未开化时期向畜牧时期、农业时期和农工业时期过渡时，对经济发展最有利的政策是自由贸易。只有自由地与先进国家进行贸易，才能打破原有的封闭和愚昧状态，促进工业的发生，使经济向更高阶段发展。到了农工业阶段，则必须实行关税保护政策，只有这样才能保证本国的工业免遭外国工业的竞争。进入农工商业时期以后，由于国家的幼小工业已经成长起来，具有同其他先进国家的工业竞争的能力，因而自由贸易原则又重新得以适用。

李斯特认为，当时的德国正处于经济发展的第四个阶段，即由农工业向农工商业发展的时期，德国的工业相对于英国发达的工业体系来说是幼小的，因而必须采取关税保护制度，以发展德国的民族工业，通过他所谓的“工业关税教育”，提高德国的工业生产力。当德国强大的工业建立起来以后，它也要参与世界范围内的自由竞争，以使德国达到在经济上和文化上都高度繁荣的农工商业时期。

李斯特的经济发展阶段论是不科学的，他把社会历史的发展仅仅理解为国民经济部门的演进，而完全抛开了社会经济更迭的主要形式即生产关系的变革这一根本因素，因而不可能对社会经济发展的历史过程作出科学的说明。

李斯特的独特的国民经济学体系是从落后的德国资本主义经济现实中产生出来的，因而在许多方面表现出了与英法资产阶级政治经济学的不同。他的经济学说影响了后来的历史学派，这一影响主要体现在以下三个方面：（1）反对个人主义的抽象研究方法，主张从历史的民族的特点出发去建立政治经济学的国民体系。（2）否认普遍的经济规律的存在，

---

① 李斯特．政治经济学的国民体系．北京：商务印书馆，1961：135.

② 同①155.

强调经济发展的民族性。(3) 强调国家在经济发展中的作用。由于这种影响，李斯特一般被看做历史学派的先驱者。

第三节 旧历史学派的经济学说

历史学派的形成和学说特点

19世纪40年代，德国产生了自己的政治经济学，即历史学派。历史学派的形成是这一时期德国社会政治经济发展在理论上的反映。

19世纪中叶以后，德国开始了逐渐走向统一的历史过程，1848年革命以后，资本主义在德国开始迅速发展起来，德国资产阶级的力量无论在政治方面还是在经济方面都有了很大增长，从而促进了资产阶级反对封建专制的斗争。但是，当德国资产阶级有力量与封建制度及其残余进行斗争的时候，在德国却已经出现了资产阶级与无产阶级之间的对立，工人运动已经兴起，社会主义思潮在德国得到广泛传播。这种情况就使得德国资产阶级革命没有能够像英法等国的资产阶级革命那样彻底摧毁封建制度，而是以资产阶级背叛革命向贵族地主阶级妥协而告终。正像马克思所指出的："与1789年法国的资产阶级不同，普鲁士的资产阶级并不是一个代表整个现代社会反对代表旧社会的君主制和贵族的阶级。""它一开始就蓄意背叛人民，而与旧社会的戴皇冠的代表人物妥协，因为它本身已是属于旧社会的了；它不是代表新社会的利益去反对旧社会，而是代表已经陈腐的社会内部更新了的利益"①。历史学派正是德国资产阶级向贵族地主阶级的妥协在经济理论上的产物。历史学派在其发展过程中经历了两个阶段，19世纪40—70年代称为旧历史学派，70年代以后称为新历史学派。

旧历史学派受到了李斯特的国家主义经济学的影响，特别是在反对英法古典政治经济学方面。不过，由于历史学派与李斯特所处的历史条件不同，因而也表现出一些差异。旧历史学派的经济学说具有如下一些特点：(1) 反对古典政治经济学的抽象演绎法，反对进行任何理论抽象，主张用所谓的历史方法代替科学的抽象法。更加否认普遍的经济规律的存在，主张用国民经济学代替政治经济学。(2) 反对古典经济学所倡导的自由放任，主张国家对经济的干预，强调国家在民族的经济发展过程中的决定作用。(3) 极力美化封建制度及其残余，在理论上为普鲁士式的资本主义发展道路作辩护。鼓吹阶级利益调和，反对各种社会主义学说。(4) 宣扬大日耳曼民族的优越性，鼓吹民族沙文主义，从理论上证明德国对外进行侵略扩张的合理性。旧历史学派的这些特征，反映了其学说为德国资本主义制度辩护的庸俗性质，19世纪70年代后形成的新历史学派接受了旧历史学派的基本观点，并且作了进一步发挥。

旧历史学派的创始人是威廉·罗雪尔，其主要代表人物还包括布鲁诺·希尔德布兰德(1812—1878年) 和卡尔·克尼斯 (1821—1898年) 等人。

---

① 马克思，恩格斯. 马克思恩格斯全集：第6卷. 中文1版. 北京：人民出版社，1961：126.

罗雪尔的经济学说

威廉·罗雪尔（1817—1894年）是19世纪中叶德国政治经济学的重要代表人物，旧历史学派的创始人。他出生于汉诺威的一个旧官僚家庭，曾在哥廷根大学和柏林大学学习历史和政治学。毕业后在哥廷根大学任教，1844年升为教授。从1848年起，他应聘在莱比锡大学担任政治经济学讲座教授，在此任教达46年之久。罗雪尔一生著述颇多，但是在理论上没有什么突破，他的著作大都是一些庸俗学说的拼凑和经济史料的堆积。他的主要著作包括：《历史方法的国民经济学讲义大纲》（1843）、《国民经济学体系》（共5卷，1854—1894）、《16—17世纪英国国民经济学说史》（1851—1852）和《德国经济学说史》（1874）等。

罗雪尔作为历史学派的创始人，主要在于他最早提出了所谓“国民经济学的生理学方法”，即历史方法。他第一次把萨维尼[①]在法学研究中应用的历史方法引入经济学研究领域，从而为历史学派奠定了方法论基础。

罗雪尔以他的历史方法与古典经济学的抽象法相对立。他认为，古典经济学所采用的方法是一种“哲学的方法”，即尽可能抽象地寻求概念或理论的体系，抛弃了一切时间和空间的规定性。他提出，古典经济学家所关注的是如何最好地促进国民财富的增长，但这不是经济学研究的主要目的，因为国民经济学不是一门单纯的货殖学或致富术，而毋宁说是一种认识人类、支配人类的政治科学。这一特点就决定了国民经济学应该采用“历史的方法”，也就是尽可能忠实地描写现实生活，寻求与人类进化有关的记述，特别是与古代历史有关的记述。

罗雪尔对他的历史方法作了进一步的说明。他提出，历史的方法主要具有如下特征：(1）国民经济学的目的在于描述和说明一切经济生活的现在和过去的事实。（2）国民经济学的研究只有与法律史、政治史和文化史紧密联系起来，才能对经济生活作出完整的说明。(3）国民经济学不以研究现在的经济状况和单个的国民为满足，而必须结合过去的情况和国民整体进行研究，以获得启示和教训。（4）历史的方法不轻易颂扬一种经济制度，也不轻易否定一种经济制度，因为没有哪一种经济制度对所有国民和一切文化阶段是完全有益的或者完全有害的。因而，国民经济学只是回答“是什么”的问题，而不是回答“应该是什么”的问题。

罗雪尔虽然强调历史研究，注重历史资料的搜集，但是他并不否认对国民经济发展的历史过程进行研究，相反，他认为“各个国民发展中的类似性，可归结为一种发展规律……历史方法的最高目的在于以科学的形式将人类所已获得的政治成果留给后代”[②]。正是这一点招致了希尔德布兰德和克尼斯的责难，他们指责罗雪尔对古典主义作了让步，他们本人则根本否认任何普遍的经济发展规律的存在。

从上述论点出发，罗雪尔对社会经济发展过程作了划分，即社会经济一般要经过四个

① 萨维尼（1779—1861年）是19世纪德国著名的法学家，法的历史学派的主要代表人物。1800—1804年就学于马尔堡大学，获法学博士学位。1810—1842年任柏林大学教授，1842—1848年任普鲁士立法大臣。由他倡导的法的历史学派，强调法的历史渊源研究，认为法是某种自然的“民族精神”发展的结果，法学家的任务就在于阐明“民族意识”。这种研究方法对历史学派有很大的影响。

② 罗雪尔. 历史方法的国民经济学讲义大纲. 北京：商务印书馆，1981：12.

阶段：童年、青年、成年和老年。因而，整个发展过程具有上升的和下降的不同趋势。他认为，国民经济在其发展的所有阶段都要受三种主要经济因素的支配，即自然、劳动和资本。在较低的文化阶段，自然要素占支配地位，到了中等文化阶段，劳动的地位逐渐增强，发展到高级文化阶段，资本开始占优势地位。

罗雪尔的经济学方法论是不科学的。经济研究自然要从事实出发，搜集丰富的实际资料包括历史资料。但是，科学的研究正在于对这些事实材料进行理论加工和抽象，从而揭示事物的本质联系。如果不对历史资料进行理论抽象，它只能成为一堆僵死的事实。因此，以所谓历史方法来否定科学的抽象法，实质上就是否定了经济学作为一门科学存在的意义。

罗雪尔对于社会经济发展阶段的划分也是错误的，他不理解生物有机体的进化与社会经济发展的根本区别，因而在他对经济发展过程的分析中也就看不到经济的社会形式的变化。罗雪尔的著作如果说还有可取的地方，那就是他所搜集的大量的历史资料，对我们的经济研究，特别是对西欧经济史的研究有一定的参考价值。

罗雪尔不仅以所谓历史方法与古典政治经济学相对立，而且还竭力反对各种社会主义学说，为德国容克资产阶级利益辩护。他提出利己心是人类生来俱有的，人类利己心同社会主义是不相容的，因而他对托马斯·莫尔、傅立叶、欧文等人的学说均持反对态度。罗雪尔极力宣扬阶级利益调和，鼓吹阶级利益的协调是一国繁荣的基础。他说："一国的长久繁荣决定于各阶级本身的特性以及各阶级之间的协调；更决定于实际的贤明的贵族主义因素和自由活泼的民主主义因素的混合；同样，一国国民经济的持续繁荣决定于收入的各个部分以及大、中、小财产的协调关系。"① 这就是说，在政治上德国资产阶级应该与封建容克地主阶级协调；在经济上各阶级的利益应当协调一致，这样就能保证德国的持久繁荣。罗雪尔在这里完全抹杀了资产阶级与贵族地主阶级、资产阶级与无产阶级之间的矛盾和阶级利益对立，而把当时的普鲁士王国描绘成一个完美的理想王国。以罗雪尔为代表的旧历史学派的经济思想，在讲德语的国家中影响很大，并且直接影响了后来的新历史学派和美国制度学派。

第四节 新历史学派的经济学说

新历史学派的形成和学说特点

19 世纪 70 年代以后，德国政治经济学发展到了新历史学派阶段。新历史学派形成的社会历史条件同李斯特和旧历史学派所处的时代有很大的不同。

19 世纪 70 年代德意志帝国的建立，完成了德国统一的历史任务。政治的统一，国内统一市场的形成，为资本主义的进一步发展扫清了道路。普法战争以后，又使德国获得了丰富的矿产资源，因此，19 世纪最后 20 年，德国的资本主义经济得到迅猛发展。到 80 年代，它的工业总产量已跃居世界第三位，90 年代后赶上英国。在农业中，通过普鲁士政

① 罗雪尔. 历史方法的国民经济学讲义大纲. 北京：商务印书馆，1981：38.

府推行的自上而下的农业改革，农村中的资本主义生产关系也迅速发展起来。到 19 世纪末，德国已开始进入帝国主义阶段。

资本主义的迅速发展引起了国内阶级矛盾的激化和工人运动的发展。由于第一国际和巴黎公社革命的影响，德国工人运动日益高涨，马克思主义得到广泛传播。这对德国资产阶级是一个严重的威胁。资产阶级与容克地主阶级相勾结，共同反对工人运动，一方面进行残酷镇压，另一方面又以小恩小惠笼络工人阶级，实行一些所谓的"社会改革"，以欺骗人民群众，防止无产阶级革命的发生。

新历史学派正是在这样的社会历史条件下形成的。当时德国一批年轻的经济学家，承袭旧历史学派的传统，在经济学方法上同古典经济学相对立，否认政治经济学所揭示的经济规律的普遍意义。同时，适应容克资产阶级的现实需要，他们极力鼓吹国家的超阶级性，鼓吹阶级利益调和，宣扬社会改良主义，以此来否定马克思主义，对抗科学的社会主义。新历史学派的创始人是古斯塔夫·施穆勒（1838—1917 年）。其主要代表人物还包括卢约·布伦塔诺（1844—1931 年）、阿道夫·瓦格纳（1835—1917 年）、阿伯特·艾伯哈德·谢夫莱（1831—1903 年）、卡尔·毕歇尔（1847—1930 年）以及稍后的韦纳·桑巴特（1863—1941 年）等。

与旧历史学派相比，新历史学派的经济学说具有一些新的特点：（1）新历史学派不再否认经济规律的存在，而认为探索这种规律是经济科学的主要目的。不过，他们怀疑经济学是否真的能够揭示这些规律，尤其否认动用古典的抽象演绎方法能够做到。他们提出在经济研究中必须运用历史归纳法，经济学家只有在搜集大量的资料以后，运用历史归纳方法才能得到某些结论。（2）以所谓历史统计方法代替旧历史学派的"历史的生理学"方法，并力图用历史统计方法来分析和考察现实经济问题。他们提出，新的历史方法不急于求得普遍的结论，而是从历史的综合阐述出发，循序渐进，以达到特定的各个时代各个民族和不同经济状态的专项研究。（3）新历史学派不仅与古典政治经济学相对立，而且更重要的，他们的主要目标是攻击马克思主义，以社会改良主义与科学的社会主义相对抗。（4）新历史学派极力鼓吹国家的超阶级性，美化德国容克资产阶级专制政权，吹捧德意志帝国是一个"理想的王国"。（5）新历史学派特别强调心理、道德和法律等意识形态因素在经济中的作用，并且以此来解释各种社会经济现象。实际上，新历史学派的主要经济观点就是从这一点派生出来的。

新历史学派的主要经济观点

由于新历史学派的代表人物只是埋头于经济史的研究，包括经济史料的搜集、整理和归纳，因此，他们在经济学方面基本上没有什么称得上是理论的东西，只能说有一些基本的经济观点。

1. 强调心理的、道德的因素在经济生活中的地位和作用。施穆勒是这一观点的典型代表。他认为，过去的经济学家只是从自然的和物质的观点来研究经济，而完全忽略了伦理道德等精神因素。他提出，社会经济代表了相互联系的个人所组成的集体，而相互联系的纽带就是心理的、道德的或法律的因素。因此在他看来，社会经济关系诸如生产、分配、分工和交换等就不仅仅是物质范畴，同时也是道德范畴。所以，经济问题只有和伦理道德联系起来，才能够得到说明和解决。从这一点出发，他认为当时德国社会现实中广泛存在的劳资矛盾、工资问题等都是一种伦理关系，可以通过道德观念的变化而得到解决。这一观点成为新历史学派的改良主义政策主张的理论依据之一。

2. 强调法律对经济的制约关系。瓦格纳系统地论述了这一观点。瓦格纳受到德国以萨维尼为代表的法的历史学派的影响，认为个人的社会经济地位不是决定于启蒙学者所说的“自然权利”，而是起源于法律制度，而法律制度又是历史的产物。因此，各种经济关系如经济自由、财产制度、契约关系等都可以找到法律方面的依据。反过来，法律的变化可以调整一定的经济关系。新历史学派主张利用立法手段进行社会改良的依据正在于此。

3. 强调国家在社会经济发展中的特殊地位和作用，鼓吹国家的“超阶级性”。施穆勒就特别强调国民经济是作为一个整体而发生作用的。他认为，由于国家和法权的存在，有国家的干预，就可以创造出必要的国民经济的统一体，建立起社会的和谐。他极力推崇和赞美当时的普鲁士帝国，把它说成是站在阶级之上并且为“社会主义”和整个社会的利益而奋斗的某种“社会王国”。新历史学派的改良主义政策主张，实质上就是从理论上为这个王国的存在及其合理性作论证。

新历史学派的经济政策

新历史学派以其方法论和基本观点为基础，提出了社会改良主义的经济政策主张。

新历史学派不同于旧历史学派的一个特征在于，它不仅在理论上为德国容克资产阶级辩护，而且还提出实际的政策主张，为普鲁士国家政权出谋献策。1873 年，以新历史学派的主要代表人物为骨干，在德国成立了“社会政策协会”，施穆勒是协会的发起人之一，并且从 1890—1917 年一直担任协会的主席。该协会在“成立宣言”中明确提出，它的目的就是要反对旨在否定现存制度的社会主义学说，维护德国一切现存的关系，同时对一些不满意的关系进行改良。协会成员提出的改良主义政策主张主要包括工厂立法、劳动保险、工厂监督、劳资纠纷仲裁、某些行业的国家化、城市土地私有权的限制、财政赋税改革等。实际上，这些主张无非是要求强化资产阶级国家机器，加强国家对经济的干预，却被他们贴上“社会主义”的标签。由于他们中的不少人都是大学教授，利用大学讲坛宣传他们的社会改良主义主张，因而有时又被称为“讲坛社会主义者”。

新历史学派的经济学说和政策主张不仅是庸俗的，而且是反动的。新历史学派的学者把历史归纳同理论抽象极端地对立起来，实际上就是否定了经济科学本身；他们颠倒了经济基础和上层建筑的关系，错误地把道德的、心理的和法律的因素看做决定社会经济关系的根本因素；他们鼓吹的国家社会主义学说，是直接同马克思主义的科学社会主义相对立的，这一学说不仅为 19 世纪末俾斯麦的国家社会主义所利用，而且其中某些观点也成为 20 世纪初叶德国法西斯主义的理论基础之一。

第五节　制度学派的经济学说

制度学派的形成和学说特点

制度学派是 19 世纪末开始在美国产生的一个经济学流派。制度学派的形成，是 19 世纪末20世纪初美国社会政治经济发展在理论上的反映。

美国的资本主义发展较晚，19世纪60年代南北战争以后，资本主义生产方式才得以在美国最终确立。此后，资本主义在美国迅速发展，到19世纪末，美国工业产量已跃居世界首位。20世纪初美国已完成了由自由资本主义向垄断资本主义的转变，成为世界上典型的垄断资本主义国家，具有垄断资本主义的一切特征。在钢铁、石油、化工等行业，大的垄断组织控制着美国的最主要的经济命脉，垄断资产阶级由此获得高额垄断利润。垄断资本的发展，在美国造成了严重的贫富两极分化，不仅造成了大批中小企业的破产，而且使广大劳动群众陷于日益深重的贫困之中，这种情况进一步加剧了国内阶级矛盾。

在上述历史条件下，美国政治经济学中旧的理论特别是凯里的阶级调和论，已经失去了其为资本主义现实辩护的作用，资产阶级需要有新的理论对现代资本主义作出符合其利益要求的解释。由此在美国就出现了以克拉克为代表的理论学派经济学和以凡勃伦为代表的制度学派经济学。二者都从以前的西方经济学中吸取“营养”，但是在来源上有所不同。理论学派主要汲取了奥地利学派的经济观点，采取边际主义分析方法，以其边际生产力理论为资本主义进行公开的辩护。制度学派则主要汲取了德国历史学派的经济观点，采取历史主义和制度分析的方法，描述社会经济现象及其发展趋势，宣传社会改良，缓和阶级矛盾，从而间接地维护资本主义。

与其他流派的资产阶级政治经济学相比，制度学派在理论内容和方法方面都具有自己的特点。（1）与传统的资产阶级经济学不同，制度学派并不认为资本主义是一种天然合理、尽善尽美的制度，而是承认它存在缺陷，因而他们对现代资本主义提出了批判。不过，他们的批判是一种改良主义的。（2）以历史的、心理的和法律的因素来解释制度，把制度说成一种广泛存在的社会习惯，从而使他们的学说带有明显的主观唯心主义特征。（3）以相对的和进化的观点解释社会经济的发展和制度的演变，否认社会发展过程中的革命性飞跃。（4）与传统经济学的自由放任观点不同，制度经济学家极力主张国家对经济进行干预，强调政府在调节和管理经济中的作用。

制度学派的创始人是凡勃伦，主要代表人物还包括康芒斯和米契尔等。虽然他们的学说具有某些共同的特点，但是并没有形成一个严格的理论体系，实际上他们在具体分析过程和理论的着重点上有很大的不同。凡勃伦着重于制度的心理和文化分析，把制度的发展看做思想意识演进的结果，因而他的学说有时又被称为制度的“社会心理学派”。康芒斯则着重论证法律在决定社会经济发展中的作用，特别强调法院调节和管理经济的重要性，所以他的学说被称为制度的“社会法律学派”。米契尔把制度研究与经济周期（他所说的商业循环）的统计检验结合起来，论证统计检验是说明制度演进的主要依据，因而他的学说又被称为制度的“经验统计学派”。

凡勃伦的制度经济学说

托尔斯坦·凡勃伦（1857—1929年）是制度学派的创始人和主要代表人物。他出生于美国威斯康星的农村中一个挪威移民家庭。早年就学于明尼苏达的卡尔顿学院，曾受教于克拉克。后进入霍普金斯、耶鲁、康奈尔等大学深造，1884年在耶鲁大学获经济学博士学位。1890—1922年，他曾先后在芝加哥、斯坦福、密苏里等大学和纽约社会研究新学院任教。

凡勃伦一生著作甚丰，内容涉及经济、历史、政治、文化等广泛的领域。主要经济著作有：《有闲阶级论》(1899)、《企业论》(1904)、《德意志帝国和工业革命》(1915)、《美国的高级学术研究》(1919)、《既得利益和工艺状态》(1919)、《科学在现代文明中的地位》(1919)、《工程师和价格制度》(1921) 以及《不在所有权和近代企业》(1923) 等。

凡勃伦以新的"本能主义"心理学①作为他的经济学的哲学基础。他认为，传统经济学以边沁的"苦乐主义"心理学为其哲学基础，断言社会发展具有越来越好的趋势，这种观点是不正确的。因为"苦乐主义"实际上把人看成是被动的，他们只受追求快乐和避免痛苦的动机和感觉的支配，这是一种形而上学的观点。因此，以这种观点为前提的关于自然规律的学说、自由放任的理论等等，也都与事实不符。凡勃伦以新的心理学为基础，把本能引入经济学领域，用以解释人类的一切经济活动。他强调经济制度是人类利用天然环境以满足自己物质需要而形成的社会习惯，而一切社会习惯又来源于人类的本能。他把决定社会经济生活的制度的本能分为三类，即父母的天性、工作的本能和随便的好奇心。因此，他对于制度的分析基本上可以归结为一种心理的分析。

凡勃伦从上述观点出发给制度下了定义，在他看来，所谓制度就是"广泛存在的社会习惯"。他写道："制度实质上就是个人或社会对有关的某些关系或某些作用的一般思想习惯"②。他把私有财产、价格、市场、货币、竞争、企业、政治机构、法律和谋利行为等等，都说成是广泛存在的社会习惯，即制度形式。他提出，社会习惯是逐渐形成的，所以制度本身也有一个历史进化的过程。本能决定了人类行为的最终目的，推动了人类为达到这一目的而作出的努力，这些行动逐渐形成一种生活方式或"社会习惯"，于是就产生了制度。凡勃伦以庸俗进化论来说明制度的发展和演变。他认为，生物界的生存竞争和优胜劣汰的规律同样适用于人类社会，制度的演进过程也就是人类的思想和习惯的自然淘汰过程。因此，制度的发展只有渐变而没有突变。现代的一切制度都是从它们远古时代的历史胚胎中产生出来，而不断地演变为各种不同的具体形态。现代制度今后还要继续进化和发展，但这种发展的前景是不能预料的。因此他提出，不同社会形态的变更没有什么自然规律可言。

凡勃伦进一步区分了两种不同的制度：一类是财产所有权或金钱关系的制度；一类是物质生活的生产技术或物质生活的工具供给。前者出自人类的虚荣本能，后者出自人类的工作本能，二者都是广泛存在的社会习惯。凡勃伦以此来解释现实的资本主义制度。他提出，在现代资本主义社会，这两种制度的具体形式就是"机器利用"和"企业经营"。一方面，从生产技术上说，经济发展的现阶段是"机器利用"的时代。机器工业已经在工业体系中占据主导地位，机器的应用导引出一切和工业革命有关的变革，如工厂制度、大规模的生产方法、货币、信用等等。就满足人类的物质福利来说，这种工业制度能够无限制

① "本能主义"心理学是19世纪末流行于欧美的一种心理学流派。与"苦乐主义"心理学不同，它强调本能在人类行为动机中的作用，认为人类的意志活动包括崇高的道德行为都仅仅导源于本能的冲动，而本能是生来就具有的。

② 凡勃伦. 有闲阶级论. 北京：商务印书馆，1964：139.

地进行商品生产。但是在另一方面，从财产所有权来看，在现代经济中却表现为资本的所有权。“企业经营”就是通过资本的投资，对商品生产和流通的全部过程进行组织和加以控制。企业经营的目的不是商品的最大产量而是企业的最大利润。

凡勃伦认为，由于机器利用和企业经营服从于不同的目的，因而就使两者发生了矛盾，这是资本主义社会一切矛盾和弊端的根源。他认为，在机器利用的初期，产品价格比较低廉，引起了市场的扩大，因而，此时产量的增加与利润的扩大是相一致的，二者并无矛盾。随着机器利用的进一步发展，由于技术进步，产品大量增加，市场却不能随之扩大，这样就产生了生产和利润的矛盾，并且不断地加剧。他认为，由于现代资本主义基本上是一种价格制度或者说金钱制度，价格不是生产而是经营的问题，因而企业经营居主导地位，现代资本主义的特征是企业经营统治着机器利用。企业经营靠有利价格来获取利润，限制了生产的发展和技术的进步，从而使生产能力的劳动力利用不足，出现工厂开工不足、产量缩减和工人失业增加等现象。凡勃伦认为，这种企业经营对机器利用的统治，是 19 世纪初期以后资本主义发生经济危机的一个主要原因。

凡勃伦以上述对现代资本主义制度的认识为基础，提出了他的社会改革方案。他认为，现代资本主义制度的矛盾不仅表现为机器利用与企业经营的矛盾，还表现为技术人员和企业家之间的矛盾。他所说的技术人员包括工程师、化学家、矿物学家以及其他技术工人，企业家则包括老板、厂长、经理和商业推销员等。凡勃伦认为，企业家从事企业经营，他们以追逐利润为目的；技术人员从事机器的利用，以扩大生产和促进技术进步为目的，但是他们受控于企业家。由于现实的工业体系是在相互联系之中发挥作用的，因此每一个企业家都限制着技术人员的发展，并且造成现代资本主义的种种矛盾和缺陷。凡勃伦提出了解决这一矛盾的方案，主张组织所谓“技术人员苏维埃”，把经济的控制权转到它手中，以此来代替企业经营，这样，以追求利润为目的的企业经营就将被抛弃，由此产生的一切矛盾也就自然会消失。

凡勃伦的制度经济学说在西方经济学说史上独树一帜，以其特有的方式对资本主义制度的天然合理性和永恒性提出了质疑，揭露了现代资本主义的一些矛盾和弊端，在一定程度上反映了垄断资本主义经济的现实。这是他的经济学说的进步意义所在，也正是由于这一点，他长期受到资产阶级正统经济学家的轻视，并被看做“异端”。然而，凡勃伦的制度经济理论并不是完全科学的。首先，他对于资本主义的批判并没有触及资本主义生产关系的本质。他把制度定义为“广泛存在的社会习惯”，以心理学本能来解释制度的产生和变化，认为本能是天赋的、不变的，因而制度的本质也是不变的，变化的只是制度的具体形态。这样，虽然他承认资本主义制度不是一成不变的，却又从本源上论证了资本主义的永恒性。同时，他还认为制度的演化是不可预测的，以此来否定马克思主义的资本主义必然被社会主义所代替的科学结论。其次，他否认资本主义的生产社会化与生产资料私人占有之间的基本矛盾，而把它说成“机器利用”与“企业经营”之间的矛盾，并且进一步把工人阶级与资本家阶级的对立说成是技术人员与企业家之间的对立，以此为基础提出改良主义的政策主张，否认无产阶级革命的必要性。可见，凡勃伦的制度经济学说实质上仍然是一种为垄断资本主义辩护的理论，只不过形式不同而已。

康芒斯和米契尔的经济学说

康芒斯和米契尔是制度学派的另外两个主要代表人物。康芒斯与凡勃伦同时代，米契尔曾经是凡勃伦的学生，两人都受到凡勃伦的影响，并且对凡勃伦所开创的制度经济学作出了自己的贡献。康芒斯以研究劳工问题而闻名，米契尔则是研究商业循环（即经济周期）的早期主要代表人物。

约翰·罗杰斯·康芒斯（1862—1945年）不仅是制度学派的理论家，更是一位制度主义的实践家，他的独特的制度经济学说，对20世纪20—30年代的美国社会产生了重大影响。康芒斯出生于美国俄亥俄州的一个中产阶级家庭，早年就学于奥伯林学院，学习凯里的经济学说。他还曾研究过亨利·乔治的经济学说，并深受其影响。他在奥伯林学院毕业后，进入约翰·霍普金斯大学深造，受教于当时颇负盛名的经济学家伊利。伊利曾留学德国，其历史主义观点和制度主义倾向对康芒斯产生了深刻的影响。毕业后，康芒斯先后在威斯里安大学、印第安纳大学、锡拉丘兹大学任教。从1904年起，康芒斯进入威斯康星大学担任经济学教授，在此执教30多年。康芒斯还是一个积极的社会活动家，主要从事劳工运动和社会立法活动，他曾先后参加了威斯康星州产业关系委员会和美国总统产业关系委员会，这为他的制度经济学研究提供了取得丰富的第一手材料的机会。

康芒斯一生写下了大量有关劳工问题和制度经济学理论的论著，其中包括：主编《美国工业社会的历史记述》（共10卷，1910）、《美国劳工史》（与安德鲁合著，1918）、《资本主义的法律基础》（1924）、《制度经济学》（1934）和遗著《集体行动经济学》（1950）等。在后三部著作中，康芒斯从不同方面系统阐述了他的独特的制度经济理论。

同凡勃伦一样，康芒斯也强调制度对经济生活的重要性，认为制度是经济发展的动力。不过，他对于制度的解释具有自己的特点。他写道："如果我们要找出一种普遍的原则，适用于一切所谓属于制度的行为，我们可以把制度解释为'集体行动控制个体行动'。"① 所以在他看来，所谓制度就是指控制个体行动的集体行动。他认为，集体行动的种类和范围甚广，从无组织的习俗到有组织的机构，如家庭、公司、行会、法院、工会、银行等，都可以归于集体行动之列，它们共同的原则就是个体行动受集体行动的控制。在众多的集体行动中，他特别关注的是垄断大公司、工会和政党，这些具有强大力量的利益集团控制了一切个人的活动，支配了整个社会生活。他还认为，由于集体行动控制个体行动，使之遵循一定的规范，这样就使个体免受强迫、威胁、歧视或者不公平的竞争，因此，通过集体的控制又能使个体的行动得到解放和扩张。康芒斯提出，20世纪是集体行动的时代，社会生活的普遍现象是集体行动而非个体行动，制度经济学就是要以集体行动为研究对象，以期对现代资本主义作出新的解释，而传统的以个人行为为研究对象的经济学已经不可能做到这一点。

康芒斯把现代资本主义的社会关系解释为一种交易关系，并由此引出阶级利益调和论。他提出，交易"不是实际'交货'那种意义的'物品的交换'，它们是个人与个人之间对物质的东西的未来所有权的让与和取得"②。交易中包含着三种最基本的社会关系，

① 康芒斯．制度经济学：上册．北京：商务印书馆，1962：87.

② 同①74.

即冲突、储存和秩序。康芒斯不认为资本主义社会只存在工人阶级和资产阶级两大基本阶级，而是存在着众多的利益集团。在众多的社会集团之间广泛地存在着利益的冲突，然而冲突的各方又都是相互依存的，这种相互冲突和相互依存要得到协调，就需要秩序，即通过集体行动为冲突各方建立一个"行动规则"，使交易各方处于协调之中。他认为这样就可以保证社会生活的基本稳定，维持社会的正常运行。这一思想成为他的阶级利益调和论的基础。对于当时美国社会广泛存在的劳资冲突，他认为只要通过集体谈判就可以得到解决，没有必要采取阶级斗争的形式。

康芒斯承认现实社会中普遍存在着利益的冲突，然而他又认为借助一些有效的调节方式可以使冲突得到解决。他提出，在现代社会中有效的协调方式主要有三种，即经济的、法律的和伦理的，其中他特别强调法律的调节作用。他把资本主义的产生归功于法律制度，认为法院保证了资本主义法律的胜利，破坏了封建社会的政治制度和经济制度，为资本主义的发展扫清了道路。法律制度还推动了资本主义的发展。他提出，资本主义的发展经历了三个历史阶段，即商业资本主义时期、工业资本主义时期和金融资本主义时期，由一个阶段发展到下一阶段，主要的推动力量就来源于法律制度。他认为，现代资本主义制度本质上是一种法律制度，因为它完全以所有权为基础。康芒斯据此提出，既然资本主义是法律制度所促成的经济制度进化的结果，那么，它的缺陷和弊病也可以通过法律的调节而加以克服。他提出了要用"法院的看得见的手"来代替亚当·斯密的"看不见的手"的主张，以此对现代资本主义进行调节。

康芒斯的制度经济学说在一定程度上反映了现代资本主义社会的实际状况，特别是对垄断资本主义的弊端进行了揭露和分析，承认资本主义现实中存在着阶级利益的冲突，这是有积极意义的。但是，他的经济学说又不是一种科学的理论，而是一种改良主义的经济理论。他认为只要通过适当的调节，仍然可以使资本主义成为"合理的"制度，并且鼓吹以阶级合作代替阶级斗争。同时，他把现代资本主义看做是由法律制度决定的，则完全颠倒了经济基础和上层建筑的关系，实际上，作为上层建筑组成部分的资产阶级法律制度最终要受到资本主义生产关系的制约，是由经济基础决定的。

威斯利·克勒尔·米契尔（1874—1948 年）是早期制度学派的另一个重要代表人物，也是最早系统研究经济周期问题的主要代表人物之一。他出生于美国伊利诺伊的那希维尔。在芝加哥大学学习时，曾师从凡勃伦，1899 年获博士学位，后留校任教。从 1903 年到 1912 年，他曾先后执教于加利福尼亚、哈佛等大学，并曾在纽约社会研究新学院任职。1922—1944 年在哥伦比亚大学担任经济学教授。1920 年，他倡议成立"全国经济研究局"，并担任研究主任。米契尔一生主要从事经济周期及经验统计研究，在这方面发表了不少论著。他的主要经济著作有《美国货币史》（1903）、《商业循环及其原因》（1913）、《商业循环问题及其调整》（1927）、《落后的花钱艺术》（1937）以及《经济循环的测量》（与本兹合著，1946）等。

康芒斯曾以自己独特的制度经济学说发展了制度学派的理论，米契尔则不同，他对于制度经济理论没有什么新的贡献。作为制度学派的主要代表人物之一，他只是在一些基本方面继承了该学派的传统，即同凡勃伦一样把制度看做一种"社会习惯"。米契尔经济学说的特点在于把这种制度研究同经济周期分析结合在一起，来说明现实的资本主义经济。

他曾写道："商业循环是一定经济组织所特有的现象；要了解循环变动，就必须了解这种经济制度。"①

米契尔把资本主义经济制度的基本特征看做货币经济，并且以此为基础来解释他所谓的商业循环。他对商业循环的原因进行了考察。他认为商业循环正是起因于货币经济，在这种经济中，货币不仅用来作为交换媒介，而且一切的经济活动都以挣取和花费货币的形式出现。当货币经济发展到大部分居民都依靠赚取和花费货币收入来生活的时候，商业循环就成为经济生活的一个显著特征。他写道："商业循环不是突然发生的……当社会的大部分人开始使用赚钱和花钱的方法进行大部分的活动后，社会便慢慢地越来越容易受到商业循环的侵扰。"② 由于资本主义是一个金钱社会，因此，以赚取利润为目的的企业组织、价格制度就成为社会经济生活的主体。经济的运行要受到利润、成本、价格等因素的影响，这些因素的相互作用及其调整过程就造成了经济的周期波动即商业循环。

米契尔对商业循环进行了大量的实证研究，搜集了许多经验材料，然后运用数学和统计方法，建立经济统计模型，用以解释经济波动。他认为，商业循环就是指经济活动上升和下降反复出现的循环，他把这种循环分为繁荣、衰退、不景气、复兴等几个阶段，对每一阶段都进行具体研究。他还对影响商业循环的因素进行了考察，主要分析了货币因素、气候的周期变动、储蓄过度、消费不足、投资不足或投资过度等因素。

米契尔所说的商业循环，实际上就是经济周期问题。他的研究在一定程度上反映了资本主义经济的现实情况，否定了传统资产阶级经济学的资本主义无危机的教义，承认资本主义经济存在波动，并且认为这种波动不是偶然的，而是资本主义经济固有的特点，这一分析是有积极意义的。但是，米契尔用商业循环的概念代替经济周期则是错误的。他把产生于生产过程的经济危机，仅仅归结为商品的流通领域的不均衡。他对于经济周期的原因的解释也是不科学的，实际上，周期性的经济危机是资本主义基本矛盾作用的结果，只要这一基本矛盾不消除，周期性的经济危机就不可避免。因而，米契尔企图建立无危机的资本主义经济发展模型，也就注定成为不能实现的幻想。

阅读书目

马克思，恩格斯. 马克思恩格斯全集. 中文1版，第23卷、第1卷、第46卷上、第3卷、第4卷、第24卷、第13卷中有关李斯特、罗雪尔、历史学派和制度学派的部分。

马克思，恩格斯. 马克思恩格斯选集：第3卷（有关李斯特、罗雪尔的部分）. 2版. 北京：人民出版社，1995

列宁. 帝国主义是资本主义的最高阶段. 北京：人民出版社，2004

李斯特. 政治经济学的国民体系. 北京：商务印书馆，1961

罗雪尔. 历史方法的国民经济学讲义大纲. 北京：商务印书馆，1981

季陶达. 资产阶级庸俗政治经济学选辑（有关新历史学派部分）. 北京：商务印书

① 米契尔. 商业循环问题及其调整. 北京：商务印书馆，1962：9.

② 同①73.

馆，1963

凡勃伦. 有闲阶级论. 北京：商务印书馆，1964

思考题

一、名词解释

官房学派　生产力理论　社会发展阶段　制度　资本主义发展的阶段　商业循环

二、问答题

1. 简评李斯特的生产力理论。
2. 简评罗雪尔的经济学的历史方法论。
3. 新历史学派的基本经济学说和政策主张是什么？
4. 制度学派经济学对资本主义的分析有何意义和局限？
5. 凡勃伦有哪些主要经济思想？

第十六章

边际效用学派的经济学说

本章重点

边际效用学派是19世纪末20世纪初几乎同时出现在奥地利、法国和英国的一个新流派。在西欧，进而在美国，边际效用学派迅速成为当时经济学中的主要流派，影响极为深远。它使用边际分析来主观评价价值及其他经济现象，找出经济规律。边际效用学派在奥地利称为奥地利学派，其主要代表人物有门格尔、庞巴维克等。以杰文斯、瓦尔拉斯为代表的被称为数理学派。以克拉克为代表的被称为美国学派。边际效用学派建立了以边际分析为基础，以分配理论为中心的经济理论体系。

本章知识点

- 奥地利学派的方法论
- 庞巴维克的边际效用价值论和时差利息论
- 数理学派的主要代表人物
- 克拉克的边际生产力理论

第一节　奥地利学派的经济学说

奥地利学派的先驱者及代表人物

边际效用学派是19世纪末20世纪初西方经济学各流派中影响最大的一个新流派。这个学派以欲望为出发点，以效用为中心，以所谓边际分析主观评价价值和其他经济现象。边际效用学派是以这些理论为基础的统称。奥地利学派则是这个学派的一个主要支流。此外，以杰文斯、瓦尔拉斯为代表的数理学派和以约·倍·克拉克为代表的美国学派也属于边际效用学派。

奥地利学派的主要代表人物有卡尔·门格尔（1840—1921 年）、弗里德里希·冯·维色（1851—1926 年）、欧根·庞巴维克（1851—1914 年）等。因他们先后在维也纳大学任教，都是奥地利人，所以，被称为奥地利学派或维也纳学派。

边际效用论并不是奥地利学派的新创造。17 世纪英国的尼古拉·巴贲（1640—1698 年）就曾提出商品的价值取决于效用的观点。18 世纪意大利的弗尔南陀·加利亚尼（1728—1787 年）也指出物品的价值决定于该物品满足需要的重要性。法国启蒙学者孔狄亚克（1715—1780 年）指出，物品的价值决定于需要程度并随物品的稀缺性发生变化。重农学派的杜尔哥和法国经济学家萨伊都在不同程度上把价值看成人们对产品效用的主观评价。

边际效用论的奠基者和直接先驱者是德国的赫尔曼·戈森（1810—1858 年），他在《论人类交换规律的发展及人类行为的规范》（1854）一书中提出了两个规律。第一个被称为效用递减规律，即人们对某种物品的需要，随着需要的不断被满足，所感觉到的享乐程度逐渐递减，直至最后达到饱和状态。第二个被称为边际效用相等规律，它是由第一个规律派生的，是指在效用递减规律作用下，达到最大限度享乐的方式。他认为一个人如果要从一定量财货中得到最大限度的满足，就必须把它在不同用途间进行分配，而分配的方式必须使得每一种用途上的财货的边际效用相等。此外，他还认为，当环境使人发现新的享乐，通过自身的改进或影响外部世界就有可能增加他的总享乐。就是说可以增加新的享乐的途径，它是对享乐递减规律和边际享乐相等规律的补充。[1] 戈森的这些观点被称为“戈森定律”。

戈森对自己的发现评价很高，把它和哥白尼预测天体运行轨迹的发现相提并论。但其著作问世后并未受到重视。这是因为 19 世纪中叶历史学派的学说在德国经济学界占统治地位，它否认普遍规律和理论概括，戈森的抽象理论显然不适合人们的胃口。在英、法等国，西方经济学者如约翰·穆勒、萨伊、巴师夏的理论仍有巨大影响，资产阶级社会还不需要戈森的学说，因而它不为人们赏识和重视是可以理解的。到 19 世纪末，上述庸俗经济学说逐渐走向没落，资产阶级为了寻求新的辩护工具，戈森的学说才被重新发现，并成为边际效用论的理论基础。

边际效用论是 19 世纪 70 年代由英国的杰文斯、瑞士的瓦尔拉斯、奥地利的门格尔几乎同时提出来的。他们的理论和戈森并无直接的渊源。但当他们发现了戈森的理论内容后，还是肯定戈森先于自己发现了主观价值原理，肯定了戈森学说的价值与地位。例如，“边际革命”的奠基人之一杰文斯就曾在自己著作的再版序言（1879）中详细谈到戈森的观点及其价值。

门格尔是奥地利学派的创始人，他在《国民经济学原理》（1871）一书中提出了边际效用论的基本观点。他综合前人的主观价值论和效用递减规律的观点，提出了价值决定于商品的最不重要部分的效用的理论，奠定了边际效用论的基础。杰文斯的学说和门格尔同时出现，不过杰文斯是用数学说明价值决定于最后效用，因而以杰文斯为代表的边际效用学派也被称为数理经济学派。奥地利的维色和庞巴维克继门格尔之后使边际效用论得到了

① 有的著作中把这个补充说成是“戈森的第三定律”。

发展和系统化，特别是在庞巴维克的著作中，奥地利学派的理论得到了最完整的表现。因此，庞巴维克也就成了奥地利学派最出名的代表人物。

欧根·庞巴维克（1851—1914年）曾在因斯布鲁克大学和维也纳大学任教，并三度担任奥地利财政部部长，1911年被选为奥地利科学院院长。他的主要著作是两卷本的《资本与利息》，第1卷名为《资本利息学说的历史与批判》（1884），第2卷名为《资本实证论》（1888）。此外，他还著有《马克思主义体系的终结》（1896）。在这些著作中，他除了系统地宣扬边际效用论外，还攻击和反对马克思的劳动价值论和剩余价值理论，诬蔑马克思的《资本论》第1卷和第3卷有矛盾，这表明他根本不懂马克思价值转化为生产价格的理论。

奥地利学派的方法论

奥地利学派反对历史学派的所谓历史方法，主张采用抽象演绎法。奥地利学派的学者们认为：（1）要从特定的历史和社会中把个人抽象出来。（2）要把人的需要和需要的满足即消费作为研究的出发点。（3）政治经济学研究的应是人和物的关系，即研究个人的需要和满足这些需要的手段（即财货）之间的关系。财货和人的需要相比，在数量上有限，因而就要研究如何经济地使用财货的问题。（4）关于人的需要，他们从心理学来说明，即以"苦乐心理"，追求享乐和避免痛苦的心理来寻求经济规律，把一切经济范畴说成是人们心理的一种反映和表现。

奥地利学派的这种所谓抽象法是反科学的，它把孤立的个人作为自己理论的出发点，把社会经济规律看成是自然范畴，抹杀了资本主义的特定生产关系；完全抛开生产，单纯从人们的主观心理分析消费，从而否定了资本主义固有的生产和消费的矛盾。这种抽象法是和科学的抽象法毫无共同之处的。马克思说，人"不仅是一种合群的动物，而且是只有在社会中才能独立的动物。孤立的一个人在社会之外进行生产……就象许多个人不在一起生活和彼此交谈而竟有语言发展一样，是不可思议的"①。

边际效用价值论

边际效用价值论，是奥地利学派经济学说的核心和理论基础。庞巴维克发挥了门格尔的观点并使之系统化，形成了一整套理论。

庞巴维克首先把价值分为主观价值和客观价值，但认为主观价值是价值论的根本问题，客观价值是由主观价值决定的。什么是主观价值？他说："**主观**价值是一种财货或一类财货对于物主福利所具有的重要性。在这一意义上，如果我认为我的福利同某一特定财货有关，占有它就能满足某种需要，能给予我以一种没有它就得不到的喜悦或愉快感，或者能使我免除一种没有它就必须忍受的痛苦，那么，我得说这一特定财货对我是有价值的。"② 就是说，财货是否有价值，取决于人们对财货的主观评价。

什么是客观价值呢？庞巴维克说："**客观价值**指的是一种财货获得某种客观成果的**力**

---

① 马克思，恩格斯. 马克思恩格斯全集：第46卷上. 中文1版. 北京：人民出版社，1979：21.

② 庞巴维克. 资本实证论. 北京：商务印书馆，1964：150.

量或能力。在这一意义上，有多少种和人有关的客观成果，就有多少种价值。食品有营养价值，木材和煤炭有发热价值，肥料有肥田价值，爆炸物有爆炸价值等等。”① 这里，客观价值显然是指货物本身的效用、物理特性或使用价值。庞巴维克认为，客观价值当然不是指这些货物的本身属性，这种意义上的客观价值，不属于政治经济学的研究范围。那么，政治经济学要研究的客观价值是什么呢？他认为是“用它来换得一定量其他经济财货的可能性”②，即货物的“交换能力”“购买力”或“客观交换价值”。

主观价值和客观价值的关系是，主观价值是主体、是本质，客观价值是主观价值的产物，因此，庞巴维克认为，解释主观价值的本质、起源以及价值量的决定等，是价值论的根本问题。

奥地利学派把价值归于人们对财货效用的主观评价，自然也就把物品的稀缺性引入了价值决定的范畴。庞巴维克以一个人居住在泉水旁边，一个人行进在灼热的沙漠里，二人对水的主观评价不同，断言“一种物品要具有价值，必须既具有有用性，也具有稀缺性”③。

奥地利学派认为价值决定于人们对财货效用的主观评价，但人们占有的物品数量多少不同，主观需要也是千差万别的，又如何评定价值量呢？庞巴维克利用戈森定律，把主观效用和边际概念结合起来加以说明。他提出了两种分级：（1）需要种类的分级，即不同种类的物品对人类的重要性是不同的，因而级别也是不同的。如粮食是人类最迫切需要的，应放在第一级，衣、住的需要次之，烟、酒等又次之，装饰品更次之，应归入依次向下的级别。（2）同一种类需要的分级。如对小麦，可以作为人的口粮，可以用来养猪，也可以用来酿酒，还可以用来养鸟。这种种用途对欲望的重要性是不一样的。同时，对同一种物品的需要的程度，随着物品数量的增加而递减。如对第1碗饭、第1杯水的需要程度，显然大于对第2、3碗饭及第2、3杯水。随着需要的不断满足，对这种物品的需要程度就一步步递减，甚至为零。

庞巴维克以表16-1表示欲望的分级和欲望递减规律。在表16-1中，罗马数字表示对不同种类欲望的满足程度。其重要性由Ⅰ递减到Ⅹ，Ⅰ表示最重要的种类，如饮食需要；Ⅴ表示一般重要的种类，如烟、酒需要；而Ⅹ则表示可以想象到的最不重要的种类的需要。

表16-1

Ⅰ	Ⅱ	Ⅲ	Ⅳ	Ⅴ	Ⅵ	Ⅶ	Ⅷ	Ⅸ	Ⅹ
10									
9	9								
8	8	8							
7	7	7	7						
6	6	6	•	6					
5	5	5	•	5	5				

①② 庞巴维克．资本实证论．北京：商务印书馆，1964：150，151．

③ 同①155．

续前表

Ⅰ	Ⅱ	Ⅲ	Ⅳ	Ⅴ	Ⅵ	Ⅶ	Ⅷ	Ⅸ	Ⅹ
4	4	4	4	4	4	4			
3	3	3	·	3	3	·	3		
2	2	2	·	2	2	·	2	2	
1	1	1	1	1	1	1	1	1	1
0	0	0	0	0	0	0	0	0	0

阿拉伯数字表示对每一种欲望的具体需要和需要的程度，其程度是递减的，也表示财货的效用是递减的。10 表示最重要的需要，9 次之，依此类推。1 则表示最微不足道的需要，是在被满足和不被满足欲望的边沿上，物品满足边沿欲望的能力就是它的边际效用。决定物品价值的不是它的最大效用，也不是它的平均效用，而是它的最小效用，即物品的价值是"由它的**边际效用**量来决定的"①。

为了说明边际效用决定价值，庞巴维克举例说，一个殖民地的农民处在原始森林中，他刚好收获五袋谷物：

第 1 袋谷物	维持自己一年的生活	10
第 2 袋谷物	使生活过得更好	8
第 3 袋谷物	饲养家禽	6
第 4 袋谷物	酿酒	4
第 5 袋谷物	喂鹦鹉	1

阿拉伯数字 1～10 是物主对这五袋谷物因用途不同，其重要性也不同的评价。谷物的效用随着它的数量增加而递减。1 是处于边沿上的效用，所以叫做边际效用或最小效用、限界效用。在庞巴维克看来，谷物的价值就是由最后一袋谷物的效用（边际效用）来决定的，它不仅决定最后一袋谷物的价值，也决定其他四袋谷物的价值，因为这五袋谷物是相同的，用途可以互换，所以它们的价值是相同的。如果这个农民只有一袋谷物，他必定放弃其他用途，而用来维持自己的生命，他对这一袋谷物的评价最高，它的边际效用最大，效用为 10。庞巴维克由此得出一条决定价值量的"规律"："物品的数量和物品的价值成反比"②，"任何种类的物品越多，决定其价值的边际效用就越小。再则，如果某一种物品的供应很多，多得使一切需要完全得到满足以外，仍然有剩余的物品不能找到有益的使用，那么，它的边际效用就等于零，这一种物品也就无价值"③。庞巴维克认为，用这个边际效用价值理论，就可以解释珍珠、钻石效用小却具有很高的价值，面包和铁的效用大却具有较小的价值，阳光的效用很大却没有价值这种生活中的矛盾现象了。

一件物品的价值是由它的边际效用量决定的。那么边际效用量又由什么决定呢？庞巴维克说："它是由**需要**及其**供应**之间的关系决定的。"他说："一方面，要求满足的需要越

① 庞巴维克. 资本实证论. 北京：商务印书馆，1964：167.

②③ 同①170－171.

多和越强烈，另一方面，能满足该需要的物品量越少，则得不到满足的需要阶层就越重要，因而边际效用也越高。反之，需要越少和越不迫切，而能够用来满足它们的物品越多，则更下层的需要也可得到满足，因而边际效用和价值也就越低。”①

这就是奥地利学派关于消费品价值的理论。

生产性物品的价值理论

消费品可直接满足人的需要，奥地利学派据此提出价值取决于人对财货效用的主观评价。生产资料与此不同，它不能直接满足人的需要，又怎样用人们主观评价的效用决定其价值呢？

对这个问题，奥地利学派有三种回答。

1. 门格尔首先提出，生产资料的价值是由它们生产出来的产品的价值决定的。他把物品划分为若干等级，说明生产资料价值形成的过程是价值从消费品转移到生产资料的过程。庞巴维克利用门格尔的方法，将物品分为若干等级，如把面包作为第 1 级；把面粉、烤炉和面包师的劳动作为第 2 级；把小麦、磨粉的磨子作为第 3 级；把生产小麦的土地、农具、农民的劳动作为第 4 级。依此类推，说明所有生产性物品只有在它生产出来的产品能提供效用即能满足人类的某种需要时，才有价值。所以，“最终是由它们的最后制成品的边际效用量所规定的”②。

2. 庞巴维克还提出补全物品的价值构成理论。他认为生产性物品，如土地、农具和农民的劳动是生产小麦的补全物品。这些补全物品的价值，“是和它作为一个整体所能提供的边际效用相适应的”③。如果三件物品 A、B、C 形成一组补全物品，由于联合使用在经济上得到的最小效用具有 100 的价值，那么这三件物品合在一起就值 100。庞巴维克还从补全物品价值理论中引申出分配问题。他说：“一切产品都是通过三种互相补全的‘生产要素’（劳动、土地和资本）的合作而生产出来的。我们的理论既然能够说明联合产品有多少可以在经济上归功于哪一个要素，从而能够说明各个要素在总价值中所占的份额，那么，它就能够为决定各个要素所应得到的报酬量奠定最有决定意义的基础。”④

3. 维色在这个理论的基础上，从边际效用论和生产三要素论出发，提出了一个“归算理论”，它既是“归算价值论”又是“归算分配论”。维色认为，门格尔的方法只适用于确定同一种类消费物品的价值，不适用于确定不同种类的生产要素共同生产某一产品时各自的价值。他以萨伊的生产三要素论为依据，把生产资料的价值问题先变为生产要素的价值问题，再变为社会收益的分配问题。他说：“每一种生产资料、每一种工具、每一块土地或者每一份原料、每一种劳务，如果可以这样说的话，都代表事业中的一份。这样一份，由于对于这种事业的结果有所贡献，因而便使结果的一个份额归算于它，并且它的价值也就必须由这种结果的总数来决定。”⑤ 依照这种理论，生产要素的价值非但不是来自

① 庞巴维克. 资本实证论. 北京：商务印书馆，1964：176.

② 同①197.

③④ 同①186，192.

⑤ 季陶达. 资产阶级庸俗政治经济学选辑. 北京：商务印书馆，1963：461.

它们生产的消费品，消费品的价值反而来自各要素的“生产性贡献”。他的所谓归算法，除了把产品的价值归因于生产要素外，还要将生产成果归属于生产要素。他明确地说：“我们必须能够把土地的份额、资本的份额和劳动的份额从共同生产品中划分出来。”①“对于土地、资本和劳动的收益的归算，按照它们各自的生产贡献的大小来进行，这是一种自然的经济规则。”②

维色的这种归算理论，混同了价值的转移和价值的创造，混同了价值形成的条件和价值创造的来源。而且各生产要素的“生产性贡献”是不可分割地结合在一起的，如何从其共同产品中按其贡献大小划分出来？至于以最终消费品的边际效用来决定生产性物品的价值，由于要沿着错综复杂、迂回曲折的生产程序去追踪到最终消费品的边际效用是不可能办到的，因而也是不能成立的。

客观价值理论

奥地利学派所说的客观交换价值指的是市场价格。这种市场价格是怎样形成的呢？庞巴维克以边际效用价值论为基础来说明其形成的规律。他的基本论点是，买卖双方竞争的情况是经济生活中最普遍的现象，市场价格的形成是买卖双方对财货的主观评价互相平衡的结果。这种平衡又是由交换者竞争中形成的财货的边际效用决定的。

庞巴维克以一匹马的市场价格的形成为例列表 16－2 说明如下。

表 16－2　　**马的市场价格形成表解**　　单位：英镑

A_1	对一匹马的评价（而且愿意用低一些的价格买进）	30	B_1	对一匹马的评价（而且愿意用高一些的价格卖出）	10
A_2	对一匹马的评价（而且愿意用低一些的价格买进）	28	B_2	对一匹马的评价（而且愿意用高一些的价格卖出）	11
A_3	对一匹马的评价（而且愿意用低一些的价格买进）	26	B_3	对一匹马的评价（而且愿意用高一些的价格卖出）	15
A_4	对一匹马的评价（而且愿意用低一些的价格买进）	24	B_4	对一匹马的评价（而且愿意用高一些的价格卖出）	17
A_5	对一匹马的评价（而且愿意用低一些的价格买进）	22	B_5	对一匹马的评价（而且愿意用高一些的价格卖出）	20
A_6	对一匹马的评价（而且愿意用低一些的价格买进）	21	B_6	对一匹马的评价（而且愿意用高一些的价格卖出）	21 英镑 10 先令
A_7	对一匹马的评价（而且愿意用低一些的价格买进）	20	B_7	对一匹马的评价（而且愿意用高一些的价格卖出）	25
A_8	对一匹马的评价（而且愿意用低一些的价格买进）	18	B_8	对一匹马的评价（而且愿意用高一些的价格卖出）	26
A_9	对一匹马的评价（而且愿意用低一些的价格买进）	17			
A_{10}	对一匹马的评价（而且愿意用低一些的价格买进）	15			

① 季陶达．资产阶级庸俗政治经济学选辑．北京：商务印书馆，1963：462.

② 同①467.

表 16 - 2 表明，10 个买马者对马的主观评价由 15 英镑到 30 英镑不等，8 个卖马者对马的主观评价由 10 英镑到 26 英镑不等，卖者力图高价出卖，买者力图低价购进。如果一匹马的价格在 15 英镑以下，则 $A_1 \sim A_{10}$ 10 个买主都愿买进，而愿意卖马的只有 B_1、B_2，因此卖主会利用求过于供的优势和买主之间的竞争，把价格抬高到 15 英镑以上。随着价格的提高，愿买者人数减少，愿卖者人数增加。价格涨到何种程度才能成为成交的市场价格，这取决于竞争形成的供求平衡。按照表 16 - 2，假如价格低于 20 英镑，B_5 首先要退出，如果价格高于 22 英镑，A_5 首先要退出，供求不能平衡。假定价格是 21 英镑 10 先令，卖主 B_6 会立即参加竞争，结果卖主增加到 $B_1 \sim B_6$ 6 个人，而买主只有 $A_1 \sim A_5$ 5 个人，供过于求，马价下降。如果降至 21 英镑，买主 A_6 参加竞争，这时愿买者是 $A_1 \sim A_6$ 6 个人，而卖主仍是 $B_1 \sim B_5$ 5 个人，形成求过于供，马价又上升到 21 英镑以上。所以竞争会迫使马的市场价格限定在 21 英镑～21 英镑 10 先令之间。庞巴维克把对价格形成具有决定意义的这两对，即 A_5B_6 和 B_5A_6 称为边际对偶，认为价格就是由两对边际对偶的主观评价决定的。

边际效用价值论的错误

奥地利学派的边际效用价值论是错误的。

1. 奥地利学派把价值归结为人对财货效用的主观评价，抹杀了价值这一经济范畴的历史性和社会性。并且把物品混同于商品，把价值的客观物质内容说成是一种主观心理现象是荒谬的。

2. 认为价值的大小取决于财货满足边际欲望的边际效用量。这种欲望和效用都是心理因素，而心理因素是根本无法用数量来测定的。欲望等心理反应如何表现为可测量的数量，并根据这种测定来决定价值，奥地利学派没有解决，也是解决不了的。

3. 奥地利学派把人对物品的主观评价作为价格形成的前提，是犯了颠倒因果的错误。因为在商品经济社会中，消费者的购买力决定于他在社会分配结构中的地位，因而其购买力大小总是以市场价格为转移。所以不是人们的主观评价决定商品价格，倒是商品价格决定谁能成为购买者。此外，在商品经济社会，生产者生产商品并不是为了自己消费，他虽然也要考虑商品质量，但不会考虑这个商品对自己的效用如何。

4. 奥地利学派关于生产资料价值形成的观点，也是倒因为果的诡辩。因为消费品尚未生产出来，市场上已有生产资料买卖。消费品还不存在，何来它的边际效用？又怎能以它的边际效用决定已经在市场上出现的生产资料的价值？

5. 奥地利学派认为一种物品要具有价值，必须既具有有用性，也具有稀缺性。这里把稀缺性看做价值的前提条件，无非是妄图割断价值和生产商品的劳动的联系，否定劳动价值论。至于说金刚石用处小而交换价值大，不是因为它稀缺，也不是人们主观评价的结果，而是决定于生产它所耗费的劳动多。水与空气用处大而没有交换价值，是因为它不需花费劳动。如果水和空气需要花费劳动才能取得，它们就会比例于劳动耗费的多少，具有相应的交换价值。

以上说明，奥地利学派的边际效用价值论是不科学的。

庞巴维克的资本理论和时差利息论

庞巴维克的资本理论是以一般生产的描述来代替和掩盖资本主义生产方式特有的本质。他从人与物、人与自然的关系上看待资本的性质。他认为使用和制造工具等生产资料，然后再制造消费品的“迂回生产”就是资本主义生产，“而资本只是在迂回过程中的各个阶段里出现的中间产物的集合体罢了”[①]。就是说，资本就是生产资料，运用生产资料的生产就是资本主义生产。这种资本理论企图证明，资本主义制度是一种合乎自然规律的永恒制度。

庞巴维克不赞成门格尔的资本生产力论，认为资本的作用只限于将自然力和劳动结合起来，没有独立的生产力，不能带来利息。但他没有由此得出正确的结论。他力图割断利息和生产的联系，想在主观价值论的基础上引进时间因素来论证利息。他也不赞成维色的归算论，他认为归算论不能论证资本和土地除补偿原有价值的份额外，说明剩余价值（即他说的利息）是从哪里来的。他自称“提出一个完全属于开辟新领域的解释”[②]，这就是他的时差利息论。

时差利息论把资本主义社会的各种剥削收入说成是人在不同时间内对物品效用的主观评价的差异的结果；认为人对未来物品的边际效用的评价低于人对现在物品的边际效用的评价，两者之间的差额便形成时差利息。为了体现等价交换原则，未来物品所有者便需向现在物品所有者支付一定的“贴水”，即利息。他说：“现在的物品通常比同一种类和同一数量的未来的物品更有价值。这个命题是我要提出的利息理论的要点和中心。”[③]

为什么人们对现在物品价值的评价总是高于未来物品的价值？庞巴维克认为有三个方面的原因。

1. 由于需要和需要供应之间的差别。他举出目前有困苦和急需的人，如遭受歉收、灾害、疾病等不幸的灾民，为了解决目前的迫切需要，并期望将来会有好转，对现在物品的评价必然大于未来物品。

2. 低估未来。他认为由于对未来需要考虑得不完善，意志薄弱，眼光短浅，只顾眼前，不计后果，以及考虑到人生短暂，也许不能在活着的时候获得它的效用，因而常常高估现在物品的效用，低估未来物品的效用。

3. 现在物品技术上的优越性。这就是现在的生产资料比将来的生产资料能生产更多的产品，现在消费品能促成运用生产工具的生产，从而创造出更多的消费品。人们如果现在占有一定数量的消费品，无须顾虑生活问题，就可以运用生产手段（劳动、土地和资本）去生产更多的优良产品，获得更丰富的报酬。如没有现在物品（消费品）就不能生产更多的将来产品。因此，现在物品这种技术上的优越性，比未来物品具有更大的边际效用，因而具有更高的价值。由于现在物品和未来物品在价值上的差异，未来物品的所有者必须付予现在物品的所有者以“贴水”，即利息。

---

① 庞巴维克. 资本实证论. 北京：商务印书馆，1964：58.

② 同①36.

③ 同①243.

利息的形态

庞巴维克把利息分为三种形态。第一种形态是借贷利息，是债务人到期归还借款时所应支付的时间贴水（即利息），这是一种最简单的形态。

第二种形态是企业利润。这是基本形态。资本家在进行生产时先购买生产资料和劳动，它们在物质上虽然是现在物品，但在经济上却是未来物品。因为它们不能直接满足现在的消费需要，要通过生产过程才能“成熟”为新的消费品。在生产过程中生产资料逐渐变成现在物品。现在物品与未来物品之间的价值差额，就形成了企业利润。他认为这种企业利润是利息的一个形态。

第三种形态是耐久物品（包括土地、工具等）的利息——租金。这些物品不是一次使用完毕，而能提供多次连续服务。它的价值是由一连串服务的各个价值组成的，在一系列服务中，远期效用总是低于近期效用。比如一部机器本年的使用值为 100，它还能在同样质量下工作 5 年，则机器不是值 6×100＝600，而是值 100＋95.23＋90.70＋86.38＋82.27＋78.35＝532.93。这是根据年利率 5%计算得出的。假定耐久物品（机器）的所有者在本年度获得的效用即现在效用是 100，而在机器的总价值中就损失了最后一次服务的价值 78.35。100 和 78.35 的差额就是这一年的租金（21.65），也即现在物品和未来物品的价值“时差”。

庞巴维克认为，土地是一种特殊的“耐久财货”，它能提供无数次服务。每年服务的价值就是它的净收入。它的“最后”的年效用的价值等于零，对土地的现在价值几乎毫无影响，从而它的全部价值——地租——都是租金，即利息。

庞巴维克的时差利息论完全是一种谬论：

1. 这种“理论”是以他的主观价值论为基础再加上时间因素来说明的。事实上，心理感觉根本不可能创造任何价值和收入。利息、企业利润、地租等等，都只是雇佣工人的剩余劳动所创造的剩余价值的转化形态。时间作为物质运动和存在的一种形式，当然同财富和价值的创造有着密不可分的关系，人们创造财富、价值都是在一定时间内进行的。但时间仅仅是个条件，而不是价值的源泉，时间本身并不能创造价值和剩余价值。

2. 现在物品和未来物品作为一般事物，它会永远存在下去。如果利息来自现在物品和未来物品的差异，那就是说利息这种现象，也和资本主义剥削制度无关，而是一种永恒的范畴。

3. 庞巴维克所谓的三个“理由”也是不能成立的。他的“理由”本身就是建立在对现在物品和未来物品的主观评价之上的。至于现在物品在技术上的优越性，也不过是蒙有一层伪装面纱的资本生产力论的变种，不是什么新的东西。

庞巴维克的价值论和分配论，都是为了反对和代替古典经济学和马克思主义经济学而提出的。他在其著作中对马克思的劳动价值论和剩余价值理论进行了疯狂的攻击。

第二节　数理学派的经济学说

数理学派概述

数理学派，亦称数理经济学派，是边际效用学派的一个分支，这个学派的特点是以边际效用学说为理论基础，运用数学方法研究、论证和表述经济现象的规律，是边际效用学说和数学方法相结合而产生的一个经济学流派。

数理学派形成于19世纪70年代，流传于20世纪初，但是数理学派的观点很早就有。19世纪上半期法国数学家和经济学家安东尼·奥古斯丁·古诺（1801—1877年）于1838年出版的《财富理论之数学原理的研究》一书中，就明确地论证了经济理论与数学方法的必然结合。他认为某些经济范畴，如需求、供给和价格等都互为函数，可以用一些函数式来表示市场中的一些关系，从而经济规律也可以用数学语言或公式来表述。他在这部著作中，对于垄断、双头垄断、寡头垄断直至完全竞争条件下价格的决定，都提供了数学上的解答。古诺被认为是“数理经济学的鼻祖”，所谓严格意义的“数理经济学”就是从他开始的。后来，德国经济学家赫尔曼·亨利希·戈森（1810—1858年）亦运用数学原理研究经济学，并于1854年出版了《论人类交换规律的发展及人类行为的规范》。他认为，经济学是研究各种力量结合在一起所引起的结果，如果不借助于数学就无从肯定这些结果。他企图运用数学方法来建立所谓的“戈森定律”。戈森亦被认为是“数理经济学的先驱”。直到19世纪后期，数理学派才开始成为一个经济学派别。1871年，英国经济学家斯坦利·杰文斯发表了《政治经济学理论》，应用数学的方法与符号，从主观效用学说出发，说明经济学的主要观念。1874年，瑞士洛桑大学经济学教授瓦尔拉斯出版《纯粹政治经济学要义》，综合了他以前运用数学方法来研究经济学的观点，提出了一般均衡理论。在他的著作中，边际效用价值论与数学方法相结合取得了更为完备的形态。1906年，瓦尔拉斯在洛桑大学经济学讲座的继承人帕累托的主要著作《政治经济学教程》出版。帕累托把瓦尔拉斯的一般均衡理论加以发展，把数理经济学派的观点进一步向前推进。从此，数理经济学派在资产阶级政治经济学中成为一个重要的流派并传播开来。

数理学派出现在19世纪末和20世纪初完全不是偶然的。（1）这一时期是自由竞争的资本主义向垄断的资本主义过渡的时期，资本主义的矛盾空前尖锐，马克思主义政治经济学的广泛传播，使资产阶级政治经济学破绽百出。数理学派在这时运用数学方法，只对资本主义关系作数量上的说明，而抛开对资本主义经济制度本质的研究，这样就更有利于掩盖资本主义的剥削和矛盾。同时，它运用数学方法，也企图用数学的精确性和科学性，使资产阶级政治经济学具有一种高度科学性的假象和外观。（2）数理学派在这时形成，也与自然科学特别是数学的发展有关。19世纪末20世纪初正是欧洲第二次工业革命时期，伴随着工业革命的发展，数学也有巨大的进步。从17世纪笛卡儿开始建立的变量数学发展到这时，数学发展史上开始了近代数学的新时期。数学的范围在扩大，数学和其他科学的结合日益密切，介于数学与其他学科之间的科学不断出现，数学也大量开始了向社会科学的渗透。数理经济学就是数学和经济学相结合，数学向经济学渗透的结果和产物。作为边际效用学派的一个分支，数理学派的经济学说完全是以边际效用价值论和数学方法相结合的，这就使数理学派的学说完全成了庸俗的经济理论和抽象的数学符号、公式的混杂物。

杰文斯的“最后效用程度价值论”

威廉·斯坦利·杰文斯（1835—1882年）是英国经济学家，数理学派主要代表人物之一。1835年出生于英国利物浦一个制铁机械师家庭，1851年进入伦敦大学学习化学及生物。1862年获伦敦大学学院文学硕士学位。1863—1876年任曼彻斯特欧文斯学院逻辑学、道德哲学及政治经济学讲师、教授，后任伦敦大学政治经济学教授，1872年当选为英国皇家学会研究员。1882年游泳时不幸淹死，年仅47岁。他的主要著作是《政治经济学理论》（1871），该书在作者生前曾修订再版（1879），并被译成意大利文（1875）。作者去世后，该书由其妻出了第三版（1888）和第四版（1911）。杰文斯在政治经济学方面的著作还有《货币与交换机构》（1875）、《政治经济学入门》（1878）等。

杰文斯经济学说的特点是，以主观心理为出发点，以效用论为基础，以数学分析为工具。他在《政治经济学理论》的序言中写道："在本书，我尝视经济学为快乐与痛苦的微积分学……这个经济学理论颇与静力学相类似。交换法则颇与杠杆的平衡法则……相似。财富与价值的性质，由无限小量的快乐与痛苦之考虑来说明，正如静力学的理论以无限小量能力的均等为根据。"①

杰文斯从主观心理的快乐与痛苦分析出发，建立了他的效用价值论。他认为，价值完全决定于效用，效用就是一物所具有的产生快乐与防止痛苦的性质，因此效用需要由一个人的幸福或快乐的增加量来计算。他区分了一商品所具有的总效用与该商品任一特定部分所具有的效用。假定 X 是某人拥有的某种商品数量，U 代表消费该商品 X 量时的总效用。又假定他现在增加了 Δx 该种商品，总效用也会有相应的增加，其增加量以 Δu 表示。杰文斯依据数学原理，用 Δx 除 Δu 所得的商（即 $\frac{\Delta u}{\Delta x}$）的极限值，也即 U 对于 X 的导数 $\frac{\mathrm{d}u}{\mathrm{d}x}$ 来表示一人拥有该商品 X 量时的效用程度，"用数学的名词叙述，效用程度是 U 的微分系数，U 是 X 的函数，故效用程度亦是 X 的函数"②。在物品的各效用程度中，杰文斯特别强调了"最后效用程度"的意义。按照他的定义，"最后效用程度"是"现有商品量中那极小的或无限小的最后加量或次一可能加量的效用程度"③。实际上也就是其他西方经济学家所说的边际效用。他认为随着一个人拥有的商品数量的增加，"最后效用程度"是逐渐减少的。价值的大小就取决于"最后效用程度"的大小，亦即边际效用的大小。

杰文斯还进一步从边际效用论出发解释市场交换。他认为一个人拥有一定量商品时，他并不完全用于消费，而会用其中一部分与他人交换。他假设交换者甲只有谷物，交换者乙只有牛肉，交换在甲、乙之间进行。甲要用谷物交换乙的牛肉，因为从甲看来，这可以使他得到更大的效用。另一方面从乙看来，情况也是这样。杰文斯认为这种交换将继续进行，直到两个商品的增加量的效用对于甲、乙双方都相等时为止。这时也就达到了均衡状态，买卖双方都将由此得到最大效用。如再继续交换，则效用将有损失。杰文斯用数学符号来表达这个推理。设甲原有 a 量谷物，乙有 b 量牛肉；又设甲以 x 量谷物换得乙的 y 量牛肉。他把 y 与 x 之比，即一商品的一定量与其他商品的一定量交换时的比率，称为交换率。用它来代替交换价值。交换后，甲有谷物 $a-x$ 量，牛肉 y 量；乙有谷物 x 量，牛肉 $b-y$ 量。杰文斯又分别以 $\phi_1(a-x)$、$\Psi_1(y)$；$\phi_2(x)$、$\Psi_2(b-y)$ 代表甲乙两方对谷物和牛肉的最后效用程度。因为在达到均衡时，商品增加量的效用，对于甲乙两方来说都是

① 杰文斯．政治经济学理论．北京：商务印书馆，1984：2.
② 同①59.
③ 同①60.

相等的。故就甲而论：

$$\psi_1(a-x)\,dx=\Psi_1(y)\,dy$$

或
$$\frac{\psi_1(a-x)}{\Psi_1(y)}=\frac{dy}{dx}$$

由于在同一市场上，在同一时间内，同一种商品只能有同一价格，故$\frac{dy}{dx}=\frac{y}{x}$，将它代入上式，得：

$$\frac{\psi_1(a-x)}{\Psi_1(y)}=\frac{y}{x}$$

同理，对于乙可以得到下式：

$$\frac{\psi_2(x)}{\Psi_2(b-y)}=\frac{y}{x}$$

把以上甲、乙两方得到的等式合并，则得：

$$\frac{\psi_1(a-x)}{\Psi_1(y)}=\frac{y}{x}=\frac{\psi_2(x)}{\Psi_2(b-y)}$$

这就是资产阶级学者通常所说的杰文斯交换方程式。它企图说明，两个商品的交换率是交换后各个商品数量的最后效用程度的比例的倒数。

杰文斯的最后效用程度价值论同奥地利学派的边际效用论基本上是相同的，前面对奥地利学派的批判也完全适用于杰文斯的价值论。这种理论的实质，在于以主观的心理范畴代替和取消客观的经济范畴，抹杀价值同劳动的关系，抹杀价值范畴的社会性和历史性。杰文斯不同于奥地利学派的地方在于他给边际效用价值论赋予了数学的形式，但是这样一来却更加暴露了这种学说的荒谬性。(1) 杰文斯认为最后效用程度是物品无穷小的增量的效用，商品的价值就取决于这种物品无穷小的增量的效用的大小。以效用说明价值，就已经十分荒谬了，因为各种商品的效用在质上是不同的，因而在量上不能比较。以物品的无穷小的增量的效用说明价值，则更加荒谬。因为在物理学上，各种物品固然可以无限地分割下去，但在经济学上，商品的无穷小的部分是没有任何意义的。因为商品的无穷小量不可能具有使用价值，当然也不可能是价值的承担者。(2) 杰文斯的交换方程式也纯粹是主观主义的。他把交换比例的决定因素归结为最后效用程度的比率，而他所谓的最后效用程度纯粹是个人对物品效用的主观估计。这种主观估计是无法进行计量的。他本来企图说明最后效用程度如何决定市场价格，但实际上他是以市场价格（即交换比例）来说明最后效用程度的，这完全是自相矛盾的循环论。

瓦尔拉斯的"一般均衡论"

莱昂·瓦尔拉斯（1834—1910年）是数理学派中洛桑学派的创始人，也是边际效用论的首创者之一。他的父亲奥古斯特·瓦尔拉斯（1810—1866年）是法国卡因皇家学院的哲学教授，知名的经济学家，1831年出版《财富本质和价值起源》一书。莱昂·瓦尔拉斯生于法国，青年时代就学于巴黎大学，1851年获文学士学位，1853年获理学士学位。后在铁路、银行等企业中任职。19世纪50年代后期，在其父的鼓励下立志研究经济学。1860年，在瑞士洛桑举行的一次讨论会上，瓦尔拉斯提出了一篇关于租税问题的论文，受到人们的重视。1870 年受聘为洛桑大学法学院新设立的政治经济学讲座教授，1876 年任洛桑大学校长，1892 年退休后继续从事写作和教学。瓦尔拉斯的主要著作是《纯粹政治经济学要义》，该书于 1874 年出版，1889 年再版，1896 年第三版，1900 年第四版。作者去世后，于 1926 年出了第五版。另外还著有《社会财富的数学理论》（1883）、《社会经济研究》（1896）、《应用经济研究》（1898）等。瓦尔拉斯在西方经济学说史上被公认的贡献，是提出了以边际效用论为基础的一般均衡论。

瓦尔拉斯把经济学分为纯粹经济学、实用经济学和社会经济学三部分。他认为，后两部分研究财富的生产和分配，它们属于人类及其制度的范畴，第一部分纯粹经济学研究财富的交换，属于自然的普遍的现象，是其他两部分的基础。按照他的说法，纯粹经济学是假定在完全自由竞争前提下，关于价格决定的理论。价格决定在他看来也就是价值决定，二者在他的学说中完全是一回事。价值决定于稀少性。他说："经济学这门科学对价值起源问题提出了三种比较重要的解答。第一种是亚当·斯密、李嘉图和麦克库洛赫提出的，是英国学派的解答，把价值的起源归于劳动。这个解答过于褊狭，因为它对事实上确有价值的那些物质，没能给予价值。第二种解答是孔狄亚克和萨伊提出的，是法国学派的解答，把价值的起源归于效用。这个解答过于广泛，因为它对事实上并没有价值的物质也给予了价值。最后第三种解答是布拉马基和我的父亲奥古斯特·瓦尔拉斯提出的，把价值的起源归于稀少性。这才是正确的解答。"① 他把稀少性解释为数量有限的物品对人们的有用性，或消费一定量商品所满足的最后欲望程度。其实这也就是杰文斯的最后效用程度或奥地利学派的边际效用。由于他和门格尔、杰文斯大致在相同的时间里、在分别不同的情况下提出了边际效用价值论，因此他们三人都被称为这个理论的奠基人。

瓦尔拉斯在边际效用价值论的基础上提出了一般均衡论。他认为，市场上所有各种商品的供给、需求和价格是相互影响、相互依存的，因此，不仅要研究两种商品相交换时的价格决定，更重要的是还必须考察市场上所有商品供给和需求同时达到均衡状态条件下价格的决定，即必须建立一般均衡价格理论体系。瓦尔拉斯利用"卖者喊价"这个概念来说明市场均衡是如何达到的，即在喊价后，商品的供给和需求如果不相符，那么就会有一个新的喊价。这种重新喊价一直到各个商品的供需相等时才会停止，这时整个市场也就达到了均衡状态。瓦尔拉斯认为，如果市场上各种商品的价格恰好使得它们的需求量和供给量相等，这时的价格也就是均衡价格，亦即商品的价值；这时的均衡也就是一般均衡。从这个思想出发，瓦尔拉斯认为，任何一种商品的供给与需求，不仅是这一商品价格本身的函数，而且是所有其他商品价格的函数。他还根据数学上关于方程式数目若等于未知数数目，则可以推算出未知数的数值这个原理，认为只要列出和商品交换中未知价格的数目相等的联立方程式，表明每一种商品的总供给等于总需求的条件，就可以推算出一切商品在一般均衡状态下的价格。

瓦尔拉斯和杰文斯都利用数学方程式去说明市场价格的决定。不同的是，杰文斯主要说明两种商品交换时价格的决定，瓦尔拉斯则把市场上的全部商品包括进来，企图说明所有商品的价格在互相关联的情况下是如何决定的。后来，西方经济学家正是据此认为他最

① 瓦尔拉斯．纯粹经济学要义．北京：商务印书馆，1989：200.

先建立了“一般均衡论”，用以和所谓只孤立地研究一种商品的价格，如何由供给和需求两种相反力量的作用而得到均衡的“局部均衡论”相区别。

瓦尔拉斯的一般均衡价格论是不科学的，它根本抹杀了价值的真正起源和本质，曲解和掩盖了价格形成的真实过程。他的一般均衡价格论只不过是在边际效用论的基础上增加了供给和需求一般均衡这样一个条件。瓦尔拉斯虽然更强调了市场上各种商品的供给和需求的一般均衡，但无论是某一商品的供给和需求，还是市场上所有各类商品的供给和需求，都不能说明价值的决定，只能说明市场价格围绕价值的波动。它实际上是用对经济现象的数量关系的描述来代替对经济范畴的本质的分析，把事物复杂的辩证关系归结为机械的函数关系。此外，它所要求用以解答一切商品价格的联立方程式所要的数据，也没有可能取得的现实基础，因此瓦尔拉斯的一般均衡论完全是脱离现实的、纯粹形式主义的推理。

“序数效用论”和“无差异曲线”

维尔弗雷多·帕累托（1848—1923年）是意大利经济学家，洛桑学派的创始人之一。其父是意大利热那亚贵族，他在其父流亡法国时出生于巴黎，1854年随父返回意大利。曾就读于都灵大学工艺学院，1869年获工程博士学位。曾任工程师等职，后研究经济学。1893年接替瓦尔拉斯在瑞士洛桑大学任教授，直到1916年退休。主要经济著作有：《政治经济学讲义》（1896—1897）、《社会主义体系》（1902）、《政治经济学教程》（1906）。帕累托建立了以序数效用论和无差异曲线为基础的一般均衡论，因而成为数理经济学派的重要代表人物。

帕累托也是边际效用论者。最初他仍然沿袭瓦尔拉斯等人的边际效用基数论，认为边际效用是可以计量的，可以用基数1，2，3…来表示边际效用的绝对值，并且可以在个人之间进行比较。后来，他放弃了这种观点，创立了边际效用序数论。他认为人们对于某种物品的边际效用，不可能说出它的绝对值，但是可以用第一，第二，第三…这样的序数来表示或比较两种或两组物品的效用孰大孰小，或其所属的等级孰高孰低，或并无差别。他认为这是因为效用的高低取决于消费者既定的偏好尺度，即消费者根据自己的个人爱好，如何在两种或多种商品的组合之间进行选择，以便使自己的欲望获得更大的满足。

帕累托以边际效用序数论为基础，建立了“无差异曲线”。他举例说，假定某人有1公斤面包和1公斤酒。假定他的需求是一定的，那么，他也许愿意有稍许少些的面包和稍许多些的酒，或者相反。譬如，他愿意只有0.9公斤面包，如果他有1.2公斤酒的话。换言之，这意味着，这两种组合，1公斤面包和1公斤酒，或0.9公斤面包和1.2公斤酒，对他来说是一样的，是没有差异的。从这个思想出发，帕累托认为可以发现为数众多的其他组合，在这些组合中进行选择，对于某消费者来说是没有差异的。例如：

面包：1.6　1.4　1.2　1.0　0.8　0.6

酒：0.7　0.8　0.9　1.0　1.4　1.8

根据以上各种组合，帕累托作出了如图16-1所示的无差异曲线。

图16-1中，OA表示面包量，OB表示酒量。例如，以Oa表示1公斤面包，Ob表示1公斤酒，则这两条坐标线之交点m就可表示这一组合。把不同组合点连接起来就可

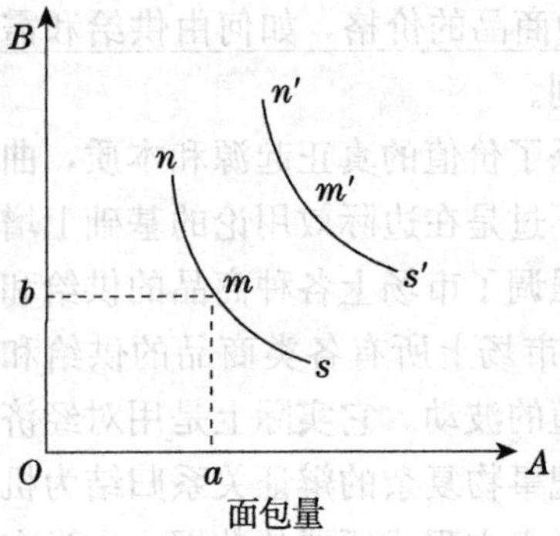

图 16-1

得到一条无差异曲线 nms。如果是一种具有更大值的组合，如 1.1 公斤面包和 1.1 公斤酒等等，则这种组合的无差异曲线就在前一曲线的上方，例如 $n'm's'$。

帕累托无差异曲线的主要思想是序数效用论，而不是基数效用论。帕累托抛弃了认为物品效用和欲望满足之间存在着一定的可用绝对值表示的参数函数概念，而提出了指数函数概念，这些指数仅仅表示消费者对各种物品组合的偏好程度（或是无差异，或是有差异），而不表示效用的绝对值。帕累托认为这样一来，就可以既显示效用的大小，又避开了效用的计量这个难题。事实上，无差异曲线仍然是依存于效用可以计量这个前提的。试问，如果消费者不是出于对效用量的计量（假定可以计量），那又怎么会知道这些组合的效用是无差异的呢？数量的相等如不以计量为前提，那是不可想象的。因此，无差异曲线并没有摆脱效用计量的难题，更没有也不可能改变边际效用论的主观唯心主义的庸俗性质。

洛桑学派的数理分析和一般均衡分析对于现代西方经济学理论有十分重要的影响。特别是帕累托的以“序数效用论”和“无差异曲线”概念为基础的一般均衡分析，对当代西方经济学的“新福利经济学”“最适度”资源配置问题的探讨等的影响更为明显。但是数理经济学派和一般均衡论，用对经济现象数量关系的描述代替对经济问题本质的分析，用对设想的均衡条件的论证代替对事物的实际发展变化的考察，实际上是在掩盖资本主义社会的内在矛盾，是不科学的。

第三节　美国学派的经济学说

美国边际效用学派的主要代表

美国是资本主义发展较晚的一个国家，它的经济学没有经历古典经济学阶段。19 世纪中叶，亨利·查尔斯·凯里所宣扬的“阶级利益调和论”曾经在美国风行一时。但随着美国资本主义的发展，美国社会的阶级矛盾和阶级斗争日趋尖锐，特别是随着 19 世纪末期马克思主义的迅速传播，凯里的以传统的“三位一体公式”为基础的庸俗经济理论，已不能完全适应资产阶级的需要，于是，以克拉克为代表的边际效用学派应运而生。

约翰·贝茨·克拉克（1847—1938 年）是边际效用学派在美国的主要代表。他 1872 年毕业于美国安默尔斯特大学，随后留学德国汉堡大学，是旧历史学派的代表人物克尼斯的学生。回到美国后，一直在大学任教。先后任卡尔顿大学、斯密斯大学、安默尔斯特大学、哥伦比亚大学经济学教授。1893—1895 年担任美国经济学会会长。

克拉克的成名代表作是《财富的分配》（1899），此外，还有《财富的哲学》（1886）和《经济理论要义》（1907）等著作。

克拉克继承了凯里的阶级利益调和论并用边际效用论给以全新的分析，提出了有自己特色的经济理论。他扩大了边际概念的应用，把它作为直接说明各生产要素分配份额大小的原则，建立了一个以边际效用为基础、以分配为中心的经济理论体系。

克拉克经济理论为资本主义辩护的性质，他自己也直言不讳。他在《财富的分配》一书的序言中说："本书的目的在于说明社会收入的分配是受着一个自然规律的支配，而这个规律如果能够顺利地发生作用，那么，每一生产因素创造多少财富就得到多少财富。"① 为了使资本主义社会"有权利维持现状"，以及它能"照样地继续存在"得到理论上的证明，他认为资本主义的分配制度是公正、合理的。他说："如果工资、利息、利润本身都是根据一个公正的原则来决定，那么这些协作从事生产的各个阶级，也就没有什么可以互相埋怨的了。"②

新的三分法和静态经济学、动态经济学

克拉克认为，研究分配就等于研究生产，"就是分析创造财富的功能，寻找协同生产财富的三个生产因素对于它们共同生产的产品所贡献出的份额。每个生产因素在参加生产过程中，都有其独特的贡献，也都有相应的报酬——这就是分配的自然规律"③。因此，在他看来，旧的三分法或四分法，是把生产和交换、分配和消费分割开来了。他认为，整个经济活动只有生产和消费两部分，分配（包括交换在内）属于生产范围，因而研究分配（包括交换）的规律，也就是研究生产的规律。在这个基础上，他提出了政治经济学分为研究不同规律的三个部分。他说："经济学的第一个自然的分部，应当介绍财富的普遍规律，应当讨论比较一般的生产规律和所有的消费规律。"④ 克拉克提出，普遍的、一般规律的存在当然是有道理的，在人类社会经济发展过程中，的确存在着若干普遍适用的一般规律。但在提出一般规律后，按照逻辑理应在其他分部对不同社会形态下的特殊规律作出交代，研究特殊规律的作用范围和方式等。可是，他提出了另一个标准，即从研究分配问题的方法——静态和动态来进行分析，不涉及生产方式的质的变动，而只是有关技术经济因素数量的增减变动。

静态经济学是第二分部，研究的是静态经济规律。所谓静态经济规律，即在已有交换和其他经济组织的形式和活动方式不变，如人口不变、资本数量不变、生产技术和生产组织不变、企业性质和消费倾向不变等情况下的生产和分配的规律。克拉克把上述变动的因素称为"扰乱因素"，把阻碍自由竞争和自由转移的因素称为"摩擦因素"。他认为这些因素的变动会阻碍"均衡"状况的形成，因此，他假定在这些因素不变的静态经济中，才能发现自然的、正常的规律。

在静态分析的基础上，克拉克提出了第三分部，即动态经济学。动态经济学研究的是动态经济规律。它说明由于社会的组织和活动方式的不断变化，如新的机器生产方法的不断采用、新的动力和新的原料不断地被运用于生产、人口的增加和移动，在竞争中大企业吞并小企业，企业规模不断扩大，等等。在这种交换行为和其他各种经济组织、各种经济因素都在变动的条件下，财富、生产和分配将发生什么样的变化。

---

① 克拉克．财富的分配．北京：商务印书馆，1983：1．

② 同①15．

③ 同①11．

④ 同①31．

克拉克把一般经济规律看做静态和动态经济的前提，现实社会是动态的，研究动态规律更符合实际，但把静态分析作为他的理论体系的核心。在他看来，静态分析是一种抽象的研究。动态分析则是从抽象回到具体的研究。静态分析是基本的，是“标准”，要了解动态的规律，必须首先了解静态的规律。因此，他的《财富的分配》的主要方法就是静态分析。

1. 克拉克的新的经济学三分法的错误不在于其方法论本身，而在于其运用这些方法的前提和理论基础，他的理论不过是一般庸俗经济学的若干基本概念和范畴，如边际效用价值论、生产三要素论和生产力递减规律等等，完全抽象掉了经济范畴和规律的社会规定性，用纯粹抽象的一般范畴，抹杀资本主义生产关系的特殊本质，抹杀人类社会发展的内在规律。

2. 克拉克的静态分析抹杀了资本主义生产方式的内在矛盾和冲突，把静态看成是资本主义的正常和自然的状态，完全抽象掉了资本主义生产关系的内容。

3. 克拉克的动态分析也不过是资本主义一些表面现象的探讨，毫不涉及社会运动和发展的本质。他列举的动态因素，不过是若干经济因素在数量上和生产技术上的变化，并不涉及生产力、生产关系之间，无产阶级和资产阶级之间的矛盾和斗争。事实上，资本主义生产方式正是在这种矛盾、斗争中运动和发展的。

边际生产力决定工资、利息论

克拉克的理论的中心是分配问题。他认为分配规律是“社会经济”的规律，只有在静态中才能发现工资和利息的基础，说明它们各自的来源和标准。至于利润，他认为是动态的范畴，地租则被认为是利息的一种特殊形式。

克拉克用边际生产力论来说明工资与利息的来源和标准。他以价值是土地、劳动和资本的共同产物这一生产要素论为出发点，用以论证各生产要素都是价值的源泉，都应从生产成果中得到相应的份额。他把“土地报酬递减规律”扩展到其他生产要素上，认为劳动和资本的生产力也是递减的，然后又把边际概念引进来，套在“生产力递减规律”上，又借助于供求论，编造了一个边际生产力的分配论。

1. 克拉克这样论证工资：在静态条件下资本数量不变，如果继续增加工人，则每一个追加的劳动单位的生产率是递减的，最后增加的那一个单位的劳动的生产力最低，是劳动的边际生产力，最后一个单位工人的劳动就是边际劳动。这个边际劳动生产力，不仅决定边际工人的工资，而且决定所有与他处于同样条件下（劳动日、劳动强度和熟练程度）的工人的工资。克拉克用图 16－2 表示这种关于工资决定的理论。

假定资本额不变，*AD* 线代表投入的劳动单位的数量；*AB* 线代表第一个劳动单位的产量；*A* Ⅰ *B* Ⅰ 代表第二个劳动单位的产量……*CD* 线代表最后一个劳动单位的产量，即边际劳动生产力。呈下降趋势的 *BC* 线表明劳动生产力递减。按照克拉克的说法，*CD* 线决定图 16－2 中任何一个劳动单位的工资率，是工资的一般标准。

2. 克拉克用同样的道理，从“生产力递减规律”引申出“资本生产力递减规律”来说明他的利息理论。即在工人人数不变的情况下，图 16－2 中 *AD* 线表示投入的资本单位数量。*AB*，*A* Ⅰ *B* Ⅰ，…代表第一个单位和相继追加的资本的产量，*CD* 线代表最后一个

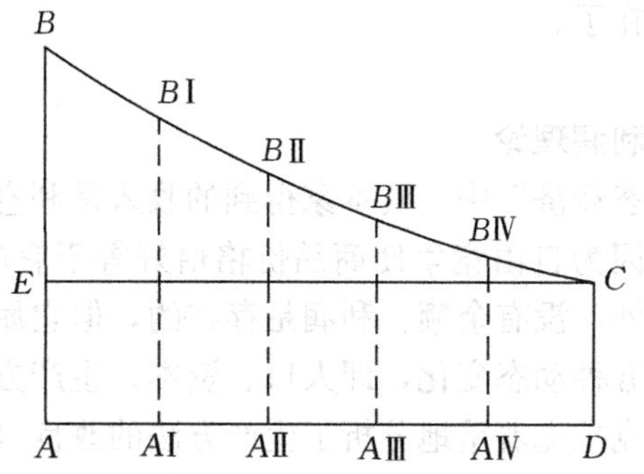

图 16－2

单位资本的产量，即资本边际生产力。克拉克认为，*CD* 线决定图 16－2 中任何一个单位资本的利息率，是利息的一般标准。

为什么要由最后一个单位的劳动和资本决定工资率和利息率呢？克拉克用竞争和供求关系来说明，即在自由竞争条件下，假定劳动和资本可以在各产业之间自由流动。那么，劳动和资本各自追求自己报酬的努力，必然使它们只能停留在最后的即边际的生产力水平上。如果高于这个水平，便会吸引新的劳动或投资，致使它们的生产力下降从而使工资或利息降低，这是它们之中受损失的一方所不愿接受的；如果低于这个水平，势必使部分劳动或资本转移到其他生产部门，从而促使生产力上升（由于资本或劳动量减少了），工资或利息提高，这也是受损害的一方所不愿接受的。只有由最后生产力决定的工资和利息才使产业达到供求均衡的状态，这个工资和利息就是均衡的即自然的、正常的和静态的标准。总之，克拉克认为，如果第一个单位的劳动所要求的报酬超过了 *CD* 线表示的数目，雇主就会让他退出工作，而用最后一个单位来代替他；如果第一个单位的资本得到的利息超过了 *CD* 线表示的数目，其他资本就会向这个产业部门投资。投资增加，劳动和其他条件不变，利息就会降下来，降到 *CD* 线的利息率为止。这就是克拉克的工资理论和利息理论。

克拉克的“理论”的错误是十分明显的。(1) 在克拉克看来，各生产要素都有生产力。对此，他未加任何论证就直接推导出劳动和资本边际生产力及其决定劳动和资本产品价值的原理。而这种包含资本生产力论在内的各生产要素都有生产力的前提，早已受到马克思，甚至资产阶级经济学家的批判，是根本不能成立的。(2) 克拉克对分配范畴所赋予的特定含义，也是不确切甚至完全错误的。他所说的工资，除了雇佣劳动者的劳动报酬外，还包括企业家的平均利润。这是对剥削与被剥削的混同。(3) 以边际生产力论为基础的分配论是自相矛盾的。按照他的工资理论，工资标准决定于劳动的边际生产力，全部工人的工资相当于图 16－2 所说的 *AECD* 部分，剩下的 *BEC* 部分哪里去了呢？因为按照克拉克的图示，工人创造的产品相当于 *ABCD*，而他们只得到 *AECD* 部分。克拉克否认剥削存在，断言 *BEC* 部分产品的创造者不是工人，而是工人所使用的资本，因而它理应属于资本家。但这样一来，他的边际生产力论的支柱就倒塌了。因为既然余额 *BEC* 部分是先前资本生产的结果，不是先前劳动生产的结果，那就是说，各单位劳动的生产力就是一样的了，不存在一个劳动生产力递减的问题。既然不存在劳动生产力递减，克拉克的自然工资标准的依据也就不存在了。

动态分析和过渡性的利润理论

克拉克认为，在“静态经济”中，资本家得到的收入是利息，企业家和工人得到的收入是工资，不存在利润。因为自由竞争使商品价格恰好等于它的“自然价格”，而“自然价格”除了工资和利息之外，没有余额。利润是存在的，但它属于动态范畴，是“动态势力”变动的结果。他提出五种动态变化，即人口、资本、生产方法和生产组织以及消费倾向等因素的变动。其中，克拉克着重地分析了生产方法的改良（新技术的发明等）使利润得以产生的问题。他说：“由于一种新的发明，某种东西的生产成本降低了。这首先给予企业家以利润。其次又按照我们所曾经叙述的方法提高工资和利息。”① 这就是说，在技术不变的静态条件下，只能有工资和利息。由于技术改良，成本降低，才产生了利润。实际上他指的是个别企业的超额利润。这种利润只能是暂时的。当技术改良在各产业中普及后，所有产业成本都降低了，从而个别产业的这种超额利润也消失了。只有当更新的技术出现时，才会再次出现个别产业的超额利润，一旦这个新技术普及了，超额利润又会消失。所以，这种利润也被称为过渡性利润。

关于超额利润的来源，他认为是商品市场价格和“自然价格”的差额，同生产无关。它既不是资本的产物，也不是劳动的产物，而是社会进步所造成的额外收入，是一种流通过程的现象。这样，克拉克就既否定了平均利润，又否定了超额利润是雇佣工人剩余劳动生产出来的，彻底地抹杀了剥削的存在。

关于超额利润的去向，克拉克说，它增加到工资和利息上去了，而且主要增加到工资上去。因为技术改良提高了资本的生产力，也提高了劳动的生产力，从而也就提高了工资和利息的自然标准。至于为什么主要增加到工资上而不是利息上，克拉克没有解释。克拉克企图以此说明，技术进步给全社会带来了利益，而且主要受益者是工资获得者。

当然，技术进步和社会劳动生产力的提高，是导致工资水平提高的基础。发达国家劳动者的工资和生活水平普遍高于不发达国家，这是事实。但工资作为劳动力商品的价值和价格，它是受价值规律支配的，它受社会、历史、经济、文化诸多因素的制约。而且工资水平也不能不受阶级力量、劳资双方较量的影响。因此，技术进步的成果并不会自然而然地流到劳动者方面。至于说劳动生产力的提高，社会财富的增加，主要用在增加劳动者工资收入方面，则纯属无稽之谈。以美国为例：1947—1977 年间，美国制造业中，每一个生产工人创造的“增加价值”② 增加了 4.9 倍，但每一个生产工人工资只增加了 2.6 倍。1947—1977 年间，美国制造业“增加价值”增加了 5.5 倍，但制造业工人工资占制造业“增加价值”的比例却大大下降了。1947 年，制造业工人工资占制造业“增加价值”的比例为 40.5%，1977 年下降为 26.8%，这都说明，克拉克所说的劳动者是技术进步和社会生产力发展的主要受益者的论断，完全不符合资本主义的现实。

① 克拉克．财富的分配．北京：商务印书馆，1983：356.

② 增加价值不同于制造业创造的国民收入，未扣除折旧。

阅读书目

马克思，恩格斯. 马克思恩格斯全集：第 46 卷上. 中文 1 版. 北京：人民出版社，1979：18－50

庞巴维克. 资本实证论. 北京：商务印书馆，1964，第 3 篇第 1－10 章，第 4 篇第 4－5 章，第 6 篇第 1、2、7 章

杰文斯. 政治经济学理论. 北京：商务印书馆，1984，第 1－4 章

克拉克. 财富的分配. 北京：商务印书馆，1983，第 1、3、4、5、8、12、13、21 章

思考题

一、名词解释

戈森定律　边际效用论　主观与客观价值论　边际效用价值论　生产性物品价值　归算价值论　时差利息论　最后效用程度价值论　一般均衡论　局部均衡论　边际效用基数论及序数论　无差异曲线　静态和动态经济学　边际生产力论

二、问答题

1. 评析边际效用价值论。
2. 简评瓦尔拉斯的一般均衡理论。
3. 简析克拉克的边际生产力论。

第十七章

马歇尔的经济学说

本章重点

马歇尔经济学说产生的历史背景及马歇尔的生平与著作，是全面了解马歇尔经济学说的出发点；剖析马歇尔经济学说体系和方法论的特点，了解其集新旧西方经济学之大成的内容和影响；阐述马歇尔关于自由竞争市场经济的基本观点，重点分析其需求理论、供给理论、均衡价格理论和分配理论。马歇尔是新古典经济学的宗师之一。

本章知识点

- 马歇尔对经济学研究对象和方法的论述
- 马歇尔的均衡价格理论

第一节 概 述

马歇尔的时代

马歇尔是19世纪末20世纪初英国最著名的经济学家。他的经济学说集19世纪上半叶至19世纪末西方经济学之大成，形成了独特的理论体系和方法，对现代西方经济学的发展有着深远的影响。19世纪末20世纪初是西方资本主义向帝国主义过渡的时期，也是国际工人运动迅速发展的时期。在政治经济学领域，自马克思的《资本论》于1867年出版以后，以往的西方经济学已经不能继续承担辩护的任务，迫于社会经济和阶级斗争发展的新需要，19世纪70年代相继出现了新历史学派、边际效用学派等新的西方经济学。这些新的辩护理论，为马歇尔制造更新的辩护理论提供了思想材料。

再从当时英国的经济和政治发展状况来看，19世纪70年代以后，英国经历了长时期的经济萧条，工农业生产都发生了困难，经济发展速度迅速下降。工业方面，1850—1870年，每年平均增长3.2%，而到1870—1913年，每年平均只增长1.9%。农业方面，海上运输的便利使北美谷物大量输入，农产品的价格不断降低，从而使英国农业的发展速度也急剧地下降。由于德国和美国机器工业的迅速发展，英国在国际市场上受到激烈的竞争，素有"世界工厂"称号的英国，经济实力逐渐削弱。英国的统治阶级为了保持其国内外的经济地位，加强了对工人阶级的剥削，从而使工人阶级反对资产阶级的斗争有了新的发展。在这种情况下，英国统治阶级也迫切需要一种新的经济学说为自己服务。马歇尔的经济学说就是为了适应这个新的需要而产生的。

马歇尔的生平和著作

阿尔弗雷德·马歇尔（1842—1924年）出生于英国西部克拉芬地区一个中产阶级家庭，父亲是英格兰银行职员。他幼年笃信宗教，向往长大后当个传教士。同时，他也酷爱数学。中学毕业后，他就读于牛津大学。1861年，他放弃了牛津大学的奖学金和将来得到教会职务的机会，进入剑桥大学圣约翰学院学习数学。1865年，他以优异的成绩毕业，并留校任研究员，转修物理，兼教数学。不久，他加入该校道德哲学讲座教授约翰·格洛特组织的晚餐会，研究的范围涉及英国政治、经济、社会等方面的问题。在这期间，达尔文的《物种起源》和斯宾塞的《第一原理》相继出版，他深受这些书的影响。1866—1877年，他任剑桥大学圣约翰学院道德哲学特别讲座的讲师，主要为该讲座讲授经济学部分，也讲授逻辑和近代哲学。在此期间，他曾赴德国研究康德哲学和黑格尔的历史哲学，并接触了德国历史学派罗雪尔的经济学，还到美国考察过保护政策。回国后，他又研究了约翰·穆勒的《政治经济学原理》。从此，马歇尔的学术兴趣就从数学、哲学和伦理学转向了经济学。

1877年，马歇尔离开剑桥大学圣约翰学院到布里斯托尔大学任院长兼经济学教授，后因病离职去意大利休养。1883—1884年，他接替牛津大学逝世的著名经济史学家A.汤恩比任巴里奥学院讲师，讲授经济史。1885年，他又回到剑桥大学，任经济学教授长达23年，直到1908年退休。其间，他曾供职于皇家劳工委员会（1891—1895年）。退休后，他继续从事著述活动。他是英国皇家经济学会的奠基人，又是著名的《经济学杂志》的发起人。1924年，马歇尔去世。

马歇尔的第一部经济学著作是与他的夫人合写的《工业经济学》，该书于1879年出版。从这一年起，他着手撰写《经济学原理》，直到1890年刊行第一版，此后经过八次修订，在1920年出了第八版。他的另外两部代表作是他退休后出版的《工业与贸易》（1919）、《货币、信用与商业》（1923）。此外，他还参加了政府的咨询顾问活动，在工资、印度币制、税制、关税等方面做过实际问题的研究，写过文章。他去世后，由其学生凯恩斯把这些文献汇编成册，定名为《马歇尔官方文献集》。

马歇尔的经济学说集中地反映在《经济学原理》一书中。这部著作的出版不仅使他本人名声显赫，而且连同他的门徒也因此备受青睐。由于他们先后长期在剑桥大学任教，故被称为"剑桥学派"。马歇尔是剑桥学派的创始人，他的门徒当中著名的有庇古、罗伯逊和凯恩斯。剑桥学派，又被称做"新古典学派"。这是因为西方经济学家把马歇尔的《经济学原理》看做是与亚当·斯密的《国民财富的性质和原因的研究》、李嘉图的《政治经济学及赋税原理》等齐名的“划时代”著作，是对古典经济学的继续和发展。因此，马歇尔就被称做“新古典学派”的奠基人和主要代表。

第二节　马歇尔经济学说体系和方法论的特点

马歇尔经济学说体系的特点

马歇尔在《经济学原理》第一版序言中说：“借助于我们自己时代的新著作，并且关系到我们自己时代的新问题，本书打算对旧的学说加以新的解释。”① 在这里，他所说的旧的学说，既指以李嘉图为代表的古典经济学，也包括其他经济学家如马尔萨斯、萨伊以及西尼尔、约翰·穆勒、罗雪尔等人的经济学。他所借助的新著作，主要是以杰文斯、屠能、古诺等人为代表的边际效用学派和数理学派的著作。至于他所说的借助于后者对前者所作的新解释，不外是他根据资产阶级新的需要，在全盘否定古典经济学科学因素的基础上，吸收和利用边际学派等的方法论和理论观点对旧的供求论、生产费用论、资本生产力论、节制论等经济理论加以改头换面，综合成一个“新”的理论体系。从这个意义上可以说，马歇尔经济学说体系最突出的特点，就是集新旧经济学之大成的折中主义。

马歇尔经济学说的理论体系，是以人的主观的、心理的因素为基础的。这从他给经济学规定的研究对象中就可以看出来。他说：“经济学是一门研究财富的学问，同时也是一门研究人的学问。”② 在这里，他所要研究的人，主要是指支配人的经济行为的动机，也就是人的心理。他说：“经济学是一门研究在日常生活事务中生活、活动和思考的人们的学问。但它主要是研究在人的日常生活事务方面最有力、最坚决地影响人类行为的那些动机。”③ 马歇尔认为，人类从事经济活动无非是基于两种动机的行为：（1）追求“满足”，促进人类的经济行为；（2）避免“牺牲”，制约人类的经济行为。他用这两种心理动机来解释商品和各种生产要素的需求和供给。关于人的动机由什么来衡量的问题，马歇尔虽然认为不能直接衡量，但是他主张通过它的结果可以间接地用货币来衡量。

马歇尔把经济现象归结为心理动机，从而把经济学的对象变成十分抽象的东西，但是，他也不能不看到由经济原因产生的现实社会问题，如失业和贫困等等，又都是十分具体的。因此，他宣称经济学的最高目的是要对社会实际问题的解决有所贡献。马歇尔的贡献就是宣扬渐进的改良主义。这种主张的理论依据是社会达尔文主义。马歇尔认为，生物的发展只有渐进，没有飞跃；支配生物界的进化论原则同样支配着人类社会的发展。他说：“经济进化是渐进的……它的前进运动决不是突然的。”④ 因此，他把“自然不能飞跃”作为《经济学原理》一书的题词，并且声称“‘自然不能飞跃’这句格言，对于研究经济学的基础之书尤为适合”⑤。

---

① 马歇尔．经济学原理：上卷．北京：商务印书馆，1981：11.
② 同①23.
③ 同①34.
④ 同①17.
⑤ 同①18.

方法论的特点

马歇尔经济学说在方法论方面，主要有以下三个特点。

1.运用所谓“连续原理”来分析社会经济现象。马歇尔在《经济学原理》第一版序言中说：“本书如有它自己的特点的话，那可说是在于注重对**连续原理**的各种应用。”① 对什么是连续原理，书中并没有明确的回答。但从他对这一原理的应用中可以看出，所谓连续原理，就是说各种社会经济现象之间没有明显的严格区别，它们之间存在着连续的关系。例如，资本家和工人很难严格区分，因为他们在追求金钱报酬、寻找最好的市场或职业等方面是共同的，其间只有程度上的差别。他认为，各种经济现象都是互相决定的，而没有起决定作用的东西。他说：“一个经济问题的各种因素不是被看做以连锁的因果关系逐一决定的，如甲决定乙、乙决定丙，等等，而是将它们看做互相决定的。”②

2.运用边际增量分析方法，分析各种经济因素之间的关系。这个分析方法是马歇尔在连续原理的基础上提出来的。他说：“在精神和物质世界中，我们对自然的观察，与总数量的关系没有与增加量的关系那样大。”③ 马歇尔认为，在考察经济现象的本质时，“增量”的关系比总量的关系更重要。他在古诺和屠能著作的启发下，几乎和杰文斯、门格尔、瓦尔拉斯同时在数学中独立地运用效用的“边际增量”来说明人对一物的需求。在他看来，产品的生产、交换和分配同产品的“边际增量”之间存在一定的连续的函数关系。例如，在需求不变的条件下，任何一个生产要素使用量的增加，超过一定的“边际”，就会产生递减的报酬。他还把这个边际增量的分析方法运用在他的价值论和分配论上，甚至推广到其他经济问题上，如生产过程中各类资源的配置，各生产要素互相配合的替代原则等。为了表述“边际增量”同产品的供给和需求、生产和分配之间的函数关系，他除了在《经济学原理》一书的正文用文字表述外，还在各章节的附注和书后的数学附录中使用了大量的数学符号和图表。

3.运用局部均衡分析的方法来分析相反经济力量之间的关系。马歇尔所说的均衡，是指相反力量所形成的均势。他认为，在分析经济现象的正常状态时，应重视在一定条件下各种相反的经济力量，如需求和供给，如何保持均衡的问题。他指出，有动态的生物学意义上的均衡，如一个人的成长和衰亡、工商业的发展和衰落等；也有静态的力学意义上的均衡，如一条弹线所系的一块石子或一个盆中彼此相依的许多小球所持的机械均衡。动态均衡虽然是经济学研究的最终目标，但它比静态均衡更为复杂，况且近代生活的正常状态是静态的而不是动态的。所以，静态均衡应是经济研究的起点和基础。依据这一观念，他把各种经济指标的数量，特别是价格和分配份额的决定都归结为相反力量相互冲击和制约而形成的均势问题。他的均衡观不同于洛桑学派创始人瓦尔拉斯的“一般均衡”，是以单个的生产者或消费者为分析对象，不考虑他同其他生产者或消费者之间的相互影响。这种均衡观，在西方经济学中被称为“局部均衡”。

---

① 马歇尔. 经济学原理：上卷. 北京：商务印书馆，1981：12.

②③ 同①15.

第三节 需求理论

欲望、效用和需求规律

马歇尔需求理论的出发点是人的欲望。他认为，需求是欲望的满足，而人的欲望是由效用来满足的。因此，欲望和效用是相互有关的名词。他指出，人的欲望是无止境的，多种多样的，但每一个别的欲望又是有其限度的。他说："人类本性的这种平凡而基本的倾向，可用**欲望饱和规律**或**效用递减规律**来说明：一物对任何人的**全部效用**（即此物给他的全部愉快或其他利益），随着他对此物所有量的增加而增加，但不及所有量的增加那样快。如果他对此物的所有量是以同一的比率增加，则由此而得的利益是以递减的比率增加。"① 当一个人要购买一件东西时，他刚刚被吸引购买的那一部分，可称为他的边际购买量，因为对于是否值得花钱购买它，他还处于犹豫不决的边缘，他的边际购买量的效用，可称为此物的边际效用。而一物对任何人的边际效用，都是随着他已有此物数量的第一次增加而递减的。

然而，边际效用只表示购买者对一物的主观需求，无法直接衡量。于是，马歇尔就间接地用购买者愿意支付的货币数量即需求价格来加以衡量。从而需求转化为需求价格，用边际需求价格去衡量边际效用。由于边际效用是递减的，所以，边际需求价格也是递减的。马歇尔以某消费者购买茶叶为例，列了一个边际需求价格递减的"需求表"（如表 17－1 所示）。他还利用数学图解，把这个"需求表"画成一条"需求曲线"。现简化如图 17－1 所示。②

表 17－1　　　　需求表

茶叶价格（便士/磅）	需求数量（磅）
50	6
40	7
33	8
28	9
24	10
21	11
19	12
17	13

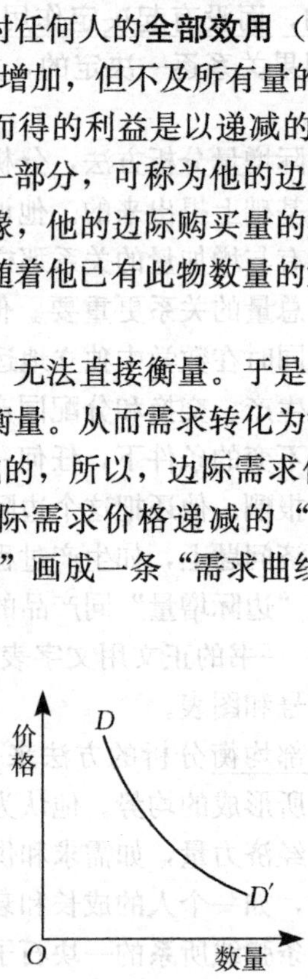

图 17－1

根据上述的"需求表"和"需求曲线"，马歇尔得出"需求一般规律"："要出售的数量越大，为了找到购买者，这个数量的售价就必然越小；或者，换句话说，需要的数量随着价格的下跌而增大，并随着价格的上涨而减少。"③

---

① 马歇尔．经济学原理：上卷．北京：商务印书馆，1981：112．

② 同①115－116．

③ 同①118－119．

需求弹性

关于需求弹性的分析，是马歇尔对需求规律研究的继续。按照需求规律，在其他条件不变时，价格下降使商品的需求量增加；价格上升则使商品的需求量减少。但是，这种增加或减少，因不同商品的性质和不同消费者的情况而不同。需求弹性就是用以衡量价格下降或上升一定比率所引起的需求量增加或减少的比率，也就是衡量需求对价格变动的反应程度的。如果价格下跌1%会增加销售量1%，则需求弹性是1；如果价格下跌1%使需求量分别增加2%或0.5%，则需求弹性是2或0.5；依此类推。[①] 这就是说，如果价格升降所引起的需求量变动的幅度大于价格变动的幅度，就称为需求弹性大；反之，就称为需求弹性小。他提出，需求弹性用数学公式来表示，就是：

$$e=\frac{\mathrm{d}x}{x}\div\frac{\mathrm{d}y}{y}$$

式中：e——需求弹性；

x——需求量；

y——价格。

一般地说，粮、油、盐、家庭用煤等生活必需品，其需求弹性小，药品的需求弹性更小，而奢侈品或高价商品，则需求弹性大。但是，对于不同的收入阶层来说，其需求弹性也不相同。马歇尔区分了四种情况：

1. 有些东西的现行价格，即使对较穷的人也相对地是很低的，如食盐、各种香料和廉价药品。这些东西的价值一旦下跌，是否会引起消费的大量增加，实成疑问。

2. 以肉类、牛奶和牛油、羊毛织品、烟草、进口水果以及普通医疗用品的现行价格而论，工人阶级和下层中等阶级对这些商品的直接需要是很有弹性的，而富人并非如此。

3. 以放在温室的水果、上等的鱼类以及其他昂贵的奢侈品的现行价格而论，中等阶级对于它们的需要是很有弹性的。而富人和工人阶级对这些东西的需要则都没有什么弹性。因为对富人来说，需要几乎已达到饱和，对工人阶级来说，价格仍然太贵。

4. 像名贵的酒类、跨越季节的水果、高度熟练的医疗服务和法律服务等事物，其现行价格是很高的，以致除了富人之外，社会上对于它们差不多没有什么需要，即使有需要，也往往具有很大的弹性。

马歇尔需求弹性理论的基础是边际效用价值论。它作为一种分析方法，还是较客观地反映了经济变量之间的关系，有助于了解需求对价格变动的反应，对深化需求规律的认识是有益的。

消费者剩余

关于消费者剩余，马歇尔所下的定义是："他宁愿付出而不愿得不到此物的价格，超过他实际付出的价格的部分，是这种剩余满足的经济衡量。这个部分可称为**消费者剩**

---

① 马歇尔. 经济学原理：上卷. 北京：商务印书馆，1981：122.

余。”① 按照这个定义，马歇尔所说的消费者剩余，就是消费者对某一商品，个人愿意支付的价格和这个商品市场价格之间的差额。当市场价格低于消费者为满足自己的欲望所愿意支付的价格时，消费者不仅在购买中可以使欲望得到满足，而且可以得到额外福利。马歇尔把这部分多出来的满足，叫做“消费者剩余”。

马歇尔以满足家庭消费买进茶叶为例，对消费者剩余的含义作了具体说明。如果茶叶的价格是 20 先令 1 磅，他买进 1 磅；价格为 14 先令，买 2 磅；价格为 10 先令，买 3 磅；价格为 6 先令，买 4 磅；价格为 4 先令，买 5 磅；价格为 3 先令，买 6 磅；价格为 2 先令，买 7 磅。现在，如果价格降到 14 先令 1 磅，而他仍然买 1 磅，那么，他就是用 14 先令买到值 20 先令的东西。这对他来说，就是得到 6 先令的额外满足，也就是得到 6 先令的消费者剩余。当价格最后降到 2 先令时，他买 7 磅。这 7 磅对他的价值总计或总效用，就是 59 先令（即 20＋14＋10＋6＋4＋3＋2＝59），而他为实际买进这 7 磅茶叶所支付的价格只是 14 先令（即 2×7＝14），这时，他得到的消费者剩余就是 45 先令。

“消费者剩余”这个概念，也是在边际效用价值论的基础上提出的，没有科学的理论根据。但是，它在一定程度上反映了消费者对现存市价的购买心理和决策行为，是消费者主观购买意愿如何适应市价变动的反映，具有一定的现实意义。

马歇尔的需求理论以主观心理因素说明资本主义条件下需求变动的规律是错误的。因为资本主义社会的需求变动不是取决于人们主观的欲望，而首先取决于消费者的支付能力，它又取决于国民收入的多少和在各个阶级之间分配的情况。工人对商品的需求不高，是因为他们的购买力有限，而不是因为他们的需求得到了满足，或者是因为这些商品对他们的效用低。马歇尔回避了决定资本主义社会需求变动的最重要因素，掩盖了资本主义生产的无限扩大与劳动群众有支付能力的消费相对狭小的矛盾。

第四节　供给理论

马歇尔的供给理论，就是他的生产理论，主要论述生产要素的供给及其变动的规律。

生产要素

马歇尔说，通常把劳动、土地和资本作为生产的三个要素，但“组织”也应作为一种生产要素。他所说的“组织”，是指企业经营和工业组织。除了土地以外，其他三要素都有各自的供给价格，这些供给价格都有各自变动的规律。

1. 土地。指大自然为了帮助人类，在陆地、海上、空气、光和热各方面所赠与的物质和力量。它没有生产费用，因而也没有生产它的供给价格。

马歇尔着重分析了土地报酬的变动规律。他认为，土地报酬是土地对用于土地上的劳动和资本的报酬，也就是土地对它们的有效需求或需求价格。它的变动倾向可能是递增的，也可能是递减的。在一块土地上，集中投入劳动和资本，按比例计算，收获量大于投

① 马歇尔．经济学原理：上卷．北京：商务印书馆，1981：142．

资量，收获量增加较多，则这一耕作阶段就是报酬递增的。如果在该块土地上连续投入劳动和资本，除非有耕作技术上的改良，否则，按比例计算，其收获量增加较少，则这一耕作阶段就是报酬递减的。此外，还会有土地报酬先增后减，或先减后增再减等情况发生。不过，在土地已充分利用而人口压力不断增加的国家里，土地报酬递减的倾向，最终必然成为不可抗拒的。

2. 劳动。指人类的经济工作，不论是用手的还是用脑的。马歇尔认为，一切劳动都是用来产生某种结果的。虽然有些努力是为努力而努力的，如为娱乐而作一种竞赛，但这些努力却不算是劳动。他说："我们可以对**劳动**下这样的定义：劳动是任何心智或身体上的努力，部分地或全部地以获得某种好处为目的，而不是以直接从这种努力中获得愉快为目的。"[①] 因此，凡是不能直接或间接促进物质生产的那一类劳动，例如学生的课业，都不能当作劳动去研究。从这种意义上来看，可以把劳动解释为劳动者，也就是人类的意思。所以，马歇尔认为，说劳动是生产要素，就是说人是生产要素。从劳动的供给角度来看，就是研究人口在数量上、精力上、知识上和品性上的增加。

在马歇尔看来，人口数量的增长和动植物不同，受许多复杂因素的影响。他认为，马尔萨斯关于人口供给的观点仍然是有效的。这就是，如果没有必需物资的匮乏以及其他原因如疾病、战争、杀害婴孩、自动节育等因素加以抑制，人口必然迅速增长。

3. 资本。指为了生产物质财富并获取收益而积蓄起来的设备。资本作为生产的一个要素，它不是供满足欲望的直接消费之用，而是财富的主要资料。马歇尔有时是把财富和资本当作同义语。当说"财富"时是作为消费对象来看待的，而说"资本"时则看做生产要素。他认为，财富的最早形态是渔猎的工具和个人装饰品，这时已开始驯养动物，但最初还主要是喜爱动物本身的形态美丽，驯养它们是愉快的事。后来，逐渐地，成群的驯养的动物增多了。在畜牧时代，动物既成为它们的所有者得到愉快和引为自豪的东西，又成为社会地位的表面象征，以及作为准备应付将来的需要而积累的财富的最重要储备。当人们定居下来从事农业以后，耕地在财富的目录中占了第一位；其次是房屋、家畜和船只，而生产工具在长时间内是不处于重要地位的。但是，到了近代，随着知识的进步和普及以及新的生产方法和新机械的采用，生产部门相继地以高价的机械迅速代替了手工工具。随着投资机会的增多，生产物超过生活必需品的剩余不断增加，从而使财富的积累也增多了。

马歇尔认为，资本来源于节约和储蓄，而节约和储蓄则是为了将来而牺牲现在的愉快。他说："财富积累一般是享乐的延期或**等待**的结果。或是，再换句话说，财富的积累依赖于人的**先见**，就是他的想象将来的能力。"[②] 他提出用"等待"来代替传统经济学的"节欲"。

4. 组织。马歇尔说，资本大部分是由知识和组织构成的，其中有一部分是私人所有，而其他部分则不是私人所有。知识是最有力的生产动力；它使人类能够征服自然，并迫使自然满足人类的欲望。组织则有助于知识，它有许多形式，例如单一企业的组织，同一行

---

① 马歇尔. 经济学原理：上卷. 北京：商务印书馆，1981：84.

② 同①249.

业中各种企业的组织，相互有关的各种行业的组织，以及国家保安和援助组织。最好把“组织”当作一个独立的生产要素而和其他要素区分开来。

马歇尔认为，“组织”作为一个生产要素，用来研究分工、生产规模的利弊、企业管理等问题，目的是为了提高劳动效率，增加企业的收益。他把经济的发展分为两类：一是有赖于企业之间的合理分工和联合、经济的合理区划以及企业的经营规模。他把这称做“外部的经济。”二是有赖于个别企业对资源的充分而有效的利用、组织和经营效率的提高。他把这称做“内部的经济”。

马歇尔把“组织”作为一个独立的生产第四要素提出来，其重要意义已为近百年来资本主义的发展史所证实。随着社会化大生产和信息产业化的发展，强调企业家对生产的组织管理作用，给后来管理科学的产生与发展提供了理论依据。

生产成本

马歇尔把生产成本分为两种：实际成本和货币成本。

他认为，生产一种商品，一般需要消费各种不同的劳动，并使用各种形态的资本，它们加在一起构成生产的实际成本。但是，他所说的劳动并不是客观的劳动耗费，而是主观的心理感觉，即“反效用”。他接受了杰文斯的观点，认为劳动和效用是同一类型的现象，区别在于效用带来满足而劳动则带来痛苦。对于资本，他接受了西尼尔的“节制论”，把它也变成了一个心理范畴，以“等待”代替了“节制”。因此，他所说的生产的实际成本，就是劳动的“反效用”和资本“等待”的总和，他又称做劳作“努力”和“牺牲”的总和。

他把对这些劳作和牺牲所必须支付的货币额，叫做货币生产成本，或生产的货币成本。为简单起见，这个货币成本，也可以叫做商品的生产费用。它是对生产某种商品所需各种努力与等待加以支付、借以获得足量供应的价格，也就是这个商品的供给价格。

对商品生产费用的分析，可以按其生产要素的构成追溯得很远，但这种做法是不值得的。例如，只要把用于任何生产中的各种不同原料的供给价格加以计算就可以了，而不必去追溯这些原料所含各种因素的供给价格，否则，这种分析就会永无止境。可以把生产某种商品所需的各种物资进行分类，并把它们叫做商品的生产要素。这样，当生产任何一定数量的某种商品时，它的生产费用就是它的生产要素的相应数量的供给价格。而这些供给价格的总和就是该商品这一数量的供给价格。

与分析生产成本相联系，马歇尔又提出三个新的概念。

1. 替代原理或代用原则。马歇尔说，典型的现代市场常常被看成是厂商把货物按照其中几乎没有商业费用的价格出售给批发商。但是，从较广泛的角度来看，某种商品的供给价格，是指它对市场供应的价格。至于供给价格中有多少是商业费用，这要看那个市场的性质而定。例如，加拿大林区附近的木材的供给价格往往几乎完全是由伐木工人的劳动价格构成的。但是，如把这些木材运到伦敦批发市场，其供给价格中则有很大一部分是运费；而把它运到英国乡村的小镇，其供给价格又需包括中间商人所付铁路运费以及把木材从储备到售出所需的各种支出。

此外，某种劳力的供给价格，由于某种原因，可以分成培养费、普通教育费和专门教育费。这些费用的组合可以有无数种，而且每一种费用又会有其他偶然的情况。对这些费用的任何问题的彻底解决，都需要加以分别对待。但是，对于这些偶然的情况，作为一般推理而论，都是可以略去的。

马歇尔还指出，在计算某种商品的生产费用时，还必须考虑下述事实：当生产数量发生变动时，即使没有出现新的发明，也会引起商品几种生产要素的相对数量发生变动。例如，当生产规模扩大时，可能用马匹或蒸汽机去代替人工；同时，由于所需要原料数量的增加，可能需从较远的距离运来，这样就使挑夫、中间人及商人的全部费用都增加了。

马歇尔认为，就生产者的知识和经营能力所及，他们在每一场合下都会选择那些最适合他们用的生产要素。他所使用的生产要素的供给价格的总和，一般都小于可以用来替代他们的任何其他一组生产要素的供给价格的总和；一旦生产者发现情况并非如此，照例他们就会代之以那种费用较低的方法。无论是生产要素之间的替代，还是企业主之间的替代，为了便于参考，都可以把它叫做“代用原则”。马歇尔说：“这个原理几乎可运用在经济研究的各个领域之中。”①

2. 代表性企业。按照马歇尔的说法，生产要素的供给价格构成生产成本。但是，就一个产业部门来说，各个企业的内部经济和外部经济各不相同，因而它们的生产成本水平也差异很大。因此，他提出一个“代表性企业”的概念，用它来作为生产企业的代表。他说，当研究支配一种商品供给价格的各种原因，并对生产一种商品与一定的总生产量有关的正常生产成本仔细分析时，将要研究在那个总生产量之下一个代表性企业的生产成本。一方面，不要选择某一刚刚竭力投身营业的新企业为代表，因为它正在许多不利条件下进行经营，暂时不得不忍受利润很少或没有利润的境况，以便建立成功的企业；另一方面，也不要选择那种信誉卓著的企业，因为它的经营历史长久，营业规模大，管理有方，比它的一切竞争者都占有优势。基于这种认识，马歇尔提出：“代表性企业必须是这样一个企业：它已具有相当的历史和相当的成功，它是由正常的能力来经营的，它能正常地获得属于那个总生产量的外部经济和内部经济；而对于它所生产的货物之种类，货物之销售情况以及一般经济环境，也是要加以考虑的。”②

马歇尔认为，一个代表性企业，从某种意义上说，也可以看做是一个平均的企业。虽然在工商企业中对“平均的”这个词有许多不同的解释，但是，要了解大规模生产的内部经济和外部经济在工业或国家中所达到的程度，就必须研究这种“平均的”企业。它不是随便拿来的一两个企业，而是经过广泛的调查之后挑选出来的，因而它具有充分的代表性。

在对一个代表性企业的生产成本作进一步的分析时，马歇尔提出了一些假定的条件。他说：“我们假定：需求和供给自由地起着作用；买方或卖方都没有密切的结合，每一方都是单独地行动着，存在着很大程度的自由竞争；这就是说，买主一般都是自由地同买主竞争，卖主一般都是自由地同卖主竞争。”③

①③ 马歇尔. 经济学原理：下卷. 北京：商务印书馆，1981：33.

② 马歇尔. 经济学原理：上卷. 北京：商务印书馆，1981：327.

在完全自由竞争的前提下，一个代表性企业在生产上的内部经济和外部经济，取决于它所生产的商品的总量。马歇尔假定，该商品的任何数量的正常供给价格，可以看做是这个代表性企业的正常生产费用。这就是说，这个代表性企业所预期的价格，既不太高而增加产量，也不太低而减少产量，而恰恰足以维持现有的生产总量不变。

3. 投资的外限，或投资的有利边际。马歇尔在论述资金的投放与分配问题时，提出了与生产成本有关的“投资的外限”或投资的“有利边际”的概念。马歇尔以建筑房屋为例，假设某人为自己建造房屋，他所用的土地和建筑材料都是自然界提供的；动工时他自己制造工具，而制造工具的劳动也被算作建筑房屋所需劳动的一部分。他势必要计算按照原计划方案进行建筑所需要的劳作；并把每一种劳作与房屋交付使用所经过的时间按复利率折合成一个金额。该房屋落成后对他提供的效用，不仅要补偿他的各种劳作，而且还要补偿他的“等待”。

某人在建筑这栋房屋时，可能有两种动机：一个是望而生畏，另一个是迫不及待，彼此势均力敌，那么，他就会对这一工程是否应当进行处于踌躇不决之中。就房屋的某些部分来说，他所得到的利益也许超过他所投入的实际成本，但是当建筑计划逐步扩大时，他最后会发现，任何扩建所带来的利益会被所需要的劳作和牺牲所抵消，而这种扩建就处于“投资的外限”，或它的“有利边际”①。

供给规律和供给弹性

同把需求转化为需求价格一样，马歇尔也把供给转化为供给价格。他认为，生产一定数量的某种商品，它的生产费用即供给价格是它的各个生产要素供给价格的总和。他以毛织业为例，假定某一从事毛织业的人要研究年产数百万码某种毛布的正常供给价格。他将计入：(1) 织造这种毛布所需的羊毛、煤炭和其他原料的价格；(2) 厂房、机器和其他固定资本的磨损和折旧；(3) 全部资本的利息和保险费；(4) 工厂员工的工资；(5) 承担风险、规划并监督业务的人们在经营上的毛利。他将根据所需的各种生产要素的数量来计算它们的供给价格，并把这些供给价格加在一起，算出毛布的供给价格。

和需求价格表相对称，马歇尔又提出一个供给价格表，或供给表。编制供给价格表的方法和需求价格表相同。某商品在一年或其他单位时间内各种数量的供给价格，都要和该数量并列起来。随着商品年产量的增加，其供给价格可以增大，也可以缩小，或增大与缩小交替发生。当自然界不能提供较多的原料，而同时在特定阶段内又不能采取更新的生产技术时，则供给价格将上升；如果生产量较大，也许采用机器代替手工劳动较为有利，则生产量增加势必使供给价格下降。

现将表示供给价格和供给量对照关系的“供给表”和“供给曲线”简化如表 17－2 和图 17－2 所示。②

---

① 马歇尔. 经济学原理：下卷. 北京：商务印书馆，1981：43.

② 同①35－36.

表 17-2　　供给表

茶叶价格（便士/磅）	供给数量（磅）
24	6
28	7
33	8
40	9
50	10

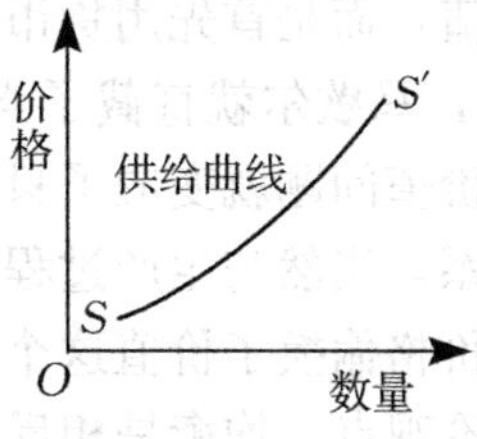

图 17-2

一般说来，比较典型的供给表上的价格和供给量的对照关系和需求表上表现的关系恰好相反，即价格高则供给多，价格低则供给少。这就是马歇尔提出的供给的一般规律。

马歇尔对供给弹性问题，也作了简单的论述。他认为，供给弹性与需求弹性比较，有着重要的区别，主要表现在考察供给弹性时，应考虑时间长短这个因素。如果一个制造工业部门所需要的大型设备已经得到充分利用而无法迅速扩大，则对它的产品所出售的价格的增高，也许在相当长的时间内对产量的增加不会有显著的影响，即它的供给弹性很小。但是，对手工业产品需求的类似增高，也许会迅速引起供给的巨大增加。换句话说，手工业产品价格的上涨可在短期内使其供给弹性增大，而在长时期内其供给弹性则较小，或很小。

马歇尔的供给理论和他的需求理论一样，也是以主观的心理现象来代替对客观的社会生产过程的分析。他歪曲生产费用的本质，把劳动说成是“反效用”，是一种痛苦，是一种牺牲；把资本说成是资本家的“等待”，是节欲的结果，也是一种牺牲。这样，他就把生产费用解释成为工人和资本家共同作出牺牲而取得的报酬，从而完全抹杀了资本家与工人之间剥削与被剥削的关系，掩盖了资本主义条件下的社会阶级矛盾，是完全错误的。至于供给弹性问题，虽然没有触及资本主义生产关系的本质，但是，利用供给弹性这个概念，研究社会主义条件下商品价格与供给量之间的关系，使生产更好地满足人民生活的需要，还是可以的。

第五节　均衡价格理论

马歇尔的均衡价格理论，就是他的价值理论，是他的经济学说的核心和基础。马歇尔的需求理论和供给理论，从均衡价格论的角度看，是为它做理论准备的；马歇尔的分配理论，又是他的均衡价格理论在各个生产要素的价值决定问题上的具体应用。马歇尔就是以均衡价格理论为中心，把其他经济理论联系起来，构成他的整个折中主义经济理论体系。

价值与均衡价格

在马歇尔的经济学说中是使用了价值这个概念的，但实际上他却用价格代替了价值。他说，价值是一物的交换价值，是一物在任何时间和任何地点可以换取别物的数量。“因此，价值这个名词是相对的，表示在某一地点和时间的两样东西之间的关系。文明国家通常采用黄金或白银作为货币，或是金银并用。我们不是用铅、锡、木材、谷物和其他东西来互相表示价值，而是首先用货币来表示它们的价值，并称这样表示的每样东西的价值为价格。”① 这样，马歇尔就直截了当地把价格当作价值，用对价格的分析代替了对价值的分析。结果，价值问题就变成了只是流通领域中的问题，只是买者与卖者之间的问题，而与生产毫无关系，当然与生产过程中的阶级关系就更是毫不相干了。

马歇尔用价格偷换了价值这个概念之后，就用均衡价格理论来说明价值的决定问题。按照他的均衡论观点，均衡是相反力量所形成的均势。在价格问题上，相反的力量就是在同一市场内买者和卖者两方。因此，某一商品的价格是由买卖双方力量的相互冲击和相互制约，最终形成均衡而达成的。这就是说，使买卖双方力量达于均势的价格就是均衡价格。

马歇尔的均衡价格理论，假定了两个前提条件：(1) 假定某一商品的价格只取决于它本身的供求状况，而不受其他商品的价格和供求状况的影响，也就是西方经济学中的局部均衡论；(2) 假定货币的购买力也是不变的。这样，他就把对方商品价值的可能变动从这一商品价格的决定因素中排除出去，从而为商品本身的供求关系决定商品价格的分析提供了方便条件。

需求、供给与均衡价格

马歇尔用需求、供给和价格三者之间的函数关系来论证他的均衡价格理论，实质上就是西方经济学中在价值决定问题上供求论的翻版，只是他又给它披上了一件数学外衣和戴上了一顶“均衡”的帽子。

在马歇尔之前，西方经济学家在价值决定问题上也非常重视供给和需求所起的作用。不过，有的偏重供给，如约翰·穆勒提出生产费用决定价值的客观价值论；有的偏重需求，如奥地利学派和杰文斯用消费者对效用的主观评价来作为决定价值的根据，形成边际效用决定价值的主观价值论。而马歇尔把供给和需求看成同等重要，同时，他又着重强调供求趋于均衡的观点，从需求价格和供给价格的相互关系中建立起他的均衡价格理论。

按照马歇尔的说法，均衡价格就是一种商品的需求价格与供给价格相一致时的价格或供给与需求的价格在市场上达到均衡状态时的价格。他说：“当需求价格等于供给价格时，产量没有增加或减少的趋势，它处于均衡状态之中。当供求均衡时，一个单位时间内所生产的商品量可以叫做**均衡产量**，它的售价可以叫做**均衡价格**。”② 如果某一产量使需求价格大于供给价格，卖主就会增加供给量；而供给量的增加又趋向于压低需求价格，提高供给价格，使二者趋于一致。如果某一产量使需求价格低于供给价格，卖者就会减少供给量，而供给量的减少又趋向于压低供给价格，提高需求价格，使二者趋于一致。当需求价格与供给价格相等时，产量没有增加或减少的趋势，是均衡产量，它的出售价格就是均衡价格。他说：“这种均衡是**稳定的**均衡；这就是说，如价格与它稍有背离，将有恢复的趋势，像钟摆沿着它的最低点来回摇摆一样。”③

马歇尔用数学图形表示，均衡价格是处在需求曲线和供给曲线交点上的价格，如

① 马歇尔. 经济学原理：上卷. 北京：商务印书馆，1981：81.

②③ 马歇尔. 经济学原理：下卷. 北京：商务印书馆，1981：37.

图 17－3 所示。①

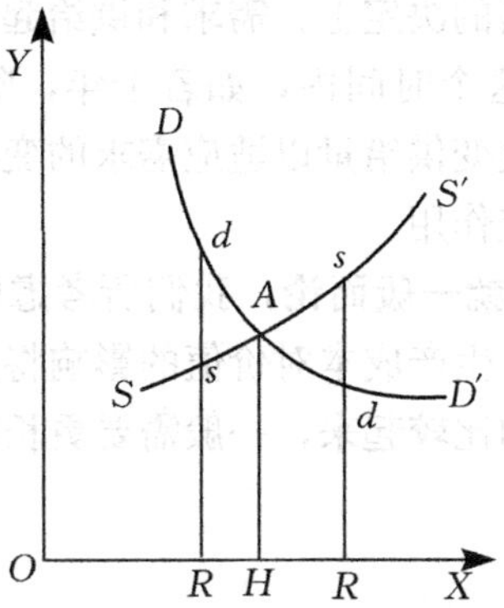

图 17－3

图中：OY——价格；

OX——商品量；

DD'——需求曲线；

SS'——供给曲线。

假设 OR 表示实际的产量，如需求价格 Rd 大于供给价格 Rs，则对生产十分有利，产量有所增加，产量指标 R 将向右方移动。反之，如需求价格 Rd 小于供给价格 Rs，则产量将要减少，R 将向左方移动。如果 Rd 等于 Rs，R 正处在供给曲线和需求曲线的交点 A 的垂直线下 H 点时，则供求达到平衡。OH 表示均衡产量，AH 表示均衡价格。

时间长短与均衡价格

在马歇尔看来，需求价格和供给价格共同决定均衡价格，实际上就是效用和生产费用共同决定均衡价格。如果要明确效用和生产费用究竟是哪一方在决定均衡价格时起了主导作用，这一问题是难以说清楚的。他说："我们讨论价值是由效用所决定还是由生产成本所决定，和讨论一块纸是由剪刀的上边裁还是由剪刀的下边裁是同样合理的。的确，当剪刀的一边拿着不动时，纸的裁剪是通过另一边的移动来实现的，我们大致可以说，纸是由第二边裁剪的。但是这种说法并不十分确切。"② 他又指出，如果考虑到时间这个因素，则供求两个方面在价格决定上的不同作用还是可以区别的。

马歇尔认为，时间长短不同，市场上供求双方的较量趋于均衡的情况是不同的，因而它们对决定均衡价格的影响也是有差异的。所以，马歇尔把均衡价格按时间长短分为三类。

1. 极短时间内暂时的市场价格。在这极短时间如一天之内，无法改变生产量即供给量，既不能增加原料生产，也不能提高对劳动者的训练，只能靠现有的储存量提供商品的供给。在这个时间内，均衡价格主要由需求的状况决定。

2. 短时期的正常价格。在这个时间内，如几个月或 1 年，可以在现有的生产技能、工

① 马歇尔. 经济学原理：下卷. 北京：商务印书馆，1981：38.

② 同①40.

业组织和机器设备的基础上使产量有一定的伸缩性，但是没有足够的时间来增加新的设备和改进技能。因此，在均衡价格的决定上，需求和供给起着同等重要的作用。

3. 长时期的正常价格。在这个时间内，如若干年，除土地外，一切生产要素都有充分的时间进行调整，因而可以改变供给量以适应需求的变动。在这种情况下，生产费用对均衡价格的形成起着主要的决定作用。

马歇尔由此得出结论说："就一般而论，我们所考虑的时期愈短，我们就愈需要注意需求对价值的影响；时间愈长，生产成本对价值的影响将愈加重要。因为生产成本变动对于价值的影响与需求变动的影响比较起来，一般需要更长的时间才能表现出来。"①

垄断与均衡价格

马歇尔在论述均衡价格时是以资本主义条件下自由竞争作为根本前提的，但是，当时毕竟处于资本主义由自由竞争向垄断过渡的历史阶段，所以，他在其代表作《经济学原理》一书中不能不考虑垄断的问题。他完全承袭了古诺关于垄断的定义，认为在垄断的条件下，一种商品只有一个供给者。这种垄断者可以自由地调节其商品的供给量以适应市场的需求。垄断者的利益，显然不在于把供给和需求调节得使其商品的售价恰够补偿它的生产费用，而是在于把它们调节得能够向他提供最大可能的纯收入总额。

马歇尔的均衡价格理论归根结底还是过去的供求论。尽管他企图通过调和效用论和生产费用论来补充他的供求论，但这绝不能改变供求决定价值的根本错误。事实上，他的均衡价格理论不过是边际效用论、生产费用论和供求论的混合折中。他用流通领域中受供求关系影响形成的价格，代替了生产中耗费的劳动决定价值的理论，把价值和劳动割裂开来，根本回避了价值的实体和价值的起源问题。本来，价值是价格变动的基础，价格是价值的货币表现。只有在解决了价值问题之后，才能科学地说明供求关系变动对价格形成的影响。事实上，供求关系的变动，只能说明市场价格如何围绕商品价值上下波动，而绝不能说明价值本身。马歇尔的均衡价格理论，不过是宣扬资本主义能够在自由竞争中自动地达到均衡，借以论证资本主义是和谐的美好的社会制度。

第六节　分配理论

工　资

马歇尔的分配理论是他的均衡价格理论的延续，是他的均衡价格理论在分配领域中的具体运用。他认为，国民收入是由劳动、资本、土地和企业组织这四个生产要素共同创造的。国民收入的构成就是与这些生产要素相适应的工资、利息、地租和企业经济收入，即利润。各个生产要素在国民收入中所占的份额大小，取决于它们各自的均衡价格。所谓国民收入的分配，就是各个生产要素的价格的决定问题。对这些生产要素的价格决定，马歇尔也是用均衡价格理论来说明的，也就是说，他是用各个生产要素的需求价格和供给价格

① 马歇尔. 经济学原理：下卷. 北京：商务印书馆，1981：41.

相均衡的价格来说明工资、利息、地租和利润的。

马歇尔认为，工资是劳动的报酬，它的大小是由劳动这一生产要素的需求和供给来决定的。像对一般商品的价格的分析一样，他也把劳动的需求和供给具体化为需求价格和供给价格。因此，他说，工资就是劳动的需求价格和供给价格相均衡时的价格。

马歇尔认为，劳动的需求价格由劳动的边际生产力决定。他说："需求和供给对工资起着同样的影响……劳动边际生产力决定劳动的需求价格。"① 这里所说的劳动的边际生产力，是指在生产资料数量不变、劳动生产力随劳动者的增加而递减的情况下，最后一个劳动者所提供的生产力。而劳动的供给价格则是由养活、训练和维持有效率的劳动者的生产费用决定的。他说："从另一方面来看，工资有同培养、训练和保持有效率的劳动的精力所用的成本保持密切关系（虽然是间接而复杂的）的趋势。"②

马歇尔说，工人提高劳动生产力，也就是提高劳动的边际生产力，因而提高劳动的需求价格，从而可以提高工资。但是，他又说，由于劳动生产力递减规律的作用，在资本数量不变的情况下增加工人，劳动的边际生产力递减，劳动的需求价格就要降低，因而工资也将随着降低。至于劳动的供给价格，由于它的生产费用构成复杂，有的可能受非经济因素的影响而变动，因此，它也是不断变动的。

利 息

马歇尔认为，利息是资本这个生产要素的价格。他把利息分为纯利息和毛利息。所谓纯利息，指纯粹是使用资本的代价或称为"等待"的报酬。毛利息除了包括纯利息外，还包括运用资本的手续费、经理费、投资风险的保险费等等。这里讲的利息是指纯利息。

在马歇尔看来，资本家把资本借出去必须收取利息，理由是：(1) 资本借出是一种牺牲，资本所有者暂时不能使用和享受；(2) 资本借入者可以运用这笔资本得到利益，应该付出一定的代价；(3) 资本是"等待"的结果，运用这个成果，也应付出一定代价。因此，利息的大小是由资本这个生产要素的需求和供给来决定的。

马歇尔认为，利息是资本的需求和供给相均衡时的价格。资本的需求价格取决于资本的边际生产力。它的需求同一般的商品需求一样，价格高，即利息率高，则需求少；价格低，即利息率低，则需求多。资本的供给价格取决于资本家的"等待"和牺牲，也就是节欲。它的供给同一般的商品供给一样，利息率高则供给多，利息率低则供给少。

利 润

马歇尔认为，利润是资本家经营管理企业和组织生产以及承担风险的报酬。它包括对以下三个因素的报酬：(1) 资本供给的报酬；(2) 使用资本的经营能力供给的报酬；(3) 企业的一定组织的报酬。关于资本供给的报酬问题，即利息问题，在前面已经讲过了，这里只讲后两个因素的报酬问题。

① 马歇尔. 经济学原理：下卷. 北京：商务印书馆，1981：204.

② 同①204－205.

关于构成利润的第二个因素，即使用资本的经营能力供给的报酬问题，马歇尔说，由于经理人员对企业的良好的、有效的管理对企业的发展起着重大作用，所以必须给予报酬。对构成利润的第三个因素，即企业的组织的报酬问题，马歇尔说，只有通过一定的组织才能把前两个因素结合起来，使生产得以照常进行。因此，对企业的组织工作必须给予报酬。

至于上述报酬的多少，即利润的大小，马歇尔认为，利润作为商品的正常生产费用的组成部分，其数额大小，由于替代原理的作用，大致等于资本的正常供给价格、管理能力的正常供给价格和企业组织的正常供给价格三者的总和。在长时期中，利润同这三项数额的总和相差不致很远。

地　租

一般说来，地租是土地的收益。马歇尔把土地的收益分作两部分：(1) 基于自然赋予的特性，而不是由人为的努力取得的收入，这是土地的纯收入，是真正的地租。(2) 对土地投资使土地改良获得的收入。

马歇尔认为，土地的供给是固定不变的，没有生产费用，也没有供给价格。因此，地租只受土地需求的影响，它的大小取决于土地的边际生产力。他从“农业上报酬递减趋势”出发，认为耕种者对同一块土地连续追加资本和劳动，农产品总产量的增加率是递减的。当减到报酬或农产品收益仅仅够偿付耕种者的开支和他自己的劳动这一点时，就达到“耕种边际”。总产量超过这个边际产量的余额，就是他的“生产者剩余”，也就是地租。

与地租理论相联系，马歇尔还提出了“准地租”的概念。这可算是马歇尔分配理论的一个特点。所谓准地租，是指在短期内，土地本身以及土地以外的各种生产要素，如劳动、资本或企业组织管理能力，所得到的超过平均水平的收入，不论其形式是工资、利息还是利润。由于这些收入在性质上与地租相似，所以称为“准地租”。

马歇尔的分配理论，从总体上看不外是萨伊的“三位一体公式”的新变种，在前人的劳动、资本、土地之外又加了企业组织这第四个要素。他认为，国民收入是上述四种生产要素协同合作的结果，同时，他又用均衡价格理论来说明分配的份额受供求关系所支配。这种分配理论完全是为宣扬资本主义社会的阶级调和作辩护的。至于他在工资、利息、利润、地租等具体理论方面的观点，基本上都是重复了以往西方经济学的论点，根本错误都是掩盖了资本主义条件下工资、利息、利润、地租等经济范畴的本质，抹杀了资本主义生产关系的剥削性质，宣扬资本主义的分配是公平合理的。

马歇尔是处于资本主义向帝国主义过渡时期的资产阶级经济学家，但是，他的基本观点仍然是以自由竞争的市场经济作为假定和条件的传统的经济自由主义。他的主要经济学说，如需求理论、供给理论、均衡价格理论和分配理论等，都是从这一基本观点出发的。到了晚年，马歇尔开始研究有关帝国主义时期的垄断与竞争等问题。他的代表作《经济学原理》自 1890 年出版以来，到现在已 100 多年。尽管现代西方经济学流派横生，众说纷纭，但是，马歇尔经济学说对它们的影响却是巨大的、深远的。20 世纪 20 年代福利经济学的创始人庇古、30 年代初期英国罗宾逊和美国张伯伦的垄断竞争理论，都是在马歇尔某些学说的基础上形成的支流。即使是 30 年代后期对以马歇尔为代表的传统经济学进行了“革命”的凯恩斯，也承认自己的理论是已经深信了许多年的马歇尔思想路线的自然发展。即使在今天，马歇尔的经济学说仍然是现代西方微观经济学的基础。

阅读书目

马克思，恩格斯．马克思恩格斯选集：第2卷．2版．北京：人民出版社，1995：62-63

马克思，恩格斯．马克思恩格斯全集：第25卷．中文1版．北京：人民出版社，1974：193-222

马歇尔．经济学原理：上卷．北京：商务印书馆，1981，第1、8版序，第1篇第1章，第3篇第1、3、4、6章

马歇尔．经济学原理：下卷．北京：商务印书馆，1981，第5篇第1、3、5章，第6篇第1、2章

思考题

一、名词解释

局部均衡　需求弹性　消费者剩余　组织　内部经济　外部经济　供给价格　供给弹性　均衡价格

二、问答题

1. 简析马歇尔经济学说的特点。
2. 简述马歇尔经济学说体系的核心——均衡价格理论。
3. 简评马歇尔提出生产第四要素的内容及其理论意义。

第六篇

列宁对无产阶级政治经济学的发展

本篇分为两章，介绍列宁对马克思主义政治经济学的发展。列宁把马克思主义运用于俄国革命和世界无产阶级革命实践，他对马克思主义政治经济学的发展表现在关于资本主义的研究和关于社会主义的研究两个方面。第十八章介绍列宁关于资本主义的经济理论，第十九章介绍列宁关于社会主义的经济理论。

第十八章

列宁关于资本主义的经济理论

本章重点

列宁在他的主要著作《论俄国资本主义的发展》等书中，着重论述了俄国资本主义形成和发展的特点和规律，即通过小商品生产者两极分化的纯经济途径而在封建制度瓦解的基础上逐步转化为资本主义。他同时还指出，俄国土地占有关系和农业中资本主义发展问题的核心是农民问题和工农联盟问题。19 世纪末 20 世纪初，列宁在《帝国主义是资本主义的最高阶段》等书中，论证了自由资本主义发展到帝国主义阶段的必然性，帝国主义的经济实质、基本特征和历史地位，资本主义经济政治发展不平衡规律和社会主义将首先在一个国家获得胜利。

本章知识点

- 列宁关于俄国资本主义发展的理论
- 列宁关于土地问题的理论
- 列宁关于帝国主义的理论

第一节 概 述

列宁主义是马克思主义的继承与发展

马克思主义政治经济学同整个马克思主义体系一样，是随着社会历史的发展和无产阶级革命运动的发展而不断向前发展的，它与客观社会实践有着密不可分的联系，因而具有强大的生命力。马克思和恩格斯在自由竞争资本主义时代创立了真正科学的无产阶级政治经济学，揭示了社会经济发展的客观规律，特别是资本主义生产方式产生、发展、灭亡而被社会主义所代替的规律，从思想上武装了无产阶级和广大被剥削被压迫群众，指导着他们的革命斗争胜利地向前发展。但是，到了19世纪70年代以后，随着包括俄国在内的资本主义国家逐渐向帝国主义阶段过渡，资本主义所固有的各种矛盾空前激化，国际共产主义运动进一步发展，第二国际修正主义者和资产阶级学者便相互配合地从内部和外部来歪曲和攻击马克思主义科学理论，妄图以此来破坏无产阶级革命运动，挽救资本主义制度。在新的历史条件下，列宁创造性地运用马克思主义原理对俄国和世界经济发展状况及无产阶级革命实践经验，进行了全面深入的研究和总结，成功地捍卫、发展了马克思主义特别是马克思主义政治经济学，把它推进到一个新的阶段即列宁主义阶段。列宁主义是帝国主义和无产阶级革命时代的马克思主义。列宁科学地回答了新时代所提出的许多新问题，为马克思主义政治经济学增添了许多新的内容。

列宁的经济理论研究经历了两个大的阶段：第一个阶段是十月革命前；第二个阶段是十月革命后到列宁逝世。十月革命前又可分为两个小的时期：（1）从1893年到1913年第一次世界大战前夕。这一时期，列宁在传播马克思主义、创建俄国无产阶级革命政党和领导俄国革命的过程中，在批判民粹主义和“合法马克思主义”的斗争中，深入研究了俄国社会经济结构和阶级关系状况，科学地阐明了俄国资本主义发展问题和土地问题，捍卫和发展了马克思主义关于资本主义形成理论和土地问题理论，为确定俄国革命的性质和无产阶级的任务提供了科学依据。（2）从1914年第一次世界大战爆发到1917年十月革命胜利。这一时期，列宁在反对帝国主义战争和第二国际修正主义的斗争中，对帝国主义进行了全面深入的研究，科学地阐明了帝国主义的经济实质、基本特征和历史地位，创立了完整的帝国主义理论，作出了无产阶级革命可能首先在一国取得胜利的新结论，并把这一理论变为实践。

第二阶段是从1917年十月革命胜利到1924年列宁逝世。这一时期，列宁在领导布尔什维克党和俄国人民粉碎国内阶级敌人的反抗和外国帝国主义武装干涉、巩固新生无产阶级政权的斗争中，深入研究了俄国过渡时期的社会经济结构和阶级关系，探寻落后国家无产阶级革命胜利后过渡到社会主义的途径和方法，制定了社会主义改造和社会主义建设的一系列理论原理和方针政策，奠定了社会主义政治经济学的基础。

十月革命前的俄国

俄国19世纪中叶仍然是一个经济落后的封建农奴制国家，反动落后的封建农奴制度严重地阻碍着生产力发展和社会进步，沙皇反动政权极力维护这种旧制度并且勾结国际反动势力残酷地剥削和压迫广大劳动人民。俄国的各种矛盾，特别是农民同封建贵族地主阶级的矛盾日益加剧，从而迫使沙皇政府不得不于1861年实行自上而下的改革，宣布废除农奴制。但这是一次资产阶级改良主义性质的改革，是十分不彻底的。农民和地主阶级的矛盾、广大劳动群众同沙皇专制制度的矛盾不但没有得到解决，反而日益激化。

但是另一方面，这个改革也在一定程度上促进了俄国资本主义的发展，它使农奴获得了一定程度的人身自由和生产经营的独立性，使商品经济和农村资本主义关系得以逐渐形成和发展，同时也为资本主义工厂提供了自由劳动力，为大机器生产提供了资金，因此，改革为俄国资本主义的发展创造了有利条件。

在农业中，加速了农民的资本主义分化和地主经济向资本主义转化的过程；在工业中，资本主义工业企业的数目和雇佣工人人数都在迅速增加，生产日益集中，铁路修建也越来越多。经过19世纪90年代的工业高涨，工业生产和资本集中都大大加强了。因此19世纪末20世纪初，俄国也同其他资本主义国家一起，过渡到帝国主义阶段。

但是总的说来，农奴制改革后的俄国仍然是一个落后的农业国，农业人口占全国总人口的80%以上。其主要经济特点是小农经济占优势，封建地主土地所有制占统治地位，资本主义的发展“在各方面都还被前资本主义制度的残余和设施所缠绕着”①，并受到它的严重阻碍。因此，俄国的阶级矛盾异常尖锐复杂，工人和农民运动不断高涨。随着马克思主义的传播日益广泛，俄国工人阶级的觉悟和组织性迅速提高。1895年，列宁领导成立了“工人阶级解放斗争协会”，这是俄国革命马克思主义政党的雏形。1898年成立了俄国社会民主工党，标志着俄国工人运动进入到一个新阶段。当时的俄国处在资产阶级民主革命的前夕。1905年爆发了革命，给沙皇政府以沉重的打击。

随着帝国主义时期各种矛盾的急剧发展，1914年，帝国主义国家之间爆发了第一次世界大战。俄国是一个“军事封建帝国主义”国家，它是当时帝国主义各种矛盾的集合点，同时也是欧洲和亚洲一切反动势力的“最强大的堡垒”②。在战争期间，俄国帝国主义的反动性、腐朽性充分暴露出来。俄国的革命形势日臻成熟。1917年2月爆发了资产阶级民主革命，推翻了沙皇反动政权；1917年10月爆发了伟大的社会主义革命，推翻了资产阶级临时政府，建立了世界上第一个无产阶级专政的社会主义国家，开辟了人类历史的新纪元。

列宁正是在上述历史条件下开展经济理论研究的，他始终把理论研究同革命实践紧密地结合起来，创造性地运用马克思主义基本原理，全面具体地考察分析俄国及世界资本主义社会经济发展的情况，批判各种错误观点，写出不少光辉著作，作出了许多新的科学结论，大大丰富和发展了马克思主义政治经济学，并且在此基础上制定了无产阶级革命的纲领和策略。

第二节　列宁关于俄国资本主义发展和土地问题的理论

俄国资本主义发展的理论

俄国资本主义发展问题是19世纪90年代列宁理论研究的中心问题。1861年农奴制改革后俄国资本主义的迅速发展，意味着旧的生产方式向新的生产方式的转变，俄国社会在发生重大历史性变革。这种变革必然会引起社会生活各个方面的巨大变化，并向全社会提出许多新的问题。在这些问题中，最重要、最突出的是关于俄国资本主义发展的问题，它包括：俄国资本主义的发展有没有必然性？其发展程度如何？俄国究竟是沿着资本主义道路还是沿着非资本主义道路向前发展？与此相联系的是俄国农村公社的命运问题、农民土

① 列宁．列宁全集：第3卷．中文2版．北京：人民出版社，1984：538.

② 列宁．列宁选集：第1卷．3版．北京：人民出版社，1995：315.

地问题、工人问题、社会生产力能否迅速发展问题等等。这些问题涉及俄国的发展前途和各个阶级、阶层的切身利益，因此引起全社会的普遍关注。在这种情况下，俄国无产阶级所面临的任务是：运用马克思主义原理，科学地阐明俄国资本主义发展问题，为制定无产阶级的革命纲领路线奠定科学的理论基础。列宁出色地完成了这一重大历史任务。

19 世纪 90 年代列宁论述俄国资本主义发展问题的主要著作有：《农民生活中新的经济变动》(1893)、《论所谓市场问题》(1893)、《什么是人民之友以及他们如何攻击社会民主主义者?》、《民粹主义的经济内容及其在司徒卢威先生的书中受到的批评》(1894)、《评经济浪漫主义》(1897)、《再论实现论问题》、《俄国资本主义的发展》(1899) 等。在这些著作，特别是 19 世纪 90 年代的代表作《俄国资本主义的发展》一书中，列宁全面系统地阐述了俄国资本主义形成和发展的过程，彻底批判了民粹派和“合法马克思主义者”的错误观点，捍卫和发展了马克思关于资本主义形成的学说。

列宁是从俄国的实际情况出发，从新的角度来研究俄国资本主义发展问题的。经济落后的俄国的情况不同于马克思作为典型来研究的资本主义已相当发达的英国，在资本主义形成过程中，与英国不同，在俄国，以暴力掠夺为特征的“原始积累”并不起重要作用。马克思分析的是已经发展起来的、大机器工业占统治地位的资本主义经济制度及其规律，在涉及资本主义形成问题时，他着重考察的是关于“原始积累”的暴力过程，而没有研究它的纯经济途径，正如马克思在《资本论》中所说：“我们在这里不谈农业革命的纯经济原因。我们只来研究一下它的暴力手段。”① 列宁着重考察俄国资本主义如何通过小商品生产者分化的纯经济途径而在封建制度瓦解的基础上形成和发展起来的过程及其规律。

国内市场和再生产问题是俄国国内关于资本主义发展的争论的重要理论问题。列宁在《论所谓市场问题》《评经济浪漫主义》《再论实现论问题》《俄国资本主义的发展》等著作中，深刻、科学、全面地阐明了自己关于这些问题的马克思主义观点。

列宁是以社会分工为基础，从简单商品生产出发来分析资本主义市场问题的。他指出，社会分工愈细，商品生产愈发展，市场就愈扩大。简单商品生产内部矛盾的发展必然造成商品生产者的资本主义分化，即少数人发财变成资本家，多数人破产而沦为雇佣工人，这一过程本身就创造着一个不断扩大的国内市场。变成雇佣工人的破产农民、小手工业者所需的生活资料需要全部从市场上购买，扩大了消费品的国内市场；他们所丧失的生产资料变成了用来生产商品的资本，它本身也变成了商品，从而扩大了生产资料市场；同时，随着资本主义的发展，资本家阶级对生产资料和消费品的需求也增加了。所以，农民小生产者的破产贫困，从而国内市场的扩大，是同资本主义的发展密不可分地联系着的，是资本主义发展的必然结果和标志，同时它又是资本主义发展的条件并加强着资本主义。列宁把自然经济转化为商品经济、简单商品经济转化为资本主义经济的整个演进过程，分为六个时期，依次详细分析了这一历史过程，揭示了这一过程的规律性。

民粹派为了论证俄国资本主义不可能发展，一再重复早已被马克思彻底批判过的“斯密教条”，而且还断言，年产品只有用于工人和资本家个人消费的部分能够实现，其余部

---

① 马克思，恩格斯．马克思恩格斯全集：第 23 卷．中文 1 版．北京：人民出版社，1972：791.

分（剩余价值）因在国内市场上没有销路，又找不到国外市场，则不可能实现。列宁在批判这一错误时指出，民粹派把产品实现只归结为剩余价值的实现问题，似乎不变资本的实现并不困难，其实正相反，在说明实现问题时，困难正在于说明不变资本的实现。列宁第一次把资本有机构成提高的因素纳入再生产问题的分析，认为随着生产的发展，资本有机构成不断提高，这表明生产资料生产比消费资料生产增长得更快。由此得出结论：资本主义国内市场的扩大，与其说靠消费品，不如说靠生产资料；与其说靠个人消费的增长，不如说靠生产消费的增长。但在资本主义条件下，社会产品的各个部分都是“在困难中”“经常波动中”“激烈竞争中”实现的。至于国外市场，列宁指出，它虽对研究资本主义发展有重要意义，但对研究抽象的实现论却是完全不必要的。

“合法马克思主义者”为了“论证”资本主义能够顺利协调地发展，产品实现毫无困难，故意把马克思的再生产理论歪曲为“按比例分配”理论，极力否认资本主义生产与消费的矛盾及资本主义的基本矛盾。列宁予以严厉批驳，指出资本主义生产和消费的矛盾是由资本主义基本矛盾决定的，是不可克服的。因此，社会资本再生产和流通的理想般的匀称条件，是不可能具备的。实际上，资本主义再生产过程也是通过困难、危机等进行的，是在不能实现中实现的，这正表明资本主义生产方式的历史过渡性。

列宁在《俄国资本主义的发展》及其他一些著作中，密切结合俄国的实际情况，全面系统地考察分析了俄国资本主义在农业和工业中的形成发展和国内市场形成的过程。关于资本主义在农业中的形成过程，列宁从两个方面进行了分析：(1) 农民经济和地主经济内部的经济关系结构，说明它们分别演化为资本主义经济的过程；(2) 从农业生产的角度分析商业性农业的发展和资本主义关系的形成。

关于俄国工业中资本主义的形成和发展，列宁运用马克思关于工业中资本主义发展三个阶段理论，系统分析了俄国工业中资本主义形成和发展的实际过程。列宁根据俄国工业不同于西欧特别是英国工业的特点，认为俄国工业中的资本主义是沿着另一条与西欧不同的道路发展起来的，这条道路就是，城乡农民手工业小商品生产通过本身分化而转变为资本主义生产。通过对城乡资本主义形成与发展的分析，列宁还进一步说明了俄国资本主义国内市场——不仅一般商品市场而且特殊商品即劳动力市场——已经形成和发展起来，从而完全粉碎了民粹派所谓俄国没有国内市场、资本主义不可能发展的谬论。

列宁对俄国资本主义形成和发展的纯经济途径及其特殊规律性的分析，既肯定了俄国资本主义的历史进步性，又指出它的历史暂时性，从而大大丰富和发展了马克思关于资本主义形成的学说。

关于土地问题的理论

土地问题是俄国资产阶级民主革命的中心问题。所谓土地问题，主要是土地占有关系和农业经济发展的问题，其核心是农民问题。无产阶级及其政党只有正确解决土地问题，才能建立巩固的工农联盟，领导民主革命取得胜利并进一步过渡到社会主义革命。20世纪初期，列宁写了《土地问题和“马克思的批评家”》(1901—1908)、《对欧洲和俄国土地问题的马克思主义观点》(1903)、《社会民主党在1905—1907年俄国第一次革命中的土地纲领》《关于农业中资本主义发展规律的新材料》(1914—1915) 等许多重要著作，捍卫和发展了马克思主义土地问题理论。

1. 批判了“土地肥力递减规律”，捍卫和发展了马克思主义地租理论。马克思主义地租理论揭示了农业资本主义生产关系的实质，对于正确认识和解决土地问题具有重大意义。俄国修正主义者布尔加柯夫等人把“土地肥力递减规律”夸大为“普遍的规律”。列宁坚决驳斥了这种谬论，说明级差地租的形成条件是农业中等量资本投在不同质的等量土地上有不同的生产率，它同这种虚构的“规律”毫无关系。这种“规律”是建立在技术和生产方式不变的基础上的，而实际上，追加投资总是以技术革新、劳动组织、管理制度和生产方法的改善为前提。因此，“‘土地肥力递减规律’完全不适用于技术正在进步和生产方式正在变革的情况”，它并不是普遍规律，“而是极其相对的‘规律’，相对得说不上是一种‘规律’，甚至说不上是农业的一个重要特征”①。

布尔加柯夫还混淆农业中对土地的两种不同的垄断，借以否定绝对地租的存在。列宁在批判这种错误的理论时指出，资本主义条件下有两种性质不同的垄断，一种是由土地有限而产生的对土地经营的垄断，一种是由土地私有制而产生的土地私有权的垄断；前者产生级差地租，后者产生绝对地租。土地经营垄断是资本主义性质的，级差地租的存在是资本主义的必然现象，而土地私有权的垄断及其所产生的绝对地租，对资本主义农业组织来说则是不必要的，是资本主义发展的一种障碍，消灭这种障碍对生产力发展，对工人、农民都有利。

2. 批判了小农经济“稳固”论，捍卫和发展了马克思关于农业中资本主义发展规律的学说。修正主义者提出的小农经济“稳固论”说明农业中小生产优越于大生产并排挤大生产，抹杀农业中小生产者的资本主义分化和农村的阶级矛盾。列宁根据大量实际材料批驳了这种错误，论证了农业中大机器生产的优越性，小农破产、分化和产生资本主义的必然性，但是，农业资本主义的发展具有不同于工业的特点和形式。列宁把农业中资本主义的发展分为两种形式：一种是在原有的技术基础上扩大农户的耕地面积；一种是在较小的耕地面积上建立商业性农业，扩大生产规模和使用雇佣劳动。列宁认为后一种形式是农业资本主义发展的主要趋势。列宁在以农业经济的性质和生产集约化程度为标准明确划分“大生产”和“小生产”的基础上，进一步对农业中大生产排挤小生产所采取的特殊形式作了规律性的表述，即：“大生产排挤小生产的方式是，土地面积较‘小’但是生产率、集约化程度和资本主义化水平较高的农场，排挤土地面积较‘大’但是生产率、集约化程度和资本主义化水平较低的农场。”②

3. 论证了农业资本主义发展的两条道路。无产阶级及其政党在民主革命中解决土地问题的任务是反对和消灭农奴制大地主土地所有制，为农业资本主义发展扫清障碍。而消灭农奴制土地占有关系可能有两种基本形式，由此决定了农业资本主义的演进可能有两条不同的道路，即“普鲁士式”道路和“美国式”道路。普鲁士式道路的基本特点是，资产阶级革命没有摧毁封建土地所有制，它被保留下来，逐渐适应资本主义的要求，使农奴制地主经济逐渐转化为地主资产阶级经济。这样，农村资本主义长期保持着半封建的特征，

① 列宁．列宁全集：第5卷．中文2版．北京：人民出版社，1986：88，89.
② 列宁．列宁全集：第27卷．中文2版．北京：人民出版社，1990：212.

生产力发展极为缓慢，农民继续长期忍受剥削、奴役和贫困。美国式道路的基本特点是，地主土地占有关系已被资产阶级革命所摧毁，农民摆脱了中世纪农奴制的一切束缚，得以在自由的土地上从事自由经营，通过自身分化过程而建立起资本主义农场经济。这样，生产力得以迅速发展，人民大众较少地遭受苦难。俄国地主阶级要求走普鲁士式道路，农民要求按美国式道路发展，他们之间为此展开了激烈的阶级斗争。列宁认为，俄国无产阶级政党应当坚决支持农民的斗争。

4.制定并论证了俄国社会民主党的土地国有化纲领。在俄国农民和地主阶级之间围绕着土地问题和农业资本主义发展道路问题所进行的斗争中，贵族地主阶级和无产阶级分别提出了自己的土地纲领。前一种土地纲领旨在实现农业资本主义的普鲁士式道路，后一种土地纲领要求通过革命手段彻底消灭封建农奴制大地产，实现土地国有化，保证农业沿着美国式道路向前发展，这“完完全全是农民起义和彻底完成资产阶级民主革命的纲领”①。

列宁的土地国有化纲领是以马克思的地租理论为依据的。实现土地国有化意味着消灭土地私有制和绝对地租，而把级差地租转交给国家。这将大大促进俄国农业资本主义的发展，保证民主革命取得彻底胜利。但是，土地国有化只有在建立起工农民主政权的条件下才能实现。实行土地国有化是无产阶级在民主革命阶段解决土地问题的最高理想，但它绝不是无产阶级的最终任务，无产阶级应当在此基础上继续开展农村阶级斗争，通过工农民主政权积极地把民主革命引向社会主义革命。在俄国革命日益高涨的情况下，实行土地国有化不仅是必要的，而且是完全可能的。列宁在十月革命前夕所写的一篇跋文中指出，“土地国有化不仅是资产阶级革命的‘最高成就’，而且是**走向社会主义的一个步骤**”②。十月革命胜利后的第二天，新生的苏维埃政权即公布《土地法》，彻底消灭了封建土地所有制，实现了土地国有化。

第三节　列宁关于帝国主义的理论

研究帝国主义问题的必要性和列宁关于帝国主义理论的创立过程

19世纪末20世纪初，世界资本主义过渡到帝国主义阶段。随着资本主义垄断的不断发展，资本主义所固有的各种矛盾空前激化，于1914年8月爆发了第一次世界大战。在这种情况下，怎样认识帝国主义时代、帝国主义的经济政治特征和发展趋势，以及现时代战争的性质、根源及其与革命的关系等，成为人们普遍关心和相互争论的重大问题。不同的阶级和政党都以各种方式表明了自己的看法和态度。帝国主义的辩护士“‘普遍’迷恋于帝国主义的前途，疯狂地捍卫帝国主义，千方百计地美化帝国主义”③。小资产阶级民主派如霍布森等人虽然批评帝国主义，并提出一些有价值的见解，但对帝国主义不能作出

---

① 列宁．列宁全集：第13卷．中文2版．北京：人民出版社，1987：20．
② 列宁．列宁选集：第1卷．3版．北京：人民出版社，1995：788．
③ 列宁．列宁选集：第2卷．3版．北京：人民出版社，1995：670．

科学的解释，反而幻想回到垄断前的自由竞争阶段，企图用社会改良主义代替帝国主义。以伯恩斯坦、考茨基为代表的第二国际修正主义者散布种种谬论，掩盖帝国主义的本质和深刻矛盾，抹杀帝国主义战争的掠夺性质，欺骗工人阶级和世界人民。在这种情况下，无产阶级革命政党必须揭露和批判资产阶级和修正主义者的各种谬论，揭示帝国主义的经济实质、基本特征、内在矛盾和发展规律，为制定无产阶级革命纲领和策略提供科学的理论依据。这一重大历史任务是由列宁完成的。

列宁对帝国主义的研究经历了一个逐步深入的过程。在19世纪末至1914年第一次世界大战爆发以前这段时期里，列宁开始注意分析资本主义发展的新现象和帝国主义经济的一些特征，如资本积累和集中的趋势、垄断组织的形成、资本输出和资本主义寄生性、腐朽性问题，并指出资本主义发展的新阶段已经到来。这一时期的主要著作有《社会民主党纲领草案及其说明》（1895—1896）、《俄国资本主义的发展》（1899）、《我们纲领中的民族问题》（1903）、《马克思主义和修正主义》（1908）、《好战的军国主义和社会民主党反军国主义的策略》（1908）、《关于大资本组织的调查》（1912）、《扩军备战和资本主义》（1913）等。在这些著作中，列宁对帝国主义的分析还是比较分散的、不系统的。从1914年大战爆发到1915年上半年，列宁着重研究了战争的性质、根源及其和革命的关系，帝国主义时代的特征和帝国主义的经济实质，机会主义的表现和根源等一系列有关帝国主义理论的基本问题。这一时期的主要著作有《革命社会民主党在欧洲大战中的任务》《欧洲大战和国际主义》《战争和俄国社会民主党》《社会主义国际的现状和任务》（1914）、《打着别人的旗帜》《第二国际的破产》（1915）等。这些著作对帝国主义的分析虽还不够系统全面，尚未形成理论体系，但已为创立完整的帝国主义理论奠定了坚实的基础。从1915年中期到1916年下半年，列宁广泛搜集有关资本主义发展的各种文献资料及前人的研究成果，对帝国主义进行了极为深入的研究，写出了《帝国主义是资本主义的最高阶段》这部划时代的伟大著作，及其他许多重要论文，如《社会主义与战争》《论欧洲联邦口号》《无产阶级革命和民族自决权》《机会主义和第二国际的破产》，以及稍后所写的《对马克思主义的讽刺和帝国主义经济主义》《无产阶级革命的军事纲领》等。在这些著作特别是《帝国主义是资本主义的最高阶段》一书中，列宁全面揭示了帝国主义的本质、特征、矛盾和发展规律，创立了严密完整的马克思主义的帝国主义理论。

帝国主义的经济实质、基本特征与历史地位

《帝国主义是资本主义的最高阶段》一书全面总结和发展了列宁以前关于帝国主义的研究成果。它在理论内容和方法上都直接继承和发展了《资本论》的基本思想，并在马克思主义思想史上划了一个新时代。

该书共包括10章和两篇序言。第1篇序言着重说明该书的任务在于使人们“理解帝国主义的经济实质这个基本的经济问题”；第2篇是1920年7月写的法文版和德文版序言，它着重指出在垄断的基础上必然爆发帝国主义战争并导致无产阶级革命，明确提出了“帝国主义是无产阶级社会革命的前夜”的科学结论。为了弥补该书在写作时因考虑到沙皇政府书报检查制度而对某些重要政治观点和结论阐述的不足，列宁提示人们去读他的

1914—1917年的国外论文集。[①]

在《帝国主义是资本主义的最高阶段》一书中，列宁首先根据大量确切的实际材料和统计资料，说明19世纪末20世纪初生产和资本集中过程的迅速发展必然形成垄断，垄断已经代替自由竞争而在社会生活中占据统治地位。列宁指出，在资本主义自由竞争条件下，技术的进步、生产力的发展、生产社会化程度的提高，必然引起生产和资本的集中，引起资本主义生产关系的重大变化，最终导致垄断和垄断统治，这"是现阶段资本主义发展的一般的和基本的规律"[②]。列宁全面考察了垄断组织的形成和发展过程，着重指出，垄断的统治代替自由竞争的统治，"是最新资本主义经济中最重要的现象，也是最重要的现象之一"[③]，"帝国主义的经济本质就在于此"[④]。列宁进一步分析了垄断和竞争的辩证关系，说明在垄断阶段资本主义所固有的矛盾更加尖锐化，必然引起经济危机的频繁爆发，并导致资本主义制度的崩溃。

列宁从垄断这个反映帝国主义经济实质的最根本特征出发，进而分析了由垄断决定的帝国主义的其他特征。列宁分析了银行资本的集中和银行的新作用，指出银行垄断资本和工业垄断资本的结合、融合和混合生长，便形成金融资本，一小撮金融资本集团控制银行、工业和整个社会生活，形成金融寡头的统治。这是帝国主义的基本特征之一。列宁进一步分析了金融资本统治的国际经济关系，指出资本输出代替商品输出成为帝国主义的又一重要特征，阐明了帝国主义资本输出的必然性和可能性，揭示了它的侵略、掠夺的本质及其后果。列宁指出，少数大垄断组织成立国际垄断同盟从经济上瓜分世界，形成"超级垄断"，以及垄断资本同盟为追求超额垄断利润从经济上瓜分世界发展到帝国主义列强从领土上瓜分和重新瓜分世界，也分别成为帝国主义的基本特征。

列宁在分析帝国主义的基本经济特征的基础上，给帝国主义下了一个反映资本主义经济实质的"尽量简短的定义"，即"帝国主义是资本主义的垄断阶段"[⑤]。但是列宁又认为这个定义不能把帝国主义的各个基本特征全面地反映出来，因此，接着又给帝国主义下了一个包括五个基本特征在内的全面定义："帝国主义是发展到垄断组织和金融资本的统治已经确立、资本输出具有突出意义、国际托拉斯开始瓜分世界、一些最大的资本主义国家已把世界全部领土瓜分完毕这一阶段的资本主义。"[⑥] 考茨基为了掩盖帝国主义的经济实质和内在矛盾，把帝国主义说成是"金融资本所爱好的一种政策"，列宁彻底批判了这种反动谬论。

列宁从帝国主义的垄断本质出发，进一步揭示了资本帝国主义的基本矛盾和历史地位，指出帝国主义是垄断的、寄生的或腐朽的、垂死的资本主义。列宁强调帝国主义时代，资本主义的基本矛盾及其他各种矛盾——帝国主义国家内部资产阶级与无产阶级的矛盾、帝国主义与殖民地半殖民地人民的矛盾、帝国主义国家之间的矛盾等，都已达到极端

---

① 收入该文集的一些论文因在国外发表，不受沙皇政府检查，对一些政治观点和结论阐述得比较明确和充分。

② 列宁．列宁选集：第2卷．3版．北京：人民出版社，1995：588．

③ 同②585．

④ 列宁．列宁全集：第28卷．中文2版．北京：人民出版社，1990：133．

⑤ 同②650．

⑥ 同②651．

尖锐化的程度，它已为帝国主义自身的灭亡和过渡到新的更高级的社会制度准备了成熟的物质条件。因此列宁说："帝国主义是过渡的资本主义，或者更确切些说，是垂死的资本主义。"① 但是列宁清醒地估计到帝国主义阶段的各种复杂情况，指出："帝国主义是衰朽的但还没有完全衰朽的资本主义，是垂死的但还没有死亡的资本主义"②，就是说它还会继续存在一个时期，并且还可能出现某些新的演变。然而它是"终究不可避免地要被消灭"③。我们应当结合帝国主义发展的实际情况，客观地、历史地、辩证地来理解和把握列宁的这些深刻论述。

列宁在《帝国主义是资本主义的最高阶段》及1917年2月革命后的其他一些著作里，进一步研究了国家垄断资本主义问题。他指出，垄断统治导致帝国主义战争和经济危机，从而必然会使垄断资本主义转变为国家垄断资本主义；在第一次世界大战期间，"一般垄断转变为国家垄断"④。国家垄断资本主义的主要特点是垄断组织和国家政权结合在一起。其实质是垄断资产阶级利用国家政权，对经济生活进行全面干预和调节，加强对本国和世界人民的剥削和掠夺，攫取垄断高额利润。国家垄断资本主义是垄断资本主义发展的顶点，但它本质上仍然是资本主义。列宁还论述了国家垄断资本主义与社会主义之间的联系和本质区别。指出，"国家垄断资本主义是社会主义的最充分的**物质**准备，是社会主义的**前阶**，是历史阶梯上的一级，在这一级和叫作社会主义的那一级之间，**没有任何中间级**。"⑤ 但是必须经过无产阶级革命和无产阶级专政，才能使国家垄断资本主义转变为社会主义。列宁进一步指出，"社会主义无非是**变得有利于全体人民**的国家资本主义垄断，就这一点来说，国家资本主义垄断也就**不再是**资本主义垄断了。"⑥ 对于资产阶级的国家资本主义垄断，如果用"无产阶级国家来代替，那你们就会得到实现社会主义所需要的**全部**条件"⑦。列宁的上述分析和论断大大丰富和发展了马克思主义的理论内容。

资本主义经济政治发展不平衡规律和社会主义革命的新结论

马克思、恩格斯曾经考察分析过自由竞争阶段资本主义发展的不平衡性，认为这种不平衡性是资本主义所固有的规律。列宁进一步分析了帝国主义阶段资本主义经济政治发展不平衡规律作用的特点和意义，指出，这时资本主义的不平衡发展具有了跳跃性、破坏性，"各个企业、各个工业部门和各个国家的发展必然是不平衡的，跳跃式的"⑧。这种跳跃性表现为：某些原来落后的国家迅速赶上和超过原来发达的国家。这是因为，在帝国主义条件下，一些发展较晚的资本主义国家的垄断组织能够利用先进的技术成果，大力发展用最新技术装备起来的新兴工业部门，而老牌资本主义国家因寄生性、腐朽性和资本输出的日益增长，工业发展受到阻碍，旧的技术装备和生产方法不易更新。在世界领土已被瓜

① 列宁．列宁选集：第2卷．3版．北京：人民出版社，1995：686.

② 列宁．列宁全集：第29卷．中文2版．北京：人民出版社，1985：479.

③ 同①687.

④ 同②353.

⑤ 列宁．列宁全集：第32卷．中文2版．北京：人民出版社，1985：218－219.

⑥ 同⑤217.

⑦ 列宁．列宁全集：第34卷．中文2版．北京：人民出版社，1985：279.

⑧ 同①626.

分完毕的情况下，资本主义各国跳跃式的不平衡发展，经济实力对比的急剧变化，必然导致重新瓜分世界的帝国主义战争。

帝国主义各国经济发展不平衡必然引起政治发展的不平衡，即引起各国阶级矛盾和阶级斗争状况发展变化的快慢，无产阶级的觉悟性、组织性和无产阶级政党的政治领导能力等各不相同，因而无产阶级革命在不同国家获得胜利的政治前提也不相同。帝国主义时期，资本主义经济政治发展不平衡的加剧、矛盾的激化和战争的爆发，必然使帝国主义战线遭到削弱，并出现最薄弱的环节，即帝国主义矛盾最尖锐、无产阶级力量最强大、革命形势最成熟的地方，在那里，无产阶级革命有可能首先获得胜利。据此，列宁 1915 年在《论欧洲联邦口号》中指出："经济和政治发展的不平衡是资本主义的绝对规律。由此就应得出结论：社会主义可能首先在少数甚至在单独一个资本主义国家内获得胜利。"① 随后，在 1916 年所写的《无产阶级革命的军事纲领》一文中，列宁又进一步指出："资本主义的发展在各个国家是极不平衡的。而且在商品生产下也只能是这样。由此得出一个必然的结论：社会主义不能**在所有**国家**内**同时获得胜利。它将首先在一个或者几个国家内获得胜利，而其余的国家在一段时间内将仍然是资产阶级的或资产阶级以前的国家。"② 这就突破了马克思、恩格斯根据当时情况的分析所得出的无产阶级革命将在一切文明国家里同时发生的旧原理，并且彻底粉碎了考茨基的旨在取消无产阶级革命的"超帝国主义"论，对马克思主义关于无产阶级革命学说作出了重大的新贡献。列宁的这一新结论为无产阶级革命指明了方向，提供了强大的思想武器。俄国十月革命和中国及其他国家社会主义革命的胜利，一再证明列宁这一论断的正确性。

自列宁写作出版《帝国主义是资本主义的最高阶段》和创立完整的帝国主义理论至今近一百年来，现代资本主义的发展又出现许多新情况、新问题，但其帝国主义的本质特征和发展规律并没有改变。列宁关于帝国主义的基本原理和科学的研究方法，对于我们研究现代资本主义问题，仍然有着巨大的现实指导意义。

阅读书目

列宁．论所谓市场问题//列宁．列宁全集：第 1 卷．中文 2 版．北京：人民出版社，1984

列宁．俄国资本主义的发展（第 1、8 章）//列宁．列宁全集：第 3 卷．中文 2 版．北京：人民出版社，1984

列宁．再论实现论问题//列宁．列宁全集：第 4 卷．中文 2 版．北京：人民出版社，1984

列宁．土地问题和"马克思的批评家"（第 1、2、3 章）//列宁．列宁全集：第 5 卷．中文 2 版．北京：人民出版社，1986

列宁．社会民主党在 1905—1907 年俄国第一次革命中的土地纲领（第 1、2、3

① 列宁．列宁选集：第 2 卷．3 版．北京：人民出版社，1995：554.

② 同①722.

章），//列宁．列宁全集：第16卷．中文2版．北京：人民出版社，1988

列宁．论欧洲联邦口号//列宁．列宁选集：第2卷．3版．北京：人民出版社，1995

列宁．帝国主义是资本主义的最高阶段//列宁．列宁选集：第2卷．3版．北京：人民出版社，1995

思考题

一、名词解释

资本主义农业中对土地两种不同的垄断　小农经济“稳固论”　农业资本主义发展的两条道路　超级垄断　帝国主义　国家垄断资本主义

二、问答题

1. 列宁研究俄国资本主义发展问题的目的和任务是什么？
2. 怎样理解和把握俄国资本主义形成和发展的特点和规律？
3. 试述列宁土地国有化理论的基本内容及其对马克思学说的发展。
4. 怎样正确理解列宁所说的帝国主义的腐朽性、垂死性？
5. 列宁关于帝国主义阶段资本主义经济发展不平衡规律作用的特点和社会主义在一国首先取得胜利的学说的意义何在？

第十九章

列宁关于社会主义的经济理论

本章重点

十月革命后，列宁发表了多篇著作和演讲，如《论粮食税》《论统一的经济计划》《十月革命四周年》《论合作社》等，深刻论证了新经济政策的主要内容及其实质；经济落后国家从资本主义向社会主义过渡的“间接”“迂回”道路或“改良主义”方法；国家资本主义的性质和作用；社会主义条件下的商品货币关系、市场、商业的地位和作用，以及这一理论的演变和发展过程；利用外资和引进先进技术设备，学习外国先进管理经验和培养管理人才；等等。这些论述对社会主义革命和建设具有重大理论指导意义。

本章知识点

- 列宁提出的新经济政策
- 列宁关于社会主义经济建设的理论

第一节　概　述

列宁捍卫与发展社会主义经济理论

1917 年 10 月列宁和布尔什维克党领导俄国人民通过武装起义，取得社会主义革命的胜利，建立了世界上第一个无产阶级专政的社会主义国家，开辟了人类历史的新纪元，苏俄从此进入了社会主义改造和社会主义建设的历史新时期。

无产阶级在夺取政权、推翻资本主义旧制度以后，如何建设社会主义新社会？这是历史提出的一个重大新课题。马克思和恩格斯曾提出过一些设想，但因历史条件的局限，他们没有也不可能描绘出未来社会主义社会的详细图景，提供建设社会主义的具体途径和方法。

列宁从俄国的实际情况出发，创造性地运用马克思主义原理，全面深入地研究分析了苏维埃俄国的社会经济结构、阶级结构及其所处的国际环境，在总结实践经验的基础上，提出了关于社会主义改造和社会主义建设的一系列理论原理，并制定了相应的纲领、路线和方针政策，丰富和发展了马克思主义经济学的理论内容，指导苏维埃俄国的社会主义改造和社会主义建设不断取得胜利。

十月革命后的俄国

十月革命取得胜利、建立无产阶级政权以后，俄国开始进入从资本主义到社会主义的过渡时期。这一时期无产阶级的根本任务，就是对俄国社会进行社会主义改造，恢复和发展国民经济，大力发展社会生产力，建立社会主义经济基础。

俄国在十月革命前是一个经济文化落后的资本主义国家。革命胜利初期，即 1917 年 11 月至 1918 年春，苏维埃政权在镇压剥削阶级反抗的同时，为摧毁旧的地主资产阶级的经济基础和组织新的社会主义国民经济颁布了一系列法令，宣布实行土地国有化，把银行、铁路、大型工矿、外贸企业和商船等收归国有，废除了沙皇和资产阶级临时政府的一切外债，基本上掌握了国家经济命脉，从而奠定了社会主义经济的基础。1918 年 3 月同德国帝国主义签订了《布列斯特和约》，赢得了暂时的“喘息时期”，苏维埃政权在列宁的领导下着手解决组织管理俄国的任务，开始进行恢复和发展国民经济的工作。为此，采取了一系列有力措施，例如对产品的生产和分配实行严格的全民统计和监督，加强劳动纪律，改善劳动组织，采用先进技术，吸收群众参加生产管理，学习外国先进管理经验，利用资产阶级专家，发展国家资本主义，等等。在短短几个月内即取得巨大效果，为全面开展社会主义经济建设准备了条件。1918 年夏，外国帝国主义武装干涉和国内反革命叛乱爆发，刚刚开始的国民经济恢复和建设工作被迫中断。为了战胜敌人，保卫新生的苏维埃政权，巩固十月革命的伟大成果，列宁和布尔什维克党提出“一切为了前线，一切为了胜利”的口号，并把全国经济转为战时体制，动员一切人力、物力、财力为战争服务，实行了“战时共产主义”政策。主要措施有：实行余粮收集制，进一步对中小企业实行国有化，禁止自由贸易，对食品和日用工业品实行配给制，实行普遍的劳动义务制，贯彻“不劳动者不得食”的原则，等等。这些政策措施对于保证战争胜利起了重大的积极作用，受到刚刚获得解放的广大工农群众的衷心支持和拥护。

1920 年底，国内战争结束后，以余粮收集制为中心的战时共产主义政策已不再适应新的形势任务的要求，并且已经引起广大农民和工人群众日益严重的不满。列宁和布尔什维克党便于 1921 年春及时地改行以粮食税为主要内容的新经济政策，这使苏维埃俄国的社会主义改造和社会主义建设进入了一个新阶段。到列宁逝世时的短短两三年内，新经济政策的贯彻执行即取得显著成效。

十月革命后，经过剥夺剥夺者、国内战争、社会主义改造和国民经济的恢复和发展，俄国社会的基本情况是：在经济方面，存在着五种经济成分，即宗法或农民自然经济、小商品经济（主要是农民经济）、私人资本主义经济、国家资本主义经济和社会主义经济。在政治方面，与社会经济结构的基本状况相适应，俄国社会存在三个基本阶级，即资产阶级、小资产阶级（特别是农民）和无产阶级。无产阶级成为统治阶级，掌握国家政权和经济命脉，并据以镇压资产阶级的反抗，改造小资产阶级并引导他们走社会主义道路。工人和农民是社会政治力量的主体，工农联盟是无产阶级专政的基石。在整个过渡时期，始终贯穿着社会主义与资本主义、无产阶级与资产阶级之间的激烈斗争。在国际上，帝国主义国家发动的武装干涉被粉碎以后，它们仍企图继续进行军事威胁、政治颠覆和经济封锁，同时又不得不同苏俄进行一定程度的经济贸易联系。

第二节 列宁的新经济政策理论

新经济政策的提出和实施

1920 年底国内战争结束后，恢复和发展国民经济、建立社会主义经济基础的任务又重新提上日程。列宁和布尔什维克党适应客观形势的要求，在全面总结十月革命后特别是战时共产主义时期经验教训的基础上，于 1921 年春制定和实行了以征收粮食税为中心内容的新经济政策。改行新经济政策，“这不是一下子想出来的”①，而是有着深刻的原因。(1) 为了摆脱战争结束后出现的经济政治危机，巩固工农联盟，恢复和发展国民经济。原来就较落后的俄国经济，在长期战争中更是遭到严重破坏。1920 年工业总产量只相当于 1913 年的 13.8%，农业生产仅及战前的一半。粮食、燃料、各种日用工业品匮乏，交通运输陷于半瘫痪和混乱状态，通货膨胀日益严重，整个国民经济濒于崩溃。在这种情况下，广大农民产生了严重不满情绪，要求废除余粮收集制，改善生产和生活条件，并纷纷举行暴动。工人生活无以为继，也表示强烈不满，有的举行罢工。阶级敌人企图利用这种困难，煽动和组织反革命叛乱，推翻苏维埃政权。1921 年 3 月发生的喀琅施塔得反革命叛乱就是突出的例证。苏维埃俄国面临一场严重的经济政治危机。这场危机表明，在由战争转向和平经济建设条件下，必须制定新的农民政策，把工农联盟建立在坚实的经济基础之上，从而调动农民的积极性。(2) 战时共产主义政策不能适应和平建设社会主义的需要，必须探寻社会主义建设的正确途径和方法。战时共产主义“是战争和经济破坏迫使我们实行的……一种临时的办法”②。这种政策对于保证战争胜利，保卫和巩固苏维埃政权，是完全必要和正确的，但另一方面，它“不是而且也不能是一项适应无产阶级经济任务的政策”③，必须“制定新政策”，寻求新的道路和方法来进行社会主义经济建设。列宁说：“我们还没有找到建设社会主义经济、建立社会主义经济基础的真正途径，但我们有找到这种途径的唯一办法，这就是实行新经济政策。”④ (3) 改行新经济政策，是为了在其他国家的革命还没有到来时，在受帝国主义包围而又没有欧洲革命援助的情况下，俄国一国依靠自己的力量，即依靠无产阶级和大多数农民之间的相互协议，依靠工农联盟的力量，来建成社会主义。

列宁制定的新经济政策，包含着多方面的、丰富的内容，主要有：用实物税代替余粮收集制；允许农民自由支配其纳税后的余粮；通过商品交换建立工农之间的正确关系；容

---

① 列宁．列宁全集：第 42 卷．中文 2 版．北京：人民出版社，1987：47．

②③ 列宁．列宁选集：第 4 卷．3 版．北京：人民出版社，1995：502．

④ 列宁．列宁全集：第 43 卷．中文 2 版．北京：人民出版社，1987：73．

许资本主义在一定范围内存在和发展，并以各种形式把它引向国家资本主义轨道，使其为社会主义服务；利用商品货币关系在国营企业内部实行经济核算制、依靠职工对个人利益的关心来提高劳动生产率，并通过市场同资本主义展开经济竞赛；通过示范和扶植的办法，引导农民走上合作社道路；同资本主义国家发展经贸关系，引进社会主义建设所需要的资金和先进技术设备；等等。列宁概括地指出："新经济政策的实质是无产阶级同农民的联盟，是先锋队无产阶级同广大农民群众的结合。"①

新经济政策的实施过程大体可以分为两个阶段。第一个阶段从 1921 年 3 月至 10 月，主要任务是退到国家资本主义，实行工农之间的商品交换，并把这种交换形式确定下来，借以调动农民的积极性，恢复农业生产，建立和巩固工农经济联盟。第二个阶段是从 1921 年 10 月至 1924 年 1 月列宁逝世，主要任务是从国家资本主义再退到由国家来调节商业和货币流通，"通过商业，走一条迂回的道路"② 来建设社会主义。列宁强调，党和苏维埃政权应当紧紧抓住商业这个"中心环节"，"重新部署力量"③，"在从资本主义向社会主义过渡的整个政策上实行特殊的过渡办法，在许多方面采取和以前不同的方式，用所谓'新的迂回方法'来夺取一些阵地，实行退却，以便更有准备地再转入对资本主义的进攻。"④ 1923 年初，列宁在最后口授的《论合作社》等几篇文章里，全面总结了新经济政策实行近两年的经验，提出并深刻论述了无产阶级引导小农逐步走上社会主义道路的合作社计划，以及实行"文化革命"和改造国家机关的计划，使新经济政策以更成熟的形式继续贯彻执行。极为遗憾的是，列宁逝世过早，未能亲自继续领导新经济政策的实践。但他所开创的新经济政策道路，却是留给一切建设社会主义的无产阶级及其政党的宝贵遗产。

新经济政策理论的基本内容

列宁的新经济政策不仅仅是关于社会主义改造和社会主义建设的一些具体政策措施，它还包含着一系列马克思主义经济学的理论内容，并且构成了一个崭新的较完整的理论体系。这里仅就以下几个方面的内容作些简要的介绍和分析。

1. 经济落后国家从资本主义向社会主义过渡必须通过"间接""迂回"的道路或采用"改良主义"的方法。像俄国这样一个多种经济成分并存、小农经济占优势的经济落后国家，无产阶级取得政权后通过什么途径和方法过渡到社会主义，是前人从未涉及过的一个崭新的历史课题。

俄国革命胜利后建立了无产阶级政权，具备了向社会主义过渡的政治条件，但在经济文化方面"却比西欧最落后的国家还要落后"⑤。在这种情况下，俄国究竟怎样向社会主义过渡呢？列宁认为像俄国这样经济落后的国家，必须通过某些"中间环节"，通过"间接""迂回"的道路或"改良主义"的方法，实现向社会主义的过渡。

列宁关于间接、迂回过渡的思想，是他通过分析俄国国情和总结实践经验得出来的。

① 列宁．列宁全集：第 42 卷．中文 2 版．北京：人民出版社，1987：347.
② 同①234.
③ 列宁．列宁全集：第 43 卷．中文 2 版．北京：人民出版社，1987：90.
④ 同①365－366.
⑤ 列宁．列宁选集：第 4 卷．3 版．北京：人民出版社，1995：498.

1921 年以前特别是战时共产主义时期，曾试图通过无产阶级国家法令“直接过渡到共产主义的生产和分配”，结果“在经济战线上遭到了惨败”，出现了“严重的经济危机和政治危机”①，实践证明这条道路在俄国是行不通的。列宁在 1921—1922 年的许多著作和文章中，全面总结了这方面的经验教训，并系统深入地论证了俄国通过间接、迂回道路向社会主义过渡的必然性和具体形式与方法。在《论黄金在目前和在社会主义完全胜利后的作用》一文中，列宁把间接、迂回的道路称做“改良主义的”方法，并把它同“革命方法”进行对比分析。列宁指出，在经济建设的根本问题上有两种不同的方法，即革命的方法和改良主义的方法。二者的根本区别在于：前者是“直接和彻底摧毁旧社会经济结构以便代之以新社会经济结构”；后者是“不**摧毁**旧的社会经济结构——商业、小经济、小企业、资本主义，而是**活跃**商业、小企业、资本主义，审慎地逐渐地掌握它们，或者说，做到有可能**只在**使它们活跃起来的**范围内**对它们实行国家调节”②。俄国“必须采取‘改良主义的’、渐进主义的、审慎迂回的行动方式”③。这在马克思主义发展史中是一种新事物。列宁所论述的间接迂回的或“改良主义”的方法，实际就是利用商品货币关系、利用资本主义（纳入国家资本主义轨道）来恢复和发展国民经济，建立巩固的工农联盟，逐渐地、和平地、稳步地建设社会主义，改造小生产，最后消灭资本主义。

列宁关于改良同革命的关系，关于通过间接、迂回的方法进行社会主义建设的论述，是对马克思主义特别是马克思主义过渡时期理论的重要新贡献，它不仅是新经济政策的基本指导思想和理论前提，而且对于一切经济不发达国家进行社会主义建设，都有重要指导意义。

2. 实现社会主义经济与小农经济的结合，建立牢固的工农经济联盟。战时共产主义政策最主要的教训就是它脱离了小农经济占优势的俄国国情，企图用行政命令办法直接过渡到共产主义的生产和分配，从而严重损害了农民利益和工农联盟。而新经济政策的首要目的就是妥善解决农民问题，把工农联盟建立在牢固的经济基础之上，也就是建立在社会主义经济与小农经济、国家利益与农民利益的结合上。列宁在制定和实行新经济政策的过程中，反复强调建立牢固的工农经济联盟的极大重要性，把它看做新经济政策的实质和核心。

列宁根据对俄国社会经济结构和农民小商品生产者特点的科学分析，认为工农之间的经济关系应当是商品交换关系，这种关系的实质是：“工人在现在已经属于他们的工厂中，为国家因而也是为占人口多数的农民生产一切必需品，并通过他们的铁路和内河船舶运送给农民，同时从农民那里取得全部剩余的农产品”④。要实现社会主义经济同农民经济的结合，必须充分考虑到农民小商品经济同市场、同自由贸易有密切联系的特点及农民的经济利益和要求，给予同他们的经济地位相适应的刺激，以促进其经营的积极性，发展农业生产力，同时把小农经济的发展逐步引向社会主义轨道。进一步实行由国家调节商业和货币流通，更有效地调动农民的积极性，从而使社会主义经济与小农经济密切结合起来，把工农联盟建立在稳固的经济基础之上。

---

① 列宁. 列宁全集：第 42 卷. 中文 2 版. 北京：人民出版社，1987：182，183，184.

② 列宁. 列宁选集：第 4 卷. 3 版. 北京：人民出版社，1995：611.

③ 同②610.

④ 列宁. 列宁全集：第 41 卷. 中文 2 版. 北京：人民出版社，1986：139－140.

无产阶级采用商品交换或商业形式同农民结合，开始时前进的速度可能会很慢，甚至要后退几步，但由于有千百万农民群众的积极拥护和参加，从根本和长远方面来看，社会主义事业的发展进程会更稳健、更快，“到了一定的时候，前进的步子就会加快到我们现在梦想不到的速度”①。

3. 利用资本主义并把它纳入国家资本主义的轨道。利用资本主义和国家资本主义来建设社会主义，是新经济政策理论的又一个重要内容，是列宁对马克思主义经济理论的一个重大新贡献。经济落后的俄国，无产阶级革命胜利后，不可能一下子实现马克思、恩格斯所设想的全部生产资料公有制，战时共产主义实践已充分证明这一点。究竟怎样对待多种经济成分，特别是怎样对待资本主义成分，是苏维埃政权面临的一个重大的并且已引起激烈争论的问题。列宁认为，对于资本主义不能一概加以禁止，加以封闭，而应当承认它，允许它有一定程度的发展，并把它纳入国家资本主义轨道，使之为社会主义服务。

无产阶级专政条件下的国家资本主义是一个崭新事物，在理论和实践上都需以创造性态度来对待。列宁说，以前“没有一本书写到过共产主义制度下的国家资本主义。连马克思也没有想到要就这个问题写下片言只语，他没有留下任何明确的可供引用的文字和无可反驳的指示就去世了。因此现在我们必须自己来找出路”②。马克思和恩格斯所提供的唯一启示，是他们关于“赎买”的思想。③ 列宁的国家资本主义理论正是从俄国实际情况出发，对这一思想的创造性运用和发展。

十月革命后，在实行大企业和银行国有化的同时，列宁深刻分析了苏俄社会经济结构，认为国家资本主义“是集中的，有计算和监督的，社会化的”④，它既优于私人资本主义，又优于小生产，更接近于社会主义。因此列宁主张通过国家资本主义把中小资本和小商品生产者组织起来，对它们实行无所不包的统计和监督，进而把它们引向社会主义道路。

当时列宁把粮食垄断、受监督的企业主和商人、办合作社的资产阶级分子作为国家资本主义的形式⑤，同时提出对那些最有文化、才干和组织能力并愿意为苏维埃政权服务的资本家进行“赎买”⑥，以及向外国租让某些企业的问题。但因外国武装干涉和国内战争爆发，国家资本主义措施未能继续实行，而被激进的“战时共产主义”政策所代替。这时列宁主要是想通过建立国家资本主义的统计和监督来实现向社会主义直接过渡，因而还没有谈到国家资本主义同市场、商业、自由贸易之间的关系问题。

过渡到新经济政策以后，实行粮食税，允许自由贸易，使资本主义活跃起来，而国家又拿不出一定数量的工业品与农民产品相交换。在这种情况下，列宁认为绝不能试图完全禁止、堵塞资本主义的发展，否则“就是在干蠢事，就是自杀”，而“**可行的**和唯一合理的政策”，就是“努力把这一发展纳入**国家资本主义**的轨道”⑦。这时，列宁已不再把资本

① 列宁．列宁选集：第4卷．3版．北京：人民出版社，1995：664.

② 列宁．列宁全集：第43卷．中文2版．北京：人民出版社，1987：83.

③ 马克思，恩格斯．马克思恩格斯选集：第4卷．2版．北京：人民出版社，1995：503.

④ 列宁．列宁全集：第34卷．中文2版．北京：人民出版社，1985：236.

⑤ 列宁．列宁选集：第3卷．3版．北京：人民出版社，1995：522.

⑥ 同⑤531.

⑦ 列宁．列宁选集：第4卷．3版．北京：人民出版社，1995：504.

主义与小生产的自由贸易相对立，而是开始把二者有机地结合起来。为了获得同农民产品相交换的商品，列宁主张大力发展对外经济贸易关系，以便通过各种形式从国外购买农民所需要的生产资料和消费品。这样，就可以建立“表面上象是同外国资本主义结成同盟的经济关系，将使无产阶级的国家政权有可能在下面同农民进行自由的流转”[①] 这种类型的经济关系。这时实行国家资本主义已不再是为了建立全民统计和监督，而是为了发展生产力，改善人民生活，并“使**资本主义以前的**各种关系过渡到社会主义”[②]。

到了1921年秋，由于私人市场发展迅速，势力强大，通常的买卖代替了商品交换，列宁及时提出进一步退到国家调节商业和货币流通，使社会主义同力图复活的资本主义在通过市场来满足千百万农民需要的基础上实行经济竞赛。这时，列宁才把国家资本主义和小生产的自由贸易真正有机地、完全地从经济联系上结合起来，才把资本主义经济学中叫做“国家资本主义”的一系列原则，运用到社会主义改造和建设中来。

列宁深刻揭示了无产阶级专政下国家资本主义的性质，指出：“构成国家资本主义的，不是金钱，而是社会关系”[③]。决定这一社会关系性质的是国家政权的性质，“在政权属于资本的社会里的国家资本主义和无产阶级国家里的国家资本主义是两个不同的概念”[④]。前者受资产阶级的国家支配和监督并为其服务，反对无产阶级，其性质是资本主义的；后者由苏维埃政权组织、监督和利用，为无产阶级服务，同资产阶级作斗争，它是无产阶级国家“能够加以限制、能够规定其范围的资本主义”[⑤]。这种国家资本主义一方面仍带有资本主义的特性，另一方面，它作为受无产阶级国家监督和调节的有组织、有计划的一种经济形式，又具有社会主义特性。无产阶级应当利用其为社会主义服务的积极一面，而把其唯利是图的消极一面限制在最小限度，待条件成熟时进一步引导它向社会主义过渡。

国家资本主义的作用在于它可以促进生产力发展，有利于用来对资本主义和资产阶级、小生产者进行社会主义改造，并最终战胜资本主义、建成社会主义。它是落后国家建设社会主义的正确途径、方法和手段，是“小生产和社会主义之间的中间环节”[⑥]。列宁在探讨苏维埃制度下国家资本主义实际上将是怎样的时候，论述了租让制、合作社、租借制、代购代销等几种主要形式。此外，还有合营公司。它是与国内外资本联合经营对外贸易、运输等业务的公司。苏维埃国家所占股份不少于51%，收入按股份多少进行分配。建立合营公司，主要是为了向资本家学习经商和管理企业的本领，以及利用资本家的资本。

由于历史条件的限制特别是国内外资本家的阻挠，当时的国家资本主义并没有得到充分发展。但是列宁提出的关于国家资本主义的理论和政策原则，丰富和发展了马克思主义的理论内容，成为世界无产阶级的宝贵精神财富。新中国成立初期对资本主义工商业的社会主义改造和党的十一届三中全会以来对外经济开放的成功经验，都证明了列宁国家资本主义理论的正确性，并且是对它的创造性的运用和发展。

---

① 列宁．列宁全集：第41卷．中文2版．北京：人民出版社，1986：60.

② 同①509.

③ 列宁．列宁全集：第34卷．中文2版．北京：人民出版社，1985：253.

④ 列宁．列宁全集：第42卷．中文2版．北京：人民出版社，1987：50.

⑤ 同①670.

⑥ 同①510.

4. 利用商品货币关系建设社会主义。利用商品货币关系来建设社会主义，是列宁新经济政策的一项十分重要的内容，也是新经济政策的重要理论基础。在社会主义条件下，商品货币关系是否还继续存在并发挥作用？马克思主义创始人对这一问题作了否定的回答。马克思、恩格斯以西欧发达资本主义国家为背景，在论述未来共产主义社会时预计，在革命胜利后建立起来的以公有制为基础的社会主义社会里，商品货币将归于消灭，与之相联系的价值、价格、市场等范畴也不复存在，取而代之的是产品的直接的有计划的生产和分配。而俄国无产阶级革命胜利后的社会经济现实是多种经济成分并存，小农经济占优势，同马克思、恩格斯的论述有巨大差别，甚至完全相反。这就迫使布尔什维克党和苏维埃政权不得不认真研究和解决社会主义与商品货币关系是否相容、能否利用商品货币关系来建设社会主义这样一个新的历史课题。

列宁在十月革命胜利前后的一段时间里，一直遵循马克思、恩格斯的上述观点，把商品货币关系看做社会主义的对立物。十月革命前，列宁曾一再提出，要组织以生产资料公有制为基础的社会主义大生产，"首先必须消灭商品的社会经济组织"①，"社会主义要求消灭货币的权力、资本的权力，消灭一切生产资料私有制，消灭商品经济"②。1918 年春，列宁制定的经济建设纲领中规定，对最重要的商品实行国家垄断，以逐步的"有计划有组织的**分配**来完全彻底地代替'贸易'"，"强迫**全体**居民参加消费生产公社"③。在《苏维埃政权的当前任务》一文的初稿和《俄共（布）纲领草案》中，列宁又明确提出社会主义应当消灭商品生产，向社会主义过渡最终要消灭货币，并强调要"尽量迅速地实行最激进的措施，为消灭货币作好准备，首先是以存折、支票和短期领物证等等来代替货币，规定货币必须存放到银行"④。列宁的这些观点，是同他当时关于向社会主义"直接过渡"的指导思想密切相联系的。

1921 年春，通过对战时共产主义经验教训的深刻总结，列宁对商品货币关系的认识发生了重大转变，并由此而改行新经济政策。列宁在总结中得出的重要结论之一是，在小农经济占优势的国家里，不能直接过渡到社会主义，进行社会主义建设不能消灭商品生产和商品交换，必须通过某些中间途径、方法逐步实现过渡，必须在一定程度上保留和利用商品货币关系。新经济政策允许农民有一定的贸易自由，发展国家资本主义商品交换，正是体现了列宁的这一思想。当时列宁十分重视苏维埃国家同农民之间的交换，把它看做是"**社会主义的经济基础**"⑤。他指出："商品交换应当成为收集粮食的主要手段……是对工农业相互关系是否正常的检验，是建立能较正常地发挥作用的货币制度的基础"⑥，应当把商品交换"作为新经济政策的主要杠杆"⑦，以此来建立牢固的工农经济联盟。

但是，这时列宁对商品货币关系的认识仍有很大的局限性。列宁所说的社会主义工业

---

① 列宁．列宁全集：第 1 卷．中文 2 版．北京：人民出版社，1984：212.

② 列宁．列宁全集：第 12 卷．中文 2 版．北京：人民出版社，1987：75.

③ 列宁．列宁全集：第 34 卷．中文 2 版．北京：人民出版社，1985：69.

④ 列宁．列宁选集：第 3 卷．3 版．北京：人民出版社，1995：749.

⑤ 列宁．列宁全集：第 41 卷．中文 2 版．北京：人民出版社，1986：380.

⑥ 同⑤268.

⑦ 同⑤327.

与农民之间的“商品交换”在很大程度上是实物交换（只是以货币为标准进行计价），而不是通常所说的由货币媒介的商品流通，不是通过市场来实现的。列宁还认为，“用来交换农民粮食的国家产品，即社会主义工厂的产品，已不是政治经济学意义上的商品，决不单纯是商品，已不是商品，已不再是商品。”① 这里虽然指出了社会主义条件下的商品与资本主义商品的重大区别，但却大大限制了商品和商品交换的范围。而且，这种商品交换并不是要进一步过渡到商品流通，而是要过渡到“产品交换”。但尽管如此，列宁这时毕竟已开始把社会主义建设与商品货币关系联系起来，并试图把社会主义建立在商品生产和商品交换的基础之上。

1921年10月以后，随着客观形势的发展和实践的检验，列宁对商品货币关系的认识又有了新的重大发展。由于国家工业品严重缺乏和工农业产品交换比价不合理等原因，这种商品交换没有得到预期的发展，相反，原来受到限制的“地方流转”（即通常所说的“黑市交易”）却大大活跃和膨胀起来，结果，私人市场比社会主义“商品交换”更强大，于是商品流通、货币交换代替了“商品交换”。列宁总结说：“商品交换作为一种制度已经不适应实际情况，实际情况奉献给我们的不是商品交换而是货币流通、现金交易”，因此，我们的任务就是调节目前的商业和货币流通，“通过商业，走一条迂回的道路”来建设社会主义。于是列宁提出“再后退，从国家资本主义转到由国家调节买卖和货币流通”②。这是一个重大的思想和政策转变。

苏维埃国家要有效地调节商业和货币流通，必须“从市场的存在出发并考虑市场规律”③，同时要大力发展商业——国营商业和合作社商业，掌握批发商业这一重要环节。列宁指出，“目前商业竟是我国经济生活的试金石，是无产阶级先头部队同农民结合的唯一可能的环节，是促使经济开始全面高涨的唯一可能的纽带。”④ 列宁号召国家机关和共产党员要“学习经商”。同时，列宁强调要建立新的稳定的货币制度。他认为，如果能够使卢布稳定一个长时期，而后永远稳定下来，那就胜利了，那时就能把经济放在一个坚固的基础上并在坚固的基础上进一步发展。

从国家资本主义退到国家调节商业和货币流通，要求一切经济单位采用新的原则和方法进行经营。依此客观要求，列宁多次提出并强调企业要“按商业化原则办事”，实际就是按照价值规律的要求，利用商品货币关系来改善企业经营管理，不断提高经济效益。但是，企业的经济活动必须接受国家统一计划的指导和调节。这样，实际上就把社会主义计划经济与商品经济及利用市场机制有机地结合了起来。

1923年1月，列宁在《论合作社》一文中，对苏维埃国家商品货币关系的认识又向前迈进了一大步，产生了新的飞跃。退到国家调节商业和货币流通以后，原来的农村自由贸易逐步转变为合作社形式的商品买卖，各种合作社组织（当时主要是消费合作社和农业合作社）都作为商品流通的重要渠道，在国家有计划地组织的商品流通中，发挥着重大作用。占人口大多数的农民小商品生产者的生产和消费都同市场发生着密切联系。这不仅大

① 列宁．列宁全集：第41卷．中文2版．北京：人民出版社，1986：268.

② 列宁．列宁全集：第42卷．中文2版．北京：人民出版社，1987：234，228.

③ 苏联共产党代表大会、代表会议和中央全会决议汇编：第2分册．北京：人民出版社，1964：137.

④ 同②347－348.

大加强了社会主义经济在流通领域的实力，抑制了资本主义的发展，而且对于在极广阔范围内利用商品货币关系发展生产力，对农民小商品生产进行社会主义改造具有重大意义。正是在这种情况下，列宁写了《论合作社》，进一步阐述和发展了他对社会主义条件下商品货币关系的理论观点。在这里，列宁已不再把合作社看做资本主义经济形式（1918 年春）、单纯的粮食和其他消费品的分配机构（战时共产主义时期）、国家资本主义的"变种"（新经济政策初期），而是把它看做社会主义性质的经济形式了。列宁指出，"无产阶级掌握着国家政权"和"一切大的生产资料"，并同千百万小农和最小农结成联盟，在对农民的领导已有保证的情况下，"仅仅通过合作社，通过曾被我们鄙视为做买卖的合作社"，"建成社会主义社会所必需而且足够的一切"；合作社是终于被找到了的"私人利益即私人买卖的利益与国家对这种利益的检查监督相结合的合适程度，发现了私人利益服从共同利益的合适程度"。[①] 因此，"文明的合作社工作者的制度就是社会主义的制度"，"合作社的发展也就等于……社会主义的发展"。[②] 列宁号召全党"支持**确实有真正的居民群众参加**的合作社的流转"，"使全体居民人人参加合作社的业务"；认真学习"文明商人的本领"，学会"按欧洲方式做买卖"。[③] 由于对商品货币关系和合作社认识的根本转变，列宁庄严宣布："我们不得不承认我们对社会主义的整个看法根本改变了。"[④]

"对社会主义的整个看法根本改变了"这句话可谓是语重千钧。它包含着极丰富的内容，但概括地来理解，主要有以下两个含义：（1）不再把商品、货币、市场、商业等范畴看做与社会主义不相容的东西，而是把它同社会主义紧密地联系和统一起来，看做是社会主义经济体系的有机组成部分；（2）不再把商品货币关系看做向社会主义过渡过程中应当加以消灭的对象，而是把它看做无产阶级政权必须加以利用的建设社会主义的有效工具。

总之，列宁在制定和实行新经济政策的过程中，不断总结实践经验，逐步突破了马克思主义关于"社会主义就是消灭商品经济"的传统观点，阐明了关于社会主义条件下商品货币关系或利用商品货币关系建设社会主义的一系列重要理论问题。列宁的这一理论成功地指导了新经济政策的实践，促进了苏俄国民经济的恢复和发展。它对于我们今天进一步研究和认识社会主义市场经济体制，进行改革开放和社会主义建设，仍具有重要的现实意义。

第三节　列宁关于社会主义经济建设的理论

发展生产力，建立强大社会主义物质技术基础的理论

无产阶级取得政权，剥夺了剥夺者并镇压了他们的反抗之后，最根本的任务是进行社会主义经济建设，发展生产力，建立强大的社会主义物质技术基础。

列宁创造性地发挥了马克思主义关于经济与政治关系的理论，认为无产阶级夺取政权后全力进行经济建设就是最大的政治。列宁特别强调发展生产力，提高劳动生产率的重大

① 列宁．列宁选集：第 4 卷．3 版．北京：人民出版社，1995：768．

② 同①771，773．

③ 同①769，770．

④ 同①773．

意义。他多次指出，社会主义革命的目的就是解放生产力，无产阶级取得政权后的主要任务就是集中全力发展生产力，创造比资本主义更高的劳动生产率。这是更艰难、更复杂的任务，但它对于资本主义制度却具有更大的摧毁能力。如果不完成这个任务，劳动摆脱资本桎梏这整个解放事业就不可能获得成功，社会主义就不可能获得胜利。因此，1919 年 3 月，列宁在党的纲领中提出："要以大力提高全国生产力作为决定苏维埃政权全部经济政策的主要点和基本点。"①

要迅速恢复和发展生产力，提高劳动生产率，必须恢复和发展大工业，实现国家电气化。列宁说，"不是在旧的、贫困的、狭小的基础上，而是在新的基础上，在大工业和电气化的基础上"② 来恢复和发展生产力。

社会主义是大机器工业的产物，资本主义创立了大机器生产，为社会主义准备了必要的物质前提。"大机器工业及其在农业中的推广，是社会主义唯一的经济基础"③，"开发资源、建立社会主义社会的真正的和唯一的基础只有一个，这就是大工业。如果没有资本主义的大工厂，没有高度发达的大工业，那就根本谈不上社会主义，而对于一个农民国家来说就更是如此"④，"谁忘记这一点，谁就不是共产主义者"⑤。

在发展社会主义大工业问题上，列宁依据马克思主义基本原理，密切结合俄国实际情况，着重论述了以下几点：

1. 必须大力发展基础工业，即重工业。列宁认为，重工业是整个工业、运输业和农业进行技术改造的基础，它在建立社会主义物质技术基础中起着关键作用，是保证生产力发展、劳动生产率提高的最基本、最主要的物质条件。列宁指出："提高劳动生产率，首先需要保证大工业的物质基础，即发展燃料、铁、机器制造业、化学工业的生产"⑥，"不挽救重工业，不恢复重工业，我们就不能建成任何工业，而没有工业，我们就会灭亡，而不能成为独立国家"，"不能成为文明国家，更不用说成为社会主义国家了"⑦。列宁还强调发展铁路运输业的重要意义。

2. 必须把社会主义工业建立在现代最新技术基础上，即建立在电气化基础上。列宁分析了发达资本主义国家科学技术和工业发展的情况，认为"大机器工业的含义不是别的，就是全国电气化"⑧，必须在这个最新技术基础上建设一切。只有当国家实现了电气化，为工业、农业和运输业打下大工业的技术基础的时候，才能最终实现共产主义。基于上述分析，列宁提出了一个著名公式：**"共产主义就是苏维埃政权加全国电气化。"**⑨ 为了在电气化的基础上迅速恢复和发展大工业，1920 年，列宁组织领导约 200 名全国最优秀的科学技术专家，制定了《全俄电气化计划》，并把它作为"第二个党纲"，号召全党尽最大

---

① 列宁．列宁全集：第 36 卷．中文 2 版．北京：人民出版社，1985：414.

② 列宁．列宁全集：第 42 卷．中文 2 版．北京：人民出版社，1987：338.

③ 同②159.

④ 列宁．列宁全集：第 41 卷．中文 2 版．北京：人民出版社，1986：301－302.

⑤⑧ 同②52.

⑥ 列宁．列宁选集：第 3 卷．3 版．北京：人民出版社，1995：490.

⑦ 列宁．列宁全集：第 43 卷．中文 2 版．北京：人民出版社，1987：282－283.

⑨ 列宁．列宁选集：第 4 卷．3 版．北京：人民出版社，1995：364.

努力争取这一计划能够按时和提前完成。

3. 实现工业化、电气化必须首先恢复和发展农业。列宁指出："农业是俄国国民经济的基础"①，"农民经济是恢复工业的主要基础"②。苏俄发展大机器工业，实现电气化，不可能从工业本身开始，而必须从首先恢复和发展农业做起。只有保证必要的粮食以及工业原料的供应，才能系统地恢复大机器工业生产。

为了实现社会主义工业化和国家电气化，建立社会主义的物质技术基础，列宁还对发展重工业所必需的资金来源、建立无产阶级科技队伍，以及利用旧社会遗留下来的科学技术专家等问题，作了一系列重要论述。

尽管俄国十分落后和衰弱，困难很多很大，但列宁对苏维埃俄国实现工业化、电气化始终是充满信心的。1923 年 2 月，他在其所写的最后一篇文章《宁肯少些，但要好些》中写道："只要我们能够保持工人阶级对农民的领导，我们就有可能在我国靠大力节约把任何一点积蓄都保存起来，以发展我们的大机器工业，发展电气化"，就能够"从农民的、庄稼汉的、穷苦的马上……跨到大机器工业、电气化、沃尔霍夫水电站工程等等的马上"③。

实行计划经济和利用市场机制的理论

马克思主义创始人一再阐明的观点是：在社会主义公有制和生产社会化条件下，必然要实行自觉的计划经济，以代替自发的市场调节的资本主义经济，商品货币关系将不复存在。列宁在新经济政策以前的长时间里，虽然对计划经济的认识有所发展，但基本上没有超出科学社会主义创始人的设想。

早在 1906 年，列宁就已提出，社会主义必须实行巨大的社会化的计划经济制度。在《国家与革命》《大难临头，出路何在?》等著作中，列宁分析了国家垄断资本主义的计划性与社会主义公有制计划经济之间的本质区别和内在联系，指出前者有一定计划性，但以攫取超额垄断利润为目的，还是处在资本主义制度下，但是它的高度社会化大生产和有计划的垄断组织，却为社会主义计划经济提供了物质技术条件和组织准备。十月革命后，苏维埃政权着手建立新的社会主义经济，这时列宁强调的是对整个国民经济实行高度集中的计划管理，要求苏维埃政权"成为调节俄国全部生产的机关"④，把全部国家经济机构变成一整架大机器，变成一个使几万万人都遵照一个计划工作的经济机体，对产品的生产和分配实行无所不包的全民统计和监督。战时共产主义时期，由于战争的需要，列宁在理论和实践上又把高度集中统一的计划经济作了最大限度的发展。这时，全国一切生产和全体居民的经济生活都由国家直接管理和计划安排。

列宁论述了实行计划经济的重大意义和作用。(1) 可以合理利用资源，科学合理地组织经济建设，充分利用最新科技成果来迅速恢复和发展工农业生产，保证全体人民群众的物质福利。(2) 它是巩固无产阶级政权，铲除资本主义复辟根源的重要保证。在被推翻的反动阶级还不甘心灭亡，大量小商品生产每日每时地、自发地、大批地产生着资本主义和

---

① 列宁. 列宁全集：第 14 卷. 中文 2 版. 北京：人民出版社，1987：177.

② 苏联共产党代表大会、代表会议和中央全会决议汇编：第 2 分册. 北京：人民出版社，1964：375.

③ 列宁. 列宁选集：第 4 卷. 3 版. 北京：人民出版社，1995：797.

④ 列宁. 列宁全集：第 33 卷. 中文 2 版. 北京：人民出版社，1985：145.

资产阶级的情况下，如果不实行高度集中的计划经济，“劳动者的政权、劳动者的自由，就**不**能维持，重新受资本主义的压迫**就不可避免**”①。(3) 它是完成社会主义改造，建立巩固的社会主义制度的需要。在建立新的社会主义计划经济制度过程中，必然会把千百万分散、落后和个体经营的小生产纳入统一的计划之中，按新的方式对它们进行调节、监督和改造，并逐步引向社会主义道路。(4) 它有利于动员和组织广大劳动群众参加国家经济管理和社会主义经济建设。列宁说：工农群众“大家**亲自**来计算和监督产品的生产和分配”，“这是**唯一**走向社会主义胜利的道路”②。

列宁还进一步阐明了关于社会主义经济计划工作的一系列指导原则。主要有：(1) 经济计划的任务在于为国民经济的发展指明方向、规定目标、提出任务。(2) 制定经济计划必须从实际情况出发，有科学根据，使计划切实可行，反对主观主义和官僚主义。(3) 经济计划要规定国民经济的正确比例关系，搞好综合平衡。(4) 中央计划与地方计划相结合，在坚持中央统一计划的前提下，充分发挥地方的主动性。(5) 既要有远景计划，也要有年度计划，应当把二者密切结合起来。

在实施新经济政策以前，列宁一直把商品、货币、市场同社会主义对立起来，这使列宁没能很好认识和解决计划经济与商品经济、计划调节与市场调节的相互关系问题。只是到了制定和实行新经济政策时期，随着对社会主义条件下商品货币关系的认识的根本转变，列宁才逐步把计划经济与商品经济、计划经济与市场调节结合起来，并从理论上加以阐明。列宁认识到在经济落后国家，取得国家政权的无产阶级，在掌握了一切大生产资料的条件下，在相当长时期内，允许商品货币关系存在和一定程度的发展是必要的和不可避免的。他说：“新经济政策**不是要改变**统一的国家经济计划，**不是要超出**这个计划的范围，而是要改变实现这个计划的**办法**。”③ 列宁这里强调的是，商品经济受计划的指导和调节，市场机制则是实现经济计划的形式和手段。改变实现国家经济计划的办法就是在制定计划、规定国民经济的各种比例关系时，考虑客观存在的商品货币关系，利用市场机制和各种经济杠杆，如价格、信贷、利润、工资、税收等，来保证经济计划的贯彻实行。

总之，在新经济政策时期，列宁完全改变了以前所实行的高度集中统一、排除市场机制、主要依靠行政手段来贯彻的计划体制和方法，而把计划经济与利用市场机制密切结合起来。但应看到，列宁还只是把商品货币关系、市场机制看做实现计划经济的手段或工具，而不是要建设社会主义市场经济体制，也是由于受到当时历史条件的局限。

社会主义经济管理的理论

无产阶级政权建立后，如何管理国家、建立社会主义经济基础，便成为无产阶级及其政党必须集中力量加以解决的中心任务。1918 年春，列宁指出已经提到日程上来的“迫

---

① 列宁．列宁选集：第 3 卷．3 版．北京：人民出版社，1995：487.

② 同①379.

③ 列宁．列宁全集：第 52 卷．中文 2 版．北京：人民出版社，1988：40.

切任务”，“就是组织对俄国的管理”①。这里所说的“管理”泛指对整个国家的管理。但是列宁强调指出：“我们应当十分清楚，管理国家的任务现在首先是归结为纯粹经济的任务。”② 也就是，改造整个国民经济，建立比资本主义更高的劳动组织，对产品的生产和分配进行计划和监督，恢复和发展生产力，建立社会主义的经济基础。

列宁依据马克思和恩格斯所阐明的原理，认为经济管理（包括整个国民经济和单个企业的管理）具有二重性质，即：(1) 具有生产力的属性。凡是生产过程具有社会结合的、共同劳动的形态，都必然会产生监督劳动和指挥劳动，必然会产生经济管理，这是社会化大生产的客观需要，与社会生产关系无关。(2) 具有生产关系的属性。它是维护生产资料所有者利益的必要条件，是特定生产关系的体现。因此，列宁认为，社会主义经济管理与资本主义经济管理既有共同属性，又有不同属性，既有联系，又有本质区别；无产阶级一方面应当揭露资本主义经济管理的剥削本质，另一方面应当批判地吸取资本主义经济管理的方法、形式和一切“最新成就”。列宁在领导社会主义建设过程中，探索出一套适合俄国国情的社会主义经济管理的形式、方法和手段，阐明了有关社会主义经济管理的一系列重要原则。

1. 民主集中制原则。列宁认为，社会主义不是一个党或少数人的事业，只有千百万人亲自参加国家管理，社会主义才能实现。按照这一原则，苏维埃国家要求工农群众“不仅积极参加一般规章、决议和法律的讨论，不仅监督它们的执行，而且还要直接执行这些规章、决议和法律”③。

实行社会主义经济的民主管理，绝不是不要集中，而是必须在国家集中领导下进行。社会主义经济管理的集中制是由以公有制为基础的大机器工业生产决定的。“为了使按大机器工业形式组织起来的工作能够顺利进行，**无条件服从**统一意志是绝对必要的”④，“如果没有统一的意志把全体劳动者结合成一个象钟表一样准确地工作的经济机关，那么无论是铁路、运输、大机器和企业都不能正常地进行工作”，因而，“也就谈不上实现社会主义了”⑤。列宁强调必须把经济管理的民主制与集中制结合起来。

社会主义经济管理的民主集中制，要求正确处理中央与地方的关系、国家与企业的关系，也就是要求把中央的集中统一领导同充分发挥地方和企业的独立性、主动性结合起来。

1920 年，列宁鉴于集体管理制的严重弊端，提出企业管理向一长制过渡。随后，又一再强调实行一长制的重要意义。一长制也叫做“独裁制”。其基本精神就是“要求群众**无条件服从**劳动过程的领导者的**统一意志**”⑥。

贯彻民主集中制，还必须把一长制同集体领导和个人分工负责制结合起来。只有把二者密切结合起来，才能保证工作的高效率，消除拖拉作风、无人负责现象和把集体领导机

① 列宁. 列宁选集：第3卷. 3版. 北京：人民出版社，1995：477.
② 列宁. 列宁全集：第34卷. 中文2版. 北京：人民出版社，1985：122.
③ 同②143.
④⑥ 同①501.
⑤ 同②144.

关变成“清谈馆”的现象，这些都是“极大的祸害”①。

2.经济核算制。这是列宁在新经济政策时期提出的一个社会主义企业管理原则。它要求国营企业在经营中善于利用商品货币关系和价值规律，精打细算，降低劳动消耗，降低产品成本，增加盈利，提高经济效益。经济核算制的实质和目的，就是“使每个国营企业扭亏为盈”②。实行经济核算制的企业，必须服从国家计划的要求，接受国家的监督，为社会主义服务。这样，经济核算制通过商品货币关系，把国家、企业和职工个人三者的利益有机地结合了起来。它对于促进生产力发展、提高经济效益、改善职工生活，具有重大作用。因此，经济核算制不仅是社会主义经济管理的一种有效方法，而且必须把它作为全部经济政策的基础。

3.学习外国先进管理经验，培养经济管理人才。苏维埃俄国转入经济建设以后，十分缺乏经济管理方面的知识和人才。列宁指出，无产阶级“政治权力是完全够了……俄国无产阶级国家掌握的经济力量完全足以保证向共产主义过渡。究竟缺少什么呢？缺什么是很清楚的：做管理工作的那些共产党员缺少文化……没有足够的管理本领”③。“我们还非常不善于经营管理，不善于当组织者和管理者”④。“有的人可以当一个最有能力的革命家和鼓动家，但是完全不适合作一个管理人员”⑤。因此，列宁把组织广大干部群众学习管理知识视为一项十分重要而紧迫的任务。列宁说：一方面要根据“自己的实际经验”来学习，在管理工作实践中，不断细心地总结经验，“权衡每一个步骤，提拔每一个多少有些能力的管理人员”；另一方面，“要向资产阶级学习”⑥，向资产阶级专家、托拉斯的组织者和资本家学习，因为他们有“我们不可缺少的经验”⑦。

列宁把学习和掌握经济管理本领提到能否保证实现共产党的领导、巩固无产阶级政权的高度来分析。他说，有些党员干部自以为在领导，其实是在被领导，“我们……必须把政权牢牢地掌握在手里，至于应当怎样进行管理，我们还没有学会，我们还必须多多学习管理的本领”⑧。通过自己实践锻炼与向资产阶级学习相结合，就可以逐步培养出大批无产阶级的经济管理人才。

在强调培养无产阶级自己的管理人才的同时，列宁还指出，必须吸收旧社会遗留下来的资产阶级专家来“参加经济建设工作”和“培训广大工人农民的工作”⑨，必须把利用剥削阶级分子所积累的全部经验和知识同广大劳动群众的首创精神、毅力和工作结合起来，从而“架设起从资本主义旧社会通往社会主义新社会的桥梁”⑩。要爱护资产阶级专家，给以优厚待遇，使他们“比在资本主义制度下生活得更好”⑪。列宁说：这将是“顶

① 列宁．列宁全集：第37卷．中文2版．北京：人民出版社，1986：41.
② 列宁．列宁全集：第42卷．中文2版．北京：人民出版社，1987：367.
③ 列宁．列宁选集：第4卷．3版．北京：人民出版社，1995：679-680.
④ 列宁．列宁全集：第38卷．中文2版．北京：人民出版社，1986：243.
⑤ 同④240.
⑥⑦ 同④241.
⑧ 同④246.
⑨ 同②361.
⑩ 列宁．列宁全集：第34卷．中文2版．北京：人民出版社，1985：129.
⑪ 同②374.

好的政策”、“最经济的办法”，否则，“我们节省了几个亿，却可能造成用几十个亿也不能补偿的损失”①。但在使用过程中，要注意以适当方式对他们进行监督、教育和改造。

利用外资和引进先进技术设备的理论

经济落后又遭受战争破坏的苏维埃俄国，要迅速恢复和发展国民经济，建立强大的社会主义物质技术基础，单靠自己的力量是有困难的，因为缺少足够的资金和先进的技术设备。列宁在十月革命后曾一再论述从资本主义国家吸取资金、引进先进技术设备的必要性和可能性。列宁指出，没有建筑在现代科学最新成就上的资本主义技术，社会主义就无从设想。1920 年，列宁重新制定被战争所中断的社会主义经济建设计划，特别是全俄电气化计划。但在当时，“战前的国民财富只剩下 1/10”②，而实现电气化计划，大约“需要 170 亿金卢布”，自己只能筹措 110 亿，“还有 60 亿没有着落”③。那么，到哪里去弄到这笔数额庞大的资金呢？列宁认为，必须而且只能设法从外国资产阶级那里来解决。他说：“当我们国家在经济上还极其薄弱的时候，怎样才能加速经济的发展呢？那就是要利用资产阶级的资本”④，“全部困难就在于要找出一个行之有效的吸引西欧资本的办法”⑤。与此同时，列宁还强调要引进资本主义的先进技术设备。他指出：“我们主要应该关心的是尽快地从资本主义国家获得机车、机器、电气器材等等生产资料，没有这些生产资料，我们便不能稍许象样地恢复甚至根本不可能恢复我们的工业，因为我们得不到工厂所需要的机器。”⑥ 引进资金和技术不仅是迅速恢复和发展国民经济的需要，对于巩固工农联盟和无产阶级专政、防止或有效地对付帝国主义的新的武装干涉，都具有重大意义。

利用外资和引进先进技术，虽然要付出一定代价，向外国资本家缴纳“贡款”，但是，“我们所得到的将是能使我们巩固起来，最终站立起来，并在经济上战胜资本主义的主要的东西”⑦。因此，列宁关于引进资金和技术的主张是建立在科学分析之上的，它不是一个权宜之计，而是经济落后的社会主义国家应当长期坚持实行的一个重要政策。

列宁认为，引进资金和技术所应采用的主要形式，是贷款、租让和对外贸易。在列宁的领导下，苏维埃政府曾向外国政府和资本集团多次提出贷款建议，也曾签订一些贷款协定，但是由于帝国主义的阻挠，实际得到的贷款却很少。列宁说：“我们或许可以用更广泛的方式把企业租给最大的帝国主义辛迪加：租出四分之一巴库，四分之一格罗兹尼，以及四分之一我们最好的森林资源，这样来保证我们得到最新的技术装备”⑧。如果能够实现，就能用它来“使其余的四分之三赶上先进资本主义国家的先进技术”⑨。新经济政策时期虽曾签订一些租让合同，但总的说来，直到列宁逝世时，租让制并未得到充分发展。

发展对外贸易，通过出口矿产品和农牧产品等，可以买回机器设备、工业原料和运输

① 列宁. 列宁选集：第 3 卷. 3 版. 北京：人民出版社，1995：768.

② 列宁. 列宁全集：第 40 卷. 中文 2 版. 北京：人民出版社，1986：75.

③ 列宁. 列宁全集：第 41 卷. 中文 2 版. 北京：人民出版社，1986：160.

④ 同②42.

⑤ 同③301.

⑥⑦ 同②112.

⑧ 同③17.

⑨ 同③109.

工具等生产资料。列宁说："只要资本主义国家还照样存在，我们就必须同它们做生意。"① 列宁根据对国内国际形势的全面分析，预计"苏维埃共和国同整个资本主义世界的正常贸易往来一定会得到进一步的发展"②。

列宁认为，苏维埃俄国必须坚持实行对外贸易垄断制，它对于维护国家经济独立、发展社会主义工业具有重大意义。列宁强调社会主义国家同资本主义国家发展经济贸易往来，从它们那里引进资金和先进技术，并不是用阶级和平来代替阶级斗争，而是新时期阶级斗争在经济领域中的继续。列宁指出，在无产阶级掌握政权和国家经济命脉的条件下，通过租让、外贸等形式引进资金和技术，发展对外经济关系，并不会导致"资本主义复辟"，而只能促进社会主义工业和整个国民经济的恢复和发展，大大加快社会主义建设的步伐。

列宁在领导苏维埃俄国社会主义建设的过程中，在总结实践经验的基础上所阐述的一系列关于社会主义经济建设的理论，是对马克思主义社会主义经济学说的创造性发展，这些理论反映了经济落后国家进行社会主义经济建设的基本特点和规律，虽然它还不够系统、完整和深入，但对于我国社会主义现代化建设和改革开放事业，仍具有重大现实指导和借鉴意义。

阅读书目

列宁. 苏维埃政权的当前任务//列宁. 列宁选集：第 3 卷. 3 版. 北京：人民出版社，1995

列宁. 论"左派"幼稚病和小资产阶级性//列宁. 列宁选集：第 3 卷. 3 版. 北京：人民出版社，1995

列宁. 无产阶级专政时代的经济和政治//列宁. 列宁选集：第 4 卷. 3 版. 北京：人民出版社，1995

列宁. 论粮食税//列宁. 列宁选集：第 4 卷. 3 版. 北京：人民出版社，1995

列宁. 论黄金在目前和在社会主义完全胜利后的作用//列宁. 列宁选集：第 4 卷. 3 版. 北京：人民出版社，1995

列宁. 工会在新经济政策条件下的作用和任务//列宁. 列宁选集：第 4 卷. 3 版. 北京：人民出版社，1995

《俄共（布）第十一次代表大会文献》中的《俄共（布）中央委员会政治报告》《关于俄共（布）中央政治报告的总结发言》//列宁. 列宁全集：第 43 卷. 中文 2 版. 北京：人民出版社，1987

列宁. 论合作社//列宁. 列宁选集：第 4 卷. 3 版. 北京：人民出版社，1995

---

① 列宁. 列宁全集：第 43 卷. 中文 2 版. 北京：人民出版社，1987：4.

② 同①71.

思考题

一、名词解释

战时共产主义　新经济政策　向社会主义过渡的“间接”“迂回”道路　国家资本主义　按商业化原则办事　合作社　经济核算制

二、问答题

1. 苏维埃俄国（过渡时期）社会经济结构和阶级结构的基本特点是什么？
2. 怎样理解和把握列宁新经济政策的基本内容及其实质？
3. 简述列宁关于社会主义条件下商品货币关系的理论。
4. 试述列宁的国家资本主义理论的基本内容及其现实意义。
5. 评述列宁关于利用外资和引进先进技术的理论及其现实意义。

第七篇

20 世纪 20—30 年代的西方经济学说

本篇分为两章，第二十章介绍马歇尔以后西方经济学的一些重要发展，第二十一章介绍凯恩斯的经济学说。

第二十章

20 世纪 20—30 年代的西方经济学

本章重点

20 世纪 20—30 年代是传统西方经济学向现代西方经济学发展的一个重要的过渡阶段。在这一时期起着承前启后作用的经济学家有英国的皮罗·斯拉法、琼·罗宾逊、约翰·希克斯；美国的张伯伦、欧文·费雪；俄国的斯拉茨基；瑞典的维克塞尔等。他们分别在垄断竞争理论、消费者均衡理论、货币数量论等方面提出了与传统西方经济学不同的某些新论点，为现代西方微观经济理论及宏观经济理论奠定了一定的理论基础。

本章知识点

- 不完全竞争学说的产生
- 均衡理论的发展
- 维克塞尔累积过程理论

第一节 概 述

理论与实践的矛盾

19 世纪末至 20 世纪 30 年代，资本主义经济发展中的两件事对西方经济学的发展与演变产生了重要影响：第一，19 世纪末至 20 世纪初，主要资本主义国家已相继完成了从自由资本主义向垄断资本主义的过渡，垄断已成为资本主义经济生活的本质特征。第二，随着垄断资本主义经济制度的确立和发展，资本主义的基本矛盾进一步加剧，1929—1933 年出现了资本主义历史上最严重的经济大危机，使生产力遭到前所未有的破坏和倒退，并进一步危及资本主义的生存与发展。然而，当时占统治地位的新古典经济学仍以“纯粹竞争”和“充分就业”作为理论前提，根本无法解释资本主义的危机和严重的失业现象，因而在资本主义传统理论和资本主义现实之间产生了巨大的矛盾。在这种情况下，传统理论已不能完成为资本主义制度辩护的任务，西方经济学界被迫从理论上寻找另外为资本主义辩护的根据，另谋拯救资本主义的对策，对传统理论进行较大的修改和补充。

西方经济学说发展的重要转折点

20 世纪 20—30 年代西方经济理论出现了几个重大的突破和发展。在微观经济理论方面出现了张伯伦的“垄断竞争”理论和琼·罗宾逊的“不完全竞争”理论，无差异曲线在需求理论中的运用以及对需求理论的其他修改、补充等。在宏观经济理论方面，则出现了瑞典学派的宏观动态均衡理论和以凯恩斯的《就业、利息和货币通论》发表为标志的现代宏观经济理论体系。这些发展改变了传统经济学的面貌，使微观经济理论和宏观经济理论成为西方经济学体系中相对独立的两个部分，在这个基础上确立了现代微观经济学和宏观经济学。

本章将主要就微观经济理论方面的演变和发展，以及瑞典学派的宏观动态均衡理论进行介绍和评论。

第二节　不完全竞争学说

不完全竞争学说的产生

随着资本主义从自由竞争向垄断资本主义阶段的过渡，经济生活中的垄断因素不断加强，垄断组织日益发展。这种现象在后起的但发展迅速的美国表现得更为明显。在那里，巨型公司随处可见，各种垄断组织已成为经济生活中的主宰。欧洲各主要资本主义国家中的各种形式的垄断组织也大量出现。垄断组织已成为资本主义国家全部经济生活的基础。垄断使资本主义的矛盾进一步尖锐化。资本主义经济危机频繁出现，失业现象不断加剧。这些现象是当时在经济学理论中占据主流地位、崇尚传统经济自由主义的“新古典学派”理论难以解释清楚的。显然，“新古典学派”的理论体系很难适应垄断资产阶级的需要。

1926 年，英国剑桥大学的皮罗·斯拉法（1898—1983 年）在《经济学杂志》上发表了《竞争条件下的收益规律》一文，分析了马歇尔完全竞争假定与规模收益递增或递减不相容的情况，提出解决这一问题的方法是，放弃关于竞争的研究，转向对垄断问题的研究。斯拉法的这篇论文对后来关于不完全竞争理论的研究产生了很大影响。斯拉法对马歇尔经济理论的诘难，主要是围绕着马歇尔经济理论关于完全竞争的不现实的假定展开的。

在马歇尔的经济理论中包含着这样的假定，即大多数厂商是在所谓完全（纯粹）竞争条件下生产和销售产品的。这就是说，在市场上，每一厂商都必须接受单个厂商所控制不了的、由外在力量相互作用所决定的价格，并在这种价格下生产和销售其产品。相对于各个厂商的生产和销售能力而言，每一厂商都可以生产和销售任何数量的产品而不会影响商品的价格，因而，产品的需求曲线是一条水平线。在完全竞争的假定下，每一厂商生产和销售的是所谓的同质商品，每一厂商的行为方式与该部门其他厂商的行为方式是完全一样的。部门的供给曲线是众多生产同一同质产品的各个厂商供给曲线的加总；部门的需求曲线也只是各个单个消费者对这一特定产品需求曲线的加总。部门的供给曲线和需求曲线决定了这种商品的均衡价格。然而，斯拉法指出，这种局部均衡的研究方法并没有考虑到买主购买商品时对各个不同的售卖者所采取的态度。他指出，不管卖者是否完全相同，事实上，买主向一个特定的卖者购买商品是出于各种不同的原因和动机。或者他是卖者的长期主顾，或者他对特定卖者的产品的质量具有一种信任感，或者他是卖者的熟人等。因此，对买者来说，选择购买哪个卖者的商品绝不是无所谓的。正因为如此，卖者会努力吸引买者。他们会努力提高自己产品的质量，利用广告等各种销售手段培养买者对自己产品的信任和偏好，扩大自己产品的销售。因而，各个厂商的生产和销售行为绝不是完全一样的，对各个厂商来说，对其产品的需求曲线也不会是一条具有完全弹性的水平线。从这种观点出发，单个销售者的需求曲线的位置和斜率不仅取决于其产品，而且在某种程度上，也取决于消费者对他的特定产品有无偏好。这就意味着破坏了完全竞争的核心假定。然而，集中讨论完全竞争条件下部门与厂商产品产量和价格决定的马歇尔经济理论并没有为分析这种个别厂商的行为留下余地。

马歇尔理论体系的另一个问题是他对长期规模收益的假定及这种收益率对部门供给曲线的影响。在马歇尔的理论中，如果一个厂商在长期能够得到递增的规模收益，关于完全竞争的假定就会被破坏。但是，马歇尔并不认为部门中的某一厂商会独自得到规模收益递增的好处。他认为，这种收益递增的好处主要来自部门的一般进步，由于这种进步可以均等地惠及部门内的所有厂商，因而是外在于个别厂商而内在于整个部门的，因此，规模收益递增或递减不会与完全竞争的假定相冲突。但 1926 年斯拉法在其论文中，指出了马歇尔把规模收益递增和收益递减与完全（纯粹）竞争调和在一起的弱点。斯拉法认为，从长期看，规模收益递增或递减都是与竞争部门的局部均衡分析不相容的。如果存在规模经济，它必须内在于整个部门，从而才能影响整个部门的供给曲线；而又必须外在于个别厂商，否则单个厂商会扩大生产直到占领整个市场。但这种经济效果在现实中很难碰到。另外，从长期看，规模收益递减只能是要素成本递增的结果。然而，当产量扩大时要素成本增加，将提高其他部门的成本，从而通过影响其他部门的价格而影响需求。因此，这将破坏马歇尔局部均衡分析关于供给与需求自由地、独立地起作用的核心假定。这样，如果维持完全竞争的假定，规模收益必须是不变的。然而这样一来，经济理论就很难面对实际市场的大量现实了。斯拉法认为，解决这个问题的方法是放弃关于自由竞争的研究方法，而转入对垄断问题的研究。在斯拉法研究的基础上，20 世纪 30 年代美国经济学家张伯伦和英国经济学家琼·罗宾逊几乎同时独立地发表了论述垄断竞争理论的著作，标志着现代西方经济理论中不完全竞争学说的确立。

张伯伦的垄断竞争学说

爱德华·黑斯廷斯·张伯伦（1899—1967 年）是 20 世纪西方经济思想发展史上具有重大影响的人物之一。早在 1927 年，当他还是美国哈佛大学的博士研究生时，就完成了以《垄断竞争理论》为题的博士学位论文。1933 年，他又以这篇论文为基础，几乎与英国的琼·罗宾逊的《不完全竞争经济学》同时，出版了他的《垄断竞争理论》一书。张伯伦与罗宾逊的这两本微观经济理论专著，系统阐述了垄断竞争（不完全竞争）理论，奠定了现代微观经济理论中厂商理论的基础。在《垄断竞争理论》一书中，张伯伦对传统的新古典经济理论进行了检查分析，系统提出了所谓垄断竞争理论。这种理论的基础就是他创造的所谓产品差别的概念。

1.张伯伦的分析是从"纯粹竞争"的概念开始的。他把纯粹竞争的条件分为两个部分：(1) 市场必须存在大量的买主和卖主。因此，任何单个厂商都不能影响和控制价格，它对市场上的价格的影响可以忽略不计。(2) 市场上的厂商都生产同样的产品。只有满足这两个条件才能够称为纯粹竞争的市场。张伯伦强调，在两个条件中，后一个条件尤为重要。他认为，在现实经济中大多数厂商的生产经营活动，不但要面对价格竞争，而且还要进行非价格竞争。在市场上买主和卖主人数都很多的情况下（这是所谓竞争因素），由于每一厂商都有自己的独特产品和优势，因而都会因为自己产品的独特性质而对价格具有某种控制能力，从而成为垄断竞争中的垄断因素。每一销售厂商都会因为这种垄断因素而改变其价格。因而，从产品差别的角度出发，张伯伦认为，每一产品既呈现出垄断性质，又呈现出竞争性质。

对这种产品差别的具体含义，张伯伦进行了充分的发挥。他认为，产品差别包括许多方面的内容。在零售业中，每一产品都会由于它的销售环境的独特性质、它的位置、它的商标和质量上的差异而被认为是一种独特的产品。举例说，假设市场销售各种不同牌子的阿司匹林药片。通过广告和包装，每一种牌子都在市场上站住了脚，每一种产品都与其他产品有区别，从而都创造了需要它们的买主。在每一特定情况下，根据对特定产品需求的大小和强烈程度不同，售卖者都可以收取与其竞争对手不同的垄断价格。虽然市场上存在大量的替代品，但价格的差异依然存在。所以，即使各种阿司匹林药片在实际上可能根本没有区别，然而，产品差别（张伯伦特别强调商标、版权、牌号和经济空间上的差别）仍可以使顾客相信差异的存在。在张伯伦的产品差别论中，没有任何市场不存在垄断因素。这种垄断正是由某种形式的产品差别造成的。所以，每一销售者，不管他对价格的影响多么微小，总是能在某种程度上控制价格。产品可替代性越强，产品需求就越有弹性，销售者对产品价格的控制程度就越低；反之，产品可替代性越弱，对产品的需求就越没有弹性，销售者对产品价格的控制能力就越大。

2.垄断竞争的均衡。正是在产品差别的基础上，张伯伦得出了垄断竞争市场的均衡状况，如图 20-1 所示。

假定垄断竞争市场上每一厂商都对价格有某种程度的控制，那么厂商面临的需求曲线就不是完全竞争情况下的水平线，而是具有和垄断厂商相同的负斜率的曲线。但由于垄断竞争厂商与垄断厂商相比控制价格的能力较小，因此其负斜率的需求曲线的坡度较为平缓，又接近于完全竞争厂商的水平的需求曲线，也就是图 20-1 中的 dd 曲线。现在假设在一个垄断竞争市场上，这个厂商以价格 P_m 出售商品，其销售量为 Q_m，那么这个厂商会认为，假如他降低产品价格就会大大提高销售量，假如他提高产品价格就会使他的销售量锐减，由于他确信他的所有其他对手对他涨价、降价的行动都不予理会，因此，他的需求曲线是 dd。

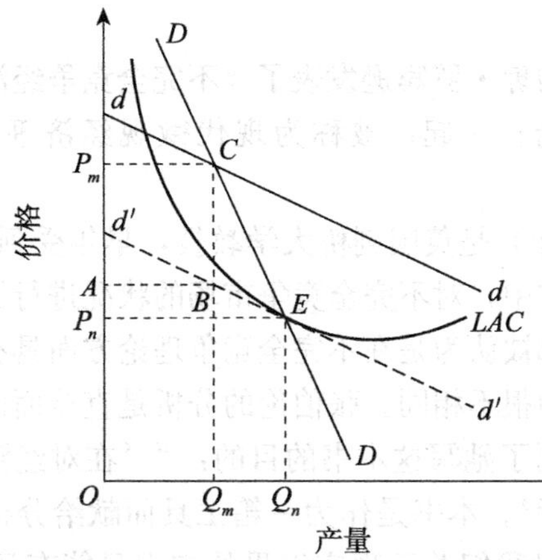

图 20－1

但是，既然这个垄断竞争厂商能够通过降价获得好处，那么就没有理由认为和这个厂商情况相似的对手不会采取与这个厂商相同的降价行动。因此，市场上所有垄断竞争厂商都会竞相降价，从而引起总价格水平下降。在这种情况下，这一厂商销售量的扩大实际变成了一般价格水平下降的结果，而不是由于他自身降价使别的厂商销售量减少的结果。所以，这时 DD 曲线成为他的需求曲线。图中的 LAC 曲线是厂商的长期平均成本曲线。假如垄断竞争市场的厂商最初在 C 点进行生产，价格为 P_m，产量为 Q_m，这时可以说所有垄断竞争厂商都处在相同地位，价格和产量相同，其利润（在图上是 $ABCP_m$）也相同。由于每一个厂商都认为可以通过降价扩大销量和利润，也就是认为他的需求曲线是 dd，所以他认为他的竞争对手不会随之降价。但是实际上每一其他厂商也降了价，因此这个厂商不是沿着 dd 曲线扩大销售量，而是沿着 DD 曲线使销售量稍有扩大。

每一厂商都继续认为他可以通过降价增加利润，每一个厂商都降价，这样做的结果将使 dd 曲线沿 DD 曲线向下滑，变为 $d'd'$ 曲线，与 DD 曲线相交于 E 点。这时，厂商的需求曲线与长期平均成本曲线相切于 E 点，利润也消失了。如果 $d'd'$ 曲线落到了这个位置之下，厂商就亏损，于是价格最终会上升。换句话说，E 点将是一个均衡点。当产量高于 Q_n 时会产生亏损，因为平均成本这时高于平均收益。张伯伦认为，垄断竞争的均衡既在 $d'd'$ 曲线与 LAC 曲线的切点上，又在 $d'd'$ 曲线与 DD 曲线的交点上。

由于垄断竞争厂商的需求曲线是一条倾斜的线，因此，与具有水平需求曲线的完全竞争厂商的均衡相比，其价格要高，但产量要低。因此，有人指责垄断竞争会造成资源的浪费和经济上的无效率。但张伯伦却认为，虽然垄断竞争价格比纯粹竞争高，产量比纯粹竞争低，从而一些社会资源和生产能力将不能得到充分利用，但是产品差别的存在会扩大消费者的选择范围，使消费者得到品种繁多的商品，这在完全竞争的市场上是不可能的。由垄断竞争造成的产品多样化所带来的社会福利将超过使生产能力过剩所造成的损害。因此，他的结论是，垄断竞争将是一种较为理想的市场类型，垄断竞争将增进社会福利。

罗宾逊的不完全竞争理论

几乎与张伯伦同时，英国的琼·罗宾逊发表了《不完全竞争经济学》（1933）。这本著作与张伯伦的《垄断竞争理论》一起，被称为现代微观经济理论和厂商理论发展的里程碑。

琼·罗宾逊（1903—1983年）是英国剑桥大学教授，早年受到马歇尔经济学的熏陶，并受到庇古的影响。在她的著作中，对不完全竞争市场的状况进行了分析。虽然她的著作与张伯伦的《垄断竞争理论》都被认为是在不完全竞争理论方面具有开创性和经典性的著作，但他们的分析范围与目的却很不相同。张伯伦的分析是直接面向现实世界的，而罗宾逊在她的著作中开宗明义地说明了她写这本书的目的："'在对经济分析有兴趣的人们中间，有工具制造者和工具使用者'。本书是作为一箱工具而献给分析经济学家的。这是一篇讨论经济分析方法的论文，对我们关于现实世界的知识只能有间接的贡献。"① 正因为如此，罗宾逊的分析更为抽象。在张伯伦那里，几何工具的出现只是附带的，而在罗宾逊的著作中，几何分析工具则占有突出的地位。张伯伦理论中的产品差别在罗宾逊的著作中根本就没有出现，相反，她使用她的分析工具得出了关于经济福利的结论。与张伯伦不同的另外一点是，罗宾逊公开承认，她对不完全竞争的分析主要是受到斯拉法 1926 年论文的启发。同时，与张伯伦不同，虽然罗宾逊也把纯粹竞争和纯粹垄断当成两种极端情况对待，提出了不完全竞争理论，但她分析的出发点及强调的重点不同。罗宾逊直接从垄断均衡进行分析。在她的分析中，成为特色的是她用边际分析方法分析利润最大化行为。这成为后来对各种市场结构中的厂商进行均衡分析的标准分析工具。她的分析比张伯伦的分析适用范围更广，也更概括。她还对垄断因素在劳动市场造成的"剥削"进行了分析。

1. 罗宾逊的边际分析。马歇尔等人曾大量使用了边际分析方法。然而，他们在对厂商利润最大化的图解分析中主要是利用总成本和总收益的概念。罗宾逊认为，这种分析垄断利润的工具不能令人满意，因为它造成了垄断分析与竞争分析方法的割裂。她主张用边际曲线和平均曲线来代替。她说："进行垄断价值分析所需的第一个工具就是一对曲线：边际曲线和平均曲线。"② 为了强调这种分析方法的一般性特点，她进一步指出，"平均值和边际值的概念可以应用于生产成本、效用、收益、生产要素的劳动生产率等等方面"③ 的分析中。

罗宾逊认为，在原来的新古典学派对竞争厂商的均衡分析中，竞争厂商通过边际成本等于价格使其利润最大或成本最低。由于价格（平均收益）在竞争情况下与边际收益相等，所以实际上厂商的利润最大化条件是使边际成本与边际收益相等。垄断厂商也是照此原则行事的，不过这种关系由于被马歇尔用垄断净收益来表示而弄得模糊不清。罗宾逊认为，用边际成本等于边际收益的方法理解价格与数量决定问题，既适用于竞争和垄断情况的分析，也可以用于任何一种市场结构的分析，因而具有普遍性的优点。她还说明了垄断厂商的平均收益曲线与边际收益曲线之间的关系。在纯粹竞争条件下，个别厂商并不因为增加一个单位产品的销售而降低价格，他的需求曲线具有完全弹性，也就是说，不管这个

① 罗宾逊. 不完全竞争经济学. 北京：商务印书馆，1961：1.

②③ 同①22.

完全竞争的厂商销售多少产品，他的平均收益和边际收益都不会改变，因而是一条水平线。相反，垄断厂商所面临的需求是整个市场在一定时期内固定的需求，因此，当垄断厂商增加一个单位的产品销售时，就必须接受比以前低的市场价格，因此，他面临的需求曲线是一条向下倾斜的曲线。由于垄断厂商所面临的需求曲线是向下倾斜的，因此厂商的平均收益曲线与边际收益曲线的关系是，边际收益曲线总是在平均收益曲线的下面。也就是说，边际收益总是小于销售价格。这是因为，当垄断厂商多销售一个单位的产品时，必须降低价格，但是这多销售一个单位产品所引起的降价必然使所有产品的价格一起降低，因此，在计算边际收益时，在最后一单位产品的价格中还必须减去前边所有产品降价所带来的损失，所以边际收益曲线总是在平均收益曲线（需求曲线）的下方。罗宾逊对边际曲线和平均曲线关系的分析是十分透彻、明晰的，并且把这种关系推广到成本、收益、效用、要素生产率的分析中。现代微观经济学关于企业行为的分析方法，主要沿用了罗宾逊的这种边际分析方法。

2. 对劳动的剥削：罗宾逊关于卖方垄断和买方垄断的论点。罗宾逊《不完全竞争经济学》中最著名的概念或许就是她的剥削概念了。在马歇尔经济学中，由于市场是完全竞争的，工人将得到相当于劳动的边际产品价值的工资。用公式表示就是：

$$W=VMP_L=MP_L\times P_X$$

其中，W 为工资率，VMP_L 为劳动的边际产品价值，MP_L 为边际产品，P_X 为最后一单位产品的价格。因此上式可以解释为，在投入和产出市场都是完全竞争的条件下，所有工人的工资都等于第 n 个工人的边际产品（MP_L）乘以最后一单位产品的价格（P_X）。这个关系可用图 20－2 表示。图中横轴代表劳动投入，纵轴代表工资率。劳动投入增加时，收益递减规律作用的结果使边际产品价值下降，所以劳动的需求曲线（D_L）向右下方倾斜。另外，由于劳动市场是完全竞争的市场，也就是说，随着雇佣劳动量的增加，工资率并不改变，因而劳动的供给曲线是水平线（S_L）。由劳动的供给曲线和需求曲线的交点决定的工资水平为 W_e，雇佣人数为 N_e。追求利润最大化的厂商将一直雇佣工人到 N_e 为止，这时的工资是 W_e。

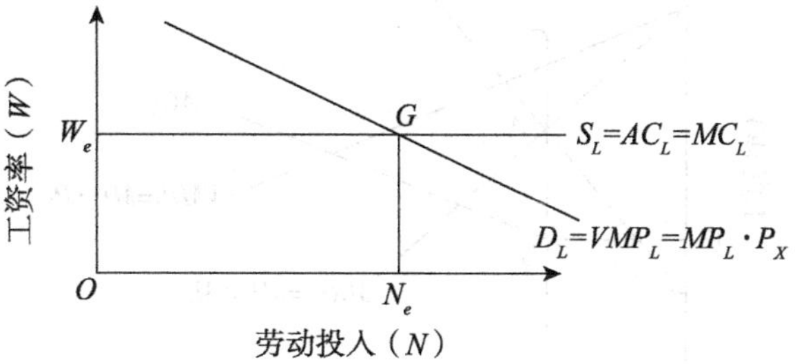

图 20－2

但是，罗宾逊指出，由于劳动市场的不完全性，工人实际上得不到劳动的边际产品价值，而是受到买方垄断和卖方垄断的双重剥削。她认为劳动市场的不完全性表现在：（1）对厂商边际产品的卖方垄断；（2）在雇用劳动时市场的不完全性。前者导致对劳动的卖方垄断剥削，后者造成买方垄断剥削。以下具体考察这两个方面。

由于存在对产品的卖方垄断，厂商在多出售一个单位的产品时必须接受比以前更低的价格，因而，产品价格并不等于边际收益（像在完全竞争市场那样），而是低于其边际收益。因此，当厂商计算多雇用一个单位劳动的所得时，不但要考虑到劳动的边际产品，更重要的是要考虑到劳动的边际收益。这就是说，在产品市场存在卖方垄断的情况下，厂商对劳动的需求将是劳动的边际收益产品曲线，即等于多雇用一个单位的劳动的边际收益产品乘以劳动的边际产品，用公式表示就是：

$$MRP_L = MP_L \times MR_X$$

由于

$$VMP_L = MP_L \times P_X$$

又由于在垄断情况下

$$P_X > MR_X$$

因此

$$VMP_L > MRP_X$$

所以，在均衡状态下，资本家付给工人的工资相当于其边际收益产品，而不是劳动的边际产品价值。罗宾逊把二者之差称为卖方垄断对劳动的剥削。

在劳动市场存在买方垄断的情况下，厂商多雇用一个单位的劳动必须付出比以前更高的工资（否则将不能吸引更多的劳动者前来工作），但多雇用一单位的劳动的边际成本并不等于这时的工资，因为当厂商付给边际工人更高的工资时，它必须付给现在所有工人更高的工资。所以，一个追求利润最大化的厂商在产品市场存在卖方垄断，而投入市场（劳动市场）在存在买方垄断的情况下，投入的均衡数量将是：

$$MC_L = MRP_L = MR_X \times MP_L$$

即：

投入的边际成本＝产品的边际收益×投入的边际产品

以上卖方垄断和买方垄断对劳动的剥削可用图 20－3 表示。

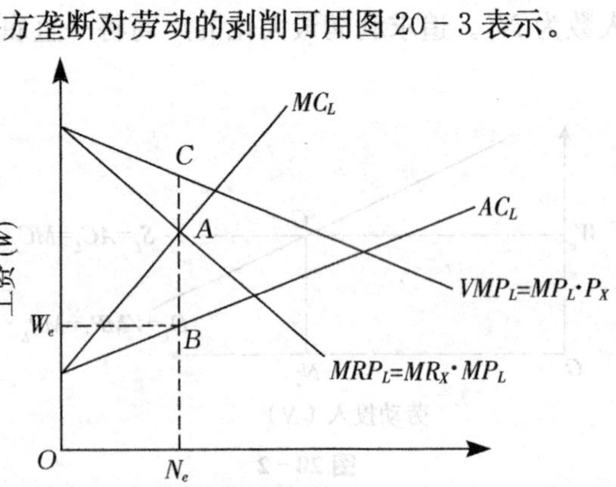

图 20－3

图中：MC_L——劳动的边际成本；

AC_L——劳动的平均成本；

MP_L——劳动的边际产品；

MR_X——产品的边际收益；

P_X——产品的价格；

AB——买方垄断剥削；

AC——卖方垄断剥削。

其中的 VMP_L 表示完全竞争情况。由于在卖方垄断情况下 $P>MR$，所以 $MRP_L<VMP_L$。在劳动市场存在买方垄断的情况下，劳动的边际成本曲线和平均成本曲线并不是一条线，追求最大利润的厂商将要雇用 N_e 数量的工人，这正是由 MC_L 与 MRP_L 的交点所决定的量。这时的工资将是 W_e，这一工资水平将大大低于在竞争市场上雇用同样数量的工人时的工资水平。二者之间的差额，按照罗宾逊的说法是对劳动的剥削，它既由于产品市场的卖方垄断，也由于劳动市场的买方垄断。

对不完全竞争学说的几点评论

在当代西方经济学教科书中，张伯伦的垄断竞争理论和罗宾逊的不完全竞争理论被誉为当代西方经济学说的一场“革命”。之所以受到这样的重视，据说是由于他们的理论用不完全竞争或垄断竞争取代了马歇尔理论体系中的“纯粹竞争”和“纯粹垄断”的假定，使得现代微观经济学的市场和厂商理论得以确立。但资产阶级推崇不完全竞争的真正目的是因为这种学说适应了垄断资产阶级在新形势下的需要。举例来说，张伯伦用垄断竞争代替了马歇尔经济理论中的“纯粹竞争”和“纯粹垄断”的假定，无疑更接近资本主义的现实，就这一点说，垄断竞争似乎优于马歇尔的理论。但是垄断竞争理论把垄断的本质说成是对价格的控制，把造成垄断的原因归结为产品差别，断言不管厂商多么小都具有一定程度的垄断力量，这就混淆了垄断与非垄断的区别。垄断是帝国主义统治的经济基础，垄断资本凭借垄断地位可以获得大大高于平均利润的垄断利润。张伯伦所谈的垄断与列宁《帝国主义论》中的垄断完全是风马牛不相及的两码事。他利用产品差别的概念暗中偷换了垄断的概念，完全模糊了垄断的本质。照张伯伦的说法，那些肩挑手拿、怀有一技之长的小贩都成了垄断者，哪里还有什么垄断与非垄断的区别。他的说法无疑适应了垄断资本的需要，为垄断资产阶级涂脂抹粉。同时，张伯伦还极力鼓吹垄断竞争对社会的促进作用，声称在垄断竞争条件下，每一个厂商都可以获得一定的垄断利润，但从长期看，这种利润会由于竞争而不复存在，从而否定垄断利润的存在。他还声称，垄断竞争通过使产品多样化而带来的社会福利比垄断竞争所造成的损失要大得多，因而，垄断竞争要优于纯粹竞争。这样，张伯伦的垄断竞争理论就完全成为为垄断资本辩护的工具。

张伯伦的垄断竞争理论和罗宾逊的不完全竞争理论被认为与凯恩斯宏观经济学的“革命”具有同样重大的意义。在微观经济理论中的这一场“革命”，是从西方微观经济理论中厂商理论的出现和确立角度来看的。但是从理论上讲，张伯伦、罗宾逊的理论并没有跳出马歇尔稳定均衡和局部均衡的窠臼。如张伯伦的垄断竞争理论的中心是扩展马歇尔的经济分析，研究以广告和产品差别为特点的市场结构，他并没有提出一个更为概括的价值理论去取代竞争理论，他的理论仍然停留在局部均衡分析的水平上，他的价值理论仍然以边际效用理论和生产费用理论为基础。因此，张伯伦和罗宾逊的理论仍然没有摆脱新古典经济理论体系。从这一点说，他们的不完全竞争理论只是以马歇尔为代表的新古典庸俗理论的继续和发展。

罗宾逊在她的分析中指出，由于产品市场的卖方垄断和劳动市场的买方垄断，产生了雇主对劳动的剥削。在经济学著作中公开提出并分析对劳动的剥削，这在西方经济学家中是难能可贵的，这一点应当给予肯定。但罗宾逊对劳动受剥削的原因进行的分析却是不科学的。马克思早已正确指出了雇佣劳动遭受剥削的真正原因和根源，罗宾逊却把劳动受剥削的原因归结为买方垄断和卖方垄断的存在，如果在完全竞争条件下，剥削就不存在了，这无疑是错误的。

不过，张伯伦的垄断竞争理论中对销售成本（广告等）在资本主义经济中“创造需求”“增加需求”的作用的分析，罗宾逊的边际分析方法等，对于我国大力发展商品经济并参与国际市场竞争等等，都具有一定的理论意义和实际意义。

第三节　均衡理论的发展

传统经济学的消费者均衡理论

在现代西方经济学理论中，消费者行为理论是中心理论之一。在 20 世纪 30 年代以前，马歇尔在《经济学原理》中鼓吹的以基数效用论为基础的消费者选择理论在西方经济学说中一直占据统治地位。这种理论假定消费者口味不变，收入既定，面临一个商品价格既定的竞争性市场（由于是完全竞争的市场，因而消费者不能影响这个市场，只能把市场的状况当作既定的情况来对待），如果这个消费者要通过各种不同商品的购买取得最大效用，他就应当遵从戈森第二定律的要求，把他对各种商品的购买作如下分配：他在每种商品上的边际支出必须为他带来相同的效用增量。这一原理后来被称做等边际原理，可以用数学公式表示为：

$$\frac{V_{m1}}{P_1}=\frac{V_{m2}}{P_2}=\frac{V_{m3}}{P_3}=\cdots=\frac{V_{mn}}{P_n}=\lambda$$

其中，V_{mn} 是购买第 n 种商品所带来的边际效用，P_n 是第 n 种商品的价格，λ 则是货币的边际效用。由于在这种条件下，消费者可以取得最大效用，因而，追求效用最大化的消费者也就获得最大满足，从而达到均衡状态。

然而，马歇尔的这一消费理论被认为存在以下缺陷。首先，这一理论暗含着效用是可以度量的，然而效用的大小完全取决于人们的主观评价，因而，一件商品的效用大小各人评价各不相同，很难说出它究竟有多大效用。其次，在马歇尔的理论中，商品的边际效用递减是一个不可或缺的假定。但是，当他在得出需求曲线时又必须假定货币的边际效用不变，恒等于 λ，因此，这里存在着明显的理论漏洞。但是，如果没有货币的边际效用不变的假定，就很难在边际效用价值与价格之间建立联系。所以，怎样避开效用能否衡量的问题，怎样在边际效用的价值与商品价格之间挂上钩，成为困扰西方主观价值学说的两个难题。

希克斯对均衡理论的发展

对马歇尔需求理论的修正大多运用了埃奇沃思（1845—1926 年）和帕累托早期的研

究成果。埃奇沃思在 1881 年发表的专著中，首先介绍并提出了“无差异曲线”这一几何方法。帕累托以此为基础建立了以“序数效用”为特征的主观价值论。最早应用帕累托所提供的理论工具来构造新的消费需求理论的是俄国学者斯拉茨基（1880—1948 年）。他在 1915 年用意大利文发表了《关于消费者的预算理论》一文，文中运用帕累托的分析工具对消费者选择理论作出了说明，并第一次把价格变化对消费者的需求影响区别为收入效应和替代效应。然而最著名的对新理论的探索者却是英国经济学家罗伊·艾伦（1906—1983 年）和约翰·希克斯（1904—1989 年）。特别是希克斯在其 1933 年出版的《价值与资本》一书中，全面、详细地阐明了这种需求理论的结构和内容。

希克斯的方法与斯拉茨基的方法并无大的不同，但他声称，他的研究成果是独立探索的结果。他一方面指出旧理论的不足和帕累托的理论在补足这种欠缺方面的作用，另一方面，则要发展与完善无差异曲线的方法。他指出，运用马歇尔的方法，衡量一件商品的效用时可用一条轴表示这种商品的数量，而以另一条轴表示效用的数量，从而得出一条总效用曲线；当涉及两种商品时，则可用一个三维的图，作出一个“效用平面”，衡量效用总量（见图 20-4）。

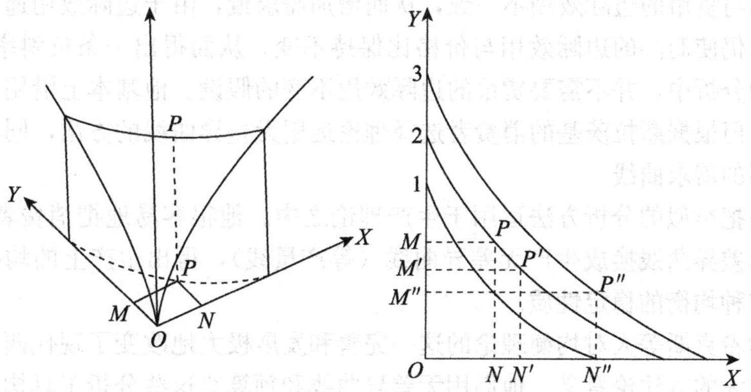

图 20-4

无差异曲线则把三维的图变成平面图。无差异曲线相当于图 20-4 左侧图上虚线的部分。首先沿着两条水平轴衡量两种商品 X 和 Y 的数量，图上任一点 P 代表两种商品的一定数量（PM 和 PN 的组合），从任何这样一点在第三个维度上画出一个纵坐标，它的长度代表这个特定组合所得到的效用数量。把这样几个纵坐标的顶点联系起来，就得到一个“效用平面”。把“效用平面”转换为无差异曲线则相当简单，只需把一个立体的图转变成平面的图。沿两条轴线衡量 X 和 Y 的数量，即可标出效用平面的轮廓线。这些线就是无差异曲线，它们相当于第三维度的同样高度，也即相当于把代表相同总效用的两种商品的不同组合点连接起来。设 P 和 P' 在同一条无差异曲线上，则表示拥有 PN 和 PM 所得的总效用与拥有 PN' 和 PM' 所得的总效用一样多。而 P'' 在较高的一条无差异曲线上，则 $P''N''$ 和 $P''M''$ 的总效用要大于 PN 和 PM 的总效用。

通过把边际效用理论用无差异曲线这样转换之后，希克斯认为，他所详细阐述的方法具有重要的方法论意义。

1. 在马歇尔的理论中，用“效用函数”解释消费者的欲望大小或者“既定欲望”，而在希克斯的无差异曲线图中，无差异曲线由低向高排列，表示的是消费者宁愿选取这种商品组合而不愿选取另外的组合，它告诉人们在各种选择的可能性中，人们的偏好次序如何，但并不企图确定消费者对每种组合的偏好程度。由于希克斯用这种“偏好尺度”代替了马歇尔的“效用函数”概念，效用能否衡量就成为一个没有必要的问题，从而避免了效用能否衡量的难题。

2. 希克斯将无差异曲线上任意一点的斜率当作两种商品边际效用的比率，特别是用预算线①和无差异曲线的切点表示边际效用与价格之间的比例，这样就可以在不考虑商品的边际效用绝对量大小的情况下，直接建立起边际效用与价格之间的联系。希克斯把无差异曲线上某一点的斜率称做两种商品的边际替代率，如 X 商品对 Y 商品的边际替代率就是“恰好足以补偿消费者损失一个边际单位 X 的 Y 的数量”。而商品的价格则被说成是恰好“等于该项商品对货币的边际替代率”②。

在此基础上，希克斯研究了所谓消费者的需求规律。在马歇尔的方法中，必须有一个货币边际效用不变的假设，因而商品的边际效用与价格之比不变。如果价格下降，使该商品的边际效用与货币的边际效用不一致，从而增加需求量，由于边际效用递减，所以增加购买量的结果仍使商品的边际效用与价格比保持不变，从而得出一条负斜率的需求曲线。而在希克斯的分析中，并不需要货币的边际效用不变的假设。他基本上沿用了马歇尔的消费需求原则，但根据斯拉茨基的消费者选择理论运用无差异曲线的方法，同样得出了一条向右下方倾斜的需求曲线。

希克斯还把类似的分析方法运用于生产理论之中。他很容易地把消费者换成生产者，把消费者的无差异曲线换成生产无差异曲线（等产量线），得出生产上的均衡条件，并进一步证明了这种均衡的稳定性质。

人们认为希克斯等人对均衡理论的这一完善和发展极大地改变了现代西方经济理论的面貌，具有重大的方法论意义。他们用无差异曲线和预算线这些分析工具构造的消费理论和生产理论被认为是现代微观经济理论的一大发展，已成为现代西方微观经济学教科书的基本组成部分。但是实际上这些进展并没有改变马歇尔理论的基本内容和结论。以消费理论和需求理论为例，新的理论避免了马歇尔理论的所谓不足，使得这一理论显得更为前后一贯，然而新的所谓现代需求理论本质上不过是马歇尔理论的较为圆通的说法而已。在新的理论中，马歇尔的每一个旧概念都有一个新的相应的概念来代替。如用边际替代率代替了边际效用的概念；用边际替代率递减规律代替了边际效用递减规律；用无差异曲线与预算线的切点代替了边际效用与价格比率不变的消费者均衡等等。而且，应当特别指出的是，不管是以基数效用论为基础建立起的消费与需求理论，还是以序数效用论为基础建立起的消费与需求理论，不论假定效用可以衡量，还是认为效用不能衡量只能比较，在本质上，这种需求理论所依据的仍然是效用价值论或主观价值论。

---

① 预算线又称消费可能线或等支出线，它表示在一定的收入或商品价格条件下，消费者所能购买到的各种商品数量的最大组合。

② 希克斯. 价值与资本. 北京：商务印书馆，1962：18.

第四节　货币数量论与维克塞尔的累积过程理论

西方货币理论发展史的重要阶段

20 世纪初，为数众多的经济学家对货币理论进行了大量研究。诸如从货币到价格的传导机制问题，货币流通速度的决定因素问题，货币需求的决定因素以及货币扩张和收缩时利率的一般作用等都成为研究对象。这些研究所要解决的中心问题是货币对经济活动的影响问题。传统经济学认为，货币从总量分析的角度看并不是一个非常重要的因素。它认为，一个国家财富的多少是由与节俭和劳动生产率有关的实际因素决定的。它也承认货币总量决定价格总水平，但认为货币数量的多少与社会财富或商品的相对价格水平无关。当时的大多数较发达的国家都实行金本位或金块本位制度，传统经济学家认为，这些制度具有自行对流通进行调节的能力，因此，虽然通货膨胀可能发生，但是可以把它归咎于战争或其他灾害（因为在战争等非常时期，金本位制度往往被放弃），或者把通货膨胀归咎为不负责任的政府或政治家滥印钞票的结果。因此，在传统经济学中，由实际因素决定的价值理论和货币理论之间仅存在一种松散的联系。换句话说，在传统经济理论中，生产、交换、分配都是交换价值问题、相对价格问题，货币理论只是价格形成理论的一个松散联系的部分，“货币只是一块面纱”，商品价值和它们用货币单位表示的偶然价格之间并无必然联系。而这一期间对货币理论的研究开始把货币总量与价值理论融合在一起，使货币理论与价值理论逐渐协调一致，对西方货币理论的发展起了承前启后的作用，从而成为西方货币理论发展史的重要阶段。在这些研究中，美国的欧文·费雪（1867—1947 年）、瑞典的维克塞尔（1851—1926 年）和英国的庇古（1877—1959 年）的成果最为引人注目。

费雪及其交换方程式

1911 年，美国耶鲁大学的欧文·费雪用一个数学公式阐述了货币数量论的基本结论：

$$MV+M'V'=PT$$

其中，M——货币流通量；

V——货币年流通速度，或者称为货币转手速度；

M'——银行活期存款数量；

V'——银行活期存款的流通速度；

P——价格总水平；

T——交换商品数量。

由于现代货币定义中一般都包括银行活期存款，因此，以上方程可以简化为：

$$MV=PT$$

后来，这一方程被称为费雪交换方程式。

费雪交换方程式实际上并不是费雪的新发现。费雪只是用数学方法重复了约翰·穆勒的观点。穆勒认为，如果假定出售的商品量以及这些商品被重复出售的次数是一个定量，货币的价值将取决于它的数量以及每件商品转手的平均次数，因而，如果商品量和交易量相同，货币的价值与货币的数量和所谓的货币流通速度的乘积成反比，流通中的货币数量等于所有出售商品的货币价值除以货币流通速度。费雪使用这一方程不过再次肯定了 M 的增长与 P 的增长之间的比例关系。因此，在一些假定条件下，费雪交换方程式成为货币数量论的一个数学表达式。费雪认为，与 P 不同，V 和 T 这两个量是由实际因素（如风俗习惯、技术和制度等）决定的，因而，货币量的改变不能导致 V 和 T 的实际决定因素的变化，所以，V 和 T 与货币供给无关。相反，价格总水平 P 却是一个被动的、由货币供给量决定的量，如果货币供给量增加 1 倍，价格总水平将上升 1 倍。

实际余额效应

费雪感到，他的交换方程式所说明的不过是一个不言自明的会计恒等式。他认为比货币数量论的数学表达式更重要的是，货币量增长与价格水平提高之间的联系机制问题，也就是所谓的实际余额效应问题。实际余额效应理论假定，在个人持有的货币余额与其购买商品的开支之间存在一种人为的理想关系，在其他因素不变的情况下，每一个人都力图保持二者之间的这种关系。那么，当货币供给量增加时，如果价格水平保持不变，在每一个人手中都出现了货币的过剩，破坏了货币与支出之间的理想关系，那么，人们将通过增加对商品和劳务的购买以减少过多的货币余额。这样，如果产量并无变化，货币需求的增加将迫使价格上升，一直升到与增加的货币的比例相同时为止。于是新的均衡得以建立起来，这时个人持有的货币余额又回到它原来的理想状态。

费雪所描述的这一传导机制在原来的货币数量论当中是没有的，因而是对货币数量论的重要补充。但是，另一方面，费雪并没有充分利用实际余额效应对经济现象进行分析。例如，他并没有说明货币供给量的增加会使得利率降低，间接提高产量。费雪集中研究了通货膨胀、利率、预期以及持有实际现金余额的相互关系问题。

通货膨胀与“费雪效应”

费雪在他的具有启发性的著作中，研究了实际通货膨胀与预期的通货膨胀和名义利率之间如何相互作用的问题以及对实际货币余额的需求问题。费雪认为，对货币的需求可以用下式表达：

$$m_d=f(y, i)$$

其中，m_d——实际货币余额需求；

y——实际收入；

i——名义利率。

这一公式的意思是，实际货币余额需求 m_d 是 y 和 i 的函数；货币的需求还是货币流通速度的倒数。但费雪对这一货币需求函数并未作过详细说明。这个工作后来是由庇古和美国的弗里德曼（1912—2006 年）完成的。但是在研究利率的问题时，费雪却发现了名义利率形成的重要机制，这一机制本质上是现代货币主义最常运用的理论工具之一。

费雪指出，名义利率是由两个因素决定的：(1) 由借贷两种力量所决定的实际利率水平；(2) 人们在某一时点上对通货膨胀的预期。用公式可以写为：

$$i=r+p^*$$

其中，i——名义利率；

r——实际利率；

p^*——预期的通货膨胀率。

所以，当实际的通货膨胀率与预期的通货膨胀率相等时，实际利率与名义利率也是相等的。费雪认为，名义利率之所以由两个因素决定，是因为借贷者借款时的名义利率是由实际利率加上在借贷期间预期的通货膨胀率决定的。如果预期的通货膨胀率是10%，实际利率为4%，在利率低于14%时，贷款者就不会愿意贷出款项。如果在借贷款终结时，通货膨胀率不是预期的10%而是20%，贷款者实际上是以负利率放贷，因而，在随后的时期里，他就会进行调整。所以对通货膨胀的预期会影响名义利率水平。这就是所谓的"费雪效应"。

费雪效应在西方一直受到重视。这是因为，通过费雪效应，人们可以看到通货膨胀有一种自我强化的趋向。当实行扩张性的货币政策，增加货币供给时，由于可贷金额增加，利率最初会下降，但是最终价格的上升会导致人们对更高通货膨胀的预期，从而导致名义利率乃至通货膨胀率的提高。费雪所发现的这种效应对后来的货币主义影响很大。可以说，现代货币主义的惯用分析工具其实就是依据了费雪的这一理论。

维克塞尔的累积过程理论

克努特·维克塞尔（1851—1926年）是瑞典学派的主要奠基者，1898年发表的《利息与价格》及后来的《国民经济学讲义》是他的代表作。在这些著作中，他详细阐述了后来被称做维克塞尔累积过程的理论，正是在此基础上，后来的瑞典学派经济学家才得以提出宏观动态均衡理论。这种理论与凯恩斯的宏观经济理论几乎同时出现，却是他们各自独立进行研究的结果。

维克塞尔的累积过程理论本质上是一种动态货币均衡理论，它力图用所谓自然利率与实际利率的一致与否说明均衡价格的形成与破坏，从而使货币理论与价值理论统一起来。与传统的货币数量论不同，维克塞尔不同意价格与货币数量的机械关系。他认为，货币通过收入决定总价格水平，因此，价格与收入紧密相关。在他对货币数量论的重新表述中，维克塞尔在货币理论与价值理论的结合上迈出了重要的一步。他认为某一商品价格的涨落会打破这种商品供求的均衡，在所有商品上也必然是如此。因而，价格总水平的上升必然是总的需求超过了总的供给的结果。而任何一种真正的货币理论必须能够说明对商品的货币需求是如何和为什么超过对商品的供给。这种总需求—总供给的框架对维克塞尔的累积过程分析是必不可少的前提。事实上，维克塞尔认为两种利率的不一致，正好反映了总需求和总供给的不平衡。在此基础上，维克塞尔的累积过程理论对货币增长在商品市场所产生的实际余额效应，以及这种效应使得整个经济从原有的均衡状态走向新的均衡状态的过程，作了系统的动态分析。

假设货币供给增加，一方面，由于实际余额效应，利率将下降，银行将以低于正常利率的利率放贷，其结果是，储蓄被抑制，于是对产品的需求增加；另一方面，厂商的投资机会增加，资本家感到比从前有更多的获得利润的机会。他们会利用这一机会，增加投资，扩大生产规模。生产规模的扩大增加了对劳动和土地的需求，也导致了工资和租金增加，收入上升，消费品的价格也随之上升。这一过程会一直继续下去，直到因资本供给过少、资本需求过大，结果使利率上升到与正常利率相等为止。反过来，假如货币利率高于正常利率，一方面，储蓄受到刺激，储蓄供给将大于借贷需求，消费减少；另一方面，资本家感到利润减少，因而缩小企业投资规模，从而减少对劳动与土地的需求，也引起收入下降，消费水平降低，经济活动紧缩。这一过程会一直进行到因资本供给过多，资本需求减少，使利率下降到与正常利率相等时为止。

维克塞尔累积过程理论中的正常利率又称为正常自然利率，它是指储蓄供给等于借贷需求时所决定的利率，大致等于新创造资本的预期收益。货币利率则指出借款项时所要求的利率，即市场实际利率。从以上的叙述可见，维克塞尔认为利率对价格水平的稳定具有决定作用。

剑桥方程式

英国的剑桥学派利用马歇尔的供求模型，在货币理论中提出了著名的剑桥方程式。

马歇尔认为，人们对货币的需求可以用收入的一个公式来表示，即剑桥方程式：

$$M=KPT$$

其中，M 是货币存量，在马歇尔看来，它是一个外生变量；K 是一个社会愿意以现金余额或活期存款形式保存其收入的比率，它是收入的一个分数；P 是价格总水平；T 是总产量。方程的右方实际上是货币需求量的表达式。由于 K 在现金余额方程中是费雪交换方程式中 V 的倒数，因此，剑桥方程式与费雪交换方程式本质上是相同的。它们都建立在货币数量论基础上，都只注重货币作为交换媒介的作用，而忽略了货币利息率的作用。这一忽略导致了严重的缺陷，即这种分析未能就产品市场和货币市场间的相互依存关系作出说明。维克塞尔在这一点上明显领先于新古典学派的分析。或许，新古典学派过于注重货币的需求，从而妨碍他们对实际余额变化后影响产品市场的机制进行分析。实际上，剑桥方程式本身就内在含有现金余额效应。例如，只要进行简单的变换，就能将货币的过剩供给（$E_s=M-KPT$）和对货币的过度需求（$E_d=KPT-M$）表达出来，从而产生实际余额效应（E_s 代表货币的过剩供给，E_d 代表货币的过度需求）。

对货币理论的评论

西方经济学中把货币的供给与货币的需求以及货币的传导机制作为完整的货币理论的主要组成部分。但是，最初的西方货币理论强调的重点在于货币的供给部分，而对货币的需求，特别是对货币的传导机制并没有给予足够的重视。这与资本主义商品经济发展有密切关系。在资本主义商品经济发展的初期，资产阶级经济活动领域还主要局限于流通领域，货币在当时被认为只起着交换媒介的作用，因而与实际经济活动无关。整个经济表现为一种“现金经济”或“简单信用经济”。所以，最初重视货币供给是与资本主义经济的发展初期相适应的。随着资本主义商品经济的发展，货币的职能大大超过了单纯流通手段的职能。特别是资本主义信用制度的发展已使货币的简单交换媒介作用最大限度地向资本职能转化，从而货币的供求对资本主义的生产和流通产生了巨大影响。这时，作为一种政策变量的货币供给的分析已不是重点，西方经济学着重分析的是作为资本形式的货币需求，以及通过利率的变化对投资和储蓄以及实际经济活动的影响。因此，这时着重分析货币需求和货币的供求对实际经济活动影响的货币理论是与资本主义信用经济的发展相适应的。

与传统的货币数量论不同的是，这一时期的货币理论着重对货币需求的分析，着重对货币传导机制的分析。传统的货币数量论认为，支付手段的多少决定了价格水平，所以把价格水平的波动完全归结为单纯的货币现象，看不到货币现象背后实际经济活动对物价水平的影响。而这一时期的货币理论则把利率水平的变动看做货币供求影响实际经济活动的关键因素。如在维克塞尔的累积过程中，货币作为支付手段对价格水平的运动的影响并不是直接的，而是通过自然利率和货币市场实际利率的不一致影响到了投资（资本的需求）和储蓄（资本的供给），从而影响到工资和租金，造成经济活动的扩张与收缩，导致价格水平的波动。所以，他对自然利率和货币利率的分析，就是投资与储蓄的总量分析。他实际上认为，只有投资与储蓄相等，整个经济才能达到均衡，价格水平才能稳定。投资与储蓄、供给与需求并不是必然地自动适应的。因此，维克塞尔的分析被认为是最早从宏观经济分析角度摒弃萨伊定律的。此外，面对资本主义经济不断出现的危机和波动，这一时期的货币理论，特别是维克塞尔的货币理论，力求解释造成这一波动的原因。他的累积过程理论说明，由自然利率和货币利率不一致所产生的价格水平的变化并不是一次性的，而是一种持续的价格变化，是一种累积过程，由此造成经济活动的扩张与收缩。但是维克塞尔认为，只要货币管理当局和银行进行控制，使自然利率与实际利率一致起来，经济波动就可以避免。

总的来说，这一时期西方货币理论的发展适应了资本主义经济发展的现实，成为西方货币理论发展上的重要阶段。这一时期的货币理论最后成为从传统货币数量论到凯恩斯的货币利息理论以及现代货币主义的货币利息理论的桥梁。

阅读书目

马克思.《政治经济学批判》导言//马克思，恩格斯. 马克思恩格斯选集：第 2 卷. 2 版. 北京：人民出版社，1995

列宁. 列宁全集：第 3 卷. 中文 2 版. 北京：人民出版社，1984：585

罗宾逊. 不完全竞争经济学. 北京：商务印书馆，1961

张伯伦. 垄断竞争理论. 北京：华夏出版社，2009

希克斯. 价值与资本. 北京：商务印书馆，1962

思考题

一、名词解释

纯粹竞争　垄断竞争　不完全竞争　边际原理　边际替代率　费雪交换方程式　费雪效应　动态货币均衡论　剑桥方程式

二、问答题

1. 简评垄断竞争理论。
2. 简析以序数效用论和以基数效用论为基础的需求理论的异同。
3. 试析 20 世纪 20—30 年代货币数量论的主要发展线索。

第二十一章

凯恩斯的经济学说

本章重点

凯恩斯的经济学说几乎全部包含在他的最主要的著作《就业、利息和货币通论》之中。该书使他成为20世纪最重要的西方经济学家，直到目前仍然具有重大的作用和影响。

本章第一节说明凯恩斯经济学说产生的时代和学术背景。第二节、第三节和第四节依次论述凯恩斯的基本经济理论、经济政策观点和他的经济理论的源与流。在第五节中，我们对凯恩斯理论作出分析和评论，并对该理论在我国的借鉴意义予以探讨。

本章知识点

- 凯恩斯定律
- 凯恩斯的理论体系
- 凯恩斯经济理论的历史地位

第一节　概　述

凯恩斯的生平与著作

约翰·梅纳德·凯恩斯（1883—1946年），英国经济学家，曾在英国剑桥大学国王学院学习经济学，1905年获得文学硕士学位，后来，任该学院院士并在该学院执教。1906年，通过英国文官考试，进入统治印度的机关；1913—1914年间，为印度通货与皇家委员会的成员；第一次世界大战期间，在英国财政部工作。战后，他充任该部驻巴黎和会的代表，嗣后，成为英国财政大臣顾问团的顾问和英格兰银行的董事。1942年凯恩斯被晋封为勋爵。1944年，他率领英国代表团参加在布雷顿森林举行的国际货币会议，在创立国际货币基金组织和国际复兴开发银行两个机构中作出了贡献。1945 年，他以英国代表团团长的身份参加英美贷款会议，获得巨额的美国贷款。除了政治方面的活动以外，凯恩斯也在私人企业从事经营。他是国家互助人寿保险公司的董事长和一家投资公司的负责人。私人企业的经营使他获得巨额财富。他和李嘉图一起在西方世界被认为是少有的善于经营并获得成功的经济学者。

凯恩斯的著作很多，包括大量的文章和几本书籍。他的重要著作有：《印度的通货和财政》(1931)、《货币改革论》(1923)、《货币论》(1930) 和《就业、利息和货币通论》(1936，简称《通论》)。《通论》是凯恩斯最重要的著作。

自《通论》出版以来，西方世界出现了盛极一时的凯恩斯主义，甚至出现了"凯恩斯革命"的说法。在西方经济学界，它是一个流行的研究主题。对于西方国家的经济政策，它是一个重要的"理论"根据。在西方思想界，它构成许多言论的基础。20 世纪 60 年代中期以后，凯恩斯主义的浪潮虽然大为衰落，但直到目前为止，《通论》仍然是现代重要的西方经济学著作，而凯恩斯也仍然是影响最大的西方经济学者之一。

《通论》的章节安排比较凌乱，有些地方的说明很不清楚，甚至在某些地方，凯恩斯并未完全弄清楚他想要阐述的内容。特别是，凯恩斯明确指出，他撰写此书的目的是给西方职业经济学者阅读，并希望他们传播此书的内容。因此，《通论》特别晦涩费解，而对于《通论》也存在着许多不同派别的解释。这些解释往往存在着很大的差异，有时甚至是相互矛盾的。我们在这里采用了最流行的解释，即居于正统地位的西方主流学派的说法。

凯恩斯所处的时代

在凯恩斯生活的年代，出现的主要经济事件是发生于 1929 年的资本主义经济大危机。这次空前巨大的经济危机使资本主义世界的工业生产下降了约 37%，国际贸易数量减少了 2/3。1933 年，资本主义国家失业者的总和超过 3 000 万人，大批农民则因无法清偿债务而丧失家园。由于当时并不存在失业救济等社会福利措施，大量失业者在街头流浪，甚至饿死。经济上的严重萧条导致了社会动乱和工人运动的蓬勃发展，使资本主义在政治上濒于崩溃。时至今日，西方人士对那次危机仍然谈虎色变。

这次危机最先从纽约股票市场的崩溃表现出来。早在 1929 年以前的约 10 年中，美国股票市场就出现了价格泡沫，购买股票成为有利可图的事情；不但有储蓄的人购买股票，而且，当股票价格的上涨幅度超过借款利息的时候，没有储蓄的人也借钱购买股票。达官贵人、富商巨贾、投机大鳄都购买股票，就连普通老百姓，如白领工作者，甚至售货员和清洁工也购买股票。炒股成为人人从事的活动。大量购买促使价格上升，而价格上升又进一步促进购买的欲望。如此循环往复，股票市场的泡沫日益庞大。一时间，股票因具有"稀缺的额外价值"而成为紧俏的商品。几乎任何新成立的公司股票都不愁没有买主；甚至当时仍然处于筹备状态的航空和电视公司的股票也被认为是前途远大的新科技产业而得到买主青睐。

然而，泡沫的美好幻景终究要破裂，1929 年 10 月 24 日那个黑色的星期四被认为是泡沫破裂和股市崩溃的起点。当天的纽约证券交易所以及其他地区的类似机构的股票价格直线下降，很多股票根本没有买主。到了上午 11 时，全美国出现了股票抛售的浪潮，电码上显示的股票价格的变动赶不上价格下降的速度。

虽然在这一天的下午，金融界的大亨们出面企图挽救疯狂抛售股票的局面，然而，杯水车薪，无济于事。纽约股票市场的崩溃已经成为定局。震撼全球的 1929 年大危机开始了。

一直到第二次世界大战，整个西方世界都未能摆脱 1929 年危机的阴影。这里主要以美国的情况为例。

1929 年以后，股票价格持续下降。人们对之具有信心的蓝筹股，如通用电气和 RCA（美国无线电公司）分别从 1929 年的最高价 396 美元和 101 美元下降到 1932 年的最低价 8 美元和 2 美元，下降的幅度接近于 100%，几乎一文不值。到了 1933 年，市场上全部股票的价值仅为 1929 年市值的 1/6。

股票市场的崩溃带来了货币金融危机，银行倒闭，生产萎缩，失业增长，物价和工资急剧下降。1929—1933 年，美国的物价和就业率下降了约 40%，工资则下降了 60%。街道上出现了等待施舍粥汤和面包者的长龙，罢工和游行示威的行动日益增加，各国的工人运动得到空前的发展。1929 年上任的美国总统胡佛成为历史上最不受欢迎的总统之一。失业的工人和破产的农民用硬纸板和废弃的铁皮搭成的窝棚区被称为胡佛村；而人们把衣服口袋的里子翻出在口袋之外，用以表明他们身无分文，并且把这种翻出来的里子称为胡佛旗帜。

为了维护本国的企业和就业，主要资本主义国家在对外贸易中毫无例外地采取了“以邻为壑”的政策。一方面以津贴补偿的办法来刺激出口，另一方面又用关税壁垒等手段制止进口。其后果是，外贸锐减，各国俱受其害。对于这种现象，当时的西方报纸登载过一幅漫画。该漫画把世界描绘成一个由各个岛国构成的海洋；每一个岛国的四周都围绕着坚不可摧的关税高墙，而在海洋中航行的船只都找不到停泊的场所。

时至今日，一本流行的西方经济史写道：1929 年的大危机是资本主义国家从未经历过的经济情况的严重衰落。失业、生产水平的低下、金融的动荡和贸易的缩减都同时到来并且持续下去。那时的马克思主义者认为，资本主义的最终覆灭已经指日可待，而资本主义的企业家和政治领导人则悲观失望，很难相信市场机制会把他们拯救出来。1929 年大危机之后的萧条状态使人们对资本主义能否存在下去产生了怀疑。在萧条状态最为严重的 1933 年，美国的新任总统罗斯福宣誓就职时，有人甚至觉得，他可能是美国最后一任总统了。

真正使资本主义世界走出大萧条阴影的是第二次世界大战。第二次世界大战结束后不久，凯恩斯便辞世而去。

对于这次关系到资本主义生死存亡的 1929 年危机和大萧条，当时的西方政治当局总的来说拿不出任何有效的对策来解决问题。它们之所以拿不出有效的对策，原因在于它们坚信传统的西方经济学者所广为传播的一个基本教条，即在一个无阻力的自由放任的资本主义社会，严重和长期的危机和萧条状况不可能出现。因此，西方国家便没有理由制定和推行干预经济生活的政策，以解决经济危机所带来的种种经济问题。

尽管在实践上，西方国家要求并且已经执行国家干预经济生活的政策以解决危机所带来的种种问题，然而，在经济理论上，受到以马歇尔为代表的传统经济学的影响，西方经济学界仍然继续鼓吹并且主张自由放任、国家不干预经济生活的政策。这样一来，西方国家在经济上的实践要求和它的经济理论发生了矛盾。一方面，为了自己的利益，西方国家必须对经济生活加以干预；而另一方面，西方经济学却反对干预。处于这种情况下，为了维护西方国家的利益，西方经济学必须改变自己传统的说法。当然，需要改变的并不是传统学说的全部内容，而仅仅是与干预经济生活的政策相抵触的地方。凯恩斯在《通论》中所做的正是如此。在《通论》中，他写道："如果我们的中央控制机构能够成功地把总产量推进到相当于现实中可能达到的充分就业水平，则从这点开始，古典学派理论*仍然是正确的。"①

类似的论点也散见于《通论》的其他部分。凯恩斯自称其理论的含义"是相当保守的"。他说："现有的经济制度对已经被使用的生产要素具有严重的使用不当之处"。他认为，资产阶级的"个人主义仍然是个人自由之最佳保障"，而"重要的并不是生产工具的国有化"。"除了由中央控制的必要性来实现消费倾向和投资诱导的协调以外，我们没有比过去提出更多的理由来使经济生活社会化。"② 由此可见，凯恩斯仅仅修改和补充了传统经济学的关于失业的部分而保留了其他部分。这种做法显然适合当时西方世界的需要，凯恩斯主义能流行于西方世界，自然是意料之中的事情了。所以有必要指出，凯恩斯并没有完全放弃自由放任、国家不干预经济生活的教义，他所做的仅仅是给这个教义加上一个条件。在他看来，只要存在着充分就业，自由放任、国家不干预经济生活的教义依然适用。

第二节　凯恩斯的基本经济理论

西方国民收入的概念和宏观经济问题

要想知道凯恩斯对西方宏观经济运行的观点，最好的办法是通过图 21－1 来理解它。类似图 21－1 的图形几乎出现在每一本西方宏观经济学教科书中。

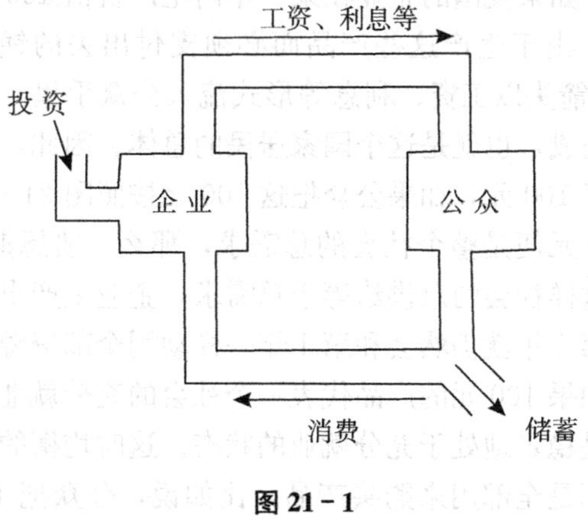

图 21－1

* 指以马歇尔为代表的传统学说。——引者

① 凯恩斯．就业、利息和货币通论．北京：商务印书馆，1999：92，391.

② 同①92，391.

假设把一个国家、一个社会的全部企业合并成为一个企业；另一方面，把这个国家或社会的全体居民合并成为一个人（包括资本家、地主、劳动者等等），这个人被称为公众。现在我们假设，在一定期间，比如1年，这个国家所有的资源都处于充分就业状态，这个国家的总产量的价值是100个货币单位。为了简化，假设总产量的价值为100元。企业为了生产这100元的产品，必须支付一定数量的生产成本。它们用什么东西来生产这100元的产品呢？西方经济学者说：它们用生产要素来生产这100元的产品。按照他们的说法，在假设没有折旧的情况下，使用的生产要素不外是土地使用权、资本使用权、劳动力，利用购买到的这些生产要素来生产价值100元的产品。由于西方经济学家把利润也算做生产要素的报酬之一，因此，按照他们的说法，企业为生产这100元的产品而必须支付出去的报酬的总和，也必然是100元。比如说，企业为劳动力支付了40元的工资，地租10元，利息30元，相加是80元。因为利润也被算作它所支付的生产要素的报酬，所以，这100元的产值和支付出去的80元的工资、利息和地租这两者之间的差额必然是企业的利润。由于100元减80元等于20元，把这20元加到80元上，显然等于100元，这两者必然是相等的。相等的原因是把利润也算做生产要素的报酬的一部分。可以再举一个例子来说明这个问题。比如说在另外一种情况下，这个企业支付了40元的利息，而支付的工资和地租仍然分别为40元和10元，那么这些数值相加在一起就不等于80元，而是90元了。为什么两边还相等呢？因为90元是企业支付出去的成本，100元是它的买价，也就是产值。那么相差必然是10元的利润。在这里，90加10，还是等于100，从而两方面还是相等。这种相等并没有什么奇特之处，因为把利润作为差额补进去总会使两方面相等。我们顺便指出，这两方面永远相等是西方经济学国民收入概念的核心。就是说，西方国民收入有应该总是相等的两个方面。一个方面是全部产品价值总和，也就是上面例子中的100元的产品价值；另一个方面是由于生产这些价值的产品而必须支付出去的生产要素的价格（也就是构成公众的全体居民的总收入），也必须等于100。大致说来这100元即为西方国家的国民收入。

按照凯恩斯的说法，如果英国的企业在某一年内生产价值100元的产品，这100元的产品便是该国的总供给。由于生产这些产品而必须支付出去的钱也必然等于100。这样100元便按照图21-1的箭头以工资、利息等形式流入公众手里。上面说过，公众系由资本家、地主、劳动者所构成，也就是这个国家居民的总体。因此，钱便流入到全体居民手里。现在，公众手里有了100元，如果公众把这100元按照图21-1的方向全部用来购买生产出来的产品，这100元便是整个社会的总需求，那么，凯恩斯认为，在这种情况下，事情就是万事大吉了。这样社会的总供给等于总需求，企业生产出来的全部产品正好都能被卖掉；于是，企业在第2年就仍然会和第1年一样动用全部资源用于生产，从而第2年也生产100元的产品。如果100元的产品代表一个社会的充分就业的产量，那么，这个社会的宏观经济就被认为是稳定地处于充分就业的状态。这时均衡的国民收入等于100元。

如果公众的100元不是全部用来购买产品，比如说，公众把100元中的60元用来购买100元中的产品，这时的总需求等于60元。在这种情况下，凯恩斯认为就会出现问题。在这一年中，这个国家生产出的产品是100元，这个国家的公众得到的是100元，但是他们只拿出其中的60元沿着图21-1上的箭头来买100元中的产品。这时，100元的产品就不会全部被买掉，一部分企业就会亏本。于是，在下一年，企业就不再生产100元的产品了，而是生产90、80元，甚至60元的产品。在这种情况下，这个国家就处于小于充分就业状态，即处于萧条状态。这样，宏观经济的运行就算是出了问题。这是一个方面的问题，即：公众不拿出全部流入他们手中的100元来购买全部产品。

第二个方面问题是：假使公众不仅仅拿出流入他们手中的全部100元钱沿着图21-1上的箭头来购买产品，而且还拿出过去已经被储蓄起来的钱加在这100元之上来购买产品。比如说，用120元来购买这100元的产品，于是，总需求大于总供给，市场上会出现求过于供的现象，就会出现通货膨胀，从而产生第二个方面的宏观经济问题。

萨伊定律与凯恩斯定律

在凯恩斯生活的年代，通货膨胀尚未构成很大的威胁，而失业和国民收入偏低的问题却由于1929年的大危机而严重起来。因此，包括凯恩斯在内的西方学者在当时所关心的是上述第一个问题。

对于第一个问题，在凯恩斯以前的正统的传统学说认为，它不会出现。用上面的数字例子来说，公众之所以没有把100元的国民收入全部用于购买企业的产品，其原因在于他们把一部分的收入储蓄起来，即这部分收入从图21-1的环形管道的储蓄口中流了出去。这时，传统学者认为，在图21-1的投资口中就会有相同数量的收入被注入环形管道。这样一来，总需求仍然等于总供给，从而国民收入依然处于充分就业的水平。失业和危机不会发生。例如，假设公众把100元收入中的40元用于储蓄，即40元从储蓄口中漏掉，那么，按照传统学者的说法，就会另有40元的投资被注入投资口。这样，总需求（60元的消费加上40元的投资）仍然和数值为100元的总供给相等，均衡的国民收入必然被维持在100元的水平。

传统学者认为，资本主义制度的总需求永远在充分就业的条件下等于总供给，就好像有一个管道把图21-1的储蓄口和投资口连接起来一样。

为什么总供给永远在充分就业的条件下等于总需求？因为传统学者相信萨伊定律，即（我们在本书第十章已经论述过的）萨伊的销售理论。萨伊定律宣称：供给创造自己的需求。这就意味着二者的总量永远相等；据说人类永无止境的需求欲望使二者永远等于充分就业的水平。马克思已经在《资本论》和其他著作中对萨伊的销售理论进行了彻底的批判。这里不再加以复述。

对传统的说法，凯恩斯提出了不同的意见。他认为，在资本主义制度下，投资与储蓄是由互不通气的不同的人群所进行的，没有理由相信二者的数量永远等于充分就业的水平。当储蓄大于投资时，国民收入会下降到小于充分就业的水平。在上述例子中，当国民收入为100元时，如果公众把其中的60元用于消费，把40元用于储蓄，而且此时投资口注进的购买力为20元，那么，储蓄大于投资，此时的总需求等于80元（60元的消费加上20元的投资）。这就是说，仅有80元的购买力去购买价值为100元的产品。由于产品滞销，所以在第2年，企业会缩小生产数量，使国民收入处于小于充分就业的状态。

事实上，按照凯恩斯的观点，在小于充分就业的状态下，社会上必然存在着一部分多余的生产能力，包括机器、劳动力、资金等。由于存在着多余的生产能力，所以不管总需求有多大，社会总能生产出与需求相等的供给量。这也就是说：需求创造自己的供给。这一说法被一些西方学者称为凯恩斯定律。既然总需求永远等于总供给，那么，在凯恩斯定律生效的情况下，总需求和国民收入可以说是相同的事物，而总需求的两个组成部分是消费和投资。

凯恩斯虽然对萨伊定律提出了意见，但他并没有真正否定萨伊定律。他仅给该定律的成立增添了一个条件，即：在充分就业的储蓄等于投资的条件下，国民收入的均衡值才能处于充分就业的水平。

消费函数

消费量是总需求的一个组成部分，而按照凯恩斯的说法，总需求的大小决定国民收入的数值，即决定经济社会就业量。因此，要想知道就业量的大小，必须研究消费量是怎样决定的。

凯恩斯认为，在消费量和国民收入之间存在着一定的量的关系。随着国民收入的增加，当人们较为富有的时候，他们的消费量也会增加，但是，消费量的增加不像国民收入增加得那样快。他在《通论》中写道："无论从我们所知道的人类本性来看，还是从经验中的具体事实来看，我们可以具有很大的信心来使用一条基本心理规律。该规律认为：在一般情况下，平均说来，当人们收入增加时，他们的消费也会增加，但消费的增加不像收入增加得那样多。"①

这里的"收入"就是国民收入。国民收入的数量与消费量的这种增加的关系被称为消费函数。正如上面已经说过的那样，消费函数所表明的关系是：随着国民收入的增加，消费量也将增加，但后者的增加量小于前者的增加量。

消费量与其相应的国民收入之比被称为平均消费倾向。例如，当国民收入的数值等于100时，如果此时的消费量为60，则平均消费倾向等于0.6（60÷100＝0.6）。假设国民收入从100增加到了120，那么，它的增加量为20（120－100＝20）。根据凯恩斯的消费函数，此时的消费量也应该增加，不过增加的数量会小于20，譬如说，等于10。消费量的增量（10）和国民收入的增量（20）之比被称为边际消费倾向。在这里，其数值为0.5（10÷20＝0.5）。由此可见，消费函数所表示的事实是：当国民收入增加时，边际消费倾向总是小于1，因为消费量的增加不像收入增加得那样快。由于边际消费倾向总是小于1，所以随着国民收入的增加，平均消费倾向的数值越来越小。在我们这里的例子中，收入增加以前，平均消费倾向为0.6；当收入增加到120时，增加的消费量等于10。这个增加的量再加上原来的消费量（60）即为收入增加后的消费量70（60＋10＝70）。此时的平均消费倾向为0.583（70÷120＝0.583）。可以看到，随着国民收入从100增加到120，平均消费倾向从0.6减少到0.583。

上面的事例表明，凯恩斯的消费函数所要指出的事实是：当国民收入为一定值时，消费量的数值取决于平均消费倾向的数值，而当国民收入的数值越来越高时（即越来越接近于充分就业的状态时），平均消费倾向的数值越来越低。

① 凯恩斯. 就业、利息和货币通论. 北京：商务印书馆，1999：101－102.

投资诱导

在研究了构成总需求的第一个组成部分消费量（或简称为消费）如何得以决定之后，凯恩斯转入研究总需求的第二个组成部分投资量（或简称投资），它是如何决定的？

凯恩斯的答案是：投资的大小取决于投资的诱导。诱导越大，投资越大；反之亦然。投资诱导等于资本边际效率与利息率的差额。关于资本边际效率的意义，我们将在下面加以解释，现在可以把它理解为预期利润率。这就是说：投资的诱导等于预期利润率与利息率之间的差额。

为什么投资取决于投资诱导，即取决于预期利润率和利息率之间的差额呢？凯恩斯的答案是：只有当预期利润率至少等于利息率时，资本家才肯进行投资；否则，如果预期利润率小于利息率，资本家便不会投资，因为资本家宁可把资本存放在银行里，以便取得较高的利息收入。

例如，假设预期利润率为5%，而利息率为6%。这时，资本家每投资100元，预期可以取得利润5元。如果他不进行投资而把钱存放在银行里，每百元资本可取得6元利息。因此，在这种情况下，不投资反而比投资能得到更多的赚头，他显然不会进行投资。只有当预期利润率至少等于利息率的时候，他才会投资。

资本边际效率

为了便于理解，上面我们曾用预期利润率来代表资本边际效率。现在，我们将说明资本边际效率是什么，从而使我们看到凯恩斯的资本边际效率大致可以和预期利润率等同起来。

凯恩斯认为，当一个资本家准备经营一个企业时，必须购买机器、厂房等。为了购买这些设备便要在目前支付一定的代价。这一代价应等于这些设备的市场价格。他之所以愿意在目前付出代价经营企业，是想在将来从经营中获取收益。这种收益被称为预期收益。为了简化问题，假设这个预期收益是一年后所得到的全部收入，而一切设备（代价）在一年中全部被消耗尽。在这种情况下，如果资本家果然从事经营，那么，他就是用现在支付出去的代价，即支付出去的设备的价格来换取一年之后的一笔收入，即预期收益。例如，假设现在支付出去的设备的价格为100元，而一年以后的预期收益为110元，那么，这意味着资本家愿意用现在的100元去换取明年的110元。这也就相当于说，这个资本家的预期利润率为10%，因为在这里，利润10元（110－100＝10）除以投入的资本100元，得到10%。这个预期利润率就是凯恩斯的资本边际效率。由此可见，凯恩斯的资本边际效率与预期利润率是大致相同的概念；它的大小取决于两个因素：机器等设备的市场价格和预期收益。

按照凯恩斯的说法，在上述两个因素中，预期收益的数值可以有很大的波动，因为预期收益的大小取决于资本家对将来的估计。当他对将来乐观的时候，预期收益的数值可能很大；当他对将来悲观的时候，预期收益的数值可能很小。因此，在机器等设备的市场价格相对稳定的条件下，资本边际效率会有很大的波动。凯恩斯说："既定量的资本品的边际效率取决于预期的改变。理解这一点是重要的，因为，主要是这一依赖关系才使得资本边际效率具有相当剧烈的波动。"①

① 凯恩斯．就业、利息和货币通论．北京：商务印书馆，1999：48.

根据上面所讲的投资诱导，资本家是否进行投资取决于把资本边际效率的数值和利息率的数值相比较的结果。现在，我们已经知道前者的数值是如何决定的，下面将对利息率的决定加以论述。

利息率

凯恩斯认为，利息率的决定取决于两个因素：人们的流动性偏好和货币数量。对这两个因素，我们将顺次加以说明。

1.流动性偏好。这里的流动性是指财富从一种形式转移到另一种形式的难易程度。在西方，货币被认为是流动性最大的财富形式，因为人们可以用货币立即换取到几乎任何种类的东西，如消费品、有价证券、土地、机器等等。然而，包括凯恩斯在内的西方学者又认为，以货币的形式来保存财富必须支付代价，因为保持在手头的现款是不生息的，从而被牺牲掉的利息便是持有现款的代价。既然如此，为什么人们还愿意在手头持有现款，即为什么人们具有流动性偏好呢？

按照凯恩斯的说法，人们之所以在手中持有现款，即具有流动性偏好，根源于三个心理上的原因或动机：（1）交易动机。人们把现款放在手中是因为购物的方便。如果他们把全部现款都购买了譬如说生息的有价证券，那么，他每买一件物品就必须出售一部分证券。这显然是比较麻烦的，不如手中存放现款比较方便。（2）谨慎动机。为了应付意外而在手中存放现款，例如，以防疾病、车祸而准备的医疗费用等。如果不准备好这种现款，一旦发生事故，即使想变卖财产也来不及。（3）投机动机。手中存放一定量的现款，以便及时抓住机会来为自己取得利益。例如，当股票价格降低时，人们可以趁机购买，以便在股票价格回升后出卖，从中获取额外收益。

总之，按照凯恩斯的说法，每个人或企业都会由于上述三个动机所造成的流动性偏好而在手中存放一笔货币。把社会上一切人和企事业单位（除了银行和官方金融机构以外）所存放的货币加在一起便构成社会的货币需求。人们心理上的流动性偏好越大，货币需求（量）也越大；反之，则越小。

2.货币数量。货币数量就是货币供给量。货币供给量在西方被认为是大体由国家决定和控制的。货币供给量（或货币数量）包含三个组成部分：硬币、纸币和银行存款。①

由于硬币的面值很小，所以它在货币供给量中仅占微不足道的部分。纸币所占的比重则较大；在西方，占货币供给量的决定性比重的则是银行存款。

对于银行存款，西方国家要求银行具备一定量的现款，这笔现款被称为准备金。准备金与存款之间的比例被称为准备金率。更确切地说，要求银行具备一定量的准备金就是要求银行必须对存款保持一个最低的准备金率。例如，当存款数量为100亿元时，如果准备金率等于10%，那么，银行必须对这100亿元的存款保持10亿元的准备金。

准备金率＝准备金÷现有存款数量

从上面的公式中可以看到，在准备金一定的情况下，提高或降低准备金率可以减少或

① 为了简化，这里对活期存款和定期存款不加区别。

增加存款数量①，从而减少或增加货币供给量，因为存款数量构成货币供给量的一个组成部分，而且是占有决定性比重的部分。例如，当准备金为 10 亿元时，如果准备金率从上述的 10%上升到 20%，那么，银行存款必须从 100 亿元减少到 50 亿元，因为 10÷50＝20%。既然银行存款减少，货币供给量也必然减少。

另一方面，在准备金率一定的情况下，增加或减少准备金可以增加或减少银行存款，从而增加或减少货币数量。例如，当准备金率为 10%时，如果准备金从 10 亿元增加到 20 亿元，那么，存款数量可以从 100 亿元增加到 200 亿元，因为 20 亿元÷200 亿元＝10%。当银行存款增加时，货币数量也会因之而增加。

总之，包括凯恩斯在内的西方学者认为，不论是通过改变准备金率还是改变银行的准备金，国家都可以增加或减少货币数量。这就是说，货币数量是一个可以由国家控制的变量。

凯恩斯认为，对货币的需求和货币的供给（即货币数量）决定了利息率的高低。在一定的流动性偏好之下，即在一定的货币需求之下，国家可以通过控制货币数量的多寡而控制利息率的高低。

在探讨投资诱导时，凯恩斯认为资本家是否进行投资取决于资本边际效率（大致等于预期利润率）和利息率的差额。如果前者大于后者，他就进行投资；否则，他不会这样做。既然利息率的高低被认为可以由国家通过对货币数量的增减而加以控制，那么，凯恩斯声称，在一定的流动性偏好之下，国家可以通过对货币数量的控制来最终决定投资数量的多寡。

凯恩斯的理论体系

以上论述了凯恩斯的最基本的理论体系。这一体系也是一般西方经济学教科书所介绍的内容，只是为了简化起见，我们在这里略去了凯恩斯的乘数论，因为略去乘数论并不影响对凯恩斯的基本思想的理解。

凯恩斯的最基本的思想可以被归纳为图 21－2 所示的理论体系。

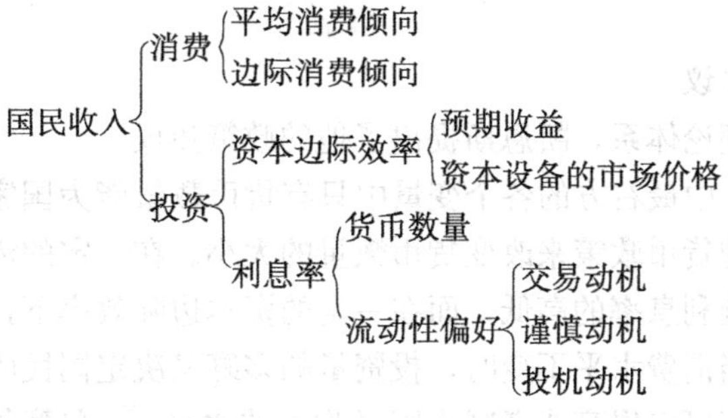

图 21－2

我们在本章第一节中指出，在凯恩斯生活的年代，西方世界出现了空前严重的经济危机。作为资产阶级统治集团中的人物，凯恩斯自然企图寻找解决的办法以便拯救资本主义制度。要想拯救这一制度，必须减少失业量，使该制度恢复到充分就业的水平。由于国民

① 这里假设没有超额准备金。

收入和就业量大致按相同比例增长或减少，恢复充分就业也就等于恢复充分就业情况下国民收入的数量。

为了找到提高或恢复国民收入的办法，凯恩斯必须首先考察西方国民收入是怎样决定的，受到哪些变量的影响，凯恩斯的理论体系即在为这一问题提供答案。基于此，凯恩斯的理论在西方也被称为收入决定论。

凯恩斯认为，在萧条状态下，只要存在一定量的总需求，经济社会便能生产出等量的总供给，因此，在这一状态下，总需求和国民收入的数值总是相等的。总需求量的决定也就是国民收入的决定。从图 21－2 中可以看到，国民收入的多寡，即就业量的多寡取决于两个因素：消费和投资。前者要看平均和边际消费倾向的数值而定；后者则取决于资本边际效率和利息率的相对高低。同时，图 21－2 说明，影响资本边际效率的因素有二：预期收益和资本设备的市场价格；决定利息率的因素为货币数量和流动性偏好，而流动性偏好的大小又取决于交易、谨慎和投机这三种心理动机。

根据凯恩斯的理论体系，要想控制（即提高或减少）国民收入的水平，必须控制或改变位于图 21－2 的最右方的一系列因素。

这些因素能否人为地加以控制或改变其数值？先拿平均和边际消费倾向来说，消费量的决定是社会上每个人自由决定的事，国家很难进行干预。再拿预期收益来看，预期收益是资本家对投资收益的估计，国家也不可能控制资本家的主观估计。对于资本设备的市场价格，在资本主义制度下，它由市场上的供求决定，国家是无权干预的。至于说流动性偏好的三个动机，它们都是社会上各个人的主观愿望，显然不能为国家所控制。因此，在图 21－2 最右方的各个变量中，国家所能控制的只有货币数量。其结论是，西方国家可以通过准备金率和准备金的改变来控制货币数量，即货币供给量。凯恩斯基本理论体系的内容大致如此。

第三节　凯恩斯的经济政策观点

凯恩斯的政策建议

根据他的基本理论体系，凯恩斯提出了他的政策建议。

既然在图 21－2 中最右方的各个变量中只有货币数量能为国家所控制，那么，国家可以通过下面要论述的货币政策来改变货币数量的大小。在一定的流动性偏好条件下，货币数量的大小可以影响利息率的高低，而在一定的资本边际效率下，利息率的高低又可以决定投资量的多寡。当消费水平不变时，投资量的多寡又决定国民收入的水平。因此，通过货币政策，西方国家可以提高或者减少国民收入的水平。[1] 在萧条时期，西方国家可以通过货币政策来使总需求或国民收入增加到充分就业的水平。当经济活动过热，出现通货膨胀的危险时，国家同样可以使用货币政策来使总需求或国民收入减少到充分就业的水平。这样，资本主义国家的宏观经济运行就能够被稳定在充分就业的状态，不会出现长期的失

① 在《通论》中，凯恩斯关心的主要是提高国民收入的水平。他的追随者——美国的汉森，把政策的使用扩大到减少货币国民收入的数量。

业，也不会出现长期的通货膨胀，凯恩斯拯救资本主义的目的也就达到了。

然而，凯恩斯宣称：货币政策固然有效，但由于下面的两个原因，它的效果不会很大。

1.资本边际效率是一个数值波动剧烈的变量，因为决定资本边际效率的数值的因素之一是预期收益。由于预期收益取决于资本家对投资前景的乐观或悲观的估计，所以预期收益的大小要看资本家在估计时的情绪。然而，资本家的情绪的波动有时是很大的。在经济繁荣时期，他可能很乐观，作出预期收益很高的估计，从而使资本边际效率具有很高的数值。当萧条到来的时候，他可能很悲观，作出预期收益很低的估计，从而使资本边际效率具有很低的数值。在资本边际效率剧烈波动的情况下，要想使资本家进行投资，必须通过货币政策把利息率压低到资本边际效率之下，从而必须使利息率作出同样剧烈的变动。这样做是很不现实的。

特别是在危机深重的年份，资本家非常悲观。这时，他可能把预期收益估计为一个负数，即任何投资都是亏本的，从而资本边际效率也具有负值。在此情况下，要想使资本家投资，利息率也要为负值。由于负值的利息率不可能在现实中存在，所以这时的货币政策便不能生效。

2.凯恩斯认为，通过货币数量的增加来降低利息率最终会碰到利息率的下限。当利息率到达下限时，不论货币数量增加多少，利息率不再下降。① 此时便陷入了人们所说的“流动性陷阱”。由于利息率不能再下降，所以当资本边际效率跌落到利息率的下限以下时，就不可能促使资本家进行投资。这样，货币政策不能发生作用。

总之，凯恩斯认为：由于上述两个原因，货币政策在提高国民收入的目的上效果不大，特别在危机深重的年份更是如此，而凯恩斯在写作《通论》的时候正是处于危机深重需要提高国民收入的时期。

根据上述分析，凯恩斯作出了结论。他认为，必须通过一定的财政政策，由国家直接进行投资或进行消费来弥补私人消费和投资的不足，以提高国民收入。换言之，医治失业和危机的最有效和最重要的政策是财政政策。由于这一原因，信奉凯恩斯主义的西方学者也一度被称为“财政主义者”。

实行凯恩斯政策建议的措施

财政政策的运用。财政政策企图通过改变国家的消费和投资的办法来改变国民收入的水平。改变国家的消费和投资不外乎改变国家的预算收入和预算支出。预算支出的增加或减少意味着国家投资和消费的增加或减少。另外，预算收入的增加或减少意味着国家投资和消费的减少和增加。因此，实行财政政策的措施可以说就是改变预算支出和预算收入这两个方面。

1.改变预算支出。在消费项目中，国家可以增加或减少对物品和劳务的开支，如打字机等办公用品的购买、军事开支、福利开支、办公人员的规模等等。

2.改变预算收入。西方国家的收入主要是税收。通过税率的提高或降低以及赋税种

① 凯恩斯. 就业、利息和货币通论. 北京：商务印书馆，1999：205-211。

类的增加或减少，预算收入可以得以改变。

货币政策的运用。按照凯恩斯的意见，货币政策的目的在于通过对货币数量的控制来改变利息率，并通过利息率的改变来增加投资，以使国民收入达到充分就业的水平。为此，在西方存在着下列措施。

1. 改变准备金率。国家可以根据情况，改变银行必须遵守的准备金率。上面说过，改变准备金率可以影响利息率的高低，从而最终影响国民收入的水平。

2. 公开市场业务。由国家在金融市场上公开购买或出售国债，以影响银行的准备金。准备金的变化可以改变货币数量，而货币数量的改变又可以影响利息率。这最终会改变国民收入的水平。

3. 改变贴现率。贴现率是中央银行向商业银行放款时所收取的利息率。贴现率的上升或下降可以影响货币数量和市场利息率，从而最终改变国民收入的水平。

4. 道义劝告。由国家金融当局劝告私营的商业银行的负责人，要求他们以国家的利益为重自动执行国家的意图。私营的商业银行虽然在法律上并没有接受金融当局的劝告的义务，但是往往由于害怕和金融当局搞坏关系而在不同的程度上接受劝告。道义劝告显然是一种非经济的手段。

以上大致是西方国家在不同的程度上实施凯恩斯政策建议的手段。必须指出，在凯恩斯的《通论》出版以前，上述手段都在不同时期先后为西方国家所使用。凯恩斯则用理论把这些手段和国民收入的控制联系在一起，使它们成为稳定宏观经济运行的政策措施。

第四节　凯恩斯理论的源与流

《通论》中心思想的先驱者

《通论》出版以前，当时居于正统地位的西方经济学者（如剑桥大学教授庇古）否认大量的失业（或低水平的国民收入）会在资本主义社会中长期存在。凯恩斯与当时的西方经济学者的不同之处在于他承认，“富裕中的贫困”可以在资本主义社会中长期存在并且企图寻找解决这一问题的方案。凯恩斯所说的“富裕中的贫困”是指：一方面社会具有闲置不用的生产能力和大量积压的商品；另一方面大量的人口却由于失业而处于缺乏商品的贫困之中。对于这一问题的解决之道在于增加投资。这些思想远在《通论》出版以前已在西方出现，我们在这里举出两个例子。

早期经济学者马尔萨斯是有效需求不足论的先驱者。他认为，利润是从交换中产生的，并且据此而提出资本主义存在着“有效需求”不足的说法，从而存在着生产过剩危机的可能性。为了避免这种危机，必须让“不生产阶级”的人把过剩的商品买去。这一“阶级”包括不从事生产活动的地主、僧侣、官吏、军队、仆役等。对于马尔萨斯的“有效需求不足论”，马克思曾经作过详细的分析和批判。

马尔萨斯的说法可以为浪费性开支，如地主的挥霍提供理论根据；凯恩斯的有效需求不足论，即我们已经论述的总需求小于充分就业国民收入的说法，也同样可以为浪费性开支进行辩护；任何浪费性开支都可以被认为具有扩大总需求的功能，从而可以增加国民收入。他甚至以讽刺的语气写道，对于解决资本主义的失业和危机等问题，“如果我们的政治家由于受古典学派经济学*的熏染太深，而想不出更好的办法，那么造金字塔、地震甚至战争也可以起着增加财富的作用”①。

虽然凯恩斯并不真正想通过这些办法来增加国民收入，但他的理论确实可以被用来支持奢侈挥霍的行为、铺张浪费的作风以及扩军备战等政策。关于这一点，下一节还将有所论述。

此外，一味追求贸易顺差的重商主义者也是凯恩斯《通论》中心思想的先驱者。在本书第二章中，我们看到，重商主义的政策目标是取得国际贸易的顺差以增加国家的财富。凯恩斯用自己的理论说明了顺差可以增加国家财富的说法未必是错误的。

按照凯恩斯的说法，贸易顺差是出口减掉进口的差额，从而代表外国对本国产品的净需求。这种需求构成顺差国的总需求的一部分，因此，有助于提高顺差国的国民收入。此外，由于顺差而带来的贵金属可以增加顺差国的货币数量，从而可以降低该国的利息率。在一定的资本边际效率之下，利息率的降低有助于投资量的增加；增加的投资量又会使国民收入上升。总之，在凯恩斯看来，重商主义者对顺差能增加国家财富的解释虽未必正确，但追求顺差的政策目标还是有道理的。由于这一原因，上述凯恩斯的对顺差能增加国民收入的论点有时被称做“新重商主义”。

虽然如此，但凯恩斯并不真正支持重商主义者追求顺差的政策。他宣称，这种“以邻为壑”和损人利己的政策最终会招致贸易伙伴的反击和报复性的措施。虽然每一个国家都想得到顺差，但结果往往会引起国际贸易的混乱。凯恩斯之所以力主建立国际货币基金组织，其目的之一就是想通过该组织来避免国际贸易的混乱状态。

本节所论述的两个凯恩斯先驱者的思想一直被凯恩斯以前的西方正统经济学派视为异端。正统学派所相信的萨伊定律和自由贸易学说与上述“有效需求不足论”和“重商主义”相对立。凯恩斯《通论》的出版使这两个一度成为异端的思想被部分地纳入凯恩斯出现后的新的正统理论之中。

为什么有效需求不足论和重商主义一度被视为异端而后又被纳入正统理论之中呢？显然是因为历史条件的不同。在不同的历史条件下，西方国家所需要的经济理论的内容也不相同。为了符合西方社会的要求，西方经济学必须进行变革。在这里我们可以部分地看到，西方经济学不完全是颠扑不破的科学真理，而是西方学者在不同的历史条件下为了适应西方社会的需要而对经济现象作出的解释。

凯恩斯学说的影响

本章起首部分已经说过，凯恩斯学说的影响是巨大的。正是由于这一原因，凯恩斯成为现代最重要的西方经济学者之一。他影响了西方经济理论、经济政策和各种思想的形成。

1. 对西方经济理论的影响。在《通论》出现以前，西方没有宏观经济学。该书出版

---

* 即本章所指的传统学说。——引者

① 凯恩斯. 就业、利息和货币通论. 北京：商务印书馆，1999：133。

以后，它构成逐渐出现的宏观经济学的全部内容，而凯恩斯理所当然地成为西方新出现的宏观经济学的奠基人。

到了 1948 年，诺贝尔经济学奖获得者、美国经济学教授萨缪尔森把他所解释的凯恩斯的宏观经济学和凯恩斯以前的西方传统学说所代表的微观经济学结合在一起，形成了新古典综合派的学说。从那时起到 20 世纪 60 年代中期，新古典综合派作为正统思想统治着西方经济学界，萨缪尔森所解释的凯恩斯的经济学说成为不容置疑的宏观经济学的唯一真理。

由于在 20 世纪 60 年代中期以后，滞胀现象即失业和通货膨胀并存的现象逐渐恶化，而新古典综合派对这一问题既无法在理论上加以解释，又不能在政策上提出有效的解决方案，所以新古典综合派的正统地位日益动摇并且受到来自“右”的和“左”的思想的非难与攻击。“右”方以货币主义、供给学派和理性预期学派为代表；“左”方则为新剑桥学派，也被称为“后凯恩斯主义”。双方争论的结果使凯恩斯的理论失去了作为宏观经济学的唯一真理的地位，但双方争论的内容在很大程度上牵涉到对《通论》的解释。在这个意义上，凯恩斯对目前的西方经济理论的影响仍然很大。

2. 对西方经济政策的影响。凯恩斯理论所支持的各种财政政策和货币政策均已在不同程度上为西方国家所执行。在 20 世纪 60 年代中期以前，这些政策对失业和危机问题的有效性被认为是不容怀疑的。但在那时以后，随着滞胀问题的恶化，人们对上述政策的信心日益动摇。

与此同时，不同学派对这些政策进行攻击并且提出了自己的稳定宏观经济波动的方案。货币主义者认为，凯恩斯所主张的财政政策不但全然无效，反而带来了滞胀的后果。对滞胀，货币主义的对策是执行它所建议的货币政策。供给学派声称，凯恩斯的政策偏向于对总需求方面的管理，却忽视了需求管理对总供给的不利影响，由此造成滞胀现象，解决之道在于执行供给学派的鼓励增加总供给的政策。理性预期学派则认为，凯恩斯理论所主张的一切宏观经济政策都是无效的，该学派主张回到《通论》出版以前的自由放任、国家不干预经济生活的方针。包括新剑桥学派在内的后凯恩斯主义者强调制度上的原因并使用收入政策，即由国家直接管理工资、价格和租金的政策，以及与制度有关的办法来解决滞胀等问题。

货币主义、供给学派、理性预期学派和后凯恩斯主义的政策主张虽然已经在不同程度上在西方实施，但其效果不佳，有时甚至完全失败。因此，在目前，第三节所论述的凯恩斯理论所主张的政策仍在使用，不过使用的方式和过去有些不同，而且人们对政策的信心有着很大程度的减弱。

3. 对西方思想界的影响。凯恩斯的学说在西方思想界构成形形色色的言论的基础。这里举出两个比较重要的例子。(1) 混合经济。在目前的西方，相当多的人不把现代西方社会制度称为资本主义制度，而把它说成是“混合经济制度”或“双重经济制度”。据说这种制度具有两个部分：一部分是公营经济，即国家干预经济生活的部分；另一部分是私营经济，即私有制的部分。他们宣称，公营经济的作用可以补偿和调节私营经济的缺点和不足之处，因此，被标榜为混合经济的现代资本主义社会仍然是一个理想社会。(2) 西方的一些民主社会主义分子，认为凯恩斯的理论对资本主义的控制、修正甚至更替作出了一个决定性的步骤。凯恩斯的理论被认为是民主地转变资本主义的技术。按照他们的说法，只要不断使用凯恩斯理论这一技术就能把资本主义转变成为民主社会主义。此外，凯恩斯的理论也给可调节的资本主义、有计划的资本主义、资本主义趋向于社会主义等论调提供了不同程度的理论基础。

第五节　对凯恩斯理论的分析与评论

凯恩斯的学说包括许多概念、论点、变量、假设条件、变量之间的关系等等。要想在一节的篇幅中对全部内容进行分析和评论显然是不可能的。在这里，我们仅对它的理论体系、政策建议和实践结果这三个方面从总体上进行考察并且作出结论。除此以外，在本节收尾的部分，我们将简要论述凯恩斯学说对我国是否有用的问题。

以心理状态为基础的理论体系

根据凯恩斯的理论体系，一方面，国民收入取决于消费和投资，消费又取决于人们心理状态所决定的消费倾向规律（即消费函数）。另一方面，影响投资的因素为利息率和资本边际效率。其他条件相等，前者取决于人们心理所决定的流动性偏好的规律（该规律决定流动性偏好的大小）；后者要看由资本家心理状态所决定的预期收益的高低。由此可见，凯恩斯的理论体系建立在消费倾向、流动性偏好和资本边际效率这三条心理规律之上，由于这三条规律的作用，资本主义的国民收入不能经常保持充分就业的水平，往往会发生波动。正是由于这一原因，一本具有权威性的关于经济周期理论的著作把凯恩斯的理论归为心理上的理论，即用人类心理上的原因来解释国民收入的波动。

虽然我们并不否定心理状态在个别情况下可能造成经济活动的波动，但心理因素却不是经济周期的根本原因，否则我们便无法解释为什么在某些非资本主义社会（如封建制度）不存在经济周期，尽管在非资本主义社会人们心理上的变动仍然是时刻发生的。因此，经济波动的原因只能来自资本主义所固有的特点和性质。像凯恩斯的体系那样纯然用心理原因去解释宏观经济的波动显然是不完善的。

舍本逐末的政策建议

本章第三节所论述的凯恩斯的政策建议虽然包含许多不同的政策手段，但是，此手段却有一个共同之点，即它们的目的都仅仅在于解决资本主义流通领域的问题。这一点可以从第二节的图 21-1 中看出来。从图 21-1 左方的企业的方框来看，企业卖掉 100 元的产品给右方的公众，然后把所得到的 100 元用来向公众购买 100 元的生产要素。这一过程就是简单商品流通过程 $W—G—W$（商品—货币—商品）。现在再来考察图 21-1 中的公众方框。公众把原有价值为 100 元的生产要素出售给企业，又把得到的 100 元用于向企业购买 100 元的产品。这又是一个简单商品流通过程 $W—G—W$（商品—货币—商品）。

按照凯恩斯的理论，如果这两个过程能在充分就业的条件下得以完成，那么，资本主义的国民收入就会维持充分就业的均衡值，从而不会发生失业和危机现象。否则，在不能完成上述简单商品流通环节的情况下，资本主义就会出现失业、萧条等宏观经济问题。为了解决这些问题，凯恩斯提出了政策建议，其目的在于使上述两个流通过程的环节得以完成，即保持流通渠道的畅通。这样，按照凯恩斯的设想，资本主义的失业、危机等宏观经济问题便得以解决。

由此可见，凯恩斯的理论分析局限于流通领域，他的政策主张也局限于流通领域，即保持流通渠道的畅通。这一基本情况可以说明为什么凯恩斯的理论分析和政策建议对于资本主义的失业和危机问题是舍本逐末之举，只能起到治标的作用，而不能从根本上解决问题。

众所周知，资本主义生产的动机是为了谋取利润。因此，和简单商品流通不同，资本主义的商品流通是资本的流通。资本流通公式是 $G—W—G'$，该公式告诉我们：要想使资本主义宏观经济顺利运行，作为个别资本总和的社会总资本必须能顺利通过从总货币资本转变为总生产资本、从总生产资本转变为总商品资本、再从总商品资本转变为总货币资本的过程。从 G 到 G' 的运动，不仅必须在流通过程中完成，而且还必须在生产领域中完成。

从整个理论体系来看，凯恩斯理论的最大错误就在于没有分析资本主义的生产领域，没有面对并正视资本主义的生产和再生产过程中的矛盾，不知道而且似乎不愿意知道资本主义生产过程就是生产过程和流通过程的统一。凯恩斯在寻找资本主义经济得以顺利进行的条件时，完全囿于流通领域，把流通领域中的某些局部条件误认为是社会总资本再生产和流通得以顺利进行的条件。以此而论，凯恩斯的整个理论体系是错误的，他的政策建议是无效的。

然而，流通渠道的畅通仍然是资本主义再生产得以顺利实现的一个条件。凯恩斯比他的先辈们的高明之处，就在于他看到了这一条件，而他的先辈们却没有看到。在流通领域的范围内，凯恩斯的学说触及现代资本主义的现实，从而是正确的。正是由于这一点，他的政策建议可以起到治标的作用，但不能从根本上解决问题。因此可以说，凯恩斯的学说在整体上是舍本逐末的。

难以令人满意的实践效果

第二次世界大战以后，西方国家的经济政策在不同程度上受到凯恩斯理论的影响。因此，战后西方国家的宏观经济现象大致可以反映凯恩斯政策建议的后果。可以看到，舍本逐末的凯恩斯学说产生难以令人满意的作用正是意料之中的事。这里以凯恩斯理论影响很大的美国为例。

第二次世界大战后的 20 多年中，凯恩斯所建议的宏观调控政策得到较大力度的推行。部分地由于这一原因，美国失业率被维持在 5%左右的较低水平，但这种宏观调控却造成了其后 10 余年相当严重的通货膨胀。简言之，较低的失业率的成就却以其后严重的通货膨胀为代价。20 世纪 40 年代中期以后，美国的通货膨胀率趋于上升，到了 80 年代初期，达到 10%的水平。在此以后，美国总统里根的“逆转”膨胀的政策虽然见效，却又以失业率上升为代价。从 1980 年开始，失业率上升到 1982 年和 1983 年的 10%，其后下降缓慢，直到 1995 年还处于 5%以上。

把失业率与通货膨胀率加在一起，二者之和在西方被称为“痛苦指数”，用以表示二者在一起使人们遭受苦难的程度，而本章所介绍的宏观调控政策始终没有把美国的“痛苦”消除掉。美国痛苦指数的数据可以说明这一点。

在1948—1996年的48年间，尽管以较大的力度推行了《通论》所论述的宏观调控政策，美国的痛苦指数仍大致在10%的水平波动，有时甚至达到20%。这一事实再一次告诉我们，宏观调控政策虽然在一定程度上起到了使国民收入稳定发展的作用，然而，却并未消除它的波动，有时甚至不能消除它的巨大波动。

根据以上论述，应该可以得出一个较为客观的结论，即对消除失业和通货膨胀，《通论》所主张的财政政策和货币政策虽然可以起到缓解的作用，却未能产生决定性的影响。换言之，对资本主义宏观经济的波动，《通论》的对策可以起到缓和的作用，然而，却不能从根本上解决问题。

凯恩斯学说与我国宏观经济管理

在对凯恩斯理论作出分析和评论之后，现在我们再来论述凯恩斯的学说能否用于我国宏观经济管理的问题。对这一问题，我们的答案既有否定的方面，又有肯定的方面。否定的原因至少有下列两点：

1. 凯恩斯学说是为了对付需求不足的问题而建立的。凯恩斯定律假设，不论需求量有多大，经济制度都会生产出相等的供给量。因此，只要把需求量控制在充分就业的水平，资本主义经济的波动问题便得以解决。西方学者一致承认，凯恩斯学说是在需求方面进行管理的理论。

然而，我国是一个发展中的社会主义国家，并有比较沉重的人口压力。处于这一情况下的我国不但不存在长期需求不足的现象，反而很有可能处于供给不足、需求过高状况之中。解决问题的途径应该是增加供给，而供给方面恰恰又是凯恩斯不加考虑之处，甚至在一定的限度内，他的政策主张还会对供给有害。

2. 应该看到，凯恩斯的政策是以发达的市场机制为前提的，只有通过这种机制，他的政策主张才有可能发挥作用。

然而，在过去长期实行集中的计划经济的我国，只具有微弱的市场机制，在某些方面甚至根本没有市场机制可言。虽然实行经济体制改革以来，情况有很大变化，但我国的市场机制在目前还达不到完善的程度。这样，把需要市场机制调节宏观经济运行的政策措施应用于我国不大可能得到很理想的结果。

综上所述，从整个理论体系来看，至少由于上述两个原因，即使不去考虑凯恩斯的政策措施能否在西方生效这一问题，由于国情的差异，这些政策措施也难以对我国产生像理论上所设想的那样的效果。

另一方面，凯恩斯主义所建议的政策对我国也有值得肯定或借鉴的地方，表现在两个方面：

第一，理解西方经济政策的含义。在对外开放政策的执行中，我国与西方国家的经济交往日益频繁，特别在我国加入世界贸易组织（WTO）以后，情况更是如此。要想在频繁的交往中取得成功，我国必须了解西方国家的经济状况和动态。这些状况和动态在相当大的程度上都与西方国家的经济政策有关，而《通论》在目前仍然是西方经济政策的重要理论基础。

在本章中，我们看到，《通论》受到了各种不同学派的攻击和批判；通过攻击和批判，《通论》的观点得到了一定程度的修正。尽管如此，到目前为止，还没有任何学派能提出完全代替该书的理论和政策，因而，西方的经济政策还在很大程度上仍然以《通论》为依据。例如，当经济衰退到来时，必须增加有效需求；增加有效需求的政策包括赤字预算、减税、降低利息率等等。处于经济过热时期，则应该减少有效需求；减少有效需求的政策包括预算盈余、增税、提高利息率等等。

这些政策的执行及其后果的报道几乎每天都在西方的传媒中出现。通过这些报道以及对报道的分析，我国可以较深入地了解西方的经济动态并且采用相应的对策。

第二，作为制定我国经济政策的参考。我国推行的是社会主义市场经济，而西方国家则为资本主义市场经济。二者虽然存在着原则性的差异，但在市场经济这一点上，它们具有共同之处。因此，在特殊的情况下，如经济转轨、重复建设、2008 年发生的金融危机等，我国的宏观经济运行也会产生过热或衰退的现象。当这种现象发生时，我们也必须实施减少或增加投资和消费的“需求管理”，从而有必要去参照西方的做法。

除此之外，凯恩斯理论的论述过程中存在着一些概念和论点，而这些可以被称为论述过程中的副产品的概念和论点，如消费函数和对股票市场必须加以严格管理的论点，对我国也具有借鉴意义。

阅读书目

马克思.《政治经济学批判》导言//马克思，恩格斯. 马克思恩格斯选集：第 2 卷. 2 版. 北京：人民出版社，1995

马克思. 剩余价值理论：第 2 册//马克思，恩格斯. 马克思恩格斯全集：第 26 卷Ⅱ. 中文 1 版. 北京：人民出版社，1973：561-611

马克思. 剩余价值理论：第 3 册//马克思，恩格斯. 马克思恩格斯全集：第 26 卷Ⅲ. 中文 1 版. 北京：人民出版社，1974：36-63

凯恩斯. 就业、利息和货币通论. 北京：商务印书馆，1999

思考题

一、名词解释

凯恩斯定律　消费函数　资本边际效率　利息率　货币政策　财政政策

二、问答题

1. 如何理解“凯恩斯革命”？
2. 如何看待凯恩斯的经济政策观点？
3. 简析凯恩斯理论对当代的影响。

人名中外文对照表

（本表人名按本书第一章至第二十一章的先后顺序排列）

色诺芬	Xenophon
柏拉图	Plato
苏格拉底	Sokrates
亚里士多德	Aristoteles
亚历山大	Alexander
提比略·格拉古	Gracchus，Tiberius
盖约·格拉古	Gracchus，Gaius
加图	Cato
瓦罗	Varro
西赛罗	Cicero，Marcus Tullius
珂鲁麦拉	Columella，Lucius Junius Moderatus
奥古斯丁	Augustine，Aurelius
阿奎那	Aquinas，Thomas
奥雷斯姆	Oresme，Nicole
莫利诺斯	Molinaeus，Carolus
阿诺尔德斯	Arnoldus，Brixien
威克利夫	Wycliffe，John
胡斯	Hus，John
鲍尔	Ball，John
杰士卡	Ziska，John
闵采尔	Münzer，Thomas
海尔斯	Hales，John
马利纳	Malynes

博丹	Bodin, Jean
孟克列钦	Montchrestien, Antoine de
孟	Mun, Thomas
柯尔贝尔	Colbert, Jean-Baptiste
塞拉	Serra, Antonio
配第	Petty, William
洛克	Locke, John
诺思	North, Dudley
马西	Massie, Joseph
休谟	Hume, David
培根	Bacon, Francis, Baron of Verulam
霍布斯	Hobbes, Thomas
范德林特	Vanderlint, Hacob
孟德维尔	Mandeville, Bernard
斯图亚特	Steuart, James
布阿吉尔贝尔	Boisguillebert, Pierre
坎蒂隆	Cantillon, Richard
劳	Law, John
沃邦	Vauban, Sébastien le Prêtre
达经逊	d'Argenson, Marc-René Louis de Voyer de Paulmy
魁奈	Quesnay, Francois
米拉波	Mirabeau, Victor-Riqueti Marquis de
杜邦	Dupont de Nemours, Pierre-Samuel
利维埃	Mercier de la Riviere, Paul-Pierre
杜尔哥	Turgot, Anne-Robert-Jacques
古尔内	Gournay, Jean Claude Marie Vincent de
斯密	Smith, Adam
哈奇森	Hutcheson, Francis
李嘉图	Ricardo, David
博赞克特	Bosanquet, James Whatman
詹姆斯·穆勒	Mill, James
马尔萨斯	Malthus, Thomas Robert
边沁	Bentham, Jeremy
麦克库洛赫	MacCulloch, John Ramsay
托伦斯	Torrens, Robert
萨伊	Say, Jean-Baptiste
西斯蒙第	Sismondi, Jean-Charlesleonard Simonde de

巴顿	Barton, John
安德森	Anderson, James
韦斯特	West, Edward
欧文	Owen, Robert
琼斯	Jones, Richard
拉姆赛	Ramsay, George
托马斯·莫尔	More, Thomas
康帕内拉	Campanella, Tommaso
摩莱里	Morelly
马布利	Mably, Gabriel
巴贝夫	Babeuf, Gracchus
圣西门	Saint-Simon, Henri
傅立叶	Fourier, Charles
莱文斯顿	Ravenstone, Piercy
格雷	Gray, John
布雷	Bray, John Francis
丹尼尔·马尔萨斯	Malthus, Daniel
卢梭	Rousseau, Jean-Jacques
葛德文	Godwin, William
西尼尔	Senior, Nassau William
约翰·穆勒	Mill, John Stuart
凯里	Carey, Henry Charles
巴师夏	Bástiat, Frédéric
孔西得朗	Considérant, Victor
勒鲁	Leroux, Pierre
勃朗	Blanc, Louis
蒲鲁东	Proudhon, Pierre Joseph
科布登	Cobden, Richard
瓦特	Watt, James
梅特涅	Metternich, Clemens
黑格尔	Hegel, Georg Wilhelm Friedrich
沙培尔	Schuper, Von
费尔巴哈	Feuerbach, Ludwig
卢格	Ruge, Arnold
谢林	Schelling, Friedrich Wilhelm
沙佩尔	Schapper, Karl
鲍威尔	Bauer, Heinrich
约瑟夫·莫尔	Moll, Joseph

图克	Tooke，Thomas
达里蒙	Darimon，Louis Alfred
福格特	Vogt，Karl
米尔柏格	Mülberger，Arthur
拉萨尔	Lassalle，Ferdinand
李卜克内西	Liebknecht，Wilhelm
倍倍尔	Bebel，Ferdinand August
杜林	Duhring，Eugen Karl
摩尔根	Morgan，Lewis Henry
考茨基	Kautsky，Karl
李斯特	List，Friedrich
穆勒	Müller，Adam Heinrich
罗雪尔	Roscher，Wilhelm Georg Friedrich
希尔德布兰德	Hildebrand，Bruno
克尼斯	Knies，Karl Gustav Adolf
萨维尼	Savigny，Friedrich Karl von
施穆勒	Schmoller，Gustav von
布伦塔诺	Brentano，Lujo
瓦格纳	Wagner，Adolf
谢夫莱	Schäffle，Albert Eberhard Friedrich
毕歇尔	Bücher，Karl
桑巴特	Sombart，Werner
凡勃伦	Veblen，Thorstein Bunde
康芒斯	Commons，John Rogers
米契尔	Mitchell，Wesley Clair
门格尔	Menger，Carl
维色	Wieser，Friedrich von
庞巴维克	Böhm-Bawerk，Eugen von
巴贲	Barbon，Nicholas
加利亚尼	Galiani，Fernendo
孔狄亚克	Condillac，Étienne-Bonnot de
戈森	Gossen，Hermann Heinrich
杰文斯	Jevons，William Stanley
古诺	Cournot，Antoine Augustin
莱昂・瓦尔拉斯	Walras，Marie-Esprit Léon
奥古斯特・瓦尔拉斯	Walras，Antoine Auguste
帕累托	Pareto，Vilfredo
笛卡儿	Descartes，René

克拉克	Clark, John Bates
马歇尔	Marshall, Alfred
凯恩斯	Keynes, John Maynard
庇古	Pigou, Arthur Cecil
罗伯逊	Robertson, Dennis Holme
罗宾逊	Robinson, Joan
布拉马基	Burlamaqui, Jean
张伯伦	Chamberlin, Edward Hastings
司徒卢威	Струве, Пётр Бернгадович
布尔加柯夫	Булгаков, Сергей Николаевич
伯恩斯坦	Bernstein, Eduard
斯拉法	Sraffa, Piero
希克斯	Hicks, John
埃奇沃思	Edgeworth, Francis Ysidro
斯拉茨基	Slutsky, Eugen
艾伦	Allen, Roy
维克塞尔	Wicksell, Knut
费雪	Fisher, Irving
汉森	Hansen, Alvin Harvey
萨缪尔森	Samuelson, Paul Anthony
哈勃勒	Haberler, Gottfried

后　记

本书是根据高等学校财经各专业的教学需求，在《经济学说史简编》的基础上修改和扩充而成的。本书由陈孟熙教授主编，1992 年出版第一版，2003 年出版第二版。2012 年，中国人民大学出版社和主编家人委托姚开建，根据主编生前对第二版的修改意见，进行了修改和补充，出版了第三版。本书第四版由姚开建修订。

本书内容包括前资本主义的西方经济思想、17 世纪中叶到 20 世纪 30 年代的西方经济学说、马克思主义经济学说（包括马克思、恩格斯和列宁的经济学说）。

本书第一版到第四版各章节的撰稿人是：李宗正（绪论，第十章第一节关于马尔萨斯人口理论部分），姚开建（第一章，第八章），鲁友章（第二章，第五章），郭建青（第三章，第四章第一节、第三节，第十五章），范翊君（第四章第二节），于俊文（第六章），陈孟熙（第七章，第十章第一节除人口理论外的其余部分，第十章第三节，人名中外文对照表），杨致恒、杨锦英（第九章，第十六章第一节、第三节），戴宏久（第十章第二节，第十一章），丁冰（第十二章，第十三章，第十四章），吴忠观（第十六章第二节），宛樵（第十七章），纪明山（第十八章，第十九章），于同申（第二十章），高鸿业（第二十一章）。

感谢中国人民大学出版社高晓斐编辑对本书第四版出版工作的大力协助。

姚开建

图书在版编目（CIP）数据

经济学说史教程/陈孟熙主编. —4版. —北京：中国人民大学出版社，2017.9
新编21世纪经济学系列教材
ISBN 978-7-300-24626-0

Ⅰ.①经… Ⅱ.①陈… Ⅲ.①经济思想史-高等学校-教材 Ⅳ.①F09

中国版本图书馆CIP数据核字（2017）第161257号

新编21世纪经济学系列教材
经济学说史教程（第四版）
主　编　陈孟熙
副主编　郭建青
Jingjixueshuoshi Jiaocheng

出版发行	中国人民大学出版社		
社　　址	北京中关村大街31号	**邮政编码**	100080
电　　话	010－62511242（总编室）		010－62511770（质管部）
	010－82501766（邮购部）		010－62514148（门市部）
	010－62511173（发行公司）		010－62515275（盗版举报）
网　　址	http://www.crup.com.cn		
经　　销	新华书店		
印　　刷	固安县铭成印刷有限公司	**版　　次**	1992年6月第1版
开　　本	787 mm×1092 mm　1/16		2017年9月第4版
印　　张	23.5	**印　　次**	2025年6月第9次印刷
字　　数	546 000	**定　　价**	52.00元

教学支持说明

1. 教辅资源获取方式

为秉承中国人民大学出版社对教材类产品一贯的教学支持，我们将向采纳本书作为教材的教师免费提供丰富的教辅资源。您可直接到中国人民大学出版社官网的教师服务中心注册下载——http://www.crup.com.cn/Teacher。

如遇到注册、搜索等技术问题，可咨询网页右下角在线 QQ 客服，周一到周五工作时间有专人负责处理。

注册成为我社教师会员后，您可长期根据您所属的课程类别申请纸质样书、电子样书和教辅资源，自行完成免费下载。您也可登录我社官网的“教师服务中心”，我们经常举办赠送纸质样书、赠送电子样书、线上直播、资源下载、全国各专业培训及会议信息共享等网上教材进校园活动，期待您的积极参与！

2. 高校教师可加入下述学科教师 QQ 交流群，获取更多教学服务

经济类教师交流群：809471792

财政金融教师交流群：766895628

国际贸易教师交流群：162921240

税收教师交流群：119667851

3. 购书联系方式

网上书店咨询电话：010－82501766

邮购咨询电话：010－62515351

团购咨询电话：010－62513136

中国人民大学出版社经济分社

地址：北京市海淀区中关村大街甲 59 号文化大厦 1506 室　100872

电话：010－62515803　010－62516948

传真：010－62514775

E-mail：jjfs@crup.com.cn